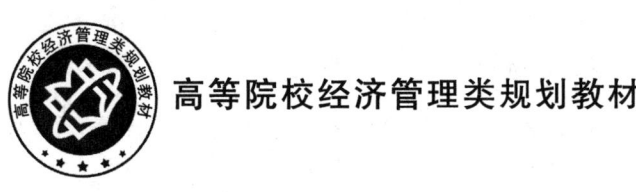

高等院校经济管理类规划教材

信息通信企业管理

张静 杨旭 董爽 编著

北京邮电大学出版社
www.buptpress.com

内 容 简 介

本书在关注信息通信业发展趋势和发展环境的前提下,以信息通信企业提供的服务产品(或业务)为核心,讨论信息通信服务种类、服务价值环节,以及服务产品/业务的运营、创新和营销管理问题。本书共分为8章:第1章主要介绍信息通信业的概念界定,讨论信息通信业的产业特点以及在信息化、数字经济背景下行业发展的新动态;第2章主要介绍信息通信业务体系、信息通信网络演变;第3章主要介绍信息通信企业的主要类型,探讨传统电信运营商和互联网公司的组织架构以及信息通信企业的商业模式和数字化转型;第4章讨论信息通信产业价值链和生态系统,从产业视角观察行业的整体环境,分析企业战略和业务发展策略;第5、6、7章分别介绍信息通信企业运营管理、创新管理和营销管理的内容,引入企业实践中的新思维、新方法;第8章从行业管理层面,介绍信息通信行业管制的主要内容、方式和行业发展政策的演变。

本书可以作为教材配合高等院校信息通信企业管理的相关课程使用,也可以供相关企业的管理人员、业务人员阅读。

图书在版编目(CIP)数据

信息通信企业管理 / 张静,杨旭,董爽编著.
北京:北京邮电大学出版社,2025. -- ISBN 978-7-5635-7504-6
Ⅰ. F606
中国国家版本馆 CIP 数据核字第202504VR90号

策划编辑:姚 顺　　责任编辑:刘春棠 王小莹　　责任校对:张会良　　封面设计:七星博纳

出版发行:北京邮电大学出版社
社　　址:北京市海淀区西土城路10号
邮政编码:100876
发 行 部:电话:010-62282185　传真:010-62283578
E-mail:publish@bupt.edu.cn
经　　销:各地新华书店
印　　刷:保定市中画美凯印刷有限公司
开　　本:787 mm×1 092 mm　1/16
印　　张:17.5
字　　数:447千字
版　　次:2025年4月第1版
印　　次:2025年4月第1次印刷

ISBN 978-7-5635-7504-6　　　　　　　　　　　　　　　　　　　定价:56.00元

·如有印装质量问题,请与北京邮电大学出版社发行部联系·

前　言

"电信组织管理"一直是邮电行业高等院校管理相关专业的主干课程，学生通过该课程的学习，应掌握电信网络与技术的基本概念，掌握电信业务运营过程和电信企业经营管理的基础知识，为其今后参与电信企业管理打下基础。北京邮电大学的梁雄健教授、杨瑞桢教授自20世纪80年代起就开始编写、使用《电信组织管理》教材，之后北京邮电大学经济管理学院的相关教师团队持续对该教材进行修订和完善，该教材历年来被众多高校的通信管理相关专业所采用，并多次获得各级奖励。

21世纪以来，伴随着"互联网＋"时代的到来与数字经济的发展，传统通信业的经营环境、业务模式、运营理念与方法发生了巨大改变，传统通信业已逐渐扩展为业务内容更加丰富的信息通信业。为了与行业发展动态相适应，高校的课程体系进行了调整和更新，"电信组织管理"课程的名称被调整为"信息通信企业管理"或类似名称，该课程对教材提出了新的要求。基于这一认知，本书与2019年出版的《电信组织管理》（张静、杨旭、匡斌编著，北京邮电大学出版社出版）相比，在结构和内容上都进行了创新性调整。首先，为了顺应建设数字经济的大背景，本书突破了传统通信业的界限，着眼于以通信为基础、围绕信息活动向社会大众提供服务的信息通信业，将互联网公司纳入了讨论范畴。其次，在总体内容架构上，考虑到产品和服务是一个行业区别于其他行业的根本，本书以信息通信企业提供的服务产品（业务）为核心，在关注信息通信业发展趋势和发展环境的前提下，讨论了信息通信服务的种类、内容、价值环节，以及信息通信企业服务产品（业务）的运营、创新和营销管理，其内在逻辑是信息通信服务产品（业务）的价值创造和传递过程。再次，考虑到行业管制是影响企业经营环境的重要因素，本书在最后一章对信息通信行业管制的内容和主要政策进行了概述。最后，本书引入了较多补充阅读资料和案例资料，对正文内容加以补充，其中案例资料相应地设计了讨论题，这既增强了本书的可读性，也为教学提供了丰富的讨论材料。与《电信组织管理》相比，本书更新的内容主要有以下几方面。

① 第1章明确界定了信息通信业，增加了我国建设发展数字经济的大背景，以帮助读者理解新时代信息通信业的任务和面临的挑战。

② 第2章梳理了信息通信业务体系和信息通信网络演变发展路径，增加了5G网络与业务、云网融合、算力网络等内容，反映了信息通信技术和业务发展动态。

③ 第3、4章增加了更多有关互联网公司成长、信息通信企业数字化转型、信息通信企业生态圈建设的研究成果和企业实践。

④ 第5、6、7章引入了更多企业实践中的新思维、新方法，特别是重新对信息通信企业

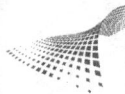

运营管理的内容体系进行了梳理和整合。

⑤ 第 8 章更新了信息通信行业管制的主要内容及政策新动态,包括互联网治理与数据治理的新发展。

本书第 1、6、7、8 章由张静编写,第 2、3 章由杨旭编写,第 4、5 章由董爽编写。作者力求能够全面介绍信息通信业发展的新形势和相关理论方法研究的新成果,但毕竟信息通信业的发展速度非常快,对理论与方法的总结常常落后于实践,因此书中难免有不足之处,恳切希望广大读者批评指正。

作　者

目 录

第1章 信息通信业:界定与发展 … 1

1.1 信息通信业概述 … 1
1.1.1 信息与通信 … 1
1.1.2 信息通信业的界定 … 2
1.1.3 信息通信业的产业属性 … 3
1.1.4 信息通信业的经济特点 … 5

1.2 信息通信与社会发展 … 9
1.2.1 信息化与信息社会 … 10
1.2.2 数字经济时代 … 14

1.3 数字经济时代的信息通信业 … 17
1.3.1 信息通信业的地位 … 17
1.3.2 信息通信业的主要任务 … 18
1.3.3 信息通信业面临的新挑战 … 20

本章小结 … 26
复习思考题 … 27

第2章 信息通信业务与网络 … 28

2.1 信息通信业务概述 … 28
2.1.1 传统电信业务的分类 … 28
2.1.2 "互联网+"时代的融合业务 … 31
2.1.3 信息通信业务体系 … 33
2.1.4 新兴信息通信业务 … 34

2.2 传统通信网络演变 … 36
2.2.1 传统电信网架构与分类 … 36
2.2.2 固定电话网 … 39
2.2.3 数据通信网 … 39

  2.2.4 移动通信网 ··· 43
  2.2.5 传统电信网的演进路径 ··· 46
 2.3 新一代网络基础设施 ··· 47
  2.3.1 物联网、云计算与大数据 ··· 47
  2.3.2 软件定义网络/网络功能虚拟化 ······································· 49
  2.3.3 云网融合 ·· 50
  2.3.4 算力网络 ·· 51
  2.3.5 边缘计算 ·· 54
  2.3.6 未来发展趋势 ··· 54
 本章小结 ·· 59
 复习思考题 ·· 60

第3章 信息通信企业 ·· 61

 3.1 信息通信企业概述 ··· 61
  3.1.1 信息通信企业的界定和主要类型 ····································· 61
  3.1.2 信息通信企业的特点 ··· 67
 3.2 信息通信企业的组织架构 ··· 69
  3.2.1 传统电信运营商：转型与变革 ··· 69
  3.2.2 互联网公司：成长与创新 ··· 71
 3.3 信息通信企业的商业模式 ··· 75
  3.3.1 商业模式的概念 ·· 75
  3.3.2 商业模式的构成要素 ··· 75
  3.3.3 信息通信企业商业模式的演变 ·· 77
 3.4 信息通信企业的数字化转型 ··· 80
  3.4.1 数字化转型的概念 ··· 81
  3.4.2 电信运营商的数字化转型 ··· 82
  3.4.3 互联网公司的数字化转型 ··· 84
 本章小结 ·· 88
 复习思考题 ·· 89

第4章 信息通信产业价值链与生态系统 ·· 90

 4.1 信息通信产业价值链 ··· 90
  4.1.1 产业价值链概述 ·· 90
  4.1.2 信息通信产业价值链的演变 ·· 91
  4.1.3 信息通信产业价值链分析的关键问题 ······························ 99
 4.2 信息通信产业生态系统 ··· 100
  4.2.1 从产业价值链到产业生态系统 ·· 100

  4.2.2 信息通信产业生态系统的概念和特点 …………………………………… 102
  4.2.3 信息通信产业生态系统的健康程度评价 ………………………………… 104
  4.2.4 信息通信产业生态系统与企业战略 ……………………………………… 108
 本章小结 ………………………………………………………………………………… 116
 复习思考题 ……………………………………………………………………………… 116

第5章 信息通信企业运营管理 ……………………………………………………… 117

 5.1 信息通信企业运营管理概述 ……………………………………………………… 117
  5.1.1 运营管理的内涵 …………………………………………………………… 117
  5.1.2 电信企业运营流程的总体框架 …………………………………………… 118
  5.1.3 互联网公司运营的主要内容 ……………………………………………… 123
 5.2 信息通信基础设施与业务运营 …………………………………………………… 124
  5.2.1 信息通信基础设施建设与业务发展规划 ………………………………… 124
  5.2.2 信息通信基础设施运营管理 ……………………………………………… 127
  5.2.3 信息通信业务运营管理 …………………………………………………… 128
 5.3 信息通信企业的用户运营 ………………………………………………………… 131
  5.3.1 用户运营的一般过程 ……………………………………………………… 131
  5.3.2 用户分层运营方法 ………………………………………………………… 133
  5.3.3 用户运营技术 ……………………………………………………………… 135
 5.4 信息通信企业运营的信息化和智能化转型 ……………………………………… 137
  5.4.1 运营支撑系统的起源与概念 ……………………………………………… 137
  5.4.2 运营支撑系统的功能 ……………………………………………………… 140
  5.4.3 信息通信企业运营的智能化转型 ………………………………………… 142
 本章小结 ………………………………………………………………………………… 146
 复习思考题 ……………………………………………………………………………… 146

第6章 信息通信企业创新管理 ……………………………………………………… 147

 6.1 信息通信企业的创新活动 ………………………………………………………… 147
  6.1.1 创新的概念与分类 ………………………………………………………… 147
  6.1.2 服务创新 …………………………………………………………………… 150
  6.1.3 信息通信企业创新的内容 ………………………………………………… 151
 6.2 信息通信业中的主导地位竞争 …………………………………………………… 154
  6.2.1 产业发展中的技术周期 …………………………………………………… 154
  6.2.2 收益递增理论与主导设计竞争 …………………………………………… 155
 6.3 信息通信企业的创新战略 ………………………………………………………… 159
  6.3.1 创新战略的内容 …………………………………………………………… 159
  6.3.2 创新定位 …………………………………………………………………… 161

6.3.3　创新投入水平 ………………………………………………………… 167
　　6.3.4　创新生态系统 ………………………………………………………… 169
6.4　信息通信企业的创新过程 ……………………………………………………… 172
　　6.4.1　一般创新过程 ………………………………………………………… 172
　　6.4.2　互联网时代的迭代创新 ……………………………………………… 173
　　6.4.3　用户与合作伙伴参与创新 …………………………………………… 174
　　6.4.4　创新过程管理方法 …………………………………………………… 176
6.5　信息通信企业的创新组织 ……………………………………………………… 180
　　6.5.1　创新项目团队 ………………………………………………………… 180
　　6.5.2　动态能力与敏捷组织 ………………………………………………… 183
本章小结 ………………………………………………………………………………… 186
复习思考题 ……………………………………………………………………………… 188

第7章　信息通信企业营销管理 ……………………………………………………… 189

7.1　营销管理概述 …………………………………………………………………… 189
　　7.1.1　营销理念的演变 ……………………………………………………… 189
　　7.1.2　营销管理的内涵及其演进 …………………………………………… 190
　　7.1.3　营销策略组合框架 …………………………………………………… 191
　　7.1.4　互联网时代的营销创新 ……………………………………………… 193
7.2　信息通信市场细分与目标市场选择 …………………………………………… 200
　　7.2.1　市场细分与目标市场选择策略 ……………………………………… 200
　　7.2.2　信息通信市场细分 …………………………………………………… 202
　　7.2.3　信息通信企业目标市场选择 ………………………………………… 206
7.3　信息通信企业公众客户营销策略 ……………………………………………… 208
　　7.3.1　产品与品牌策略 ……………………………………………………… 208
　　7.3.2　价格策略 ……………………………………………………………… 214
　　7.3.3　营销渠道策略 ………………………………………………………… 220
　　7.3.4　沟通和促销策略 ……………………………………………………… 221
7.4　信息通信企业集团客户营销策略 ……………………………………………… 223
本章小结 ………………………………………………………………………………… 224
复习思考题 ……………………………………………………………………………… 224

第8章　信息通信行业管制 …………………………………………………………… 225

8.1　管制理论概述 …………………………………………………………………… 225
　　8.1.1　管制的概念 …………………………………………………………… 225
　　8.1.2　管制的理论前提 ……………………………………………………… 226
　　8.1.3　有效管制的原则 ……………………………………………………… 226

  8.2 传统电信业管制 ·· 228
    8.2.1 世界电信业管制的发展 ································· 228
    8.2.2 我国电信业管制机构及电信业改革历程 ··············· 230
    8.2.3 电信业管制的目标与内容 ······························ 234
  8.3 互联网治理 ··· 245
    8.3.1 互联网治理问题的提出 ································· 245
    8.3.2 互联网治理的定义和内容体系 ························ 247
    8.3.3 互联网治理的方式与手段 ······························ 247
  8.4 数据治理 ·· 248
    8.4.1 数据治理的内容 ··· 248
    8.4.2 数据治理的欧盟模式和美国模式 ····················· 250
    8.4.3 我国数据治理的发展进程 ······························ 255
 本章小结 ··· 257
 复习思考题 ··· 258

参考文献 ··· 259

第1章 信息通信业：界定与发展

1.1 信息通信业概述

1.1.1 信息与通信

当代科学哲学认为，信息与物质、能量为构成世界的三大要素。各学科领域的学者从不同的角度研究信息，给出了不同的定义，其中较有代表性的几个定义如下：

① 从哲学的角度来看，信息是关于事物及其运动的状态和规律的表征，是反映物质世界本质联系的最基本的概念。

② 在信息论中，克劳德·香农①将信息定义为"消除不确定性的东西"，即令信息接收者对事物的认识由未知转变为已知的要素。

③ 在控制论中，诺伯特·维纳②认为信息是人们在适应外部世界，并使这种适应反作用于外部世界的过程中，同外部世界交换内容的名称，同时他还指出信息就是信息，不是物质，也不是能量，它表现了物质和能量在时间、空间上的不均匀分布。

④ 在系统论中，以信息论为基础，信息引申为确定性的增加，又称为负熵（熵是对客观事物混乱程度的测量，对无序状态的描述），是系统形成开放状态、有序状态的基本条件。

由以上定义可知，信息是一个十分抽象的概念，它并非一个实体，而是消息、情报、信号中包含的内容，可以以声音、文字、图像、符号、气味等形式呈现，从而使得人们可以通过听觉、视觉、嗅觉、触觉等感官接收信息。

信息是在客观世界中普遍存在的，万事万物都蕴含信息。日月星辰的物质组成、运动轨迹是信息，山川河流的位置和形态是信息，生命体的基因序列、体态特征、行为习性是信息，人类社会的历史事件、实时动态、运行规则当然也是信息。因此从广义来说，自然与社会中的万事万物都是信息的载体。人类作为智慧生物有意识地认识自然、改造自然的过程，就是不断地从万事万物中提取、记录、分析信息，并将其转化为可供利用的知识的过程。现代信息理论对信息加以简化、精炼，并以"比特"度量信息，不仅使人们愈加深入地理解信息的本

---

① 克劳德·香农（Claude E. Shannon，1916—2001年），美国数学家，信息论的创始人。
② 诺伯特·维纳（Norbert Wiener，1894—1964年），美国数学家，控制论的创始人。

质,还渗透到各个学科领域,从而改变着各个学科的面貌,甚至改变着人们的世界观:万物源于比特[①]。

在这样一个满载信息的世界,信息的交换广泛地存在于人与人之间、人与事物之间以及各种事物之间。正如信息论对信息的定义所言,信息的价值在于消除不确定性,令信息接收者对事物的认识从未知变为已知,这一价值是通过信息的传递、交换实现的。

人的社会属性决定了信息交流是人的基本需求。近距离、可接触的信息交换往往依靠人自身的感官即可完成,而要实现远距离信息交换,则需要借助工具和设施,因此,人们通常所指的通信是指利用某种工具或设施,通过一定的媒介进行非面对面的、有距离阻隔的信息传递和交流活动。远古时期,人类就通过鼓声、火光等远距离传达简单的讯号,为了记录和传递信息,语言和文字应运而生。伴随着技术进步,人们处理信息的手段越来越高级,通信范围愈加扩大,通信内容也愈加丰富,先后出现了两种通信形式:一是以实物为载体传递信息的通信形式,称为邮政通信;二是利用电磁系统、光电系统传递信息的通信形式,称为电信通信(简称电信)。

1.1.2 信息通信业的界定

以信息为对象,人们可以实施创造、采集、记录、传递、存储、检索、筛选、分析、评价、发布等一系列活动,而其中的信息传递环节最早形成了专门的行业,即通信业。

人类的社会活动中需要不断进行信息交换,通信范围是制约人们活动范围的关键因素,随着人类社会结构的日渐复杂,人们对通信的需求也在逐渐增加。于是在奴隶制国家建立之后,有组织、有规模的通信活动随之出现,统治者建立专门的机构,为其准备场地,配备人员、马匹等,将其专门用于传递政令、军情,以满足统治需要,这就是古代邮驿系统。通信活动的组织程度、发展水平与国家经济的发展水平息息相关,国力越强,通信系统就越发达。例如,我国唐朝时的通信系统就非常先进,有文字这样记载当时的邮驿系统:"建有驿舍,拨有驿田,配有驿夫,备有驿符,订有驿律",这表明当时的邮驿系统不仅具备固定的运行场地、资产和人员,并且有明确的法规制度,其组织管理水平可见一斑。

古代邮驿系统是各国军事和行政机构的一部分,只供政府专用,普通民众最初只能依靠熟人或者商旅捎带信息,或派专人递送信息,民间通信并没有形成良好的组织。直到14~16世纪,资本主义生产关系在欧洲逐步建立,社会各阶层对通信的需求日益增多,刺激了私营邮递事业的发展。17世纪,英、法等国家把政府专用和民间经营的邮递组织结合起来,创立了国家专营的邮政事业,既满足了政府的通信需要,又能为公众服务,国家开始发行邮票,将其作为预付邮费凭证。自此,有组织地向社会提供通信服务的通信业开始形成。

早期的通信业受制于生产力水平,依靠人员、马匹提供以信函业务为主的邮政通信服务。在第一次工业革命之后,蒸汽机、内燃机相继被发明,采用新型动力的火车、轮船、汽车出现,为邮政通信提供了运载速度更快、运载能力更强、运载距离更长的交通工具,扩大了邮政服务范围。

19世纪70年代开始的第二次工业革命令人类社会进入"电气时代",基于电的应用和

---

① 格雷克. 信息简史[M]. 高博,译. 北京:人民邮电出版社,2013.

电磁技术的发展，电报和电话相继被发明并得到广泛应用，将人类的通信带入电信时代。与邮政通信相比，电信通信更加快速高效，其优势非常明显。20世纪中期，信息技术革命拉开帷幕，电信通信方式不断创新，服务能力不断增强，移动通信、数据通信相继出现，结束了以电话通信为主的一元化时代，而20世纪70年代数字技术和计算机技术的进一步发展，使得通信方式由多元化走向综合化。20世纪末期，电信已取代邮政成为社会大众主要的通信方式，专门从事电信通信经营活动的企业更多了，通信业的规模不断发展壮大。

在这一发展过程中，通信业所提供的服务内容越来越丰富。在电信服务以电话业务为主的时代，服务功能聚焦于信息传递，通信业的范围边界相对比较清晰。但在20世纪末期，伴随着互联网的普及，通信企业提供的服务越来越多地包含内容创作整合、信息检索、信息处理与应用等，并且新兴的互联网公司加入通信业，其在提供网络信息服务的同时，还通过电子邮件、即时通信软件等方式满足传统的通信需求，这使得通信业的边界开始变得模糊。在信息化、网络化、数字化的大背景下，通信成为各种信息活动中不可缺少的环节，与信息的收集、提取、加工、分析、发布等各类活动深度融合，相应地，通信业所提供的服务范围扩大，逐步涵盖了信息活动的全过程。

基于以上对通信业的产生、发展以及扩张过程的简要描述，本书用"信息通信业"来描述以通信为基础、围绕信息活动向社会大众提供服务的专门行业。在此，"信息活动"是指人类社会围绕信息资源的形成、传递和利用而开展的活动，从过程上看，可以分为两个阶段：一是信息资源的形成阶段，包括信息的产生、记录、传播、采集、筛选、存储、加工，其目的在于形成可供利用的信息资源；二是信息资源的开发利用阶段，包括对信息的检索、传递、吸收、分析、选择、评价、利用等活动，其目的是实现信息资源的价值。信息通信业提供的服务使得人们能够更加高效、便捷地开展信息活动。在经济体系中，"行业"是指一类具有相同特性或提供同类产品/服务的企业集合，因此信息通信业是由信息通信企业构成的集合。

值得注意的是，在实践中人们常常将信息通信与产业联系起来。与行业相比，产业的概念范围更大、着眼点更高，其含义可以分为两个层面：一个层面着眼于生产力布局的宏观产业，如第一产业、第二产业、第三产业；另一个层面是围绕某一技术或产品领域形成的特定产业，如新能源产业、大数据产业、人工智能产业等，关注的是特定领域中涵盖技术开发、产品制造以及服务提供等全产业链活动的企业及其他相关组织的集合体。不论从哪个层面来看，产业的范围都大于行业，一个产业往往包括多个行业。本书中的信息通信业是指信息通信服务行业，但一个行业的发展必然不可能孤立于其他行业，从产业层面关注信息通信全产业链的整体（如本书第4章讨论信息通信产业生态系统），是研究行业管理和企业管理问题的重要视角。

1.1.3 信息通信业的产业属性

当前，国际组织和世界各国普遍采用三次产业分类法作为国民经济结构分类和统计方法的基础，并以此为依据制定产业政策，指导产业发展。三次产业分类法主要以经济活动与自然界的关系为标准，将全部经济活动划分为三大类：第一产业、第二产业、第三产业。第一产业的产品直接取自自然界，包括农业、畜牧业、狩猎业、渔业和林业，第二产业对取自自然界的资源进行加工和再加工，包括制造业、采掘业、矿业和建筑业，第三产业一般不直接创造物质资料，但对第一产业、第二产业提供生产性作业或服务，包括运输业、仓储业、金融业、房地产业、旅游业、饮食文化业、教育科研业、新闻传播业、公共行政业、国防业、娱乐业、生活服务业等。

简单而言,第一产业是广义的农业,第二产业是广义的工业,第三产业则是广义的服务业。

按照三次产业分类法,本书讨论的信息通信业属于第三产业,原因在于其生产的目的或成果不是制造出有形的物品,而是提供一种服务或劳务,即实现劳动对象(即信息或信息载体)的空间位移,这符合第三产业的分类标准。

在第二次世界大战之后,伴随着信息革命的推进,以信息生产、流通、加工和分配为中心,以信息产品和信息服务为产出的信息产业在现代经济中的影响日渐突出,许多国家纷纷开展对信息经济的研究,由此提出了将信息业单独划分出来的四次产业分类法。

提出四次产业分类法的是美国经济学家马克·尤里·波拉特(参见补充阅读资料"波拉特对信息产业和信息职业的划分"),他在三次产业分类法的基础上,将信息业增加为第四产业,将社会经济部门划分为农业、工业、服务业和信息业,并进一步根据信息产品或服务是否进入市场交易,将信息业划分为第一信息部门和第二信息部门。四次产业分类法的提出引起了世界各国的关注和响应,推动了对信息经济更为准确的测度和研究,也使各国开始围绕信息业制定政策和发展战略。

补充阅读资料

波拉特对信息产业和信息职业的划分

波拉特有关信息经济的研究工作是引人注目的,其1977年出版的9卷本《信息经济》(*The Information Economy*)成为世界各国信息经济学研究以及信息经济测度的典范之一。在第一卷《信息经济:定义与测量》中,波拉特系统地提出了信息经济测算方法。

为将信息经济活动进行剥离和量化,波拉特将信息业划分为第一信息部门和第二信息部门,其中第一信息部门是指直接向市场提供信息产品和信息服务的部门,第二信息部门是指只为企业或单位内部提供信息产品或信息劳务,不进入市场的信息部门,其具体内容如表1-1所示。

表1-1 第一信息部门和第二信息部门

第一信息部门包含的产业	第二信息部门包含的活动
知识生产和发明性产业	研究开发
信息交流和通信产业	经营管理
风险管理业	广告事务
调查和协调性产业	电子数据处理
信息处理和传递服务(包括电子和非电子手段)业	文字处理、复印、印刷、邮递
信息商品产业	会计事务
邮政或教育事业	法律事务
用于办公或教育事业的基础设施产业	知识产权管理
	资料检索与管理、档案管理

另外,波拉特把信息工作者分为以下三大类。

> ① 信息市场工作者(markets for information),其首要活动是生产并出售信息产品,包括知识生产者(科技工作者、私人信息服务提供者)和知识分配者(教育工作者、公共信息传播者、新闻工作者)。
> ② 市场信息工作者(information in markets),包括信息收集人员、调查人员、经纪人、计划管理人员、非电子和电子信息处理人员。
> ③ 信息基础设施工作者,包括电子和非电子的信息设备操作运行人员。
> 波拉特对信息活动的划分打破了传统的三次产业划分的边界,通过定义第二信息部门剥离了非信息企业中的信息活动,更为全面地概括了信息产业的活动形式。
> 资料来源:
> 黄秀清,吴洪. 通信经济学[M]. 3版. 北京:北京邮电大学出版社,2012.

在四次产业分类法中,界定信息产业包含的行业范围和类型是一个关键问题。尽管世界各国对于信息产业的范围界定并没有达成统一,但无论在哪个国家,通信业归属于信息产业都不存在争议。例如,经济合作与发展组织(OECD, Organization for Economic Cooperation and Development)提出信息产业包括信息通信技术制造业、信息通信技术贸易产业、信息通信技术服务业、内容和媒介产业,其中信息通信技术服务业基本与本书所讨论的信息通信业相对应。国家统计局于2004年印发《统计上划分信息相关产业暂行规定》,明确信息相关产业的主要活动包括:①电子通信设备的生产、销售和租赁活动;②计算机设备的生产、销售和租赁活动;③用于观察、测量和记录事物现象的电子设备、元件的生产活动;④电子信息的传播服务;⑤电子信息的加工、处理和管理服务;⑥可通过电子技术进行加工、制作、传播和管理的信息文化产品的服务。信息通信业主要从事上述第4、5项活动,在一定程度上涉及第6项服务。可见,无论是传统的单纯从事信息传递的通信业,还是延伸到信息服务领域的扩大化的信息通信业,都是信息产业的重要组成部分。

1.1.4 信息通信业的经济特点

信息通信业的经济特点是由其生产技术特点所决定的,从不同的角度加以考察,可以发现信息通信业具有多方面的经济特点,这些特点又进一步影响着相关产业的政策、市场竞争环境和企业的经营活动。

1. 产品服务性

信息通信业属于服务行业,因而其提供的产品具有服务的一般特性,具体表现在无形性、异质性、生产过程与消费过程不可分离、不可存储性和无所有权转移5个方面。

① 无形性。信息通信服务不像实体产品那样能够看得见、摸得着,人们虽然可以感知服务的优劣,但不能够确切地触摸服务产品。例如,在接听电话过程中,用户只能够感受到信息发生转移的结果,而对信息本身及其传递过程无法感知和触摸。

② 异质性。服务的异质性主要表现在服务体验、服务质量的异变性。当一件有形产品被制造完成之后,其部分质量属性(如颜色、形状、重量等)就已确定,不会因使用者的不同而发生改变。而服务则不然,每一次服务都是一个过程,服务提供者、客户以及环境因素都有

可能影响服务过程。同一信息通信服务提供者在不同的时间、不同的情境环境下提供的服务会存在差别,客户自身的因素(包括知识水平、兴趣爱好、行为习惯等)也会直接影响服务的质量和体验。

③ 生产过程与消费过程不可分离。大多数有形的产品都是先生产,然后进行销售和消费,而服务的生产过程和消费过程同时进行,即服务提供者为顾客提供服务的时刻,也正是顾客消费服务的时刻,二者在时间上不可分离,信息通信服务过程也是如此。

④ 不可储存性。服务的不可储存性是由服务的无形性以及生产与消费过程不可分离的性质决定的,生产的开始和结束就是用户消费的开始和结束,因此不存在储存、转售和退回的问题。这往往造成服务供给与需求的矛盾,无论用户需求有多少,在短期内生产能力是确定的。需求不足会导致生产能力浪费,而需求过多又会导致生产能力不足或服务质量下降。

⑤ 无所有权转移。服务过程不涉及任何所有权的转移,无论是生产过程还是消费过程。由于服务是无形的和不可储存的,信息通信服务在交易结束后随即消失,用户并没有实质地拥有任何新的实物产品。

上述特点决定了信息通信企业的经营管理需遵循服务业管理的一般规律,服务业企业的产品设计、产出评价和质量控制等方法与制造业企业存在很大差异。例如,信息通信服务的生产组织取决于用户的需求,用户的需求存在很大的不确定性和波动性,也无法利用库存来调节供需矛盾,因此信息通信企业在进行生产能力的规划时需要预测需求的峰谷波动,且需要具备一定的动态调节能力,即使出现高峰需求也应保障服务质量。再如,服务业企业与客户的关系也与制造业企业不同,客户直接参与信息通信企业的生产过程,对于信息通信企业而言,与客户建立紧密的关系并对客户关系进行有效管理,对于提高服务质量、提升运营效率将起到重要作用。

2. 基础设施性

作为服务业的组成部分之一,信息通信业还具备不同于其他服务行业的特殊性,这主要表现在其基础设施地位。

所谓基础设施,是指为社会生产和居民生活提供公共服务的物质工程设施,是用于保障国家或地区社会经济活动正常进行的公共服务系统,它是社会赖以生存发展的一般物质条件。一般而言,基础设施可分为两大类:一是经济性基础设施,指的是公路、铁路、机场、通信、水电、煤气等物理性基础设施;二是教育、科技、医疗卫生、体育、文化等社会事业的社会性基础设施。信息通信技术属于一种通用目的技术,顺畅地传递信息是个人、团体、国家的基本需求,而且高效的通信具有加速科技传播、促进创新、提高整个国家的劳动生产率、影响国家整体经济的能力。因此,建设和运营信息基础设施、为社会提供服务的现代信息通信业,成为许多国家,特别是发展中国家国民经济中的先导性产业。

正是由于信息通信业的这种基础设施地位,信息通信企业应提供7(天)×24(小时)的全天候服务,保证人们随时能够使用基础通信业务。许多国家因此提出了"电信普遍服务"的政策要求。20世纪80年代末,OECD的《普遍服务和电信资费改革》报告给出了电信普遍服务的定义:"任何人在任何地点都能以承担得起的价格享受电信服务,而且业务质量和资费标准一视同仁。"由于地区经济发展和通信发展水平之间的差异,在世界范围内人们对通信业(包括邮政通信和电信通信)的普遍服务的理解在服务内容和范围上存在较大的差异,但是对其中的核心含义(如可获得性、可购买性、非歧视性及质量的无差异性)已基本达成共识,在电信业服务内容不断丰富的同时,普遍服务的业务范围也在扩展。作为社会基础设施,信息通信业如果不能面向社会大众提供普遍服务,人们在获取、传递、利用信息和知识方面就会拉开差距,而且由于信息技术对经济、教育、文化的巨大推动作用,这种差距会进一步扩大经济差距。因此,普遍服务政策是信息通信行业政策中的一项重要内容,需要设计合理的普遍服务实施机制,并将其与企业市场化经营相配合,以达到普遍服务要求。

3. 规模经济性和范围经济性

信息通信服务的提供需要依托一定的地域范围和一定规模的网络设施,建设信息通信网络需要大量的固定资产投资,而若网络建成,那么在网络容量范围内,业务量增加时相应地只需增加很少的投入。因此,信息通信业运营具有固定成本高而变动成本低的特点,规模经济性与范围经济性就与这种成本结构特点有关。

(1) 规模经济性

规模经济性是指这样一种经济特征:在一定的市场需求范围内,企业单位成本随着生产规模的扩大而减少,因而其收益是随着生产规模的扩大而递增的。对于具有规模经济性的生产活动,在增加投入要素数量的过程中,产出增加的比例超过投入增加的比例,产品的平均成本随着产量的增加而下降。规模经济性通常是由巨大的固定成本和相对较少的变动成本造成的,因此随着产出量的增加,平均成本会不断下降,且规模大小差异所带来的平均成本差异会非常大。网络产业(如电信、电力、自来水、燃气等产业)都具有这个特征。

由于规模经济性的存在,在通信业发展初期,业内很难维持多家企业同时生存。多个运营企业同时经营势必导致用户分散,致使各企业都无法快速达到规模经济的盈亏点,从而造成整个行业的效益损失,同时也会导致重复建设和资源浪费。当然,规模经济性的存在也会使新进入市场的运营商很难与一个已经达到规模经济的运营商进行竞争,从而被排挤在市场之外。

(2) 范围经济性

规模经济性研究的是企业生产单一产品的情况,而范围经济性研究的是企业生产多种产品的情况。

范围经济指的是当一个企业从只生产一种产品转而生产多种产品时,也就是当企业的生产经营范围扩大时,平均成本下降的现象。若企业联合生产多种产品时的总成本,低于各企业分别生产这些产品时的成本之和,那么联合生产就存在范围经济性。

对信息通信业来讲,利用一个综合网络提供语音、数据、视频等多种业务,肯定比独立建网分别提供各种业务的网络成本低;基于原有网络提供一项新业务,肯定比单独建网提供一项新业务的成本低。信息通信网络中的大量设施是可以由多种业务共用的,因而信息通信业体现了明显的范围经济性。

4. 网络外部性

外部性是经济学中的一个常用术语,当一种生产或消费活动对其他生产或消费活动产生了不反映在市场价格中的间接效应时,就产生了外部性。这种外部性若是由生产活动引发的,称为生产的外部性;若是由消费活动引发的,则称为消费的外部性。

网络外部性是由消费活动产生的外部性,是指在使用同一产品或服务的用户数量发生变化时,每个用户从消费此产品或服务中所获得的效用会发生变化的现象。一种产品对用户的价值随着采用相同产品或可兼容产品的用户数量的增加而增加,反映出的是正的网络外部性。以电子邮件通信为例,使用它的人越多,它的价值就越高,因为当有新用户加入时,所有老用户都可以扩大通信范围,从而获益。梅特卡夫定律指出,网络的价值与加入网络的节点数的平方成正比,网络中用户数越多,其为每个人带来的价值越大。该定律衡量的是网络价值,但所描述的是网络外部性现象。在理论研究和实践中,虽然人们更多地关注正的网络外部性,但负的网络外部性也是存在的。例如,同时使用业务的用户过多造成网络拥塞,从而令所有人的网络访问体验变差,就是一种负的网络外部性表现。

网络外部性的产生源于消费者消费行为方面的相互依存性和配套产品之间的互补性,由此产生了直接网络外部性和间接网络外部性。

直接的网络外部性是指相同产品的消费者人数增加对产品价值带来的直接影响,这与消费行为的依存性密切相关,这一点在通信服务中表现非常明显。通信本身就意味着双方或多方之间要进行信息交流,因此要使用通信服务必然意味着不同用户之间要进行互动,每个用户能够通信的对象多少或通信的范围大小取决于网络中用户的数量。

间接的网络外部是指某产品需要配套互补产品,随着该产品使用者数量的增加,将会出现种类更多、价格更低的互补产品,从而间接提高了该产品的价值,令消费者更乐于购买该产品。例如,5G(第五代移动通信系统)业务与移动互联网应用之间就是互补产品的关系,有更多用户选择 5G 业务会吸引更多软件公司开发 5G 网络支持的高端移动互联网应用,这提高了用户使用 5G 业务时所获得的价值。

网络外部性的存在使得产品的价值不再仅仅基于产品本身,而是逐渐外延至整个产品网络。在这样的前提下,企业的竞争策略必须对此加以考虑,取得更大用户规模的企业有可能由此建立非常高的优势地位,甚至有可能出现强者越强、其主导地位难以撼动的局面。

5. 自然垄断性

自然垄断是指某些产品和服务由单个企业垄断经营比由多个企业同时生产经营对全社会而言更有效率的现象。

这一概念源于西方经济学,最早由著名古典经济学家约翰·穆勒于 1848 年提出。1982年,肯尼斯·克拉克森和罗杰·米勒提出规模经济导致自然垄断产生的理论,认为自然垄断的基本特征是生产函数呈现规模报酬递增状态,即平均成本随着产量的增加而递减,因此由一家企业生产某产品会比由多家企业生产该产品的效率更高、成本更低。之后保罗·萨缪尔森和约瑟夫·斯蒂格利茨分别进一步阐述了这一理论,提出当企业有一直下降的平均成本曲线和边际成本曲线,并具有持续递增的规模收益时,自然垄断就会产生。可见,自然垄断与相对于市场需求的企业成本结构有关。传统电信行业由于其在技术、成本等方面的特点,具有显著的规模经济性,被认为是自然垄断行业。萨缪尔森曾对国民经济各行业的自然垄断强度做过实证分析研究,其研究结果表明,在所有行业中,自然垄断强度排名第一的是本地电话服务行业,排名第二的是电力行业,排名第三的是铁路行业、飞机制造行业等。萨缪尔森甚至把本地电话服务行业列为"极端自然垄断"的行业。

在实践中,许多国家的通信业被当作自然垄断行业,实行垄断经营,这一局面一直持续到 20 世纪 80 年代。20 世纪 60 年代至 70 年代,随着技术的进步、经济复杂度的提高和市场规模的扩张,自然垄断从实践到理论都开始受到冲击。受管制的垄断公司开始受到来自新兴公司的竞争冲击,使人们开始产生如下疑问:这样的行业是否还满足自然垄断的条件,规模经济是不是自然垄断的唯一相关属性。为此,研究者进一步发展了自然垄断理论,威廉·鲍莫尔等经济学家提出了成本次可加(或成本弱增性)理论,认为自然垄断的最显著特征是成本函数的次可加性,这是形成自然垄断的必然条件,但在实践中,要证明成本函数的次可加性并不容易。

尽管自然垄断理论受到了冲击,但信息通信网络的规模经济性、范围经济性特征,信息通信服务的网络外部性特征确实都会在一定程度上影响竞争,不排除由于通信网络的地域覆盖特点以及部分资源的有限性,部分地域的信息通信市场仍然表现出自然垄断的特点,在新型的互联网业务领域也往往形成"一家独大"的局面,这对维持信息通信行业有效竞争的产业政策提出了现实的要求。

1.2 信息通信与社会发展

信息通信业的产生和发展,是为了满足人们相互交往和不断交流信息的需要,信息交换方式的进步和信息量的增加,是人类社会生产力发展和社会分工的结果。信息本身就蕴藏着巨大价值,围绕信息资源的建设、开发和利用形成了许多新经济现象。高效的信息通信方式不但有助于加速资源流动,提升效率,节约成本,促进国际交流合作,推动人类自身发展,而且推动了社会的更深层次变革,由此诞生了信息经济、信息社会、知识经济、网络经济、数字经济等众多新概念。21世纪以来,建设信息社会、发展数字经济成为世界各国发展战略中的重要内容(参见补充阅读资料"从信息化战略到数字经济战略:我国政策体系概要")。

补充阅读资料

从信息化战略到数字经济战略:我国政策体系概要

建设信息社会、发展数字经济,是20世纪90年代以来,世界各国达成一致的经济发展及社会进步的总体方向,我国政策体系也完成了从信息化到数字化的演变,大致可以分为信息化时期、"互联网+"时期和数字经济时期3个阶段。

(1)"九五"时期—"十一五"时期(1996—2010年):信息化时期

20世纪90年代初,美国率先实施"信息高速公路计划",我国政府也开始将信息化纳入国家战略,1997年开始建设的"三金"工程标志着国家层面信息化建设的开始。随后在"十五"到"十二五"时期,我国陆续发布了实施信息化战略的一系列重要政策文件,包括《国民经济和社会发展第十个五年计划信息化重点专项规划》(2002年)、《2006—2020年国家信息化发展战略》(2006年)、《信息产业科技发展"十一五"规划和2020年中长期规划纲要》(2006年)等,这些纲领性文件明确了信息化概念、战略目标和各阶段重点工作。

在这一阶段,我国战略政策的关注点主要集中于信息时代的数字产业化上,着力推动信息通信基础设施建设、提升信息通信服务水平、促进信息核心技术领域自主创新、提高信息产业竞争力、加强信息人才培养和信息安全保障等方面。

(2)"十二五"时期—"十三五"时期(2011—2020年):"互联网+"时期

"十二五"时期,随着云计算、物联网、大数据等新技术的发展,数字化应用创新活跃,我国相关政策开始向产业数字化领域扩展。

"十二五"—"十三五"时期发布的《信息化发展规划》(2013年)、《信息化和工业化深度融合专项行动计划(2013—2018年)》(2013年)、《国务院关于积极推进"互联网+"行动的指导意见》(2015年)、《促进大数据发展行动纲要》(2015年)、《"十三五"国家信息化规划》(2016年)等政策文件,在继续推进数字产业化的同时,还强调深化农业、工业、服务业的信息化应用,推动普及电子政务应用,关注"互联网+"新经济形态,明确数据成为国家基础性战略资源,开始着力培育新兴业态,推动经济转型。

(3)"十四五"时期(2021年至今):数字经济时期

"十四五"以来,我国开始明确围绕数字经济进行顶层设计和战略规划。2021年出台的《数字经济及其核心产业分类(2021)》界定了数字经济产业统计范围,为科学制定数字经济发展规划奠定了基础。

2021年12月,国务院印发《"十四五"数字经济发展规划》,明确提出了我国数字经济的总体发展目标,并从"优化升级数字基础设施""充分发挥数据要素作用""大力推进产业数字化转型""加快推动数字产业化""持续提升公共服务数字化水平""健全完善数字经济治理体系""着力强化数字经济安全体系""有效拓展数字经济国际合作"8个方面明确了主要任务和保障措施。

2022年10月,党的二十大报告进一步强调"加快发展数字经济,促进数字经济和实体经济深度融合,打造具有国际竞争力的数字产业集群"的任务,数字经济成为我国构建新发展格局、推动高质量增长的重要内容。

2023年2月,中共中央、国务院印发《数字中国建设整体布局规划》,这标志着数字经济被放到更重要的位置,该文件提出了"2522"数字中国建设的整体框架,完成了我国数字经济发展路径的顶层布局设计。

资料来源:
[1] 黄秀清,吴洪. 通信经济学[M]. 3版. 北京:北京邮电大学出版社,2012.
[2] 陈小磊. 中国信息化发展政策演化的轨迹研究[J]. 农业图书情报学刊,2013,25(6):14-17.
[3] 裴雷,张奇萍,李向举,等. 中国信息化政策扩散中的政策主题跟踪研究[J]. 图书与情报,2016(6):63-71.
[4] 王伟玲,王晶. 我国数字经济发展的趋势与推动政策研究[J]. 经济纵横,2019(1):69-75.
[5] 李刚,周鸣乐,李敏. 数字经济概论[M]. 北京:清华大学出版社,2023.
[6] 白津夫. 关于数字经济的几个基本问题[J]. 北京社会科学,2023(4):84-93.

1.2.1 信息化与信息社会

第二次世界大战之后,伴随着信息技术领域创新的活跃,人类社会进入一个重要的变革阶段,基于信息技术发展壮大的信息文明与工业文明相互交融,不断产生新的生产方式和生活状态。在这一阶段,各国学者提出了许多新的概念,如信息革命、信息产业、信息经济、信息社会、信息时代、信息化等。我国曾广泛使用"信息化"一词描述这一变革阶段,而变革的发展方向则是依托信息产业发展信息经济,令人类整体走向信息社会。

20世纪60年代,西方学者就开始了对信息产业和信息社会的研究。1962年,美国普林斯顿大学的经济学家费里茨·马克卢普教授在《美国的知识生产与分配》一书中提出了知识产业概念,这个概念虽然与信息产业概念在边界范围上有所出入,但基本上反映了信息产业的主要特征。同一时期,日本各界也围绕未来社会展开了激烈讨论,1963年1月,日本学者梅卓忠夫发表了《论情报产业》一文,提出了"情报产业"概念,认为产业结构变动过程类似于生物进化过程,与信息流动、知识创造相联系的信息产业在农业、工业发展到一定水平后会迅速发展起来,成为社会的感觉器官、神经系统和大脑,推动社会前进,这与信息产业的概念很相近。随后,日本掀起了研究情报产业相关概念的一次热潮。1977年,美国经济学家马克·尤里·波拉特受美国商务部委托,研究出版了《信息经济:定义与测量》,系统地提出了关于信息产业经济分析的基本概念和整体框架,为信息经济研究奠定了基础,也使世界各国学者对国民经济产业结构有了一个再认识的过程。

信息社会的概念源于美国著名社会学家丹尼尔·贝尔提出的"后工业化社会"。这一概念第一次出现于1959年的一次学术讨论会上,当时丹尼尔·贝尔提出"后工业社会"这个概念只是基于对社会产业结构变化特征的一种观察和认识,其目的是描述"从产品生产的阶段过渡到了服务性社会阶段(新的社会阶段)"。其后丹尼尔·贝尔不断研究并完善"后工业社会"概念,于1973年出版了《后工业社会的来临:对社会预测的一项探索》一书,系统地阐述了这一思想体系,对"后工业社会"概念做了解释。"后工业社会"概念是一个广泛的概括,为了易于理解,可从以下5个方面来说明这个术语:①经济方面:从产品生产经济转变为服务性经济;②职业分布方面:专业与技术人员处于主导地位;③中轴原理方面:知识处于中心地位,是社会革新与制定政策的源泉;④未来的方向方面:发展控制技术、对技术进行鉴定;⑤制定决策方面:创造新的智能技术。《后工业社会的来临:对社会预测的一项探索》描述了信息社会的基本轮廓,构建了信息社会的基本骨架。

阿尔文·托夫勒于1980年出版了《第三次浪潮》,阐述了社会面临"第三次浪潮"时的深刻变化,让信息社会的概念引起了世界性关注。西蒙·诺拉和阿兰·孟克于1980年提交了法国社会信息化的报告,讨论了信息社会的社会模式、结构和信息化政策。美国学者约翰·奈斯比特在其1982年出版的《大趋势——改变我们生活的十个新走向》一书中提出:"我们仍然认为自己生活在工业社会里,但是事实上我们已经迈入了一个以创造和分配信息为主的经济社会。"他认为,信息社会始于1956—1957年,其主要标志有两个:一是1956年美国历史上第一次从事脑力劳动的白领数量超过从事体力劳动的蓝领数量;二是1957年苏联发射了第一颗人造卫星,开辟了全球卫星通信时代,使地球缩小成一个"村庄"。在信息社会里,知识生产力已经成为生产力、竞争力和经济成就的关键因素。知识产业已经成为主要的产业,这个产业提供经济社会生产所需的重要资源。在信息社会里,价值是不随劳动而增加的,是随知识而增加的。奈斯比特明确指出丹尼尔·贝尔提出的"后工业社会"就是信息社会,这一观点也已被信息社会的研究学者广泛接受。

至此,人们对信息社会的概念已基本取得共识:信息社会(也称为信息化社会)是在脱离工业化社会以后,信息将起主要作用的社会。在农业社会和工业社会中,物质和能源是主要资源,人们所从事的活动是大规模的物质生产活动,而在信息社会中,信息成为比物质和能源更为重要的资源,以开发和利用信息资源为目的的信息经济活动迅速增多,逐渐取代工业生产活动而成为国民经济活动的主要内容。

2001年12月21日,联合国大会通过决议,采纳国际电信联盟(ITU, International Telecommunications Union)的倡议,决定举办信息社会世界峰会(WSIS, World Summit of Information Society),就信息社会问题进行广泛讨论,在政治层面上对建设信息社会的基本问题达成初步共识。在2003年的WSIS上,日内瓦《原则宣言》庄重宣告了建设一个"以人为本、具有包容性和面向发展的信息社会"的共同愿望与承诺,并把信息社会描述成为一个"人人可以创建、获取、使用和分享信息与知识,个人、社区和各国人民均能充分发挥自己潜力并持续提高生活品质"的社会,标志着人类社会正在向信息社会的新纪元大步迈进。

根据日内瓦《原则宣言》,实现社会信息化、建设包容性信息社会的重要原则可概括为以下几方面:

① 政府以及所有利益相关方紧密协作;
② 改善信息通信基础设施的接入水平;
③ 促进信息技术和知识的获取;
④ 开展能力建设,包括个人知识技能的学习和国家信息通信技术研发能力的提高;
⑤ 增强信息通信技术使用方面的安全性与信心;
⑥ 在国际和国家各个层面创建有利环境,完善法律与政策框架;
⑦ 开发信息通信技术应用,拓宽其应用范围;
⑧ 促进和尊重文化多样性;
⑨ 支持新闻自由和信息自由的原则以及媒体独立、多元化和多样性的原则;
⑩ 解决信息社会中的道德问题,信息社会应尊重和平,坚持自由、平等、团结、宽容、责任分担和尊重自然等基本价值观;
⑪ 鼓励开展国际和区域性合作。

与信息社会、信息经济等概念相比,信息化一词更加突出了变革的渐进过程,它描述了社会整体及各个领域的信息获取、处理、传递、存储、利用的能力和水平逐步提升的过程,也包含了社会经济从以物质与能源为经济结构重心转向以信息为经济结构重心的过程。我国在《2006—2020年国家信息化发展战略》中提出,信息化是充分利用信息技术、开发利用信息资源、促进信息交流和知识共享、提高经济增长质量、推动经济社会发展转型的历史进程。可以看到,信息化不仅将带来国民经济结构的变革,也将带来社会文化生活的变革,带来新的生活方式,创造新的文化艺术形式,建立新的法律法规和规程,以及在世界范围内影响国际关系和秩序。

随着信息社会概念的日益成熟,信息社会发展进程已成为国际社会普遍关注的议题(参见补充阅读资料"ICT发展指数——衡量信息社会")。

> **补充阅读资料**
>
> ## ICT发展指数——衡量信息社会
>
> ICT发展指数（IDI，ICT Development Index）是ITU提出的用于衡量世界各国ICT（Information and Communication Technology，信息通信技术）发展水平、反映信息社会发展程度的综合评价指标。ITU在2009—2017年逐年发布《衡量信息社会报告》（*Measuring the Information Society Report*），收集世界100多个国家和地区的数据，从ICT接入、ICT使用和ICT技能3个维度，用11个指标加权计算得出IDI数值，其评价结果展现出全球信息社会发展和数字鸿沟状况。2018年，ITU对IDI的计算进行了修正，将指标更新为14个并修改了分值计算方法，在2023年恢复发布IDI报告，IDI修正前、后所使用的指标如表1-2所示。
>
> 表1-2 IDI修正前、后所使用的指标
>
> | 评价维度 | 2017年IDI指标 | 2024年IDI指标 |
> | --- | --- | --- |
> | ICT接入
（40%） | 固定电话普及率（%）
移动电话普及率（%）
互联网用户人均国际出口带宽（bit/s）
电脑家庭普及率（%）
互联网家庭普及率（%） | 3G（及4G/5G）网络覆盖人口比率（%）
固定宽带接入不同速率用户所占比率（%）
互联网用户人均国际出口带宽（bit/s）
电脑家庭普及率（%）
互联网家庭普及率（%） |
> | ICT使用
（40%） | 网民普及率（%）
固定宽带人口普及率（%）
移动宽带人口普及率（%） | 网民普及率（%）
智能电话人口普及率（%）
活跃移动宽带人口普及率（%）
户均移动宽带互联网流量（GB）
户均固定宽带互联网流量（GB） |
> | ICT技能
（20%） | 平均受教育年限（年）
中学教育毛入学率（%）
高等教育毛入学率（%） | 平均受教育年限（年）
中学教育毛入学率（%）
高等教育毛入学率（%）
拥有ICT技能的人口比例（%） |
>
> 资料来源：
> [1] ITU. The ICT development index (IDI): conceptual framework and methodology [EB/OL]. [2023-12-19]. https://www.itu.int/en/ITU-D/Statistics/Pages/publications/mis2017/methodology.aspx.
> [2] ITU. Measuring the information society report 2017 [EB/OL]. [2023-12-19]. https://www.itu.int/en/ITU-D/Statistics/Pages/publications/mis2017.aspx.
> [3] ITU. The ICT development index (IDI): methodology, indicators and definitions [EB/OL]. [2023-12-19]. https://www.itu.int/en/ITU-D/Statistics/Documents/statistics/ITU_ICT％20Development％20Index.pdf.

1.2.2 数字经济时代

数字经济这一概念比信息社会概念略晚出现,通常认为其最早是由美国学者唐·泰普斯科特在1995年出版的《数字经济》[①]一书中正式提出的。此后,美国政府部门陆续发布《浮现中的数字经济》《新兴的数字经济1999》《数字经济2000》《数字经济2002》和《数字经济2003》等报告,进一步扩大了数字经济的关注度和影响力。与信息经济相比,数字经济这一概念更突出了"新经济"特征,着重反映20世纪90年代互联网商用之后,因数字化信息技术的创新发展以及其与各产业的深度融合而孕育兴起的新经济模式。

世界各国给出的数字经济的定义不尽相同,但普遍认为数字经济蕴含巨大能量,因而各国都高度重视数字经济并竞相布局。世界贸易组织(WTO,World Trade Organization)发布的《2020年世界贸易报告:数字时代促进创新的政府政策》[②]指出,世界经济正在向数字化和信息化转变,越来越多的国家采取"新产业政策",推出旨在提升技术、推进生产及服务数字化的经济发展规划,包括具体的数字发展计划和创新型产业发展战略。例如,美国政府是数字经济的最早倡导者之一,早在1998年就已针对数字经济和数字国家连续发布重磅报告,后又陆续发布《联邦大数据研究和发展战略规划》《联邦数据战略2020年行动计划》等,聚焦数字经济前沿技术,构建数据驱动的国家战略体系。欧盟相继推出"单一数字市场战略"(2015年)、《塑造欧洲的数字未来》(2020年)、《2030数字指南针:欧洲数字十年之路》(2021年)等一系列数字化转型战略规划,旨在全面打造全球数据赋能社会的典范。阿拉伯国家联盟于2018年发布"阿拉伯数字经济共同战略愿景",以此作为推动阿拉伯地区数字经济发展的指南,在这一战略指导下,多数阿拉伯国家在数字经济领域取得了显著成效。东南亚国家联盟也制定了总体规划和战略举措,加快了东南亚地区的数字经济整合和发展,东南亚各国也均出台了推动数字经济发展的相关规划与战略,这些规划和战略几乎涵盖了数字经济框架的所有领域。我国也在2015年12月正式提出"数字经济""数字中国"概念,2017年党的十九大报告以及2018年的政府工作报告进一步阐述了数字经济发展思路,并且我国于2018年8月正式出台《数字经济发展战略纲要》,2021年年底国务院印发《"十四五"数字经济发展规划》,我国在发展理念和发展实践上全面进入数字经济时代。

随着各国不断推进实践,数字经济的概念逐步成型,2016年G20杭州峰会发布《二十国集团数字经济发展与合作倡议》,为数字经济确定了一个较为权威的定义:数字经济是指以使用数字化的知识和信息作为关键生产要素、以现代信息网络作为重要载体、以信息通信技术的有效使用作为效率提升和经济结构优化的重要推动力的一系列经济活动。2021年,我国《"十四五"数字经济发展规划》将上述定义进一步明确:数字经济是继农业经济、工业经济之后的主要经济形态,是以数据资源为关键要素,以现代信息网络为主要载体,以信息通信技术融合应用、全要素数字化转型为重要推动力,促进公平与效率更加统一的新经济

---

① Tapscott D. The digital economy: promise and peril in the age of networked intelligence[M]. New York: McGraw-Hill, 1995.

② WTO. World trade report 2020: government policies to promote innovation in the digital age[R]. 2020.

形态[①]。

与信息社会的概念相比,数字经济更加强调创新、变革,颠覆了传统的经济模式。信息化时代,人们更多地利用信息技术对原有经济模式进行改造升级,以电子化手段提升经济效率。而数字经济从生产要素和生产方式两方面带来了更为深刻的变革[②],信息化时代的信息资源,在数字经济时代表现为更具体的数据资源,对数据资源的深入开发将全面支撑各行各业的精细化管理和科学决策,数据的赋能作用超越了过去信息化所追求的效率提升,新的数字化应用开始脱离原有模式,创造出新的经济形态。拿零售行业举例,信息化时代,电子商务主要实现业务从线下到线上的迁移,基本业务流程不变,但电子商务克服了空间和距离的限制,使商家得以扩大销售范围,消费者得以节省时间成本;而数字经济时代,利用电子商务平台,在积累大量消费者数据的基础上,商家可以利用数据更精准地定位消费者,解读消费者需求,并反向优化产品的设计、生产和供应链,形成新的C2B(Consumer to Business,消费者到企业)销售模式。由此可见,数字化是对信息化的升级和深化,数字经济为信息社会增加了更多创新、变革层面的内涵,近年来人们开始使用"数智化"一词来强调新时代大数据、人工智能等技术为数字化增加的"智慧化"特征。

基于对数字经济内涵的深入理解,各国都在实践和研究中不断探索发展数字经济的路径。在我国,信息通信研究院提出的数字经济"四化"框架[③]影响深远,如图1-1所示。基于生产要素创新、生产力提升和生产关系变革的视角,数字经济包括数字产业化、产业数字化、数字化治理、数据价值化。

数字产业化即数字技术产业集群形成和发展的过程,它们是数字经济发展的先导产业,为数字经济发展提供技术、产品、服务和解决方案,具体包括电子信息制造业、电信业、软件和信息技术服务业、互联网行业等。

产业数字化是数字经济发展的主阵地,是指传统实体经济产业(包括农业、工业、服务业)应用数据要素、数字技术和数智产品从而带来产出增加和效率提升(即带来边际贡献)的过程,具体包括但不限于工业互联网、智能制造、车联网、平台经济等融合型新产业、新模式、新业态。

数字化治理是数字经济健康发展的保障,是政府与其他社会治理机构运用数字技术,创新治理模式、完善治理体系、提升综合治理能力的过程,具体包括但不限于以多主体参与为典型特征的多元治理,以"数字技术+治理"为典型特征的技管结合,以及数字化公共服务等。

价值化的数据是数字经济发展的关键生产要素,数据价值化是数据要素从资源向资产、资本转化及数据产业链形成的过程,包括但不限于数据采集、数据确权、数据交易、数据保护等。

数字经济"四化"框架不仅丰富、完整了数字经济的内涵,也提供了建设数字经济的路径,成为我国制定数字经济政策的重要依据。

[①] 国务院."十四五"数字经济发展规划[EB/OL].(2022-01-12)[2023-12-20].https://www.gov.cn/zhengce/content/2022-01/12/content_5667817.htm.
[②] 魏江,刘嘉玲,刘洋.数字经济学:内涵、理论基础与重要研究议题[J].科技进步与对策,2021,38(21):1-7.
[③] 中国信息通信研究院.中国数字经济发展白皮书(2020年)[R].2020.

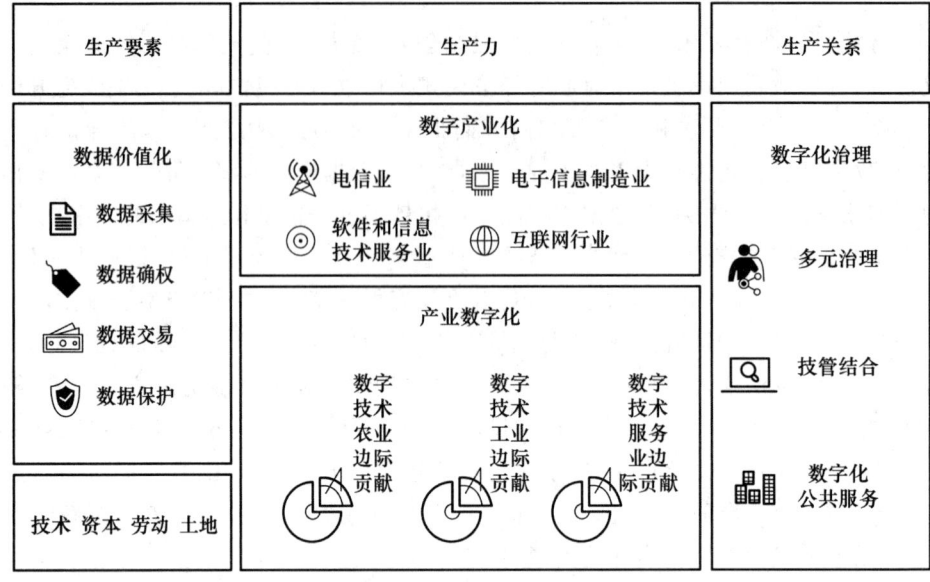

图 1-1　数字经济"四化"框架

2023年,我国《数字中国建设整体布局规划》提出了"2522"数字中国建设整体框架(如图 1-2 所示),即夯实数字基础设施和数据资源体系"两大基础",推进数字技术与经济、政治、文化、社会、生态文明建设"五位一体"深度融合,强化数字技术创新体系和数字安全屏障"两大能力",优化数字化发展的国内和国际"两个环境",该规划为我国数字经济建设描绘出了清晰的发展蓝图。

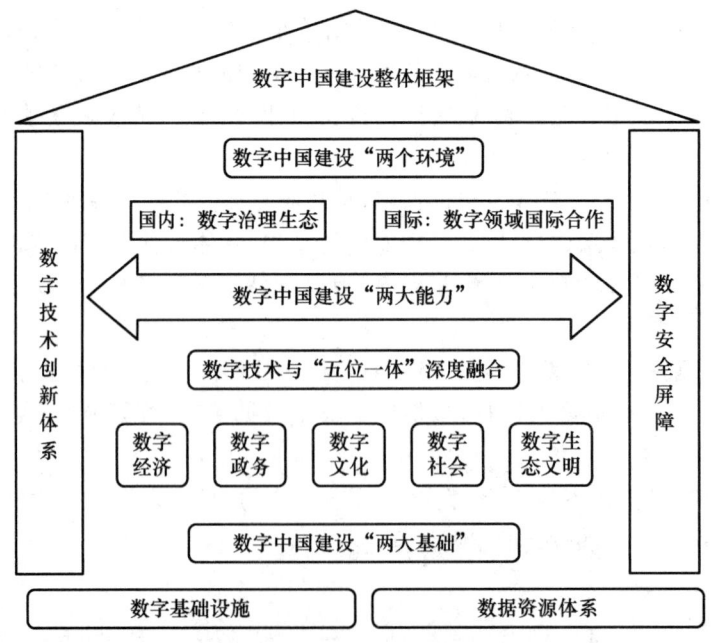

图 1-2　"2522"数字中国建设整体框架

1.3 数字经济时代的信息通信业

1.3.1 信息通信业的地位

不论是建设信息社会,还是发展数字经济,信息通信业都毫无疑问是其中的重要组成部分。

要实现社会信息化,令各种组织和个人能够有效获得和利用信息,就必须具备安全可靠的信息通信网络和丰富的信息通信技术应用,而建设运行网络基础设施、提供信息通信服务与应用,正是信息通信业所承担的主要工作。因此信息通信业的发展壮大是全面实现信息化的基础,也是推进信息化的必然结果。

数字经济时代,正如数字化、数智化是对信息化的升级和深化,数字经济中的信息通信业同样也要走向新的发展阶段。根据国家统计局发布的《数字经济及其核心产业统计分类(2021)》,数字经济产业分为数字产品制造业、数字产品服务业、数字技术应用业、数字要素驱动业和数字化效率提升业五大类。其中,前四大类为数字产业化部分,即数字经济核心产业,是指为产业数字化发展提供数字技术、产品、服务、基础设施和解决方案,以及完全依赖数字技术、数据要素的各类经济活动,是数字经济发展的基础。第五大类为产业数字化部分,是指应用数字技术和数据资源帮助传统产业实现产出增加和效率提升,是数字技术与实体经济的融合。根据数字经济产业与国民经济行业分类的对应关系,可以发现本书所讨论的信息通信业在很大程度上与数字技术应用业和数字要素驱动业相重叠,属于数字经济核心产业,表 1-3 罗列了数字技术应用业和数字要素驱动业包含的具体行业[①]。

表 1-3 数字技术应用业和数字要素驱动业包含的具体行业

数字技术应用业	数字要素驱动业
软件开发	**互联网平台**
基础软件开发	互联网生产服务平台
支撑软件开发	互联网生活服务平台
应用软件开发	互联网科技创新平台
其他软件开发	互联网公共服务平台
电信、广播电视和卫星传输服务	其他互联网平台
电信	**互联网批发零售**
广播电视传输服务	互联网批发
卫星传输服务	互联网零售
互联网相关服务	**互联网金融**
互联网接入及相关服务	网络借贷服务
互联网搜索服务	非金融机构支付服务
互联网游戏服务	金融信息服务
互联网资讯服务	

[①] 国家统计局. 数字经济及其核心产业统计分类(2021)[EB/OL]. (2021-05-27)[2023-12-19]. https://www.gov.cn/gongbao/content/2021/content_5625996.htm? eqid=cfaaa5500caa9000000066477eb2f.

续表

数字技术应用业	数字要素驱动业
互联网安全服务	数字内容与媒体
互联网数据服务	广播
其他互联网相关服务	电视
信息技术服务	影视节目制作
集成电路设计	广播电视集成播控
信息系统基础服务	电影和广播电视节目发行
物联网技术服务	电影放映
运行维护服务	录音制作
信息处理和存储支持服务	数字内容出版
信息技术咨询服务	数字广告
地理遥感信息及测绘地理信息服务	信息基础设施建设
动漫、游戏及其他数字内容服务	网络基础设施建设
其他信息技术服务业	新技术基础设施建设
其他数字技术应用业	算力基础设施建设
三维(3D)打印技术推广服务	其他信息基础设施建设
其他未列明数字技术应用业	数据资源与产权交易
	其他数字要素驱动业
	供应链管理服务
	安全系统监控服务
	数字技术研究和试验发展

表 1-3 中,电信和卫星传输服务属于传统通信服务,而互联网相关服务以及互联网平台、互联网批发零售、互联网金融则都是基于互联网提供的典型的信息通信服务,提供这些服务的行业符合本书所讨论的广义信息通信业的定义,即以通信为基础、围绕信息活动向社会大众提供服务的专门行业。互联网与媒体、娱乐等行业的深度融合,让信息通信业的边界向数字内容服务、数字广告、数字内容出版发行、影视节目播控等领域延伸。

此外,数字经济产业中的第五类数字化效率提升业涵盖智慧农业、智能制造、智能交通、智慧物流、数字金融、数字商贸、数字社会、数字政府等数字化应用场景,这些应用的实现同样以信息通信服务为基础,需要信息通信业与国民经济中的各行业深度融合,为其定制符合行业特定需求的数字化解决方案。

综上,信息通信业属于数字经济核心产业,为产业数字化提供强有力的支撑,在数字经济建设中发挥中流砥柱的作用。

1.3.2 信息通信业的主要任务

根据我国《"十四五"数字经济发展规划》以及工业和信息化部 2021 年 11 月发布的《"十四五"信息通信行业发展规划》,在数字经济时代,信息通信业承担的主要任务可以概括为两个层面:基础设施层面和服务应用层面。

1. 基础设施层面:建设、优化、运营新型数字基础设施

我国 2019 年的政府工作报告明确提出"加强新一代信息基础设施建设"(参见补充阅读

资料"我国'新基建'范围"),高速泛在、天地一体、云网融合、智能敏捷、绿色低碳、安全可控的智能化综合性数字信息基础设施,是建设数字经济的基石。信息通信相关企业特别是基础网络运营商需协同推进千兆光纤网络、5G网络、卫星互联网等基础设施建设,有序推进骨干网扩容,向以云计算数据中心为核心的云网融合架构演进,提高网络资源智能化调度能力和资源利用效能。

与传统通信网着重于传递信息不同,新型数字基础设施将承载大量数据、应用资源,必须具备高速处理海量异构数据和对数据进行深度加工的能力,为此信息通信企业需要通过优化数据中心布局,建设多层次算力设施体系,推进云网协同,实现计算资源与网络资源的优化匹配,强化算力统筹和智能调度,形成算力、算法、数据、应用资源协同的新型智能基础设施。

除推动信息通信网络基础设施的数字化升级之外,信息通信业还需为其他行业(包括农林牧渔业、制造业、能源业、交通运输业、物流行业、环保行业等)以及城市基础设施的数字化、智能化改造提供支撑,这是一个将新型智能网络基础设施与其他行业深度融合,全面提升社会基础设施的网络化、智能化、服务化、协同化水平的过程。

补充阅读资料

我国"新基建"范围

2018年12月,中央经济工作会议在北京举行,该会议明确提出"要加快5G商用步伐,加强人工智能、工业互联网、物联网等新型基础设施建设"。随后"加强新一代信息基础设施建设"被列入2019年的政府工作报告。2020年4月20日,国家发改委首次明确新型基础设施的范围。新型基础设施是以新发展理念为引领,以技术创新为驱动,以信息网络为基础,面向高质量发展需要,提供数字转型、智能升级、融合创新等服务的基础设施体系,主要包括以下3方面内容。

一是信息基础设施:主要是指基于新一代信息技术演化生成的基础设施,比如以5G、物联网、工业互联网、卫星互联网为代表的通信网络基础设施,以人工智能、云计算、区块链等为代表的新技术基础设施,以数据中心、智能计算中心为代表的算力基础设施等。

二是融合基础设施:主要是指深度应用互联网、大数据、人工智能等技术,支撑传统基础设施转型升级,进而形成的融合基础设施,比如智能交通基础设施、智慧能源基础设施等。

三是创新基础设施:主要是指支撑科学研究、技术开发、产品研制的具有公益属性的基础设施,比如重大科技基础设施、科教基础设施、产业技术创新基础设施等。

伴随着技术革命和产业变革,新型基础设施的内涵、外延在不断发生变化,将被持续跟踪研究。

资料来源:
国家发改委首次明确"新基建"范围[EB/OL]. (2020-04-20) [2023-12-19]. http://www.mofcom.gov.cn/article/i/jyjl/e/202004/20200402957398.shtml.

2. 服务应用层面：提升数字化应用服务水平

数字经济时代，信息通信行业除了要不断提高传统通信业务、基础网络服务的接入和传输速率，保障网络和服务的安全可靠，还要为社会公众和各类组织提供种类丰富、功能强大、质量稳定可靠、用户体验良好的数字化应用服务，推动数字化渗透在生活服务、生产服务及社会公共治理的方方面面。

在生活服务方面，基于新型数字基础设施，生活服务将向融合化、智能化、无人化升级。线上应用提供的购物休闲、交通出行、家居生活等各项服务，不仅愈加快捷方便，而且可通过智能人机交互、智能服务推送等方式，增强个性定制、主动服务、按需服务等功能，快速对不同用户的需求做出响应，令社会大众普遍能够享受高品质的数字生活服务。

在生产服务方面，信息通信企业将是为传统产业各类组织提供数字化解决方案的主力军，高层次的数字生产服务是推动传统产业转变经济模式的不可或缺的要素。互联网服务与其他产业融合创新，产生了平台化设计、智能化制造、网络化协同、个性化定制、服务化延伸、数字化管理等新模式、新业态，将全面改变传统产业的生产模式和资源组织方式，整体提升产业创新、管理和服务能力。

在社会公共治理方面，信息通信企业应参与数字社会、数字政府的建设，提升社会管理的精细化、智能化水平，支撑各级管理部门形成全程在线、高效便捷、精准监测、高效处置的智能管理体系，实现跨层级、跨地域、跨系统、跨部门、跨业务的公共治理协同，最终助力提升社会公共治理效能。

1.3.3 信息通信业面临的新挑战

建设信息通信网络，为社会提供稳定可靠的服务，是信息通信业一直以来承担的任务，而在数字经济时代，这两个层面的任务被赋予了更丰富的内涵、更高层次的要求（参见补充阅读资料"'十四五'时期我国信息通信行业发展主要目标"），以及新的理念和要素，因而信息通信业面临着新挑战，特别表现在开发数据要素价值、培育创新生态、弥合数字鸿沟、践行绿色发展4个方面。

补充阅读资料

"十四五"时期我国信息通信行业发展主要目标

（节选自《"十四五"信息通信行业发展规划》）

"十四五"时期我国信息通信行业发展的总体目标是：2025年，信息通信行业整体规模进一步壮大，发展质量显著提升，基本建成高速泛在、集成互联、智能绿色、安全可靠的新型数字基础设施，创新能力大幅增强，新兴业态蓬勃发展，赋能经济社会数字化转型升级的能力全面提升，成为建设制造强国、网络强国、数字中国的坚强柱石。

具体要求包括七大方面：①通信网络基础设施保持国际先进水平；②数据与算力设施服务能力显著增强；③融合基础设施建设实现重点突破；④数字化应用水平大幅提升；⑤行业治理和用户权益保障能力实现跃升；⑥网络和数据安全保障能力有效提升；⑦绿色发展水平迈上新台阶。

"十四五"时期信息通信行业发展的主要量化指标如表1-4所示。

表1-4 "十四五"时期信息通信行业发展的主要量化指标

类别	序号	指标名称	2020年	2025年	年均/累计
总体规模	1	信息通信行业收入(万亿元)	2.64	4.3	10%
	2	信息通信基础设施累计投资(万亿元)	2.5	3.7	[1.2]
	3	电信业务总量(2019年不变单价)(万亿元)	1.5*	3.7*	20%
基础设施	4	每万人拥有5G基站数(个)	5	26	[21]
	5	10G-PON及以上端口数(万个)	320	1 200	[880]
	6	数据中心算力(每秒百亿亿次浮点运算)	90	300	27%
	7	工业互联网标识解析公共服务节点数(个)	96	150	[54]
	8	移动网络IPv6流量占比(%)	17.2	70	[52.8]
	9	国际互联网出入口带宽(太比特每秒)	7.1	48	[40.9]
绿色节能	10	单位电信业务总量综合能耗下降幅度(%)	—	—	[15]
	11	新建大型和超大型数据中心运行电能利用效率(PUE)	1.4	<1.3	[>0.1]
应用普及	12	通信网络终端连接数(亿个)	32	45	7%
	13	5G用户普及率(%)	15	56	[41]
	14	千兆宽带用户数(万户)	640	6 000	56%
	15	工业互联网标识注册量(亿个)	94	500	40%
	16	5G虚拟专网数(个)	800	5 000	44%
创新发展	17	基础电信企业研发投入占收入比例(%)	3.6	4.5	[0.9]
普惠共享	18	行政村5G通达率(%)	0	80	[80]
	19	电信用户综合满意指数	81.5	>82	[>0.5]
	20	互联网信息服务投诉处理及时率(%)	80	>90	[>10]

注：①[ ]内为5年累计变化数；②带*的为连续5年累计值；③5G用户数为5G终端连接数。

资料来源：
工业和信息化部."十四五"信息通信行业发展规划[EB/OL].(2022-07-06)[2023-12-19]. https://www.miit.gov.cn/jgsj/ghs/zlygh/art/2022/art_bdf819244b074a3aa7b48b3d0985ffd6.html.

1. 开发数据要素价值

数字经济中最具时代特征的生产要素就是数据要素。海量数据蕴藏着巨大价值，数字化应用创新正是要通过激活数据要素潜能、释放海量数据蕴藏的价值来实现。为此需要加速推进数据价值化，加快数据资源化、资产化、资本化，实现对传统生产要素的深刻变革与优化重组。

信息通信企业基于已有的网络与应用平台，已经积累了相当规模的数据资源，互联网营销领域对客户提供个性化推荐以提升销量，电子商务数据、营销数据反向指导企业进行设计生产以更好地契合用户需求，这都是数据价值的初步体现。但在数据产权界定不明晰、数据交易机制不健全的情况下，数据要素无法实现有序流动，大数据产业仍然存在数据壁垒突出、各自为战的问题。此外,在我国生产消费的各个环节中,沉淀了大量生产、消费、流通数据,其潜能有待进一步挖掘。

因此,信息通信相关企业需积极联合研究机构和政府相关监管部门,探索数据要素价值化的方法与路径,培育数据要素市场,规范数据交易行为,参与要素交易平台建设,研究建立数据资源产权、交易流通、跨境传输和安全等方面的基础制度和标准规范,健全数据产权交易和行业自律机制。各类数据主体之间应积极开展数据合作,共建安全可信的数据空间,促进数据有序流动,并探索数据要素参与经济活动的运行机制,令大数据价值得到真正释放。

2. 培育创新生态

如前所述,数字经济强调创新、变革,甚至颠覆传统的经济模式,建设数字经济须把创新作为引领发展的第一动力。作为数字经济的核心支撑产业,信息通信业在数字技术应用创新领域处于枢纽位置,在引领产业链协同创新、培育产业创新生态中起到主导作用。

以往信息产业的技术创新任务多由产业链上游的设备制造企业承担,产业链中下游的信息通信服务企业主要利用设备供应商的新技术、新设备,提升网络能力和服务能力,在服务层面的创新多以提升业务传输速率、扩大业务覆盖面为主。因而信息通信业整体创新强度相对较低,国内外传统电信运营商的研发投入占收入的比例普遍在3%以下。而数字经济时代,随着云计算、大数据、人工智能等新技术的兴起,以云计算为基础的网络资源优化技术、大数据相关技术(如采集、存储、数据挖掘等技术)、智能算法等,已成为数字经济的关键核心技术,围绕数字化应用的"软"技术创新的重要程度日益提升。信息通信企业将不再只是技术创新的应用者、获益者,还将转变为数字应用创新的实施者、融合应用创新的引领者,进而助力培育数字经济创新生态,推动传统经济动能向创新驱动转变。

《"十四五"数字经济发展规划》指出:我国数字经济关键领域的创新能力不足,产业链供应链受制于人的局面尚未根本改变。我国数字经济关键核心技术对外依存度较高,高端芯片、核心元器件、高端工业控制设备、基础软件、核心算法等多项技术仍然受制于人,发达国家凭借其既有的软硬件技术优势,试图继续主导全球数字经济技术路线。我国相关企业和科研单位需通力协作、共克难关,增强自主创新能力,降低被核心技术"卡脖子"的风险。

而在数字化服务应用领域,我国与发达国家的差距相对较小,甚至在部分领域已取得了全球领先。我国已建成全球规模最大的光纤和移动通信网络,也拥有全球最大的信息通信用户群体,电子商务、移动支付等应用高度普及,支付宝、抖音等平台在国际市场也拥有了较强的影响力。庞大的用户群体意味着广阔的市场,各种不同类型的用户,包括个人用户、政府部门,以及各行各业的大型国企、中小企业等,对数字化服务提出了多样化的需求,同时其经济和社会活动也为数字应用创新提供了必需的要素——海量数据资源,我国独有的市场优势为数字化应用创新提供了丰厚的土壤,近年来我国"互联网+"领域创新创业活跃,信息通信企业的创新活力正在释放。

在产业数字化层面,各类新业态、新模式(如车联网、智能家居、智慧城市、共享经济等)的出现,需要各类软硬件产品、系统集成与应用服务相关企业共同协作完成,在这一过程中,信息通信企业往往居于联络枢纽的位置,根据特定产业、企业的需求形成创新数字化解决方案,成为整合产业链协同创新的引领者。我国正处于推动经济高质量发展的关键时期,传统经济仍在探索有效的数字化转型之路,创新空间极为广阔。可以预见,在这些领域的持续创新,将全面助力我国探索新数字商业模式、协同创新机制、创新产业生态,让创新驱动成为经济增长的核心动力。

3. 弥合数字鸿沟

数字鸿沟的概念由来已久,美国国家远程通信和信息管理局在1999年发布报告《在网络中落伍:定义数字鸿沟》,其中将数字鸿沟定义为信息时代工具的拥有者以及未曾拥有者之间存在的鸿沟。进入21世纪之后,数字鸿沟问题越来越多地受到人们的关注和研究,人们发现数字鸿沟广泛存在于国家之间,一国内部不同区域之间、城乡之间,以及不同年龄、职业、性别的人群之间。缩小数字鸿沟是国际组织和世界各国探讨信息社会发展、制定国家信息化战略时需要考虑的焦点问题之一。

各国在研究和弥合数字鸿沟方面都付出了努力,对数字鸿沟的研究和关注焦点在不断发生变化。数字鸿沟的内涵大致包含了3个层面[1][2][3][4]。早期研究者和政策制定者普遍重视的是信息通信基础设施接入方面的差异,即获得接入的人群和未获得接入的人群之间的差异,此即第一层面的数字鸿沟——接入沟。而当发达国家互联网接入逐渐普及,特别是宽带接入普及率不断提升之后,在网络使用方面的差异逐渐凸显,由此形成了第二层面的数字鸿沟——应用沟。不同用户对网络应用技能的掌握程度不同,使得他们通过网络有效获取和使用信息的能力存在差异,具体表现在网络使用时长、网络使用强度、行为模式和信息搜寻效率等方面,即使用户都能够自主地、不受限制地接入ICT基础设施,他们利用网络完成特定任务、达成特定目标的熟练程度也存在明显差异。随着研究的深入,人们进一步认识到,即使用户拥有同等的技能水平,达到同样的使用强度,从网络使用中能够获得的效用(包括经济回报、能力增长、社会参与度提升、发展机会等)也往往是不同的,甚至差异很大,于是数字鸿沟的内涵延伸至第三层面——效益沟,即通过信息通信应用获得的效用收益(或称数字红利)方面的差异。

从全球来看,数字技术及其应用普及路径普遍呈现出从发达地区到欠发达地区、从城市到农村、从年轻人到年长者、从高技能人群到低技能人群的特点,信息差距导致发展机会不均等,数字鸿沟加大了贫富差距。随着数字经济的发展,从国家层面来看,不发达国家与发达国家之间的数字鸿沟在进一步加大。同理,由于马太效应,在一国内部,信息通信服务在地区之间的不平衡发展容易导致发达地区和落后地区、城市和农村、富裕人口和贫穷人口之间的信息差距呈现不断扩大的趋势。因此,在数字经济背景下,数字鸿沟的影响愈加深远,缺乏数字技能的群体可能会越来越难以获得生活和生产所需的资源、机会,从而形成更加难以逾越的发展障碍。因此,我国在建设数字经济的进程中,特别强调保障数字化公共服务的普惠均等,具体包括:缩小城乡差距,提升农村及偏远地区网络覆盖水平;加强信息无障碍建设,提升面向特殊群体(如老年人、残障人士)的数字化社会服务能力;利用新型数字化技术,优化公共服务资源配置,加强面向革命老区、民族地区、边疆地区、脱贫地区的远程服务,拓展教育、医疗、社保、对口帮扶等服务内容。

我国信息通信企业长期承担电信普遍服务义务,近年来致力于促进固定宽带网和移动

---

[1] OECD. Understanding the digital divide [R]. 2001.
[2] Brandtzæg P B, Heim J, Karahasanović A. Understanding the new digital divide—a typology of internet users in Europe[J]. International Jounal of Human-Computer Studies,2011,69(3):123-138.
[3] Dijk J V. The evolution of the digital divide: the digital divide turns to inequality of skills and usage [R]. 2012.
[4] Van Deursen A J A M, Helsper E J. The third-level digital divide: who benefits most from being online? [J]. Studies in Media & Communications, 2015(10):29-53.

宽带网(4G/5G)在农村地区的普及,主要以弥合接入沟为重点。随着农村通宽带比例的提升,我国互联网用户普及率的城乡差距在逐步缩小,但应用层面及效益层面的数字鸿沟愈加突出。例如,《中国数字经济发展研究报告(2023年)》显示,2022年我国服务业、工业的数字经济渗透率分别为44.7%、24.0%,而农业的数字经济渗透率仅有10.5%。乡村治理与公共服务的数字化水平与城市存在显著差距,农村居民由于受教育水平总体较低,在使用信息资源和数字技术就业、创收方面远远落后于城镇居民[①],弥合城乡数字鸿沟依然任重道远。

此外,面向老年人、残障人士等群体的数字化产品、服务和应用,尚处于初期发展阶段。2021年1月起,工业和信息化部在全国范围内组织实施为期一年的互联网应用适老化及无障碍改造专项行动(参见补充阅读资料"我国互联网应用适老化和无障碍改造的总体要求")。2022年1月,与老年人生活密切相关的首批217个网站和App完成了适老化改造并通过了测评。但数字技术的创新升级速度快,新应用层出不穷,这就要求相关企业将老年人、残障人士的需求纳入考虑,贯彻"信息无障碍"理念,即通过信息化手段弥补身体机能、所处环境等存在的差异,使任何人(无论是健全人还是残疾人,无论是年轻人还是老年人)都能平等、方便、安全地获取、交互、使用信息。

补充阅读资料

我国互联网应用适老化和无障碍改造的总体要求

以习近平新时代中国特色社会主义思想为指导,全面贯彻党的十九大和十九届二中、三中、四中、五中全会精神,坚持以人民为中心的发展思想,聚焦老年人、残疾人等的信息生活需求,广泛调动社会各方力量和有利因素,综合采取行政指导、技术推动、信用评价等多种手段,推进网站和App适老化及无障碍改造,着力解决老年人、残疾人在智能技术面前遇到的困难,推动充分兼顾老年人、残疾人需求的信息化社会建设,显著提升互联网应用适老化水平及无障碍普及率,增进包括老年人、残疾人在内的全体人民福祉。

针对老年人,推出更多具有大字体、大图标、高对比度文字等功能特点的产品。鼓励更多企业推出操作简单、方便的界面模式,实现一键操作、文本输入提示等多种无障碍功能。提升方言识别能力,方便不会普通话的老人使用智能设备。

针对视力障碍人士,推动网站和App与读屏软件做好兼容,解决"验证码"操作困难、按钮标签和图片信息不可读等问题,推动企业研发智能导盲技术。

针对听力障碍人士,鼓励互联网产品的内容信息加配字幕,提高其与助听器等设备的兼容性。推动企业提供在线客服等其他可替代电话客服的服务方式。

针对肢体障碍人士,引导网站和App支持自定义手势,简化交互操作,推出更多贴合肢体障碍群体需求特点的互联网应用。

此外,针对当前互联网应用中强制广告较多,容易误导老年人的问题,网站和App

---

① 中国信息通信研究院. 中国数字经济发展研究报告(2023年)[R]. 2023.

完成改造后的适老版、关怀版、无障碍版本,将不再设有广告插件,特别是付款类操作将无任何诱导式按键,以便各类特殊群体方便、安全地使用。

资料来源:
工业和信息化部关于印发《互联网应用适老化及无障碍改造专项行动方案》的通知[EB/OL].(2020-12-25)[2023-12-19]. https://www.miit.gov.cn/jgsj/xgj/wjfb/art/2020/art_18a8b1029f724afc8b31264fcd0f4106.html.

4. 践行绿色发展

21世纪以来,为应对全球气候变化、改善生态环境,推动节能减排、走绿色发展之路成为世界各国的共同选择。2020年9月,我国向世界宣告"双碳"目标,即中国"二氧化碳排放力争于2030年前达到碳峰值,努力争取2060年实现碳中和",明确了我国绿色发展总体目标,这既是我国积极推动构建人类命运共同体的担当,也是我国转变经济发展方式的内在要求(参见补充阅读资料"我国碳达峰、碳中和工作的具体目标")。

数字经济发展有利于推动形成绿色生产生活方式。在生活领域,共享单车、在线医疗、线上办公等领域数字技术的应用,减少了实体资源的消耗,有助于社会大众自觉参与生态环境保护,建立绿色消费观念。在生产领域,数字经济与实体经济深度融合,能有效带动传统产业的智能化数字化转型,在提升资源利用效率的同时,以低碳、创新与可持续性为核心推动生产。例如,物联网技术能够通过传感器实时监测环境和能耗变化,帮助对高污染、高耗能生产环节进行改造,最大限度地减少资源使用损耗和对环境的污染。

数字基础设施的建设运行以及数字化服务的提供不可避免地会带来实体资源、能源的耗费。例如,5G服务要支撑高密度、高速率连接,需要建设大量5G基站,即使能够有效控制单基站能耗,总能源耗费依然也会达到较高的水平。因此信息通信行业节能减排的局势是极为严峻的。

为助力实现我国"双碳"目标,在信息通信基础设施建设过程中,需要建立完善能源资源监测管理体系,健全绿色低碳技术产品、服务、解决方案的认证标准和评估体系,在此基础上,加快老旧高耗能设备退网或升级,在新建信息基础设施,特别是在数据中心、5G基站建设中全面采用节能减排的新技术和节能设备。此外,还需要深化基础设施共建共享,特别是在数据中心、智算中心等的建设上,通过顶层规划,加强区域间的协同联动,发挥地区优势,引导数据中心集群化发展,形成全国各地区数据中心协调发展的总体格局,并积极推广风能、太阳能等可再生新能源的使用,加速信息技术赋能社会各领域节能减排,构建"智能+"绿色生态体系,降低社会总体能耗。

补充阅读资料

我国碳达峰、碳中和工作的具体目标

到2025年,绿色低碳循环发展的经济体系初步形成,重点行业能源利用效率大幅提升。单位国内生产总值能耗比2020年下降13.5%;单位国内生产总值二氧化碳排放比2020年下降18%;非化石能源消费比重达到20%左右;森林覆盖率达到24.1%,

森林蓄积量达到180亿立方米，为实现碳达峰、碳中和奠定坚实基础。

到2030年，经济社会发展全面绿色转型取得显著成效，重点耗能行业能源利用效率达到国际先进水平。单位国内生产总值能耗大幅下降；单位国内生产总值二氧化碳排放比2005年下降65%以上；非化石能源消费比重达到25%左右，风电、太阳能发电总装机容量达到12亿千瓦以上；森林覆盖率达到25%左右，森林蓄积量达到190亿立方米，二氧化碳排放量达到峰值并实现稳中有降。

到2060年，绿色低碳循环发展的经济体系和清洁低碳安全高效的能源体系全面建立，能源利用效率达到国际先进水平，非化石能源消费比重达到80%以上，碳中和目标顺利实现，生态文明建设取得丰硕成果，开创人与自然和谐共生的新境界。

资料来源：

中共中央 国务院关于完整准确全面贯彻新发展理念做好碳达峰碳中和工作的意见[EB/OL].（2021-10-24）[2023-12-19]. https://www.gov.cn/zhengce/2021/10/24/content_5644613.htm.

本章小结

1. 传统通信业主要提供信息传递服务，本书将信息通信业界定为以通信为基础、围绕信息活动向社会大众提供服务的专门行业。

2. 信息通信业在三次产业分类法中属于第三产业，在将信息业单独划分出来的四次产业分类法中是信息业的重要组成部分。

3. 信息通信业具有产品服务性、基础设施性、规模经济性、范围经济性、网络外部性和自然垄断性等经济特点，这些特点影响着相关产业政策、市场竞争环境和企业的经营活动。

4. 21世纪以来，建设信息社会、发展数字经济成为世界各国发展战略中的重要内容。信息社会中，信息成为比物质和能源更为重要的资源，以开发和利用信息资源为目的的信息经济活动成为国民经济活动的主要内容。数字经济与信息社会相比，更加强调创新、变革，甚至颠覆传统的经济模式。信息化时代的"信息资源"在数字经济时代表现为更具体的数据资源，对数据资源的深入开发，将全面支撑各行各业的精细化管理和科学决策，数据的赋能作用超越了过去信息化所追求的效率提升，新的数字化应用开始脱离原有模式，创造出新的经济形态。

5. 信息通信业属于数字经济核心产业，为产业数字化提供强有力的支撑，承担建设、优化、运营新型数字基础设施，提升数字化应用服务水平的任务，在数字经济建设中发挥中流砥柱的作用，并面临开发数据要素价值、培育创新生态、弥合数字鸿沟、践行绿色发展的新挑战。

复习思考题

1. 请解释以下基本概念：
信息　规模经济性　范围经济性　网络外部性　自然垄断性　信息社会　数字经济
2. 如何理解信息通信业在数字经济中的地位？
3. 试举例说明数据蕴藏着巨大价值，你是否观察到某些数据价值尚未得到充分开发的情况？
4. 如何理解数字鸿沟？我国数字鸿沟现状如何？你是否观察到数字鸿沟的一些具体表现？
5. 请选择一个基于信息通信应用践行绿色发展的实例，并分析其产生的效果。

第 2 章 信息通信业务与网络

2.1 信息通信业务概述

如 1.1.2 节所述,本书所界定的信息通信业是以通信为基础、围绕信息活动向社会大众提供服务的专门行业。信息通信业务是以通信为基础、围绕信息活动形成的各类服务的总称。从发展历史来看,信息通信业务是从传统电信业务逐渐扩展、融合而来的,其内容越来越丰富。

2.1.1 传统电信业务的分类

传统电信业务的核心功能是信息传递。随着电信与信息技术的融合发展,传统电信业务不再局限于传递信息,而是开始涉及信息的收集、存储、处理、分析、重组、分发等环节,逐渐向更广义的信息通信业务扩展。传统电信业务的种类繁多,不同业务实现的技术手段不同,其功能和特征存在较大的差异。为更好地理解传统电信业务,可以根据多种标准对其进行分类。

① 按照信息媒介的不同,传统电信业务可笼统地分为话音业务(又称语音业务)和非话音业务(又称非话业务或非语音业务)两大类。

② 按照管制方式的不同,传统电信业务可分为基础电信业务和增值电信业务两大类。

③ 按照用户活动状态的不同,传统电信业务可分为固定业务和移动业务两大类。

④ 按照服务对象及其需求的不同,传统电信业务可分为针对个人客户的业务、针对家庭客户的业务以及针对政企(包括政府机关和企事业单位)客户的业务。

从不同的角度对传统电信业务进行分类的目的是便于对业务进行规范管理以及提升业务经营水平。例如:电信管制机构通常将传统电信业务分为基础电信业务和增值电信业务,对两类业务制定不同的管制规则;传统电信运营商进行专业化经营和业务统计时,常常按照信息媒介的不同对业务进行分类;企业在制定市场营销策略时,需要按照不同客户的需求对业务进行分类。此外,以上分类标准在实践中常常交叉使用,形成更加细化的业务分类。

1. 话音业务、数据业务与多媒体业务

信息媒介是指表达信息内容的形式,是信息存储、传播和表现的载体,常见的信息媒介包括文本、图形、图像、声音、动画、视频等。话音业务是以声音(主要是人的对话)为单一信息媒介的业务,而非话音业务是指除话音业务以外的其他业务,能够处理文字、图像、视频等其他媒介形式的信息,其具体又可细分为数据业务、图文业务、视像业务和多媒体业务4类。数据业务是指以计算机处理的数据作为信息媒介的业务;图文业务是以人们可以阅读的文字和图表作为信息媒介的业务;视像业务是以静止或活动图像作为信息媒介的业务;多媒体业务能够综合处理多种(两种及两种以上)媒介的信息,所交换的信息可以是话音、文本、图像、视频等多种媒体类型的综合体。在实践中,由于大多数的图文业务、视像业务及多媒体业务是以数据业务的方式实现的,因此非话音业务主要为数据业务。

(1) 话音业务

话音业务发展时间长,普及范围广,在电信业务中占据重要的地位。在计算机技术发展之前,传统电信业务主要就是话音业务。话音业务具有实时性和交互性强、占用带宽资源较少的特点,但仅能处理以声音为载体的信息,能够形成的增值信息服务应用较为有限,其具体应用包括声讯服务、音乐点播、热线服务、电话银行、电话购物等。

(2) 数据业务

数据业务是20世纪60年代计算机技术和通信技术相结合的产物,数据通信即计算机通信。数据业务发展的历史上曾陆续出现了多种数据通信组网技术,包括分组交换数据网(PSDN,Packet Switched Data Network)、综合业务数字网(ISDN,Integrated Service Digital Network)、数字数据网(DDN,Digital Data Network)、帧中继网(FRN,Frame Relay Network)和互联网等技术,数据业务也相应地根据提供网络的不同而分为分组交换业务、DDN业务、帧中继业务和互联网业务4类。20世纪90年代后,互联网获得了极大成功,在全球范围内迅速扩展,成为最主要的数据通信网,其他数据通信网逐渐与互联网相融合。宽带互联网业务也相应地成为当今最主要的数据业务。

(3) 多媒体业务

多媒体业务是指能够综合处理多种(至少两种)媒体信息,使多种媒体信息建立逻辑连接、集成为一个系统,实现交互通信的业务。也就是说,在多媒体业务中交换的信息类型不是一种,而是语音、文本、图像、视频等多种媒体类型的综合体。多媒体业务的综合信息量大,占用网络资源多,随着应用的不同,其对业务质量的要求有很大区别,因此提供多媒体业务的通信网络必须有足够的高带宽,以满足多媒体通信交互性、同步性和可靠性等要求。

随着宽带网络的建设发展,基于宽带互联网(包括固定和移动宽带网络)已经能够提供质量较高的多媒体业务,当前虚拟现实(VR,Virtual Reality)、增强现实(AR,Augmented Reality)、人工智能等技术的成熟,更是为多媒体业务开拓了巨大的发展空间。

2. 基础电信业务与增值电信业务

在电信业逐渐由垄断走向竞争的过程中,对电信业务进行分类管理是国际上进行电信管制的通行做法,从管制的角度来看,传统电信业务通常分为基础电信业务和增值电信业务两类。两类业务的许可条件、管制力度和管理要求是不同的,通常对基础电信业务的管制更为严格,而增值电信业务开放竞争的程度更高。我国于2000年9月颁布了《中华人民共和国电信条例》,并相应地规定了《电信业务分类目录》(以下简称《目录》)。作为配合《中华人民共和国电信条例》使用的法律文件,与一般泛指的业务类型不同,《目录》中每一类电信业务都有明确的界定,在应用时必须按照《目录》中的详细说明进行判断。

为满足管制的需要,电信业务分类应适应电信技术与业务的发展,满足电信市场稳步开放的需求,业务界定应具有适应性和灵活性,同时为新业务发展预留空间。现行的《目录》为2015年版,由工业和信息化部发布,将电信业务分为基础电信业务和增值电信业务两大类。根据是否涉及网络和信息安全、市场规模和网络资源等因素,基础电信业务进一步分成第一类基础电信业务和第二类基础电信业务两类。第一类基础电信业务涉及需要建设全国性的网络设施,影响的用户范围广,关系到国家安全和经济安全,相应采取适度竞争、有效控制的严格管理政策,以避免重复建设,充分发挥规模经济的作用,保持基础设施平稳运行、协调发展;第二类基础电信业务对上述因素的影响程度相对较小,根据市场发展需求和电信资源有效配置等因素,逐步创造条件向社会开放。增值电信业务也划分为两类,第一类增值电信业务为基于设施和资源类的业务,第二类增值电信业务为基于公共应用平台类的业务,增值电信业务市场进入政策相对宽松,特别是第二类增值电信业务,鼓励中、小型企业参与竞争,促进发展,具体的增值电信业务分类框架如图2-1所示。由图2-1可见,互联网公司提供的主要服务(包括即时通信、网络新闻、搜索引擎、网络视频、网络论坛等)都已被纳入增值电信业务范畴,在宽松的管制政策下,我国增值电信行业的规模不断壮大,近年来进入新的发展阶段(参见补充阅读资料"我国增值电信行业发展概况")。

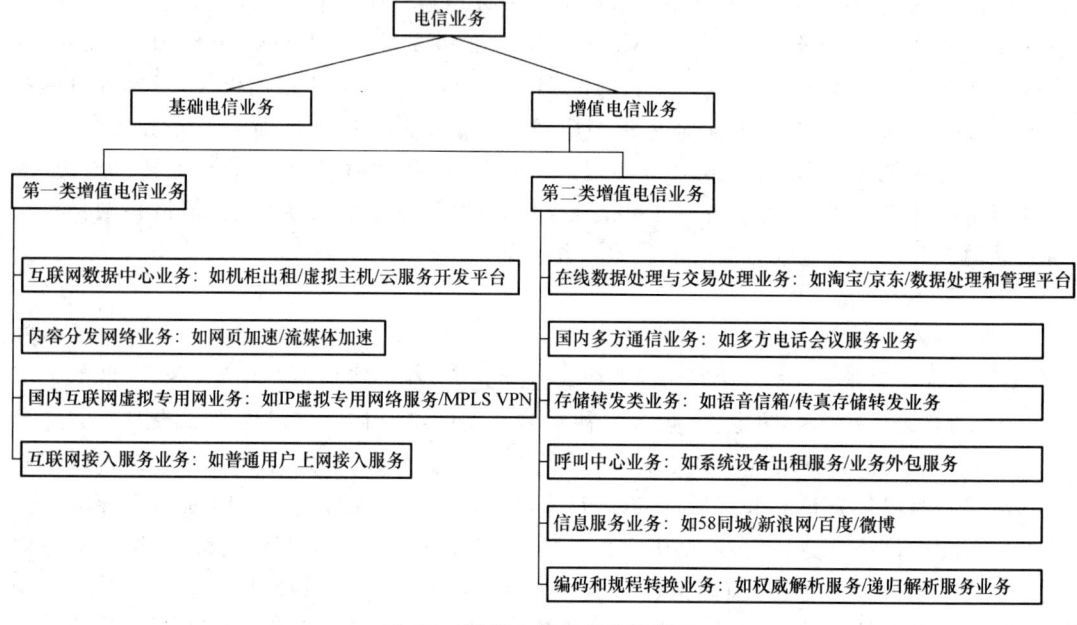

图2-1 增值电信业务分类框架

补充阅读资料

我国增值电信行业发展概况

随着现代网络架构和基础设施的不断演进和建设,我国增值电信行业整体不断发展壮大,已经迈入了全新的发展阶段。一方面,以千兆光网和5G为代表的"双千兆"网络加速部署,成为新型基础设施的重要组成和承载底座,为增值电信业务在产业数字化领域的应用提供了支撑。另一方面,我国深化体制改革使得营商环境不断优化,市场经济的持续健康发展也让增值电信行业焕发了新的活力。目前,国内增值电信业务领域已经形成了多元的投融资市场,民营资本是增值电信业务领域的主力军,外商投资的比例在持续攀升。

从数据来看,增值电信行业在过去十年得到了快速发展,年收入增长率保持在10%以上,2012年至2021年,增值电信业务收入增长了833.41%,2021年全国增值电信业务收入总额达到23 303.33亿元,同比增长13.18%。增值电信行业对国民经济的积极影响显著,结合丰富的数字化产品与服务,逐渐形成包括电信运营商、设备制造商、终端厂商、软件开发商、内容提供商以及支付结算机构等多个环节的产业生态链。展望未来,增值电信行业的发展前景广阔,产业数字化领域仍有相当大的市场空间,技术的更新迭代将为行业带来新增长点,并且政策的持续支持将有助于保障行业高质量发展,而增值电信行业也将继续引领数字化时代的发展趋势,为经济社会的发展做出更多贡献。

资料来源:
[1] 中国信息通信研究院. 国内增值电信业务许可情况报告(2023.6)[R]. 2023.
[2] 中国信息通信研究院. 增值电信业对经济社会影响研究报告[R]. 2022.

3. 固定业务与移动业务

固定业务是指通信时用户基本不移动或只在小范围内(如室内)移动(即用户终端不能移往他处)的业务;移动业务是指通信时允许用户及其使用的终端在很大范围内移动(用户可以行走或乘坐交通工具)的业务。

固定业务不允许用户在通信过程中进行大范围移动,系统实现较为简单,而且系统通常可完全依靠有线通信的方式实现,能够充分发挥有线通信带宽容量大、质量高的优点。虽然用户的使用范围受到了限制,但固定业务的传输速率具有极大的扩展潜力,目前其在通信质量、可靠性和安全性方面仍优于移动业务。

在实现移动通信时,在用户端的终端设备必须使用无线信道,这样用户才能进行大范围、高速的移动,因此,其传输速率和通信质量受到无线频率资源的限制,同时也较多地受到环境因素(如地形地貌、电磁干扰等)的影响,这使得移动通信的传输带宽潜力、稳定性、安全性低于固定通信。但移动通信为实现用户的随时随地通信提供了可能,极大地提升了通信服务的便利性,移动通信终端一般具备体积小、重量轻、耗电少、便于携带、能够适应一定的环境因素(如温度、湿度等)变化、坚固抗震等特点,且操作简便,便于实现在移动中进行通信,并且随着移动通信技术的不断进步,已能够满足高带宽,低时延的通信需求。此外,移动业务主要由个人使用,移动终端可以跟随用户进行移动,因此可以记录用户位置等大量个性化的信息,在此基础上能够开发更为个性化的应用,如基于位置的广告服务、视频直播、交通导航、应急救援等,这些是固定业务无法实现的。固定业务与移动业务各有优点,将它们有机地结合才能满足用户多种多样的通信需求。

2.1.2 "互联网+"时代的融合业务

随着互联网的商业化,"融合"成为21世纪初以来电信行业的重要发展方向。融合不仅

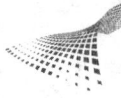

意味着电信网与互联网合二为一,带来电信行业内的网络融合、技术融合、业务融合和终端融合,还意味着电信行业与国民经济其他行业的深度融合,融合将是多层面、多维度的,这是信息化发展到一定阶段的必然要求。融合主题首先在电信行业内被提出,从固定与移动通信网络的融合开始,逐步扩展为范围更广的业务融合,并渗透到产业链的全部层面,包括产品融合、服务融合、接入技术融合、终端融合、业务平台融合和网络融合。

在电信行业关注自身网络与业务融合时,新兴的互联网行业以及娱乐、媒体、广播电视行业也在寻求延伸与融合。20世纪90年代初期,"三网融合"的概念被提出,即人们希望电信网、计算机网和广播电视网实现资源共享,并在高层业务应用层面实现融合。然而,由于管理体制等方面的限制,广播电视网的融合存在较大的障碍,但互联网行业与传统电信行业从未割裂发展。在许多国家,电信运营商同时也是骨干互联网的主要建设者和运营者,因而互联网行业在发展过程中与电信行业一直呈现相互交织、相辅相成的关系,传统电信运营商与新兴互联网公司的业务领域相互渗透、交叉,形成了既有竞争又有合作的紧密关系。当前大量的互联网应用,包括社交网络、娱乐内容、媒体应用、电子商务等,都需要依托基础电信网络,互联网行业与电信行业事实上已经实现高度融合。移动通信网络与互联网融合而成的移动互联网更是成为信息应用创新最为活跃的一个领域,催生了大量新的商业模式和新型企业。

与此同时,信息产业与国民经济其他行业的融合发展也正在深入。我国于2015年提出的"互联网+"战略行动计划,正是对这一产业融合趋势的体现和推进。"互联网+"是传统行业与互联网行业的融合与重构。几乎所有的传统行业、传统应用与服务(如农业、工业、能源业、物流业、媒体、医疗、教育等)都在被互联网改变。传统行业向互联网行业迁移,将资金流、信息流、物流整合,催生新的平台,产生新的应用,带来产业或服务的转型升级。"互联网+"将互联网的创新成果与经济社会各领域深度融合,创造以互联网为创新要素的新形态、新业态,在社会生产和销售环节中大量采用云计算、大数据、物联网等新技术,明显缩短了消费者与产品之间的距离,甚至能挖掘出消费者尚未觉察到的潜在需求,实现消费者与生产者的价值共创。因此,在"互联网+"时代,产业跨界融合与创新成为各行各业发展的新机遇。

可以说,融合时代是电信行业、互联网行业、广播电视行业融合成为新的信息通信行业的时代。"互联网+"时代,消费者的信息服务需求个性化、多样化的特点更加突出,国民经济各行业的信息服务需求则走向定制化、智能化,各类电信企业与设备商、系统集成商、软件企业等以及客户必须全面协同,信息通信服务的种类、内容和价值都得到了极大扩展。

融合业务的一类代表性业务是ICT业务,这是一个比较宽泛的概念,是计算机网和电信网融合而产生的信息通信与信息资源整合的新兴业务,各国主要信息通信企业都将ICT业务作为其主要的增长点之一。另有人对其内涵加以扩展,称之为"TIME"(Telecom,Information,Media,and Entertainment,电信、信息、传媒和娱乐)业务或"TMT"(Technology-Media-Telecom,科技、媒体和电信)业务。

在实践中,对于个人用户和家庭用户,信息通信企业常常将传统的通信服务与信息应用进行捆绑,提供融合服务,如将视频内容、网络游戏等与家庭宽带接入业务进行捆绑,以提升连接价值,增加用户黏性。而对于政企客户,融合性的ICT业务内容更加丰富。政企客户对于ICT业务的需求更加复杂,也更加多样化,需要企业为其提供从网络基础设施建设到网络应用部署的全方位服务。因而信息通信企业需要将传统电信业务、互联网业务和政企应用业务无缝协同,逐渐形成整体解决方案和标准化产品体系,具体服务内容包括专线、电话/视频会议系统、电子政务解决方案、电子商务解决方案、局域网建设、网站建设、呼叫中心外包、信息安全、数据备份、主机托管、视频监控系统、IT维护外包、办公自动化系统及各类行业应用等服务。ICT业务的发展反映了电信行业与国民经济各行各业进一步加深融合的趋势,近年来信息通信企业更是应用大数据等技术开发综合应用平台,以满足各类企业的高层次信息通信服务需求(参见补充阅读资料"联通数智产融平台帮扶中小微企业渡难关")。

补充阅读资料

联通数智产融平台帮扶中小微企业渡难关

2020—2022年,受新冠疫情影响,我国部分中小微企业步履维艰,同时由于业务规模小、经营风险大、生存周期短、财务制度不完善、增信能力不足等原因,其还面临融资难、融资贵等问题。联通数字科技有限公司(简称联通数科)打造数智产融平台,运用数字技术助力复工复产、促融资、稳就业。

数智产融平台以金融资源流转为核心,通过整合涉企政务数据、第三方合规数据、物联网数据构建大数据平台,为银企融资活动提供企业画像、综合评分评级、贷后预警等数据支撑,从而构建"政银企"区域产业信用金融互动生态,助力企业发展。

中国联通充分发挥运营商的云网和数据资源优势,将安全的基因植入平台、产品的各个环节,构建了"云、网、端、数"一体化安全产品体系,可为中小企业提供数据更安全、质量更有保障的服务。

联通数科是中小企业纾困解难的先行者,自疫情发生以来,其已相继建设了湖南"湘企融"、泰安"泰融易"、咸宁"咸融通"、天门"天融通"、阳新"东楚融通"等平台,相关项目在湖南、河南、湖北、四川等30余个省、市落地,累计服务中小企业用户近100万个,撮合融资金额达2000亿元,有效支撑了区域疫后重建和经济恢复工作。

以雅安市宝兴县线上创业担保贷款为例,创业者进入"四川e就业"小程序,通过微信登录并完成实名认证后,一键提交贷款申请,最快1天时间就能收到贷款,极大缩短了贷款办理时间,申请效率明显提升。在黄石市,由于原材料的价格增长40%,当地某重点企业的流动资金短缺,而该企业通过"东楚融通"平台提交融资需求后,仅5天时间便完成千万贷款,解了燃眉之急。

资料来源:
中国联通官方号.联通数智产融平台帮扶中小微企业渡难关[EB/OL].(2022-10-03)[2024-02-28]. https://baijiahao.baidu.com/s?id=1745637678280318323&wfr=spider&for=pc.

2.1.3 信息通信业务体系

综合上述传统电信业务分类以及"互联网+"时代的融合业务,信息通信业务体系可概括为图2-2。

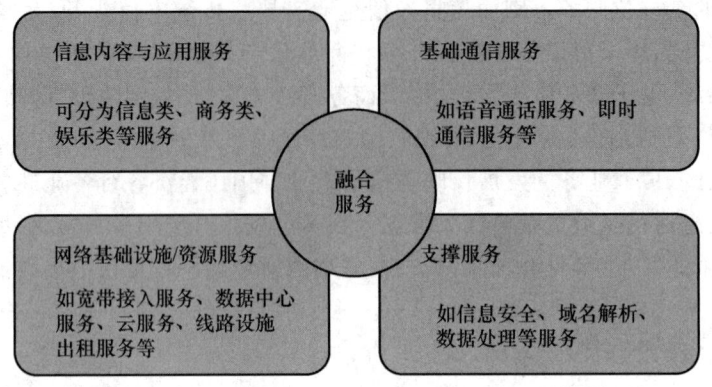

图 2-2 信息通信业务体系

在这一体系中,信息通信业务可以分为 3 个层次的服务以及支撑服务。第一层次为网络基础设施/资源服务,包括大型网络运营商为用户提供的宽带接入服务、数据中心服务、云服务以及线路设施出租服务等;第二层次为基础通信服务,以传递信息、完成通信联络为主要功能,如语音通话服务、即时通信服务等;第三层次为信息内容与应用服务,可以分为信息类、商务类、娱乐类等服务,帮助用户获取其需要的信息,以及在对信息进行加工处理后,实现更高层次的应用功能。除上述 3 个层次的服务外,还需要相关的支撑服务,如信息安全、域名解析、数据处理等服务。

由此可见,信息通信业务的种类丰富、功能多样,形成了复杂的业务体系。在实践中,企业可以选择专注于某一业务领域提供专业化服务,而实力较为雄厚的企业多会选择提供多层次的服务,并将其进行交叉融合,形成图 2-2 中心的融合服务,以更好地满足客户各层次的信息通信服务需求,提升业务价值。数字经济时代,从底层信息基础设施到高端信息通信应用都需全面提升,信息通信业务发展空间巨大。

2.1.4 新兴信息通信业务

近几年,云计算、人工智能、大数据、物联网、算力网络等新兴技术快速崛起,信息通信行业涌现出了许多新兴业务,其赋能数字化转型,助推国民经济高质量发展。工业和信息化部发布的《2023 年通信业统计公报》显示,2023 年新兴业务收入达到 3 564 亿元,比上年增长 19.1%,拉动电信业务收入增长 3.6 个百分点,其中,云计算、大数据业务收入均比上年增长 37.5%,物联网业务收入比上年增长 20.3%[①]。新兴信息通信业务,如虚拟现实/增强现实业务、智能制造业务以及边缘计算结合网络业务等,正成为推动信息通信行业进步和转型升级的关键力量。

1. 虚拟现实/增强现实业务

虚拟现实(VR)是一个很早就已经出现的概念,可以追溯到 20 世纪 60 年代,但囿于当时技术的发展水平,这个领域长期未能引起广泛关注。然而到了 2016 年,VR 软件、VR 眼

---

① 工业和信息化部. 2023 年通信业统计公报[EB/OL]. (2024-01-24)[2024-02-28]. https://www.gov.cn/lianbo/bumen/202401/content_6928019.htm.

镜等可穿戴设备技术的突破使这个概念火热起来,因此2016年也被称为虚拟现实产业元年。VR以计算机技术为核心,结合相关科学技术,可生成一定范围的,与真实环境在视、听、触感等方面高度近似的数字化环境,用户借助必要的装备与数字化环境中的对象进行交互,可以获得亲临真实环境的体验[①]。与VR所要求的沉浸效果不同,增强现实(AR)则更偏向将计算机生成的虚拟信息叠加在现实世界中,实现"虚实融合",通过AR眼镜等使虚拟物体和真实场景一同出现在使用者的视野中,使用者能够和虚拟物体进行交互[②]。

工业和信息化部在2018年发布的《工业和信息化部关于加快推进虚拟现实产业发展的指导意见》中给出了有关虚拟(增强)现实的描述:"虚拟现实(含增强现实、混合现实,简称VR)融合应用了多媒体、传感器、新型显示、互联网和人工智能等多领域技术,能够拓展人类感知能力,改变产品形态和服务模式,给经济、科技、文化、军事、生活等领域带来深刻影响[③]。"

虚拟现实/增强现实应用对通信网络提出了高带宽、低延迟等技术要求,这类设备对轻量化、便携性的要求往往需要高性能移动通信网络(如5G网络)支撑。在技术发展趋势方面,中国信息通信研究院结合虚拟现实跨界复合的技术特性,提出了"五横两纵"的技术框架。其中,"五横"是指近眼显示、感知交互、网络传输、渲染计算与内容制作,"两纵"是指VR与AR[④]。在业务应用实例方面,虚拟现实和增强现实已经在文化娱乐、商贸、教育、工业生产、医疗、军事、娱乐等领域得到广泛应用。例如:在文化娱乐领域,VR和AR技术的结合,改变了传统娱乐方式,特别是在强互动的游戏应用中,为用户提供了沉浸式的体验;在商贸领域,AR可有效提升客流量与成交率,主要利用在地产、电商、时尚等细分场景;在教育领域,VR和AR可以提供基于虚拟实境的交互式学习体验,使教学更加生动直观;在工业生产领域中,VR和AR可以用于产品设计、生产制造等环节,提高生产效率和产品质量。

可以预见的是,随着云计算、5G技术的发展,虚拟现实和增强现实将与这些技术深度融合,带来更多创新应用场景,产业规模将持续扩大,产业生态也将变得越发繁荣。

2. 智能制造业务

智能制造涉及人工智能或自动化系统通过通信网络进行数据交换和协作,对高带宽、低延迟、高可靠、大连接等网络特性有不同的要求,可实现生产过程的智能化、自动化和数字化。阿里云给出的智能制造的定义如下:智能制造是基于新一代信息技术与先进制造技术深度融合的先进生产方式,贯穿于设计、生产、管理、服务等制造活动的各个环节,具有自感知、自决策、自执行、自适应、自学习等特征,旨在提高制造业的质量、效益和核心竞争力[⑤]。

随着人工智能和机器学习技术的不断进步,智能制造正在席卷全球,成为制造行业创新的驱动力。制造行业整体从传统制造向智能化、自动化生产迈进,企业利用复杂的算法和大数据分析来实现生产过程的优化以及产品质量的提升。智能制造往往通过高度集成的系统来监控和自动调整生产活动,如利用先进的数据分析来优化生产线的运作或在设备制造中

---

① 赵沁平. 虚拟现实综述[J]. 中国科学(F辑:信息科学),2009,39(1):2-46.
② 朱淼良,姚远,蒋云良. 增强现实综述[J]. 中国图象图形学报,2004(7):3-10.
③ 工业和信息化部. 工业和信息化部关于加快推进虚拟现实产业发展的指导意见[EB/OL]. (2018-12-21)[2024-02-28]. https://www.gov.cn/zhengce/zhengceku/2018-12/31/content_5442943.htm.
④ 中国信息通信研究院. 虚拟(增强)现实白皮书[R]. 2021.
⑤ 阿里云创新中心. 智能制造:产业链数字化转型,驱动高质量发展白皮书[R]. 2022.

组装一些精密的仪器设备等。智能制造的实现需要信息通信企业与制造企业深度融合和协作,且制造流程的各环节要求开发高层次智能应用(参见补充阅读资料"智能制造示范工厂建设行动"),因此智能制造是数字经济时代推动信息通信业和制造业整体升级的重要引擎。

补充阅读资料

智能制造示范工厂建设行动

(1) 智能场景

推动数字孪生、人工智能、5G、大数据、区块链、虚拟现实/增强现实/混合现实等新技术在制造环节的深度应用,探索形成一批"数字孪生＋""人工智能＋""虚拟/增强/混合现实＋"等智能场景。

(2) 智能车间

覆盖加工、检测、物流等环节,开展工艺改进和革新,推动设备联网和生产环节数字化连接,强化标准作业、可视管控、精准配送、最优库存,打造一批智能车间,实现生产数据贯通化、制造柔性化和管理智能化。

(3) 智能工厂

支持基础条件好的企业,围绕设计、生产、管理、服务等制造全过程开展智能化升级,优化组织结构和业务流程,强化精益生产,打造一批智能工厂,推动跨业务活动的数据共享和深度挖掘,实现对核心业务的精准预测、管理优化和自主决策。

(4) 智慧供应链

面向汽车、工程机械、轨道交通装备、航空航天装备、船舶与海洋工程装备、电力装备、医疗装备、家用电器、集成电路等行业,支持智能制造应用水平高、核心竞争优势突出、资源配置能力强的龙头企业建设供应链协同平台,打造数据互联互通、信息可信交互、生产深度协同、资源柔性配置的供应链。

资料来源:

工业和信息化部.关于印发"十四五"智能制造发展规划的通知[EB/OL].(2021-12-28)[2024-02-28]. https://www.miit.gov.cn/jgsj/zbys/wjfb/art/2021/art_f3952b4a7d0941609d94262da9891542.html.

2.2 传统通信网络演变

2.2.1 传统电信网架构与分类

电信网是由一定数量的节点和连接节点的传输链路有机地组合在一起,以实现两个或多个规定点间信息传递的通信体系。也就是说,电信网是由相互依存、相互制约的许多要素组成的有机整体,其功能是满足用户通信的需要,以用户满意的方式实现网内任意两个或多个用户(终端)之间的通信。

1. 传统电信网的组成

一个完整的电信网由硬件和软件组成。传统电信网的硬件主要包括三大类设备:终端设备、传输设备和交换设备。

终端设备一般安装在用户端,提供用户实现接入协议所必需的功能,如电话、手机、计算机等。它的作用是将话音、文字、数据和图像(静止的或活动的)等各种载体的信息转变为电磁信号并将其发送出去,并将接收的电磁信号复原为原来的话音、文字、数据和图像等信息。

传输设备是将信号从一个地点传送到另一个地点的设备。它构成电信网中的传输链路,包括传输线路和各种发送/接收设备,如光端机、光缆等。

交换设备用于实现一个终端(用户)和它所要求的另一个或多个终端(用户)之间的接续,在用户或终端之间建立传输链路或虚拟传输路径,是构成电信网中节点的主要设备,如程控交换机、路由器等。

仅仅把上述设备连接起来还不能很好地完成信息的传递和交换,正如计算机只有硬件是无法运转的一样,电信网也要依靠相应的软件(即一整套的网络技术和对网络的组织管理技术),才能使由设备组成的静态网成为一个能够正常运转的动态体系。电信网的网络技术包括网络的拓扑结构、网内信令、协议和接口,以及网络的技术体制、标准等,不同的电信网有不同的网络组织管理方法,它们是电信网能够实现电信服务和运行支撑的重要条件。

2. 传统电信网的功能结构

在垂直结构上,按照功能可以把传统电信网分成应用层、业务网层和传送网层3层,如图2-3所示。其中:应用层表示各种信息应用;业务网层表示传送各种信息的业务网;传送网层表示支持业务网的传送手段和基础设施。此外,在传统电信网的功能结构中,还有电信运营支撑系统,它用于支持3层的工作,提供保障电信网有效、正常运行的网络管理、业务管理、用户管理等多方面的功能。

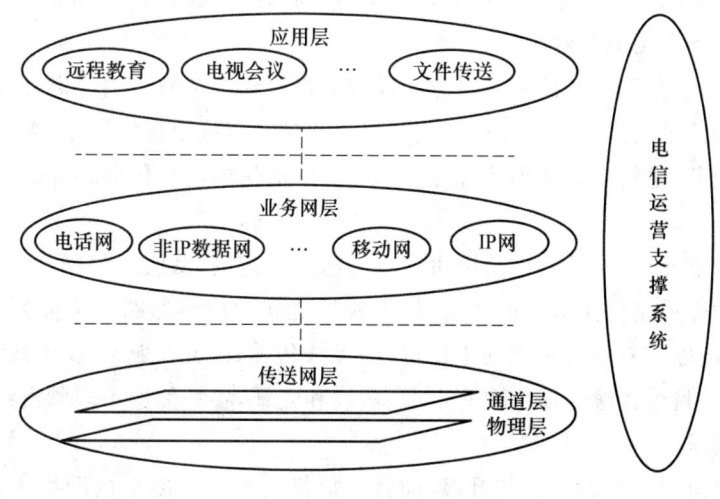

图 2-3 垂直分层的网络结构

除了考虑电信网的垂直结构外,还可以从水平角度对电信网加以描述。基于用户接入网络实际的物理连接来划分电信网:电信网可分为用户驻地网(CPN,Customer Premises Network)、接入网(AN,Access Network)和核心网(CN,Core Network)3部分,如图2-4所示。

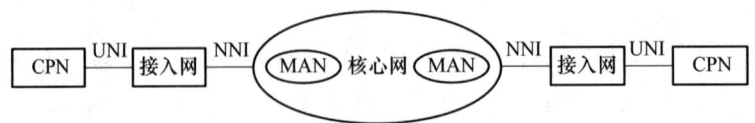

图2-4 从水平角度描述的网络结构

在图2-4中,CPN指用户终端到用户网络接口(UNI,User Network Interface)之间所包含的全部机线设备,是属于用户自己的网络,在规模、终端数量和业务需求方面差异很大,CPN可以大至覆盖企业的办公场所和大学校园,由局域网的所有设备组成,也可以小至覆盖普通居民住宅,仅由一部话机和一对双绞线组成。

核心网包含了交换网和传输网的功能,或者说包含了长途网和中继网的功能,在实际网络中一般分为省际干线(即一级干线)、省内干线(即二级干线)和局间中继网(即城域网)3类,图2-4中的MAN即城域网(metropolitan area network)。UNI和NNI(Network-to-Network Interface)分别为用户网络接口和网络节点接口。接入网则位于核心网和用户驻地网之间,包含连接两者的所有设施、设备与线路。

3. 电信网的分类

电信网是一个复杂的体系,表征电信网的特点很多,可以从多种不同的角度划分电信网的种类。

按照服务对象的不同,电信网可以分为公用电信网和专用电信网两类。前者为社会大众提供电信服务,并收取相应的资费。例如,中国电信、中国移动、中国联通为社会提供服务所依赖的固定电话网、移动通信网和互联网都是公用电信网。专用电信网则是为实现特定的目的而专为特定的团体服务的。例如,我国军用通信网、铁路调度通信网及企业自行建设的内部网络都属于专用电信网。

按照信号形式的不同,电信网可以分为模拟通信网和数字通信网两类,两者分别传送及处理模拟信号和数字信号。数字通信相比于模拟通信具有抗干扰能力强、无噪声积累、便于综合传送多种业务、通信安全性高等优点。基于数字通信的明显优势,我国电信网已全面实现数字化。

按照主要传输介质的不同,电信网可以分为电缆通信网、微波通信网、卫星通信网、光纤通信网等。传输介质是传递信号的通道,提供两地之间的传输通路。传输方式从大类上划分有两种:一是电磁信号在自由空间中传输,即无线传输;二是电磁信号在某种传输线上传输,即有线传输。目前传输介质主要有电缆、微波和光纤,各种传输手段紧密结合,可满足不同场合的传输需求。

电信网已经过数十年的融合与升级,向公众提供业务的基础电信网络主要是三大业务网,即固定电话网、移动通信网和数据通信网,其中数据通信网主要是互联网,移动通信网提供的业务包括移动电话业务和移动数据业务。这三大网络之间并不是完全分离的,而是相互连接的,它们可实现业务互通并相互融合、共同演进,形成更多的业务和应用。

2.2.2 固定电话网

固定电话网(以下简称电话网)是进行交互型话音通信、开放电话业务的电信网,即公共交换电话网(PSTN,Public Switched Telephone Network),它是一种历史悠久、覆盖面广的专业网,是传统电信网的基本形式和基础。固定电话网的组网技术有以下特点:

① 以电路交换技术为核心,满足实时话音通信需求;
② 分级组织,高度集中统一,节点和线路设置遵循较为严格的规则,形成了明确的等级结构;
③ 可靠性高,能够保证端到端的接通率质量要求;
④ 接入带宽低,一路通话只占用 64 kbit/s 带宽。

在电话网发展的 100 多年的历史中,其经历了从人工接续到自动接续、从模拟通信向数字通信的变革,传输线路从电缆升级到光缆,电话网的规模日益壮大,话音通信质量不断提升,电话网的功能也日益丰富。在智能网等技术的支撑下,电话网除可提供本地和长途的点到点的话音通信服务之外,还增加了缩位拨号、来电显示、多方通信、虚拟专用网、被叫集中付费、电话会议、语音信箱、声讯服务等新业务功能。但互联网的空前发展以及移动网络的迅速普及,给固定电话网的发展带来了巨大冲击。随着信息通信需求越来越多样化,传统固定电话网的能力存在明显不足,特别是基于语音的单一媒体很难开发丰富的信息应用,因此我国固定电话网的用户数自 2007 年起就呈现下降趋势(参见补充阅读资料"我国和全球主要电信业务用户数统计数据"),该业务逐步被替代,传统固定电话网采取了逐渐过渡的策略,与 IP(Internet Protocol,网际协议)网络融合,向新一代网络演进。

2.2.3 数据通信网

1. 数据通信网概述

数据通信网是以传输数据为主、实现计算机以及其他数据终端之间的信息传递的通信网络。数据通信网是计算机技术和通信技术相结合的产物,也称为计算机通信网。它可以进行数据交换和远程信息处理,在发展初期曾采用电路交换方式,后普遍采用分组交换方式。在数据通信发展的历史上,先后出现了分组交换网、DDN、帧中继网等几种主要的数据通信网,它们采用了不同的交换技术、设备与组网方式,能够提供性能不同的数据传输业务。

20 世纪 90 年代以来,互联网在全世界范围内快速发展,分组交换网、DDN、帧中继网等都逐渐与互联网相融合(成为互联网的一部分或与互联网相结合)。目前,互联网已成为应用最广泛的数据通信网。

补充阅读资料

我国和全球主要电信业务用户数统计数据

我国和全球主要电信业务用户数统计数据如表2-1所示。

表 2-1 我国和全球主要电信业务用户数统计数据(单位:亿户)

年份	2000	2001	2002	2003	2004	2005	2006	2007	2008	2009	2010	2011
全球固定电话用户数	9.9	10.5	11.0	11.5	12.0	12.4	12.6	12.5	12.5	12.5	12.3	12.0
全球移动电话用户数	7.4	10.3	11.4	13.4	17.5	22.1	27.4	33.7	40.3	46.4	52.9	58.9
全球互联网用户数	3.6	5.1	5.8	6.8	7.4	10.2	11.5	13.7	15.5	17.5	19.9	21.9
我国固定电话用户数	1.4	1.8	2.1	2.6	3.1	3.5	3.7	3.7	3.4	3.1	2.9	2.9
我国移动电话用户数	0.9	1.4	2.1	2.7	3.3	3.9	4.6	5.5	6.4	7.5	8.6	9.9
我国互联网用户数	0.2	0.3	0.5	0.8	0.9	1.1	1.4	2.1	3.0	3.8	4.6	5.1
年份	2012	2013	2014	2015	2016	2017	2018	2019	2020	2021	2022	2023
全球固定电话用户数	11.8	11.4	10.9	10.5	10.1	9.8	9.6	9.3	9.0	8.9	8.8	8.6
全球移动电话用户数	62.6	66.6	70.0	71.3	74.5	77.0	79.2	82.1	82.7	84.9	86.2	88.9
全球互联网用户数	23.9	25.7	27.5	29.6	32.2	34.4	37.3	41.2	46.4	49.1	51.3	54.2
我国固定电话用户数	2.8	2.7	2.5	2.3	2.1	1.9	1.9	1.9	1.8	1.8	1.8	1.7
我国移动电话用户数	11.1	12.3	12.9	13.1	13.2	14.2	15.7	16.0	15.9	16.4	16.8	17.3
我国互联网用户数	5.6	6.2	6.5	6.9	7.3	7.7	8.3	9.0	9.9	10.3	10.5	10.9

资料来源:
国际电信联盟、工业和信息化部、中国互联网络信息中心的历年统计数据。

2. 互联网的特点与发展

互联网是基于 TCP/IP(Transmission Control Protocol/Internet Protocol,传输控制协议/网际协议)连接而成、进行相互通信的国际性的计算机网络集合体。它将分布于世界各地的各种各样的计算机网络连接起来,使之构成一个整体,这些计算机网络之间能够进行信息交流和实现资源共享,因此互联网是一个连接网络的网络。

TCP/IP 是包括100多个相互关联的协议的协议集。它是基于分组交换的通信协议,既简单、实用，又能保证用户在应用层进行通信，同时，TCP/IP的应用范围很广，不仅适用于大型机，也适用于小型机和个人计算机，既可用于局域网，也可用于广域网。原则上任何计算机只要遵守TCP/IP，按一定的规则就能实现互联。互联网的组网技术有以下特点：

① 以IP分组交换为中心，资源利用率高；

② 通信子网与资源/应用子网相辅相成；

③ 不同类型的网络逐级互联，组网方式灵活多样，大范围网络覆盖形成层级结构（如图2-5所示）；

④ 可管控性相对较低，无法保证端到端的QoS(Quality of Service，服务质量)。

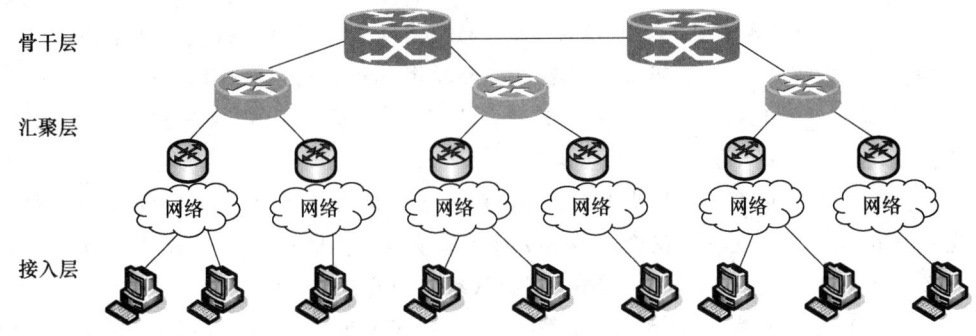

图2-5 互联网的层级结构

随着互联网在全球应用的扩展，互联网业务增长对于地址资源、网络带宽、业务质量、网络安全以及应用服务水平等都提出了更高的要求，促使互联网相关技术和应用快速发展。

互联网应用的理念从Web 1.0转变到Web 2.0，这既是互联网底层技术的变革，也是一次互联网思想体系的升级。互联网在很大程度上是信息发布和交流的平台。在Web 1.0模式下，互联网用户主要是被动接收、读取网络信息，网络内容单元是静态的网页，由网站的开发者编辑、发布，用户无权更改网页内容。而Web 2.0应用的基本特征是用户参与、互动和分享。Web 2.0网站为用户提供了直接参与网站建设的途径，网站内容通常由用户发布，用户既是网站内容的浏览者，也是网站内容的制造者。Web 2.0应用的发展令原来自上而下的、由少数资源控制者集中主导的互联网体系，转变为自下而上的、由广大用户集体智慧主导的互联网体系。Web 2.0将互联网的主导权交还个人，从而充分发掘了个人的积极性，而且Web 2.0将互联网与社会网进一步结合，用广大个人用户的影响和智慧以及个人联系所形成的社群的影响，替代原来少数人所控制和制造的影响，从而极大地释放了个人创作和贡献的潜能，使互联网的创造力上升到了新的量级。

Web 2.0应用以及多媒体应用在互联网上不断创造和聚集大量信息内容，对数据存储和传输带宽的需求激增，因此，近年来不管是核心网还是接入网都在不断发展宽带技术，构建宽带网络成为互联网建设的主要方向（参见补充阅读资料"'宽带中国'战略及其实施效果"）。在核心网部分，IP协议可以与原有的核心网交换、传输技术结合，逐步向光传送网过渡。在接入网部分，由于光纤具有容量大、速率高、损耗小等优势，同时无线接入技术具有移动性强、使用灵活的优点，因此"光纤+无线"是宽带接入的发展方向。

此外，为解决基于IPv4的第一代互联网地址资源紧张、无法有效保障QoS、网络安全机制不完善等问题，以IPv6为核心的下一代互联网致力于提高互联网的可用性、安全性、可管控性和可扩展性,为发展互联网业务、创造合理公平的多方盈利模式提供支撑。

补充阅读资料

"宽带中国"战略及其实施效果

2013年8月1日,国务院印发《"宽带中国"战略及实施方案》,指出发展宽带网络对拉动有效投资和促进信息消费、推进发展方式转变和小康社会建设具有重要支撑作用,但我国宽带网络仍然存在公共基础设施定位不明确、区域和城乡发展不平衡、应用服务不够丰富、技术原创能力不足、发展环境不完善等问题,这些问题亟须解决。"宽带中国"战略旨在加强战略引导和系统部署,推动我国宽带基础设施快速健康发展。

"宽带中国"战略提出了明确的发展目标和技术路线,分为3个阶段实施。

① 全面提速阶段(至2013年年底):重点加强光纤网络和3G网络建设,提高宽带网络接入速率,改善和提升用户上网体验。

城市地区着力推进光纤化成片改造,农村地区灵活采用有线和无线方式加快行政村宽带接入网建设。进一步提升城市3G网络质量,扩大农村3G网络覆盖范围。加快下一代广播电视网建设,推进"光进铜退"和网络双向化改造,促进互联互通。

此阶段的具体发展目标:到2013年年底,固定宽带用户超过2.1亿户,城市和农村家庭固定宽带普及率分别达到55%和20%。3G/LTE用户超过3.3亿户,用户普及率达到25%。行政村通宽带比例达到90%。城市地区宽带用户中20 Mbit/s宽带接入能力覆盖比例达到80%,农村地区宽带用户中4 Mbit/s宽带接入能力覆盖比例达到85%。城乡无线宽带网络覆盖水平明显提升,无线局域网基本实现城市重要公共区域热点覆盖。全国有线电视网络互联互通平台覆盖有线电视网络用户比例达到60%。

② 推广普及阶段(2014—2015年):重点在继续推进宽带网络提速的同时,加快扩大宽带网络覆盖范围和规模,深化应用普及。

城市地区加快扩大光纤到户网络覆盖范围和规模,农村地区积极采用无线技术加快宽带网络向行政村延伸,有条件的农村地区推进光纤到村。持续扩大3G覆盖范围和深度,推动TD-LTE规模商用。继续推进下一代广播电视网建设,进一步扩大下一代广播电视网覆盖范围,加速互联互通。全面优化国家骨干网络。加强光通信、宽带无线通信、下一代互联网、下一代广播电视网、云计算等重点领域的新技术研发,在部分重点领域取得原始创新成果。

此阶段的具体发展目标:到2015年,固定宽带用户超过2.7亿户,城市和农村家庭固定宽带普及率分别达到65%和30%。3G/LTE用户超过4.5亿户,用户普及率达到32.5%。行政村通宽带比例达到95%。城市家庭宽带接入能力基本达到20 Mbit/s,部分发达城市家庭宽带接入能力达到100 Mbit/s,农村家庭宽带接入能力达到4 Mbit/s。3G网络基本覆盖城乡,LTE实现规模商用,无线局域网全面实现公共区域热点覆盖,服务质量全面提升。互联网网民规模达到8.5亿,应用能力和服务水平显著提高。全国有线电视网络互联互通平台覆盖有线电视网络用户比例达到80%。

③ 优化升级阶段(2016—2020年):重点推进宽带网络优化和技术演进升级,宽带网络服务质量、应用水平和宽带产业支撑能力达到世界先进水平。

此阶段的具体发展目标:到2020年,基本建成覆盖城乡、服务便捷、高速畅通、技术先进的宽带网络基础设施。固定宽带用户达到4亿户,家庭普及率达到70%,光纤网络覆盖城市家庭。3G/LTE用户超过12亿户,用户普及率达到85%。行政村通宽带比例超过98%,并采用多种技术方式向有条件的自然村延伸。城市和农村家庭宽带接入能力分别达到50 Mbit/s和12 Mbit/s,50%的城市家庭宽带接入能力达到100 Mbit/s,部分发达城市家庭宽带接入能力可达1 Gbit/s,LTE基本覆盖城乡。互联网网民规模达到11亿,宽带应用服务水平和应用能力大幅提升。全国有线电视网络互联互通平台覆盖有线电视网络用户比例超过95%。

根据工业和信息化部发布的《2020年通信业统计公报》,"宽带中国"战略的实施效果为:2020年,固定互联网宽带接入用户达4.84亿户,其中,100 Mbit/s及以上接入速率的固定互联网宽带接入用户达4.35亿户,占固定宽带用户总数的89.9%;全国4G移动电话用户达到12.89亿户,占移动电话用户总数的80.8%,5G网络已覆盖全国地级以上城市及重点县市。全国农村宽带用户达1.42亿户,全国行政村通光纤和4G比例均超过98%,电信普遍服务试点地区的平均下载速率超过70 Mbit/s,农村和城市实现"同网同速"。这些数据表明,2020年我国宽带网络覆盖率、用户数、宽带网络速率等指标全面超过"宽带中国"战略的既定目标。

资料来源:
[1] 国务院."宽带中国"战略及实施方案[EB/OL].(2012-08-01)[2024-02-28].
https://www.gov.cn/gongbao/content/2013/content_2473876.htm.
[2] 工业和信息化部.2020年通信业统计公报[EB/OL].(2021-01-26)[2024-02-28].
https://www.gov.cn/xinwen/2021-01/26/content_5582523.htm.

2.2.4 移动通信网

1. 移动通信网概述

移动通信必须支持用户在移动中的持续通信,与固定通信相比,移动通信的组网更加复杂。首先,由于移动通信网要支持移动性,必须以无线的方式实现用户接入,因此基于陆地建设的移动通信网都需要建立无线基站,基站与用户之间通过无线电波实现信息传递,需要考虑无线电波易衰减、易受干扰等特性。其次,支持移动性的要求使得移动通信网的网络控制更为复杂,因为用户的移动很可能引起服务区域、服务网络的变化。例如,用户有可能在通话过程中从一个基站的服务区域切换到另一个基站的服务区域,也有可能从一个移动本地网移动到另一个移动本地网,要使用户的通话不发生中断,网络必须能够判断用户位置的变化,自动进行切换。而固定通信就不存在上述问题。移动通信组网技术有以下特点:

① 接入端以无线方式连接,通常采用蜂窝式覆盖;
② 有线与无线结合组网;

③ 需要进行移动性管理,控制功能更复杂。

一般移动通信系统的组成如图 2-6 所示,包括移动台(MS,Mobile Station)、基站(BS,Base Station)和移动核心网络三大部分,移动台(移动终端)可以在系统信号覆盖的范围内,通过基站接入网络,图中的移动核心网络部分由交换设备、传输设备和线路通过一定的方式相互连接而成,并能够与其他网络实现互联。

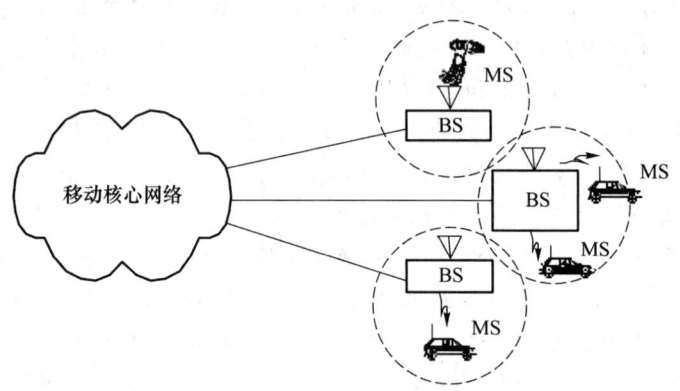

图 2-6　移动通信系统的组成

移动通信系统的主要类型有陆地蜂窝移动通信系统、集群调度系统、无绳电话系统、无线寻呼系统和卫星移动通信系统,其中陆地蜂窝移动通信系统是当前用户最多、应用最广泛的移动通信系统。

蜂窝移动通信网将网络的服务区域分成大量小区,在小区中建立基站并进行切换控制,实现大范围的蜂窝形无缝覆盖,从而为公众提供移动通信业务。蜂窝移动通信网已发展至第五代,总体上经历了从模拟走向数字、从窄带走向宽带的技术变革,承载业务从以语音为主走向以数据为主,网络结构从层级制走向扁平化,无线端频率利用率不断提高,核心网由电路交换走向 IP 交换。

2. 移动通信网的代际演进

我国移动通信经历了"1G 空白、2G 跟随、3G 突破、4G 并跑"的历程,在 5G 时代成为少数跻身全球产业前沿和具有国际竞争力的高科技领域之一,受到国际和国内高度关注[①]。一代又一代移动通信技术的发展和演进不仅改变了人们的通信方式,还极大地推动了整个社会的数字化转型。

(1) 1G 到 3G

第一代模拟移动电话网(1G)自 20 世纪 80 年代开始发展,服务的移动范围比较受限,仅能提供单一的语音业务,其技术特点是模拟调制、频分多址(FDMA,Frequency Division Multiple Access),典型的代表系统有北美的 AMPS(Advanced Mobile Phone System)和欧洲的 TACS(Total Access Communication System),我国在 1987 年开始选用 TACS 提供移动电话服务。

第二代数字移动电话网(2G)从 20 世纪 90 年代初开始发展,以提供语音业务为主,兼顾低速数据业务,并具有较大范围的国际移动性。其技术特点是采用数字调制、时分多址

---

① 陈山枝.关于低轨卫星通信的分析及我国的发展建议[J].电信科学,2020,36(6):1-13.

（TDMA，Time Division Multiple Access）或码分多址（CDMA，Code Division Multiple Access），典型的代表系统有 GSM（Global System for Mobile Communication）和窄带 CDMA。我国在 1993 年开始引入 GSM 系统，并开始移动通信系统的数字化。

第三代移动通信系统（3G）最早是在 1985 年由国际电信联盟提出的，其主要目标是提供速率至少为 2 Mbit/s 的移动数据业务，支持移动多媒体应用，并实现全球漫游。我国于 2009 年 1 月初发放了 3G 牌照，中国移动、中国电信和中国联通三大基础电信运营商分别获得了 3G 业务经营许可，标志着我国移动通信的发展正式进入 3G 时代。

(2) 3G 到 4G

3G 网络使得消费者能够在移动设备上享受到高速数据服务。它标志着信息通信业务从以语音业务为主到以高速数据业务为主的转变，但随着智能手机的普及和数据需求的急剧增长，3G 网络的问题开始变得明显，例如，3G 网络开始出现速度慢、延迟高、网络拥堵频繁等问题。这些问题驱动了对更高效、更强大网络技术的需求，4G 网络应运而生。

第四代移动通信系统（4G）的发展始于 2008 年，ITU 提出了制定 4G 标准的一系列要求，将其命名为 IMT-Advanced（International Mobile Telecommunications Advanced），2009 年年初开始在全世界范围内征集候选技术。2012 年，ITU 正式审议通过将 LTE-Advanced（Long Term Evolution Advanced）和 Wireless MAN-Advanced 技术规范确立为 IMT-Advanced（即 4G）国际标准。根据 4G 国际标准的设计目标，4G 网络将为用户提供更高速率（数据传输速率在固定或低速移动状态下达到 1 Gbit/s，在高速移动状态下达到 100 Mbit/s）、更高质量和更加丰富的信息服务，进一步提升通信资源利用率，并降低能耗水平。

移动通信网络技术的发展并不是一蹴而就的，在 3G 向 4G 演进的过程中经历了一个 LTE 阶段，LTE 成为 4G 网络的关键技术，提供了更高的数据传输速度和更低的延迟。与 3G 相比，4G 在技术和性能上都有巨大飞跃。它采用了先进的通信技术，包括正交频分复用（OFDM，Orthogonal Frequency Division Multiplexing）、智能天线（SA，Smart Antenna）和多输入多输出（MIMO，Multiple-Input Multiple-Output）等技术，能够有效提高网络容量、信号质量和传输速度。

2013 年 12 月，工业和信息化部发放了 4G 牌照，我国运营商正式开始提供 4G 服务。4G 的核心优势在于它能够支持高清视频流、高速互联网访问、增强型游戏体验等高带宽应用，弥补了 3G 通信速率较低的不足，有效承载了移动互联网时代爆炸性增长的数据需求。此外，4G 网络还催生了新的业务模式和服务，如移动视频应用、移动电子商务等，这些信息通信服务极大地丰富了互联网用户体验，并推动了信息通信行业的创新和发展。

(3) 4G 到 5G

4G 网络极大地提高了数据传输速度和质量，但随着物联网的兴起、虚拟现实与增强现实等应用的发展，人们对网络的性能要求已超出了 4G 的设计极限。这些新兴应用需要极低的延迟、海量的连接数以及极高的数据传输速度。

第五代移动通信系统（5G）面向 2020 年及未来的移动互联网和物联网业务需求，其目标是满足人们在各种场景下的多样化业务需求，即使在具有超高流量密度、超高数据连接密度、超高移动性特征的场景中，也可以为用户提供超高清视频、虚拟现实、增强现实、云桌面、在线游戏等极致业务体验。此外，5G 还将渗透到各行各业，与工业设施、医疗仪器、交通工具等深度融合，有效满足医疗、交通等垂直行业的多样化业务需求，实现真正的"万物互联"。

为此,5G 需在无线技术和网络技术两方面进行创新,以提供比 4G 快 10 倍到 100 倍的速率,同时提升网络容量,以容纳更多的用户在同一时间登录网络。因此,5G 网络的设计目标包括极高的数据速度(峰值速度可达 20 Gbit/s)、极低的延迟(低至 1 ms)、大规模的设备连接(支持百万级设备连接)、高可靠性和非常广泛的覆盖范围。为了实现这些目标,5G 采用了包括网络切片、大规模 MIMO、毫米波等先进技术。

2019 年 6 月,5G 在我国正式启动商用。对于信息通信企业而言,5G 既是技术革新的挑战,又是行业变革的机遇。截至 2023 年年底,全国移动通信基站达 1 162 万个,其中 5G 基站为 337.7 万个,占移动基站总数的 29.1%,占比较上年末提升7.8%[①]。更重要的是,5G 网络与人工智能、大数据、物联网等技术深度融合,使得无人驾驶汽车、远程医疗、智慧城市等概念成为可能,并带动各行各业加速创新,积极向数字化、网络化、智能化方向发展,为我国的数字经济建设赋能。

2.2.5 传统电信网的演进路径

前文简要概括了固定电话网、数据通信网、移动通信网的技术特点和发展方向,可以发现三大网络的业务层面趋于融合,技术层面相互吸收、趋向一致。20 世纪 90 年代,下一代网络(NGN,Next Generation Network)的概念被提出,反映了网络融合演进的方向。

NGN 包含的内容非常广泛,并且随着技术与业务的发展,其内涵不断扩大与改变。从网络角度来看,NGN 涉及从核心网、接入网、用户驻地网到各种业务网的所有网络层面。从业务网层面来看,NGN 是指下一代业务网。例如,对于数据网,NGN 是指下一代互联网(NGI,Next Generation Internet);对于移动网,NGN 是指 4G 网络、5G 网络乃至未来的 6G 网络。总之,广义的 NGN 几乎包含了所有的新一代网络技术,NGN 的核心技术也随着各类网络新技术的出现而不断丰富。简单来说,NGN 将是一个以 IP 为中心的融合网络,同时支持语音、数据和多媒体业务,支持移动性和物联网通信,支持多种接入方式和多种接入终端,并具有经济、开放和高质量、可扩展的网络结构。固定电话网、以互联网为主体的数据通信网、移动通信网向 NGN 演进的态势如图 2-7 所示。在向 NGN 演进的过程中,软交换、IP 多媒体子系统(IMS,IP Multimedia Subsystem)等技术相继出现,为不同类型网络的演进提供了具体路径。

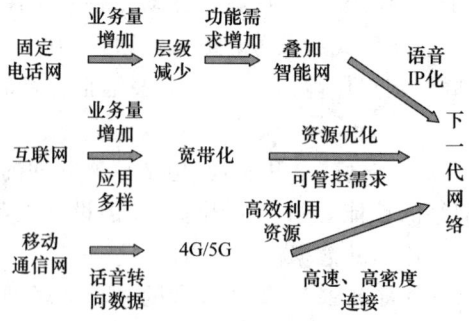

图 2-7 三大业务网向 NGN 演进的态势

[①] 工业和信息化部. 2023 年通信业统计公报[EB/OL]. (2024-01-24)[2024-02-28]. https://www.gov.cn/lianbo/bumen/202401/content_6928019.htm.

在21世纪的前十年,传统的三大业务网基于已有的资源和自身的技术特点,沿着各自的路径向下一代网络演进。云计算、大数据技术的出现令信息通信网络的总体架构和组织理念进一步升级,使其全面转向新一代网络基础设施。

2.3 新一代网络基础设施

2.3.1 物联网、云计算与大数据

信息通信领域的技术创新一直极为活跃,新技术不断为行业带来新的发展机会,物联网、云计算和大数据是2008年左右在ICT领域出现的最受关注的热点技术,它们不仅影响了信息通信网络与业务的发展方向,还对整个信息产业和社会发展带来深远的影响。

1. 物联网

物联网(IoT,Internet of Things)即物物相连的互联网。这一概念本身表明了两层含义:第一,物联网的核心和基础仍然是互联网,是在互联网基础上延伸和扩展的网络;第二,物联网的用户端延伸和扩展到了物品,能够支持人与物以及物与物之间的通信连接和信息交换。

从技术架构来看,物联网可以分为感知层、网络层和应用层3层。感知层的主要功能是识别物体及采集信息;网络层包括高效的信息传递通道和智能分析控制平台,负责传递及处理感知层获取的信息;应用层是物联网和用户(包括个人、组织和其他系统)的接口,它与客户需求相结合,可实现物联网的智能应用。因此,物联网的实现依赖3个方面的关键技术,即信息采集技术、信息传递技术和信息智能分析与控制技术。物联网的信息采集目前主要通过传感器和电子标签等方式实现,传递及处理物联网信息则需要依靠高速宽带网络、移动通信网络和先进的软件技术。

物联网的应用涵盖能源、交通、物流、城市管理、公共服务、智能家居、节能环保、农林牧渔、工业控制、个人消费、医疗卫生、公共安全等国民经济中的诸多领域,尤其在我国电话普及率已超过100%的今天,其发展前景十分广阔。根据工业和信息化部的数据,2022年8月底,我国移动物联网连接数首次超过移动电话用户数,达16.98亿户[①]。

2. 云计算

云计算(cloud computing)是2007年年末兴起的概念,它是一种基于互联网的超级计算方式,是对并行处理、分布式处理和网格计算的延伸。可以认为,云计算不仅是一种新的计算模型,也是一种新的共享基础架构的方式。云计算面向超大规模的分布式用户环境,其主要功能是提供快捷、安全的云端计算、数据存储和网络服务,借助于互联网的高速数据传输能力,把数据的处理过程从功能较弱的个人计算机或服务器转移到互联网上高性能的计算机集群中,使互联网成为信息存储和数据计算的中心。这种通过网络共享的计算资源、存储资源、软件服务资源等被称为"云"。云计算资源具有虚拟化、高可用性、高弹性、低成本等特征,可供其使用者随时获取、按需使用、随时扩展、按使用付费。

云计算代表了IT服务的发展趋势,它强调信息资源的聚集、优化和动态分配,最终将

---

① 新华社. 我国移动物联网连接数已达16.98亿户[EB/OL]. (2022-09-21)[2024-02-28]. https://www.gov.cn/xinwen/2022/09/21/content_5710943.htm.

改变用户获取信息、分享信息和相互沟通的模式。从全球来看,亚马逊、谷歌、微软等IT企业是云计算的先行者,在技术和商业应用上推动云计算的发展,国内的头部云计算厂商包括阿里云、腾讯云、京东云、华为云、百度智能云等①。国外的电信运营商对云计算给予了高度重视,纷纷开始提供云计算业务。例如,AT&T于2008年面向商业用户推出了一项云存储服务;英国电信于2009年与微软合作,为商业用户提供云计算和协作通信服务。而我国的电信运营商也纷纷围绕云计算制定发展战略,并推出云存储、云主机等服务。

3. 大数据

在物联网、云计算等技术的推动下,各种事物的变化都可以用信息来记录,这些信息以数据的形式被存储下来,并渗透到每一个行业领域。数据作为新型生产要素,是数字化、网络化、智能化的基础,已快速融入生产、分配、流通、消费和社会服务管理等各环节,深刻改变着生产方式、生活方式和社会治理方式②。这种现象引起了人们的关注,在2010年"大数据"的概念被提出。

大数据是指超出传统数据库软件工具提取、存储、管理和分析能力的大量的、复杂的数据集合,这些数据集合在新型数据处理技术和处理模式下,能够生成有价值的信息资源,从而有效地支撑组织决策。

大数据的特征可概括为"4V",即大容量(volume)、多样性(variety)、高速率(velocity)和高价值(value)。

① 大容量:数据存储量大和计算量大。大数据中的数据不再以GB或TB为计量单位,而以PB、EB、ZB、YB和BB为计量单位,其中1 PB=1 024 TB,1 EB=1 024 PB,依此类推。当前,典型个人计算机硬盘的容量为TB量级,而一些大企业的数据量已经接近EB量级。这种数量级别的数据信息是以往传统的存储手段和计算技术难以处理的。

② 多样性:数据类型多样和数据价值多样。大数据时代的数据类型包括结构化数据和半结构化、非结构化的文本、图像、视频等数据,相对于结构化数据,非结构化数据量更大且增长更快速,多类型的数据对处理技术提出了更高要求。数据价值的多样性是指特定数据经过挖掘后的用途是多方面的,而不局限于某一特定目的。

③ 高速率:数据增长、更新速度快,要求数据快速存储、传输。不同机构的研究成果都表明,未来全球数据总量将会呈现指数级增长,且有些数据存在较强的时效性。

④ 高价值:大数据蕴藏着高价值,但其价值密度低。在庞大的数据量中,能够形成价值的数据往往只有一小部分,必须使用先进的数据处理和挖掘技术,完成数据价值的"提纯"。

对大数据的有效应用需要在数据采集、预处理、存储与管理、分析挖掘、展现与应用等领域发展新技术,它们将形成IT领域新一代的技术体系和架构。基于大数据存储和管理技术,围绕大数据的采集、存储、处理、分发、应用等广泛开展的科技创新、产品开发、商业服务等活动及活动主体形成了一条大数据产业链。而且,大数据不仅影响信息产业的格局,还进一步影响商业、科技、医疗、政府、教育、经济、人文以及社会等各个领域,其经济价值、社会价值日益显现。

---

① 网经社:《2023年中国云计算厂商"百强榜"》发布[EB/OL]. (2024-02-01)[2024-02-28]. https://www.163.com/dy/article/IPSKBHHC0514BOS2.html.

② 中共中央 国务院关于构建数据基础制度更好发挥数据要素作用的意见[EB/OL]. (2022-12-19)[2024-02-28]. https://www.gov.cn/zhengce/2022-12/19/content_5732695.htm.

2.3.2 软件定义网络/网络功能虚拟化

2012年，AT&T、英国电信、德国电信等世界领先的基础电信运营商在欧洲电信标准组织（ETSI，European Telecommunications Standards Institute）会议上提出网络功能虚拟化（NFV，Network Function Virtualization）的概念，其核心理念是把逻辑上的网络功能从实体硬件设备中解耦出去，以期能够大幅度地降低基础电信运营商的网络建设与运营成本。具体的实现方式是，在网络硬件设备方面，将电信网中传统的软硬件一体化的实体网元标准化为"大容量服务器"、"大容量存储器"以及"数据交换机"三大类IT设备，而在网络功能实现方面，利用可编程的软件平台来实现虚拟化的网络功能。

与NFV同时受到全球通信业界高度重视的还有软件定义网络（SDN，Software Defined Network），它是在美国斯坦福大学的研究基础上诞生的网络架构理念。这项技术旨在通过软件编程的形式定义和控制种类繁多的网络资源，是网络体系架构的一场革命。2009年，SDN入围 *Technology Review* 年度十大前沿技术，自此获得了学术界和工业界的广泛认可和大力支持。SDN的基本特征包括：具有分离控制和转发的功能；控制集中化；使用广泛定义的软件接口令网络可以执行程序化行为。

SDN与NFV之间存在很高的相似性，二者都要求进行基础电信网络控制平面与数据/转发平面的分离，且都要求在分离出来的控制平面部署软件可编程平台，二者关注的重点虽有差异，但具有很强的互补性。NFV重点关注的是所有网元的网络功能的虚拟化，并以此来实现基础电信网络总体拥有成本的降低，而SDN重点关注的则是第二层以及第三层电信承载网的虚拟化，并以此来促进网络业务的开放以及创新。因而，随着NFV与SDN相关技术的发展，二者越来越趋于融合，通信业界通常将二者联系在一起。SDN/NFV使得电信网络的"云"化成为可能，昂贵的专业设备将被通用硬件和高级软件替代，软件控制平面被转移到更优化的位置，数据平面的控制从专有设备上被提取出来，并且被标准化，使得网络和应用的革新无须进行网络设备硬件升级。

基于SDN/NFV重构的网络将实现从"互联网应用被动适应网络"到"网络主动、快速、灵活适应互联网应用"的根本性转变[1]。与此同时，网络和资源的部署将打破行政管理体制和传统组网思路的制约，转向以数据中心为核心的新格局。面向互联网应用的网络架构重构，对传统电信网起到了一系列的颠覆作用，形成了新的以简洁、敏捷、开放和集约为基本特征的新架构：

① 网络层次、分类、接口、协议等都将大大简化；
② 通过网络软件编程可实现资源快速配置和扩展；
③ 具有丰富、便捷的开放功能，能主动适应应用；
④ 资源统一部署、配置，并支持端到端运营。

网络架构的颠覆性重构并不仅仅是一个技术问题，传统电信运营商的组织架构和经营、运营模式也必须做出一系列的改变，需要应对一系列的非技术性挑战，包括企业组织架构的扁平化、动态灵活的网络与业务规划模式的构建、软件研发能力的增强以及网络与IT系统的全面融合等方面。

---

[1] 拥抱互联网，以SDN重构电信网络-韦乐平深度解析网络架构之路[EB/OL].[2024-02-28]. https://carrier.huawei.com/cn/technical-topics/fixed-network/agile-network-sdn-weileping.

2.3.3 云网融合

随着云计算、人工智能、物联网、区块链等新兴技术和应用的不断涌现,传统电信网络采用专用设备,其聚合度高、可扩展性较差,往往难以满足快速发展的网络业务需求,难以支持5G时代多样化的业务场景,云化转型是构建灵活高效5G基础设施的基石。因此,信息通信网络云化转型势在必行。

信息通信网络云化转型包括核心网、接入网、传输网以及业务控制中心等多个层面的网元云化部署。长期以来,多种技术正在推动电信网云化转型,如虚拟化、云计算、云原生等可以实现电信业务的云化和弹性部署;SDN/NFV等技术可以实现网络功能自动配置和灵活调度,最终实现业务、资源和网络的协同管理和灵活调度,以达到网络资源最大化运用、缩短业务部署周期、节省成本开支等目标。

自从AT&T发布Domain 2.0白皮书,拉开电信网云化转型的大幕,国内外运营商纷纷发布网络云化转型计划。从早些年开始探索网络云化转型,到近几年进入实践应用,国内电信网络云化处于部署测试阶段,基于SDN/NFV技术的解决方案是建设云化网络的首选(参见补充阅读资料"中国电信网络智能化重构")。

补充阅读资料

中国电信网络智能化重构

2016年,中国电信发布《中国电信CTNet2025网络架构白皮书》,全面启动网络智能化重构。中国电信的目标网络将具备简洁、敏捷、开放和集约四大新特征,以及网络可视化、资源随选和用户自服务三大网络能力。该架构以SDN/NFV为技术抓手,以网元云化部署、软件定义网络智能控制、新一代运营系统部署、网络数据中心(DC,Data Center)架构化改造等为切入点,推进网络的纵向解耦和横向打通。其演进路径按照"网络云化"和"新老协同/能力开放"并行的方式,分为近期和中远期两阶段,如图2-8所示。

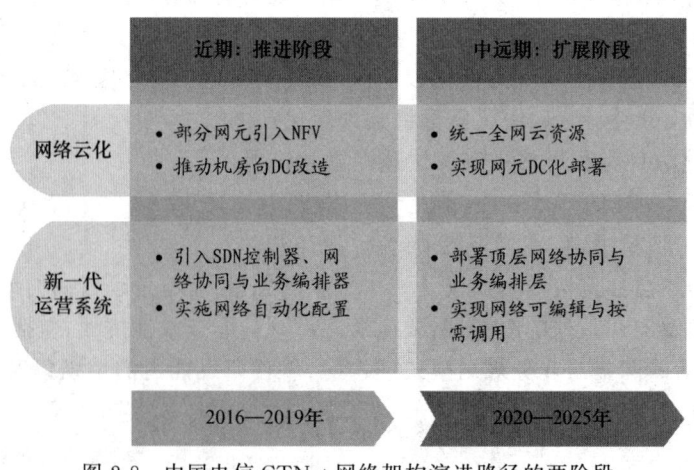

图2-8 中国电信CTNet网络架构演进路径的两阶段

> 资料来源：
> 中国电信. 中国电信 CTNet2025 网络架构白皮书[R]. 2016.

5G 的发展与云网融合相辅相成,云网融合为 5G 赋予了更多内涵,而 5G 则为云网融合提供了最佳舞台。一方面,云网融合为 5G 的发展奠定了坚实的基础,不同于之前的移动通信标准,5G 定义了增强移动宽带(eMBB,enhanced Mobile Broadband)、超高可靠低时延通信(uRLLC,ultra-Reliable Low Latency Communication)、海量机器类通信(mMTC,massive Machine Type Communication)三大核心场景,使移动通信应用深入垂直行业领域,面对多种多样的使用需求,网络具备弹性的资源提供能力和快速灵活的调度能力。云网深度融合可以推动 5G 的快速部署和升级,为网络提供不可或缺的敏捷性和开放性。另一方面,5G 的发展推动云网深度融合,5G 的高速率、大容量、低时延以及核心网全面云化是云网深度融合的重要推动力量。5G 标准 Rel-15 版本为 5G 核心网(5GC)控制面引入了基于服务的架构(SBA,Service Based Architecture),该架构能够提供松耦合的微服务、轻量高效的服务调用接口,以及自动化、智能化的服务管理框架等,已具备鲜明的云化特征,可以说 5G 网络亦是云原生的重要应用领域。

2.3.4 算力网络

随着经济社会数字化转型进程的加快,新一代信息技术间的融合效应渐显,"5G＋云＋AI""数据＋算法＋算力"等协同模式成为推动我国数字经济持续发展的重要引擎。未来网络空间逐步形成"云网边端"泛在分布的趋势,算力不断靠近用户。算力和网络的深度融合推动算力和网络基础设施、算力和网络编排、业务运营管理向算网一体化方向演进,算力网络迅速成为产业界关注的热点,也必将成为支撑数字社会的重要基础设施。

1. 算力网络的概念和体系结构

业界对算力网络的定义并不统一,我国电信运营商对算力网络的定义如下:算力网络是以 IP 信息通信网络为基础、实现算力资源的灵活有效调配、按需为社会提供泛在算力服务的网络。

在算力网络的体系结构设计方面,中国通信标准化协会网络与业务能力技术工作委员会组织国内运营商、研究机构、设备供应商等制定了《算力网络总体技术要求》,将算力网络划分为算网基础设施层、算力路由层、算网编排管理层、算力服务层 4 层,算力网络的总体框架如图 2-9 所示[①]。

2. 算力网络的关键技术

(1) 算力网络技术体系

从算力网络所倡导的技术理念中可以看出,算网一体阶段是结合 5G、泛在计算与 AI 的发展,在云网拉通和协同基础上的下一个阶段,即云网融合 2.0 阶段。云网融合 2.0 在继承云网融合 1.0 工作的基础上,强调结合未来业务形态的变化,在云、网、芯 3 个层面持续推

---

① 中国通信标准化协会. TC3 通过"算力网络总体技术要求"行标 开启算力网络标准新篇章[EB/OL]. (2022-08-16)[2024-02-28]. http://www.cww.net.cn/article?id=566864.

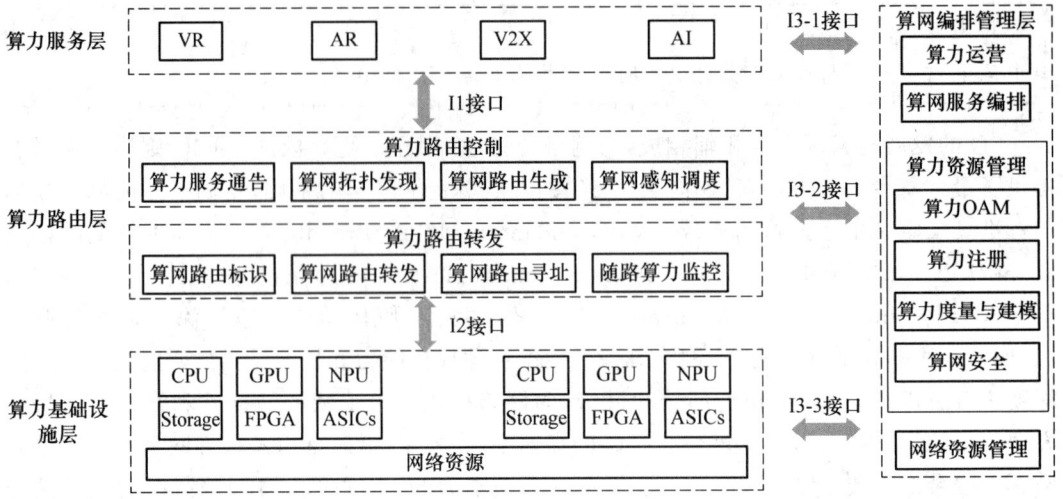

图 2-9 算力网络的总体框架

进研发,实现应用部署匹配计算、网络转发感知计算、芯片能力增强计算,服务算力网络时代工业互联网、自动驾驶、智能安防与工业机器视觉等新业态,其技术内涵如图 2-10 所示[1]。

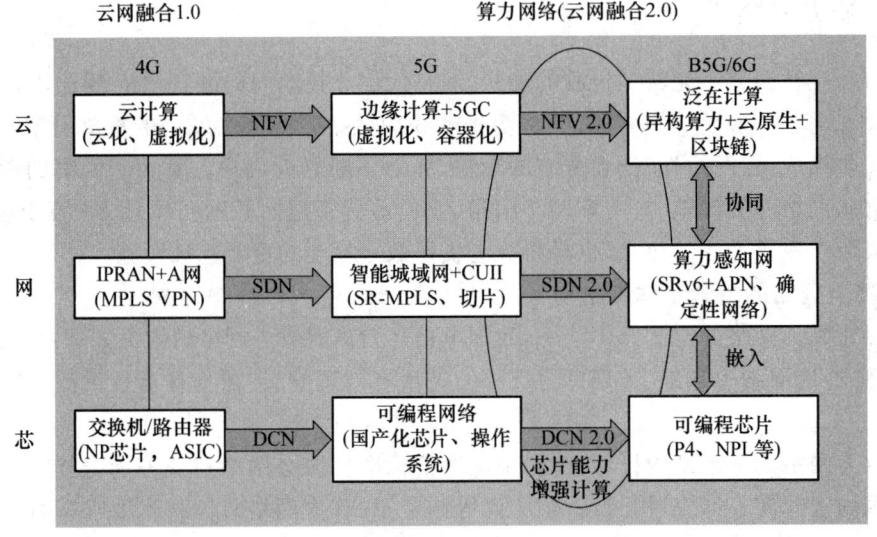

图 2-10 云网融合 2.0 的技术内涵

从图 2-10 可以看出,算力网络的技术内涵是在现有 SDN/NFV 技术基础上的发展和升华,相关技术可概括为承载、编排和转发 3 个方面的技术,它们分别对应 SDN 2.0、NFV 2.0 和 DCN 2.0[2]。

---

[1] 中国信息通信研究院. 中国算力发展指数白皮书[R]. 2021.
[2] 中国信息通信研究院. 中国算力发展指数白皮书[R]. 2021.

(2) 算力网络承载技术

算力承载网以 SRv6(Segment Routing IPv6)技术为底座，可以更好地满足算力网络组网要求，同时可以为用户提供更优质的服务体验。SRv6 基于 IPv6 可延伸到各级网络，从传统的城域网、骨干网延伸到数据中心，未来将部署到终端和云内，通过整合端、网、云协议，提供多点之间的任意连接。在算力网络中，业务网关进一步下沉，同时利用 IPv6 丰富的可编程空间，开展新应用开发，实现城域算力基础设施互联，通过业务的部署和资源调整来保证应用的服务水平协议(SLA，Service Level Agreement)要求。

(3) 算力网络编排技术

算力网络将来自数据中心或集群的"云边端"泛在算力通过网络连接在一起，实现算力的高效共享。算力网络是融合计算、存储、传送资源的智能化新型网络，通过全面引入云原生技术，实现业务逻辑和底层资源的完全解耦。随着以 Kubernetes(也称为 K8s，是一种用于自动部署、扩展、缩减和管理容器化应用程序的开源系统)为代表的云原生技术成为云计算的容器界面，云计算的新一代操作系统应运而生。算网服务编排采用通用的 OpenStack 和 Kubernetes 相结合的方式，实现对算力网络的计算、存储、网络等资源的统一管理，通过 Open Infrastructure 架构实现 IaaS 和 PaaS 的资源编排调度，并根据对计算能力、深度学习能力、网络能力的不同需求，分场景地有序构建中台能力[①]。

(4) 算力网络转发技术

传统的网络设备主要采用转发和控制一体化的工作模式，芯片的功能相对固化，无法满足算力网络对网络设备灵活性及可编程性的需求。新一代高性能可编程数据包处理芯片以及 P4 等编程语言的出现，让使用者可以自上而下地定义数据包的完整处理流程。除了能帮助算力网络实现最适合其自身需求的具体网络行为外，可编程芯片还能使芯片供应商专注于设计并改进那些可重用的数据包处理架构和基本模块，而不必考虑特定协议和异常行为。

(5) 绿色与安全关键技术

算力网络的发展要始终以绿色低碳为目标，解决算力网络的能效问题，降低算力网络的使用成本，其关键技术的发展方向如下：第一，研发更低功耗、更高性能的芯片，通过引入芯片封装优化、处理器动态功耗调节、服务器液冷、数据中心节能等技术方案，从芯片、设备到数据中心进行端到端的系统级能效优化；第二，根据用户的需求以及边缘计算节点的负载，合理按需地放置计算服务实例；第三，合理地选择并构建算力网络中的计算载体，当前算力网络中的计算载体包括虚拟机、容器以及 Unikernel 等，它们在镜像大小、实例化时间和能耗等方面均有较大差异；第四，对于计算量巨大的计算任务，将其高效分割，并分配到多个边缘计算节点，以降低算力网络的能耗。

在安全可信方面，算力网络涉及多源、泛在算力节点，将数据分散到多方算力节点进行计算的模式会使算网服务面临网络攻击和数据隐私泄露等严重安全风险，这就需要引入创新安全理念，借助隐私计算、联邦学习、数据标记、全程可信、审计溯源、内生安全等技术，实现算网安全全程可信。

---

① 中国联合网络通信有限公司研究院. 云网融合向算网一体技术演进白皮书[R]. 2021.

2.3.5 边缘计算

边缘计算(edge computing)是一种分散式的运算架构,将应用程序、数据资料的运算与存储由网络中心节点下放至网络边缘节点处理。理论上,边缘计算应该在数据源附近进行计算分析和处理[①],可称为就近计算。在边缘计算架构中,用户数据不再需要全部上传到云数据中心,而是通过部署在网络边缘的节点快速处理,大大减轻了网络带宽的压力,大幅降低了网络边缘端智能设备的能耗[②],同时也满足了大量用户对"数据不出园区"的安全性需求。

作为连接物理和数字世界的桥梁,边缘计算具有以下几个基本特点。

① 连接性:边缘计算需要连接的物理设备和应用场景复杂多样,因此需要具备丰富的连接功能,满足多样的网络接口和网络协议,保证和现存技术的互联互通。

② 数据第一入口:边缘计算拥有大量、实时、完整的数据,能基于数据的全生命周期提供价值创造能力,这对数据的实时性和准确性提出了要求。

③ 约束性:在复杂的工业场景下,人们对边缘计算设备提出了防电磁、防尘等要求;考虑到国家的"双碳"战略,边缘计算设备也需要满足绿色低碳的要求,如设备功耗要低。

④ 分布性:边缘计算网络架构决定了其天然的分布式特征,因此要求其具有一定的分布式存储、动态调度、计算和数据安全管理的能力。

⑤ 融合性:OT(Operational Technology,运营技术)与ICT的融合是行业数字化转型的基础,因此需要边缘计算支撑多方面的协同[③]。

2.3.6 未来发展趋势

网络基础设施的作用不仅仅局限于提供连通性,它还是支撑全球经济、社会活动和技术创新的"底座"。随着数字化转型的加速推进和智能技术的广泛应用,传统的网络基础设施正在面临前所未有的挑战和压力。为满足未来高速率、低延迟、广覆盖、大连接、高可靠性的通信需求,推动网络技术的演进成为全球共识。本节将围绕第六代移动通信系统(6G)、量子通信与网络安全、卫星互联网探讨网络基础设施未来发展趋势。

1. 6G

随着5G的大规模商用,5G网络逐渐成为推动经济社会数智化、网络化转型的新型基础设施。虽然我国在5G方面处于全球领先地位,但在我国5G仍面临着市场需求不足、应用深度不够的问题。现阶段的5G变现尚未达到预期——5G赋能集中在to B端的垂直行业应用,比如超高清视频/直播、自动驾驶、远程监控、精准定位等,虽然市场对5G应用的接受度不断提升,但整体仍处于供应大于需求、供应创造需求的阶段[④]。

5G发展的不足促使人们产生对6G的全新要求。未来的技术竞争焦点正逐步转向6G,多国正加紧进行6G技术的开发工作。芬兰于2019年启动了宏大的6G研究项目,同

---

① 赵明. 边缘计算技术及应用综述[J]. 计算机科学, 2020, 47(S1):268-272+282.
② 陈玉平,刘波,林伟伟,等. 云边协同综述[J]. 计算机科学, 2021, 48(3):259-268.
③ 边缘计算产业联盟. 边缘计算参考架构3.0[R]. 2018.
④ 张平,陈岩,吴超楠. 6G:新一代移动通信技术发展态势及展望[J]. 中国工程科学, 2023, 25(6):1-8.

时,美国已通过其联邦通信委员会率先开放了用于6G研究的太赫兹级频段。自2018年3月起,我国便已经着手进行6G的前期研究工作[①],并于2019年6月成立IMT-2030(6G)推进组,它是聚合中国产学研用力量、推动6G技术研究和开展国际交流与合作的主要平台[②]。

技术发展是驱动业务创新的原动力,世界各国仍在不断探索6G的关键技术,并提出了一些潜在的关键技术:超大规模MIMO(Massive MIMO)、通感一体化(ISAC,Integrated Sensing and Communication)、智能超表面(RIS,Reconfigurable Intelligent Surface)、太赫兹和可见光通信、内生AI等技术。

(1) 超大规模MIMO技术

大规模MIMO技术已成为5G提升网络覆盖、用户体验、系统容量的核心技术。在6G时代,超大规模MIMO的阵列将更大,尺寸将更小,集成度将更高,并且它将具有支持超高频和多频段的能力[③]。该技术由于具备在三维空间内进行波束调整的能力,因此能提供非地面覆盖,具备监控无人机等低空目标的能力。

(2) 通感一体化技术

通感一体化技术是6G网络的关键使能技术之一,它涉及通信与感知功能的融合,对实现"数字孪生"具有重要价值。一方面,整个通信网络可以作为一个巨大的传感器,各类网元利用无线电波的传输、反射和散射,可以获取距离、速度、角度等信息,从而更好地感知和理解物理世界,并提供高精度定位、手势捕捉、动作识别、无源对象的检测和追踪、成像及环境重构等广泛的新服务,实现"网络即传感器(network as a sensor)";另一方面,感知所提供的高精度定位、成像和环境重构能力可以帮助提升通信性能,实现"感知辅助通信"[④]。

(3) 智能超表面技术

智能超表面技术通过使用大量可编程的电磁单元动态调控无线信道的特性,以改善无线信号的传播环境,它被广泛认为是6G通信的关键技术之一。RIS由许多亚波长尺度的电磁单元组成,这些单元可以按特定的空间排布,形成人工电磁结构。通过加载特定的调控器件,RIS技术能够实时地对电磁波的幅度、相位、频率、极化等特性进行可编程调控。

(4) 太赫兹和可见光通信技术

6G预计使用太赫兹频段0.1～10 THz,其频率远远高于5G的毫米波,而对应的频率越高,可分配的带宽范围就越大,因此太赫兹可以提供高达Tbit/s级的通信速率。同时,6G由于具有较窄的波束宽带,因此具有很强的抗干扰能力,在军事通信、卫星通信、高速飞行器通信和室内超高速通信等领域都具有广泛的应用前景[⑤]。可见光通信技术作为一种补充技术,可能与太赫兹频段共同工作,它是一种利用可见光波段的光进行信息传输的技术。由于光谱不受管束,因此可见光通信可利用的资源丰富;光的穿透能力差使得可见光通信传输的安全性大大增加;可见光通信不容易受外界电磁干扰,因此很适合室内环境,如会议室、家

---

① 刘光毅,金婧,王启星等.6G愿景与需求:数字孪生、智能泛在[J].移动通信,2020,44(6):3-9.
② IMT-2030(6G)推进组简介[EB/OL].[2024-02-28].https://www.imt2030.org.cn/html/default/zhongwen/tuijinzujianjie.
③ 田梦秋,承楠,李长乐.6G无线网络场景知识研究综述[J].无线电通信技术,2024(3):484-495.
④ 通信感知一体化——从概念到实践[EB/OL].[2024-02-28].https://www.huawei.com/cn/huaweitech/future-technologies/integrated-sensing-communication-concept-practice
⑤ 栾宁,熊轲,张煜,等.6G:典型应用、关键技术与面临挑战[J].物联网学报,2022,6(1):29-43.

庭、地铁站等,并且可以与照明功能结合,实现一物多用①。

(5) 内生 AI 技术

5G 网络虽然广泛集成了人工智能技术来优化其性能,但在最初的设计阶段并没有将其作为核心因素。因此,5G 网络中的智能化功能主要是通过对已有网络架构的升级和调整来实现的,这种做法可以看作将 AI 技术附加到传统网络上以增强特定功能,而不是将智能化作为网络设计的内在要素。这样的"附加式"智能化虽然在某些方面能增强网络性能,但无法从根本上将网络智能化程度提升到更高层次。鉴于此,6G 网络的规划与设计阶段就必须深度整合智能技术,将其作为网络构架的核心,确保智能化成为网络本质的一部分,AI 也成为 6G 的核心技术之一②。在 6G 的智能化演进过程中,网络将通过增强分布式 AI 框架、以任务为中心的 AI 能力以及意图网络等,实现网络内生的智能能力,提供更灵活、高效、泛在的 6G 智能化解决方案③。

这些基础技术的不断发展使得移动通信的频谱效率和网络容量又一次实现了飞跃,但作为更先进的移动通信系统,6G 的影响将远远超越通信范畴。基于深度学习的 AI 应用不断崛起,大模型也正深入千行百业,6G 网络将重塑社会和经济发展,为万物智联奠定坚实的基础。扩展现实、数字孪生等新兴技术将得到更广泛应用,开启"智赋万物、智慧内生"的信息技术新时代。

值得注意的是,人们对 6G 的研究还处于发展阶段,能源的消耗、技术标准的统一、频谱的分配使用以及网络安全性等问题亟待解决。例如:6G 会带来海量的无线节点和传感器,超高能耗下,如何做到绿色节能通信将成为未来的重要挑战;技术标准的制定既需要符合市场需求,又需要具备前瞻性,这离不开世界各国的通力合作,第三代合作伙伴计划(3GPP,3rd Generation Partnership Project)预计第一个 6G 规范将于 2028 年年底在 Release 21 中完成;6G 需要更多的频谱资源以满足高速率和低时延的要求,但频谱资源有限,需要在未来制定合适的分配方案和法律来协调资源;6G 将产生前所未有的海量信息,并涉及更多敏感的业务数据和个人隐私,因此更高级别的安全方案值得在未来深入探索。

总体来说,6G 预计将实现从简单的移动连接到万物相连,再到万物智联的演变,能够支持人类、机器人和所有事物之间的高效连接,促进人与机器、物体之间的智能互动和协同共存,以满足经济和社会的高质量发展需求,并推动智慧型生产与生活方式的普及,努力实现一个普遍受益的智能化社会④。6G 不仅将重新定义通信网络,还将推动整个社会进入一个全面连接和智能化的新时代。

2. 量子通信与网络安全

量子通信利用量子叠加态或纠缠效应,在经典通信辅助下实现密钥分发或信息传输,在理论层面具有可证明的安全性,涉及量子密码通信、量子远程传态和量子密集编码等技术⑤。IBM 给出了量子加密的定义:量子加密技术是基于自然存在且不可改变的量子力学定律对安全数据进行加密和传输的网络安全方法。与基于数学基础构建的传统加密不同,

---

① 中国移动通信有限公司研究院. 6G 可见光通信技术白皮书[R]. 2022.
② 李文璟,喻鹏,张平. 6G 智能内生网络架构及关键技术分析[J]. 中兴通讯技术,2023,29(5):2-8.
③ 王友祥,唐雄燕. 6G 网络架构和关键技术展望[J]. 中兴通讯技术,2023,29(5):21-27.
④ IMT-2030(6G)推进组. 6G 总体愿景与潜在关键技术白皮书[R]. 2021.
⑤ 中国信息通信研究院. 量子信息技术发展与应用研究报告[R]. 2023.

量子加密基于物理定律构建,虽然量子加密仍处于早期阶段,但它有可能比以前的加密算法安全得多,甚至在理论上是不可破解的。

(1) 量子密钥分发(QKD, Quantum Key Distribution)

量子密钥分发技术最初由 Charles H. Bennett 和 Gilles Brassard 在 1984 年提出,其加密不针对传输的内容或数据本身,而是由发送方和接收方通过传送量子态共同生成一个随机的安全密钥,用于加密和解密信息,从而实现安全传输。它的核心优势在于,任何试图监听密钥分发的行为都会被检测到,因为量子系统的测量过程会不可避免地改变其状态,这一特性被称为量子不可克隆定理和海森堡不确定性原理。比较典型的量子保密通信实现方案是结合 QKD 和对称密码技术的加密通信[1],由于 QKD 的安全性极高,因此它在政府通信、军事通信或金融服务方面具有非常广阔的应用前景。

(2) 量子安全直接通信(QSDC, Quantum Secure Direct Communication)

量子安全直接通信由国内学者龙桂鲁于 2000 年提出,现已成为量子通信的一个重要分支。和 QKD 不同,QSDC 用量子态直接传输信息,能够由一个终端直接传输到另一个终端,这一过程中不涉及对密钥的分发,可以直接通过安全量子通道发送秘密信息,同时实现了信息的安全传输与密钥协商。但是,在实际应用中,QSDC 的传输采用双向量子态传输,这会造成巨大的量子态损耗,因此其传输效率低于 QKD 的单向量子态传输[2]。近年来,QSDC 在理论和实验上都取得了显著进展,研究人员已经能够在实验室条件下实现 QSDC,并逐步将传输距离提升至 40 公里[3]。

量子通信的不断发展与进步无疑是对现存通信安全框架的潜在颠覆。长久以来,信息加密体系以数学难题为基础,从而保证了数据信息的安全性。但是随着量子技术的进步,其强大的并行计算能力可能彻底瓦解目前的加密体系。例如,2023 年,我国光量子计算原型机"九章三号"处理高斯玻色取样的速度比"九章二号"提升了 100 万倍,在面对最高复杂度的样本时,其在百万分之一毫秒时间内处理的内容需要当时最强的超级计算机"前沿"花费超过 200 亿年的时间处理。由此可见,按目前的技术发展速度,能够破解经典加密体系的专用量子计算机将可能出现[4]。而一旦合适的量子计算机被成功开发,现有的各种安全加密体系就将形同虚设,这会严重影响国家安全。

技术的发展是双刃剑,虽然量子计算技术可能对国家安全造成威胁,但它为各国重新建立绝对安全、不可破译的数据信息安全体系提供了可能[5]。量子通信技术的核心优势在于其极高的安全性和效率,它通过对传输数据进行加密以及使用随机密钥,保证了量子通信几乎无法被破解。与此同时,量子通信技术还表现出了极强的抗干扰能力和优良的隐蔽特性。未来如果能将量子理论与人工智能结合,那么有望开发出更先进和高效的 AI 算法,以满足

---

[1] 程明,张成良,唐建军.量子保密通信应用与技术探讨[J].信息通信技术与政策,2022(7):14-19.

[2] Sun Z, Song L Y, Huang Q, et al. Toward practical quantum secure direct communication: a quantum-memory-free protocol and code design[J]. IEEE Transactions on Communications, 2020, 68(9): 5778-5792.

[3] Qi Z T, Li Y H, Huang Y W, et al. A 15-user quantum secure direct communication network [J]. Light: Science & Applications, 2021, 10(1): 183.

[4] Deng Y H, Gu Y C, Liu H L, et al. Gaussian boson sampling with pseudo-photon-number-resolving detectors and quantum computational advantage[J]. Physical review letters, 2023, 131(15): 150601.

[5] 黄钊龙,韩召颖.量子信息技术发展与国家安全[J].武汉大学学报(哲学社会科学版),2024,77(2):51-60.

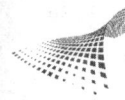

6G对更高安全性的需求[①]。

目前,基于量子密钥分发和量子安全直接通信的技术逐渐走向实用化阶段,新的协议和实验性系统开发活动也日益增加,得益于中国在量子通信技术的领先地位,国内一些行业已经开始使用量子通信来确保信息的安全。中国电信上海公司参与了上海量子保密通信产业园项目,承担了"陆家嘴金融量子保密通信应用示范网"的网络建设,实现了量子保密通信网络"京沪干线"在上海的落地和延伸。中国人民银行也已成功落地了星地一体量子加密应用,率先利用"墨子号"空间量子科学实验卫星,实现了中国人民银行总行与乌鲁木齐中心支行间的"人民币跨境收付信息管理系统"量子加密应用,为金融监管机构的远距离信息安全传输提供了新方案。中国工商银行分别在2021年及2022年针对NIST(National Institute of Standard and Technology,美国国家标准与技术研究院)发布的最新后量子密码算法开展了技术验证,并完成了算法在业务场景应用的分析评估及核心加密服务平台应用的建设方案设计,且已与网络设备供应商开展了安全网关升级替代方案的联合创新[②]。

3. 卫星互联网

卫星通信技术从早期应用于卫星电话服务与广播电视服务,已经扩展至广泛应用于数据服务和多媒体通信服务,并且朝向高通量通信卫星(HTS, High Throughput Satellite)技术演进。伴随着互联网及移动网络技术的发展,人类如今步入了卫星互联网的新纪元。在5G开始商业化的同时,得益于发射成本的下降、卫星建造技术及集成电路技术的进步,低地球轨道(LEO, Low Earth Orbit)的卫星通信系统因其低延迟和高成本效益重新获得关注,吸引了包括互联网、通信和航空航天等行业巨头的广泛关注。

卫星互联网作为衍生于卫星通信网的信息传输系统,其系统组成与常规卫星通信网类似,包括空间段、地面段及用户段。空间段主要是指由一个或多个通信卫星组成卫星星座,主要提供信息中继服务。卫星的运行轨道可以分为低地球轨道、中地球轨道(MEO, Medium Earth Orbit)、地球静止轨道(GEO, Geostationary Earth Orbit)等类别[③]。地面段一般包括卫星测控中心及相应的卫星测控网络、系统控制中心及各类信关站等,主要实现卫星互联网的管理与运营。用户段包括各类用户终端设备及应用场景的支持设施。卫星互联网通过星地链路(卫星到地面站)和星间链路(卫星之间)实现数据传输。用户终端(如手机、轮船、飞机等)通过无线电信号与卫星通信,卫星再将信号转发到其他卫星或地面站。卫星互联网技术以其强大的全球覆盖能力突破了地理限制,能够覆盖偏远地区、海洋以及空中等传统地面基站难以触及的区域,从而实现对全球各个角落的无缝连接。此外,卫星互联网在灾难响应和紧急通信方面也显示出了独特的价值,可以作为紧急情况下的可靠通信备份。

全球主要的卫星互联网服务提供商有OneWeb、SpaceX的Starlink等。这些企业通过发射大量的低地球轨道卫星,构建覆盖全球的通信网络,提供宽带互联网接入服务。SpaceX更是通过"一箭多星"发射策略和火箭的重复使用推动了技术革新,显著降低了进入该领域的成本和门槛。在商业模式方面,卫星互联网服务提供商通常采用直接面向用户服务的策略,通过销售用户终端设备、提供网络接入服务等方式获取收入。例如,Starlink就

---

① 栾宁,熊轲,张煜等. 6G:典型应用、关键技术与面临挑战[J]. 物联网学报,2022,6(1):29-43.
② 吕仲涛. 量子计算对银行密码算法的威胁及对策[J]. 银行家,2022(11):35-38.
③ 张更新,王运峰,丁晓进,等. 卫星互联网若干关键技术研究[J]. 通信学报,2021,42(8):1-14.

是通过向用户销售卫星接收设备和提供月度互联网服务订阅费来实现商业盈利的。

目前,发展空天地一体化信息网络已成为6G的业内共识(参见补充阅读资料"网络走向空天地一体,泛在连接进一步延伸"),业内认为技术融合需要在5G时代起步实践,在6G时代全面实现[①]。随着技术的进步和成本的降低,卫星互联网将有望服务更广泛的用户群体,包括家庭、企业、政府机构以及在偏远地区的用户和移动平台上的用户。此外,新兴应用(如智能交通、远程医疗等应用)也将为卫星互联网提供新的增长点。

补充阅读资料

网络走向空天地一体,泛在连接进一步延伸

随着5G非地面网络(NTN, Non-Terrestrial Network)技术的逐渐成熟,空天地一体融合路径越发清晰,卫星互联网和地面网络系统的融合已经成为信息网络的未来趋势。电信运营商正在积极创新布局空天地一体化产业链,打造空天地一体化融合架构,实现天星、地网资源统一运管,天地云网、业务、应用一体化服务。

在移动卫星通信方面,电信运营商推进"天星、地网、枢纽港、云资源池"一体化布局,加快建设天通一号卫星移动通信系统民用设施,不断提升天通物联网的能力,推动地面网络与卫星网络全系统融合;部署北斗短报文融通系统,初步形成较为完备的卫星通信业务运营体系,为国防、公安、交通、能源、应急等行业领域提供更高效、更安全、更智能的通信服务。在大众市场,基于天通一号卫星,部分手机已经开通直连卫星业务,可以提供接打卫星语音电话、接发卫星短信等服务,推动融合通信达到新的高度。

资料来源:
中国信息通信研究院. 电信业发展白皮书——新时代高质量发展探索(2023年)[R]. 2023.

本 章 小 结

1. 传统电信业务按照信息媒介的不同可分为话音业务与非话音业务两大类,按照管制方式的不同可分为基础电信业务和增值电信业务两大类,按照用户活动状态的不同可分为固定业务与移动业务两大类。随着电信网络技术的进步,以及电信网与互联网的融合,传统电信业务的类型和功能在不断扩展,形成了包含网络基础设施/资源服务、基础通信服务、信息内容与应用服务、支撑服务以及融合服务在内的复杂的信息通信业务体系。在数字经济时代,基于虚拟现实、人工智能等新技术,新型信息通信业务不断出现和发展。

2. 传统电信网主要由终端设备、传输设备和交换设备3类硬件以及相关软件组成,按照垂直结构可分成应用层、业务网层和传送网层3层,按照水平结构则可分为用户驻地网、

---

① 5G+时代,星链计划和6G齐闪耀[R/OL]. (2021-03-16) [2022-03-14]. https://pdf.dfcfw.com/pdf/H3_AP202103161472524912_1.pdf? 1615924104000.pdf.

接入网和核心网三部分。

3. 固定电话网、数据通信网和移动通信网是传统电信的三大业务网，各有技术特点，随着业务量的增长、业务需求的多样化，三大业务网沿着各自的路径向下一代网络演进。

4. 伴随着信息通信领域的技术创新，信息通信网络与云计算、物联网、大数据、人工智能等新型信息基础设施紧密融合，将走向云网融合、算网一体，并向6G网络、量子通信网、卫星通信网等方向快速演进，网络形态和网络能力都将发生翻天覆地的变化。

复习思考题

1. 请解释以下基本概念：
话音业务　数据业务　多媒体业务　增值电信业务　ICT业务　Web 2.0　4G　5G　物联网　云计算　大数据　人工智能　算力网络

2. 如何理解信息通信业务体系？各类业务的发展现状和前景如何？

3. 基于你自身使用信息通信业务的经验，你认为近年来个人信息通信需求有哪些特点和变化。

4. 新一代网络基础设施架构的特点有哪些？

5. 信息通信网络的发展趋势及其关键技术有哪些？

第 3 章 信息通信企业

3.1 信息通信企业概述

3.1.1 信息通信企业的界定和主要类型

根据本书对信息通信业的界定,信息通信企业是以通信为基础、围绕信息活动为社会大众提供服务的企业。根据信息通信企业拥有的资源类型和提供的服务层次,其可以分为网络运营商(network operator)、虚拟网络运营商(VNO,Virtual Network Operator)和互联网信息服务与应用提供商三大类。

1. 网络运营商

网络运营商是具备相关资质、建设运营电信网络基础设施并提供服务的企业,也往往被称为电信运营商或电信公司等。网络是整个电信业运营的物质技术基础,企业提供各类电信服务都需要依托网络,建设覆盖全国的网络基础设施需要大量的投资,对网络的规划、设计、建设、维护、优化、运营及有效利用是网络运营商的核心任务。网络运营商在信息通信业中的地位至关重要,它整合了设备提供商以及其他软硬件提供商的产品、技术、服务,具备网络通信服务能力,不仅直接面向政企、家庭、个人客户提供服务,还负责向其他类型的信息通信服务企业提供必要的网络资源和网络连接服务。此外,为了提高竞争力,网络运营商还需要根据各类用户的需求进行业务功能和流程设计,提升服务价值和差异性,由此形成了非常复杂的业务体系。因此网络运营商一般都是资产规模巨大、企业员工总数多达数万甚至几十万的大型企业(参见补充阅读资料"我国电信运营商简介")。

在 20 世纪 90 年代之前,信息通信企业主要就是网络运营商,且在很长一段时间与邮政合营,并由政府部门垄断经营。除美国电信业历来由私营企业(如 AT&T)经营外,世界上大多数国家在电信业发展初期都采取上述经营模式。随着电信业规模的不断扩大,其与邮政通信在技术手段与经营方式上的差异越来越大,各国开始实行邮电分营,分营后邮政多数仍保持政府专营,而电信则采取国家所有形式,实行公司化经营。从 20 世纪 80 年代开始,欧洲许多国家开始对电信业进行私有化改革、开放电信市场,AT&T 的解体标志着电信业打破垄断、走向竞争,网络运营商的数量开始迅速增加,并向国际化的方向发展。但是由于网络运营商高资本投入、显著规模经济性的特征,使得电信市场中难以容纳大量的网络运营商,因此世界各国网络运营商的数量都大大少于增值业务提供商的数量,市场基本呈现"寡头垄断"的格局,几家大型网络运营商控制绝大部分的市场份额。

补充阅读资料

我国电信运营商简介

当前,我国有4个电信运营商:中国移动通信集团有限公司(简称中国移动)、中国电信集团有限公司(简称中国电信)、中国联合网络通信集团有限公司(简称中国联通)和中国广播电视网络集团有限公司(简称中国广电),如图3-1所示。

图3-1 我国四大电信运营商

(1) 中国移动

中国移动通信集团公司是根据国家关于电信体制改革的部署和要求,在原中国电信剥离移动通信资产的基础上组建的国有重要骨干企业,于1999年注册成立,由中央直接管理。2017年12月,其进行公司制改制,企业类型由全民所有制企业变更为国有独资公司,并更名为中国移动通信集团有限公司。

截至2023年年底,中国移动的注册资本达到3 000亿元,资产约为2万亿元,员工总数超45万,年收入达万亿元,移动客户达到9.91亿户,家庭宽带客户达到2.64亿户,拥有基站超过600万个,是中国最大的通信和信息服务供应商,亦是全球网络和客户规模最大、盈利能力和品牌价值领先、市值排名位居前列的世界级通信和信息运营商。

中国移动全资拥有中国移动(香港)集团有限公司,由其控股的中国移动有限公司在我国31个省(自治区、直辖市)和香港特别行政区设立全资子公司,并在香港和纽约上市。经过20多年的建设与发展,中国移动已建成一个覆盖范围广、通信质量高、业务品种丰富、服务水平一流的综合通信网络,向个人、家庭、政企和新兴市场提供语音、数据、宽带、专线、IDC、云计算、物联网等业务,并具有计算机互联网国际联网单位经营权和国际出入口经营权。

(2) 中国电信

中国电信集团公司是按国家电信体制改革方案组建的特大型国有通信企业,于2002年5月重组挂牌成立。中国电信下辖21个省级电信公司,拥有全国长途传输电信网70%的资产,允许在北方10省区域内建设本地电话网和经营本地固定电话等业务。重组后的中国电信集团公司由中央管理,是经国务院授权投资的机构和国家控股的试点。2017年12月,其完成公司制改制,企业类型由全民所有制企业变更为国有独资公司,并更名为中国电信集团有限公司。

截至2023年年底,中国电信的注册资本达到2 131亿元,资产超过8 000亿元,员工总数约为28万,年收入超过5 000亿元,宽带互联网接入用户约为1.9亿户,移动用户约为4.1亿户,连续多年位列《财富》杂志全球500强,多次被国际权威机构评选为亚洲最受尊崇企业、亚洲最佳管理公司、亚洲全方位最佳管理公司等。

中国电信旗下拥有4家上市公司,分别是中国电信股份有限公司、中国通信服务股份有限公司、新国脉数字文化股份有限公司、北京辰安科技股份有限公司。中国电信在我国31个省(自治区、直辖市)、香港地区、澳门地区,以及美洲和欧洲设有分支机构,拥有覆盖全国城乡、通达世界各地的通信信息服务网络,旗下拥有"天翼""我的e家""商务领航""号码百事通"等知名品牌,具备电信全业务、多产品融合的服务能力和渠道体系。中国电信于2002年在中国香港和纽约上市,于2021年8月正式在上海证券交易所主板上市。

(3) 中国联通

中国联合通信有限公司于1994年成立,由当时的电子工业部、电力工业部和铁道部共同出资组建,这是中国电信行业深化改革、打破垄断的重大举措之一。2008年5月,根据党中央、国务院进一步深化电信体制改革的决策,中国联通向中国电信出售CDMA网络,中国联通和中国网通合并重组为新公司,2009年,合并后的中国联合网络通信集团有限公司挂牌成立。

截至2023年年底,中国联通的注册资本达到3 180亿元,员工总数超过24万,年收入超过3 000亿元,在我国31个省(自治区、直辖市)和多个国家和地区设有分支机构,拥有覆盖全国、通达世界的现代通信网络和全球客户服务体系,是北京2022年冬奥会和冬残奥会唯一官方通信服务合作伙伴,在2023年《财富》世界500强中位列第267位。

(4) 中国广电

中国广播电视网络有限公司(后更名为中国广播电视网络集团有限公司)是根据党的十七届六中全会的"整合有线电视网络,组建国家级广播电视网络公司"精神,经国务院批复,由中央财政出资,于2014年5月28日正式挂牌成立的中央文化企业。中国广电由国家广电总局负责组建和代管,由财政部代表国务院履行出资人职责,由国家广电总局以及工业和信息化部按照职责对中国广电相关业务实行行业监管。

中国广电于2016年获得基础电信业务经营许可,依托其独有的内容与传媒资源、700 MHz网络资源,负责全国范围内有线电视网络有关业务,并开展三网融合业务。2019年6月,中国广电获得5G商用牌照,此后与中国移动签署协议,将开展5G共建共享以及内容和平台合作,共同打造"网络+内容"生态。2022年6月,中国广电推出5G业务,"中国广电""广电5G""广电慧家"三大品牌标识集体亮相。

注:电子工业部、电力工业部于1998年3月撤销,铁道部于2013年3月撤销。

2. 虚拟网络运营商

虚拟网络运营商也常简称为虚拟运营商或"虚商",是指自身不具备骨干和核心网络资源,需要通过租用网络运营商的资源或者购买服务,对服务内容进行进一步开发、整合、包装并将其提供给最终用户的信息通信企业。与网络运营商相比,虚拟运营商不需要进行大规

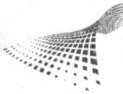

模的网络建设,行业准入门槛相对较低,经营灵活性更高,通过针对不同消费群体提供专业化、个性化服务,能够创造丰富多彩的定制化服务内容,从而提升服务价值。由于21世纪以来移动通信业务发展迅猛,因此专注于移动通信领域的移动虚拟运营商(MVNO,Mobile Virtual Network Operator)是虚拟运营商的主体。

根据虚拟运营商对资源的掌握程度和业务功能的参与程度,国际上的虚拟运营商可细分为以下4种类型。

① 转售商:仅承担品牌宣传和产品销售的职责,没有计费系统和客户管理系统,业务空间和灵活性比较有限,是虚拟运营商的最基本模式。

② 服务提供商:具备了独立的用户管理、资费设计及业务打包能力,提供用户自助服务以及计费账单服务,但不具备核心网和接入网。我国获得移动通信转售牌照的企业基本上采用此类模式。

③ 独立虚拟运营商:具有一定的核心网资源,除了接入网络依赖网络运营商外,其余基本上由虚拟运营商自己提供,相对独立于基础运营商,是网络运营商的完整模式。

④ 虚拟网络提供商:负责建设网络支撑和管理系统以及业务平台,从网络运营商批量获取网络资源,再将其批发给面向最终用户的虚拟运营商,并为虚拟运营商提供管理和接入服务,相当于一个介于网络运营商和虚拟运营商之间的网络资源批发商。

虚拟运营商最早出现于20世纪90年代后期,1998年挪威Sense公司成为全球第一个移动虚拟运营商。随后欧洲陆续出现更多的虚拟运营商,成功的范例有英国维珍移动(参见补充阅读资料"虚拟运营商成功范例——英国维珍移动")、法国的NEUF电信等。2015年,全球虚拟运营商已超过1 100家,其中大部分分布于欧洲和北美地区,这些地方的虚拟运营商用户数占全球总数的85%。在虚拟运营商发展的历程中,其市场淘汰率是非常高的,约有四分之一的虚拟运营商由于初期发展不力或者后来经营不佳而最终停业或被收购。

从用户规模的角度来看,近年来全球虚拟运营商用户数增长缓慢,截至2023年6月,全球虚拟运营商用户达到了4.6亿户,全球虚拟运营商用户整体市场份额达到了5.31%,欧洲、亚洲、北美地区的虚拟运营商用户分别达到了1.7亿户、1.3亿户和9 965万户,分别占全球虚拟运营商用户总数的38%、29%和22%,总占比近89%,呈三足鼎立之势①。

我国的虚拟运营商发展起步较晚,在2013年之前,香港润迅、鸿联九五等几家公司已经开展了虚拟运营的尝试,主要从事移动电话代放号、通信网络资源的转售和代理,但并未形成较大的规模。2013年1月8日,工业和信息化部发布《移动通信转售业务试点方案》(征求意见稿),将移动通信转售业务定义为从拥有移动网络的基础电信业务经营者购买移动通信服务,将其重新包装成自有品牌并销售给最终用户的移动通信服务,并规定移动通信转售企业不自建无线网、核心网、传输网等移动通信网络基础设施,必须建立客服系统,可依据需要建立业务管理平台以及计费系统、营账系统等业务支撑系统。移动通信转售业务不包括卫星移动通信业务的转售,在业务分类上属于第二类基础电信业务,比照增值电信业务进行管理。

2013年12月,工业和信息化部向第一批共11家民营企业发放了移动通信业务转售牌照,此后在2014年又陆续发放了四批牌照。2016年,全国总共有42家民营企业正式进入

---

① 中国联通杨洪敏:虚商用户稳步增长,出现新发展机遇[EB/OL].(2023-11-17)[2024-03-01]. http://www.cww.net.cn/article?id=584741.

了虚拟运营商的行业,这些企业主要分为以下4类:

① 传统手机渠道商,包括迪信通、天音通信、话机世界等;

② 零售连锁企业,主要有苏宁、国美、京东等;

③ 互联网企业,如阿里巴巴、巴士在线、北京分享在线等;

④ 行业应用企业,包括蜗牛科技、用友网络等。

引入虚拟运营商是我国鼓励电信业引入民间资本的一项具体措施,其目的在于削弱传统网络运营商的垄断地位,为消费者提供更多选择,满足不同消费者的差异化需求。在移动转售试点期前两年,除了个别虚拟运营商实现盈利外,42家虚拟运营商中的绝大部分始终处于亏损状态。然而,2016年,以话机世界、远特通信、鹏博士、小米移动、北纬蜂巢互联、朗玛移动、阿里通信、恒大和等为代表的虚拟运营商已经实现盈利,为虚拟运营商的发展增强了信心。2017年8月,我国虚拟运营商用户数突破5 000万,我国成为全球最大的虚拟运营商市场[①]。2018年7月,工业和信息化部正式向15家企业颁发移动通信转售业务经营许可[②],试点近5年的虚拟运营商终于获得正式牌照。这一举措意在促使投资方加大投入,助推深耕细分市场的企业走向规模化,为信息通信市场注入新的活力。

补充阅读资料

虚拟运营商成功范例——英国维珍移动

英国维珍移动是著名的虚拟运营商成功范例。英国维珍移动的虚拟运营开始于1998年,由英国的维珍集团与德国电信的子公司One2One各出资1.5亿美元建立。它自成立之后发展顺利,在其国内电信领域取得了一定的知名度,并在2002年开始实现盈利。

维珍集团是由英国多家使用维珍(Virgin)作为品牌名称的企业组成的集团,经营范围涉及飞机、火车、软饮料、音乐、假日休闲、汽车、酒类、出版物以及新婚服饰等。它在全球已经拥有200多家公司,员工超过2.5万人,1999年它的收入已超过50亿美元。在很多英国人尤其是年轻人的眼中,维珍代表的是时尚、活力和完备的服务。英国维珍移动的成功之处在于很好地发挥了品牌优势,同时充分利用了集团品牌原有的销售渠道,在移动通信领域引入新的服务理念。在英国维珍移动的营业点,用户体验到的是维珍全方位的服务,而不仅仅是移动通信服务。这一模式在英国的成功推动了维珍集团在澳大利亚与C&W Optus的合作。

在产品上,英国维珍移动通过详细的市场调研,将移动用户分为四大类——体育爱好者、文艺爱好者、旅行者和家居者,并根据不同用户群的不同需求分别提供标准服务、特别服务和其他服务。标准服务包括免费留言信箱、短信、来电显示、来电等候、无线上网、MP3下载播放、电话热线及服务质量保证等。特别服务是用户定制的服务,如通过

---

① 15家企业获首批虚拟运营商正式牌照[EB/OL]. (2018-07-24)[2024-03-01]. https://m.news.cctv.com/2018/07/24/ARTI0xBrZc5qsTGwp7Wd8QYy180724.shtml.

② 工业和信息化部向15家企业颁发移动通信转售业务经营许可[EB/OL]. (2018-07-23)[2024-03-01]. https://www.miit.gov.cn/jgsj/xgj/scgl/art/2020/art_7a7674be0d2f4b0d9a4bfdde3b425953.html.

短信给特定群体传送实时新闻以及体育比赛、文娱项目的相关信息等。其他服务通过建立广泛的合作,向用户提供手机保险服务、汽车修理应急服务和长达3个星期的语音留言保存服务以及国际漫游服务等。

英国维珍移动的成功,既得益于维珍集团与One2One公司之间的紧密合作,又得益于英国维珍移动注重资源整合和服务创新,"这不仅仅是一部移动电话"是英国维珍移动的服务理念,维珍移动的用户可以通过手机享受到购物、旅游、订票与客房预订等多种服务,且可以享受一定的优惠,这使手机成为维珍集团整合各种服务的一个终端。

3. 互联网信息服务与应用提供商

在互联网商用之后,基于互联网提供信息服务与应用的企业迅速增加,相应地出现了ISP(Internet Service Provider,互联网服务提供商)、IAP(Internet Access Provider,互联网接入服务商)、ICP(Internet Content Provider,互联网内容服务商)、ASP(Application Service Provider,应用服务提供商)等名称,用以描述此类企业。但这些名称的界定并没有非常严格,相互间存在一定的交叉。

ISP是指专门提供互联网接入服务和相关技术支持、咨询服务及信息服务的公司或企业,在互联网发展早期是广大的个人用户和规模有限的公司用户进入互联网的入口和桥梁。

ISP的服务范围非常广泛,早期的ISP主要提供接入服务和信息服务,即ISP包括IAP和ICP。IAP是指专门提供接入服务的服务提供商,它为终端用户提供接入互联网的服务及有限的信息服务。一个IAP提供服务的基本条件是拥有区域性用户接入网络,能够向用户提供专线、拨号上网服务或其他接入服务。ICP是基于提供信息内容和信息应用的服务商,它可以允许用户通过不同方式访问自己的服务器,为用户提供全方位的信息服务。

随着互联网的发展,互联网相关服务的分工越来越细致,特别是伴随着宽带接入需求高速增长,互联网接入服务主要由具有大范围覆盖的接入网资源的网络运营商提供,而大量的互联网公司则主要以内容和应用提供为主,基本上都可归于ICP的行列。

ICP提供以文字、图像、音频和视频等媒体形式呈现的网络信息内容,还包括通过应用程序、App等方式提供对信息的处理应用服务。在我国,互联网信息服务是增值电信业务的一种类型,属于放开经营的电信业务,企业可以向国家主管部门申请备案,成为合法的ICP运营企业。ICP具有巨大的创新空间,提供的具体服务内容包括新闻、搜索引擎、虚拟社区、电子邮箱、网络游戏、网络文学、电子商务平台等。由于ICP的业务领域众多、市场空间巨大,因此ICP的企业规模存在很大差异,既有腾讯这种互联网巨头,也有大量的不追求公司规模而专注于某一领域做精做专的小公司。

此外,在互联网发展过程中,人们对于软件应用服务、IT支撑服务、信息通信解决方案方面的需求增长快速,随着IT外包服务的发展逐渐出现了一种新型企业——ASP。ASP向服务器供应商、网络通信设备供应商、操作系统开发商、数据库系统开发商、网络安全系统开发商、网络管理系统开发商,以及通信线路运营商等购买或租用各种设备、软件系统与通信线路,以构建应用系统运行平台,然后为用户的设备配置、租赁和管理、应用提供解决方案。ASP提供的服务与传统的定制软件应用服务不同,其基于互联网平台,利用集中管理的设施,以在线的方式为客户提供对应用的访问和管理、服务器的托管和租赁等服务,可以以多种方式向多个用户提供服务,也可以向客户提供标准化服务模块以及整合的服务解决方案。可以说,ASP提供的是更为高端的、整合的、主要面向企业级信息化需求的互联网应用服务。

3.1.2 信息通信企业的特点

信息通信企业有多种类型,在产业中表现出一定的层次性,各类企业在规模大小、资源能力、组织结构、成本特征等方面都存在较大的差异。传统电信运营商往往规模巨大、组织架构复杂、灵活性较低,而虚拟运营商以及ICP等互联网公司的规模相对较小,灵活性较高。但总体而言,基于信息通信技术的特点和服务性行业的特点,信息通信企业具有一定的共性,表现在以下3个方面。

(1) 高技术企业特征

信息通信服务的发展离不开技术的进步,近半个世纪以来,信息通信一直是技术创新十分活跃的领域,是世界各国公认的高新技术行业。信息通信企业具有高技术企业的普遍共性:重视技术创新,产品和服务升级更新速度快,拥有较高比例的科技型人才。

在高新技术行业中,每一次技术进步意味着重要的产业机遇,这就要求企业积极跟踪新技术发展动态,及时开发、采纳先进合理的技术,以提升业务功能和价值,维持企业的竞争优势。传统的网络运营商升级网络和业务的技术驱动主要来自通信设备供应商的创新,其自身在技术创新方面的投入相对较少,但这并没有减弱其技术密集的特征。从信息通信业务的发展历程来看,特别是在20世纪70年代之后,移动通信、数据通信相继出现,结束了通信方式单一的时代。随着新技术的突破性进展,电信与计算机技术不断融合,使得电信服务向宽带化、综合化、智能化的方向发展。20世纪90年代之后,互联网的发展更是带来了电信业创新大繁荣的时代,各种新技术、新业务层出不穷,极大地改变了人们的生产和生活方式,推动了社会经济发展。当前,面对行业发展的新态势,尤其是宽带互联网、移动互联网的高速成长,以及5G、物联网、云计算、大数据、人工智能乃至卫星通信等新兴技术的影响,网络运营商对技术研发的投入呈不断上升的趋势,而对于新型的互联网公司而言,重视技术创新是建设其核心竞争力的根本。

从人才队伍来看,信息通信行业整体呈现出高学历化、专业化、年轻化的特点。我国传统电信行业本科以上学历人才占从业人员总数超过三分之一,专业技术人才成为电信业人才队伍的主体,高级专业技术人才和高技能人才的比例不断提高。信息通信企业对于高层次、创新型、复合型人才的需求也愈加迫切,特别是一些新技术领域(如人工智能、大数据分析领域)仍然面临着人才短缺的状况,因而企业对人才的争夺更加激烈,人才流动性增强。互联网行业中,约有三分之二的从业人员都是35岁以下的年轻人,流动性非常强,我国互联网招聘平台拉勾网发布的《2015年互联网人才发展趋势报告》指出,互联网从业人员跳槽周期平均为17个月。BOSS直聘发布的《重塑时代:2021人才资本趋势报告》显示,年轻人平均跳槽间隔从84个月降至11个月。2020年跳槽的人中43%为95后,26%为90后。越来越多的年轻人选择跳槽,不断尝试新的岗位,其中互联网行业从业人员更是频繁跳槽,一年内跳槽频率达33.3%[①]。因此,对于信息通信企业来说,如何吸引人才、培养人才、留住人

---

① 互联网留不住年轻人[EB/OL].(2021-07-06)[2024-03-01]. https://www.qianzhan.com/analyst/detail/329/210706-12f82407.html.

才,以适应技术进步和产业变革的大环境非常关键。

(2) 服务性企业特征

信息通信企业提供的是服务,而服务具有无形性、异质性、生产与消费过程不可分离(也称为伴随性)以及不可存储(易逝性)等显著特点,这就决定了信息通信企业的经营管理需要遵循服务性企业运营的规律,具有不同于制造性企业的特点。

第一,信息通信服务的需求存在随机性,必须按照高峰业务需求组织网络。信息通信服务的需求量由用户产生,存在很大的不确定性,使得提供服务的信息通信企业难以预先制订周密的生产计划,且由于服务的不可存储性,信息通信企业无法如制造性企业一样利用库存来调节供需矛盾。因此为了达到服务质量要求,信息通信企业的服务能力必须按照高峰业务需求(称为忙时)进行规划和配置,在业务需求平稳的时期网络资源和服务能力会出现闲置现象,但闲置的资源无法存储下来转移到其他时段使用,且很难完全避免因突发性业务需求而出现网络过载的情况。

第二,服务的无形因素发挥重要作用。对于制造性企业的产品来说,产品的特性、竞争能力主要由有形的因素决定,也往往可以通过专利等技术手段加以保护。而在服务业中,概念、方法、流程等无形因素发挥着重要作用,实物形态相对较少,因此信息通信企业的创新易被模仿,也难以利用知识产权保护手段。

第三,信息通信服务产品的计量和评价具有复杂性。衡量服务业组织的产出比衡量制造业组织的产出复杂得多,对很多服务业组织来说,质量与效果比数量标准更为重要,其对服务质量管理提出了极高的要求。由于信息通信在经济和社会发展中的重要作用具有一定公益属性,因此信息通信企业的长期利益和社会利益值得被关注,并不适合简单使用收入、成本、利润等数据来评价其绩效。

第四,需要重视对客户的管理。与制造性企业不同,服务性企业的客户往往会直接参与生产过程,甚至在生产过程中不可或缺。而客户的参与有可能起到积极作用,也有可能起到消极作用,面对前者,企业有可能利用这种积极作用提升服务质量、运营效率和服务设施的利用率;而面对后者,企业必须采取一定的措施防止这种干扰。因此,信息通信企业必须重视对客户的管理、注重客户体验,尽量使客户的参与能够对提高服务质量和运营效率起到正面作用。

第五,企业职能之间的界限划分比较模糊。在制造性企业中,产品生产与产品销售是发生在不同时间段、不同地点的活动,产品往往需要经过一个复杂的流通渠道才能到达顾客手中,因此这两种职能划分明显,分别由不同人员、不同职能部门来履行。而在服务性企业中,服务生产与服务销售是同时发生的,导致生产与销售的职能划分是模糊的,必须采用系统的观点对其进行整体规划和管理,因此信息通信企业的生产运营和营销管理应考虑服务行业的特点,管理内容和管理方法有其特殊性。

(3) 企业间的相互依存性

信息通信是一个网络性产业,互联互通是信息通信网提供服务的必要条件。《中华人民共和国电信条例》规定,电信网之间应当按照技术可行、经济合理、公平公正、相互配合的原则,实现互联互通。为此,为了保证在全行业范围内有效地进行生产经营,切实保证全网的经济效益和各个企业自身的经济利益,信息通信企业的生产经营决策要受到全行业以及互联互通企业的影响。

随着信息通信业规模不断增大,业内分工越来越细致,企业类型不断增加,各类企业之间存在越来越紧密的依存关系。基础网络运营商拥有基础设施,但在提供多样化服务、满足个性化需求方面有所欠缺,虚拟运营商依靠从基础网络运营商租用相关资源来弥补这一不足,而互联网的相关企业则提供信息内容和应用服务,但从根本上仍需依托基础网络才能实现服务的正常运营。这种产业分工状况是由信息通信领域的技术复杂性和需求复杂性共同决定的,企业之间这种紧密的依存关系,使得企业必须以系统性的、开放合作的视角来考虑发展战略、业务模式、竞争策略等,第4章将对这一问题进行更深入的阐述。

3.2 信息通信企业的组织架构

3.2.1 传统电信运营商:转型与变革

如 3.1.1 节所述,传统电信运营商需要在一个较大的地理范围内建设网络、提供服务,因此一般都是规模巨大、人数众多的大型企业,多采用事业部结构形式。一方面,集团总部划分职能部门,制定企业战略层面的决策,同时在各个服务区域建立分公司,形成区域事业部,集团层面主要采用扁平化的职能型结构,分公司则多采用面向市场和网络的前后端组织结构。另一方面,集团及分公司常按照业务类型进行专业经营,形成专业事业部,因此是区域事业部和专业事业部并存的状态。例如,法国电信曾采用的以业务为中心的组织结构如图 3-2 所示①,图中 Wanadoo、Orange、Equant 是当时法国电信旗下的三大品牌事业群。

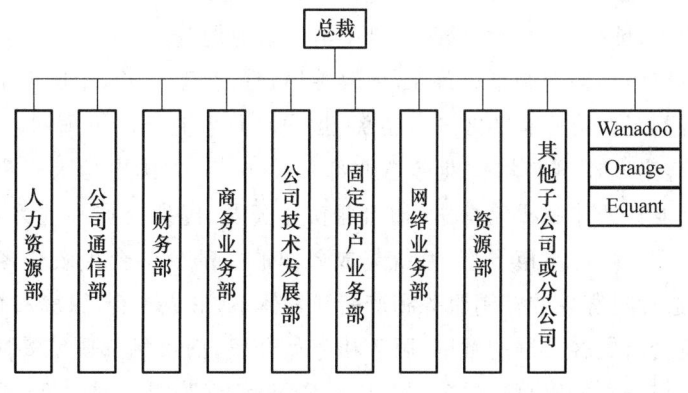

图 3-2 法国电信曾采用的以业务为中心的组织结构

在进入 21 世纪之后,互联网发展对于传统电信运营商带来了极大挑战,各国运营商纷纷进行战略调整,寻求转型(参见 3.3.3 节及本章末案例资料"中国电信的转型之路")。新

---

① 郑惠莉,李希. 基于企业战略的组织结构调整——以国外电信运营商为例[J]. 南京邮电大学学报(社会科学版),2014,16(4):39-45.

战略需要与之相配合的组织结构,各国运营商在调整组织结构时广泛采用的一个思路是由以业务为中心转向以用户为中心,根据服务的用户群体类型划分事业部。例如,在2002年到2008年法国电信实施全业务转型后,其组织结构重组为包括个人通信业务部、企业通信业务部、家庭通信业务部、国际业务部、法国销售与业务部等部门的组织结构,如图3-3所示[①]。新的组织结构以用户需求为出发点,从组织上保证向个人用户、家庭用户和企业用户提供全方位的融合服务。此外,为发展新型互联网业务和拓展海外业务,各国运营商还纷纷设立独立的事业部或建立合资企业,对互联网业务和海外业务采取相对较独立的经营体系,这一方面符合管制要求,另一方面使新业务领域的经营更具有自主性和灵活性。

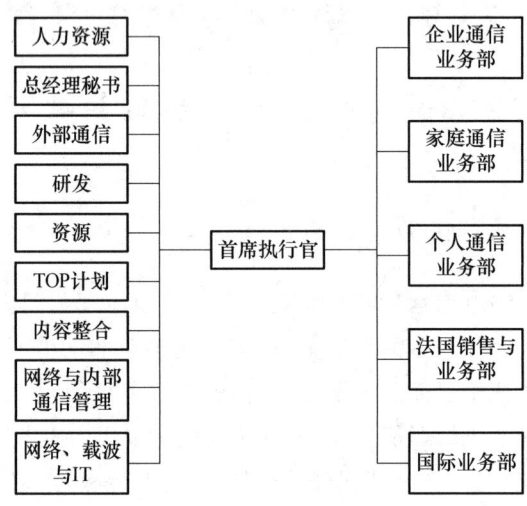

图3-3 法国电信以用户为中心的组织结构

我国电信运营商在转型重构组织结构时,参照了国际运营商的组织设计,并在实践中体现了扁平化、无边界、虚拟组织等新思路。以中国电信为例,该企业自2005年实施战略转型开始,就持续进行组织结构的调整。首先,为改善用户的交互体验,中国电信在集团层面有意减少了前端部门数量,将原有的客户营销部、互联星空事业部以及固网、互联网、无线、电话卡等产品部调整为互联网与增值业务事业部。2006年,中国电信大规模开展了转型业务,并进行了新兴业务的体制机制探索,如组建实体公司、虚拟公司和项目团队;2007年上半年,中国电信将大客户部与市场部、系统集成公司的一部分整合为政企客户部;2008年,中国电信着力打造针对客户的营销服务和产品开发体系,形成政企、家庭和个人3个客户事业部,它们分别负责所属客户群的营销、服务和产品开发,而市场部则统筹协调前端总体事务。另外,中国电信设立号码百事通公司和信元公司,负责跨客户群的信息服务和平台运营业务,实行公司化运作。

2009年年末,中国电信再次调整组织结构,主要措施有:

① 将家庭客户事业部与个人客户事业部合并为公众客户事业部,负责面向家庭、个人

---

① 郑惠莉,李希. 基于企业战略的组织结构调整——以国外电信运营商为例[J]. 南京邮电大学学报(社会科学版),2014,16(4):39-45.

客户开展营销策划、产品开发与销售以及客户服务工作；

② 撤销国际部，成立海外协同拓展委员会(作为集团主持海外拓展重大项目的议事、协调和决策机构)，成立海外拓展事业部(作为集团海外业务拓展跨职能的管理与运营支撑部门)；

③ 成立客户服务部，负责牵头全集团服务体系的建设和运作；

④ 成立产品中心，统筹产品开发和管理工作，实施产品开发项目制，加强产品规划，建立产品基地，如在广东建立爱音乐基地，在江苏建立手机游戏、物联网基地，在上海建立天翼视讯基地，在浙江建立手机阅读基地，在四川建立软件超市基地等。

2009年的组织结构调整一方面遵循"以用户为中心"的理念优化前端部门，另一方面通过成立产品中心以及专业子公司的方式，增强企业的创新能力。而2019年年末，中国电信的又一轮组织架构调整则与建设新一代信息基础设施的战略部署相适应，反映了网络运营理念的变化，其主要措施有：

① 撤销网络运行维护事业部、企业信息化事业部，设立云网运营部(数据中心)；

② 将网络发展部更名为云网发展部；

③ 撤销原与网络运行维护事业部合署办公的网络与信息安全管理部，新设立网络和信息安全管理部。

中国电信的主要分支机构及子公司如图3-4所示。可以发现，我国电信运营商在设立集团公司、各省(自治区、直辖市)分公司以外，还通过建立产品基地、专业公司等方式不断探索新的组织架构模式，不断拓展云计算、物联网、行业应用、数字媒体等新领域，整合新业务，并与技术进步和市场演进相适应，实现从传统电信企业到新型高科技领军企业的转型。中国电信转型调整的许多措施也被中国移动和中国联通采用，特别是为适应移动互联网时代的发展需要，三大电信运营商都成立了若干产品基地，如音乐基地、游戏基地、阅读基地等，后续又成立了物联网等专业公司。此外，为增强互联网、移动互联网领域的创新能力，电信运营商又先后采用了"创新孵化器"的新模式，如中国电信率先开拓出"基地孵化、天使投资、公司参股、员工控股"的机制创新模式，其旗下的天翼创投建立了大型央企中第一家孵化器——中国电信创新孵化基地，中国移动、中国联通亦快速建立了创新孵化基地。这些举措都是传统电信运营商应对数字经济新挑战而进行的组织创新。

3.2.2 互联网公司：成长与创新

相比于传统的电信通信行业，互联网是一个新兴行业，早期的互联网公司大多成立于20世纪90年代末期。互联网行业是一个创新极其活跃、发展极其高速的行业，成功的企业以前所未有的速度成长壮大，同时还不断有新企业加入。面对互联网行业多变的环境，互联网公司必须及时调整战略和相应的组织结构，因此互联网公司的组织结构表现出了非常高的多样性和动态性。与传统企业相比，互联网公司组织结构的扁平化、网络化、无边界化特征更为显著。

从互联网公司的生命周期来看，公司的发展大致经历5个阶段：初创阶段、推广阶段、成长阶段、平稳阶段、战略扩张阶段。在初创阶段，核心团队常常只有10人以下，公司会采用柔性很强的有机型组织结构，公司整体如同一个团队，成员共同决策、共担风险、共享利益，有明确的分工，围绕核心产品履行技术、市场、财务等方面的关键职责，但成员工作划分的界限并不严格，因此公司保持很强的灵活性。

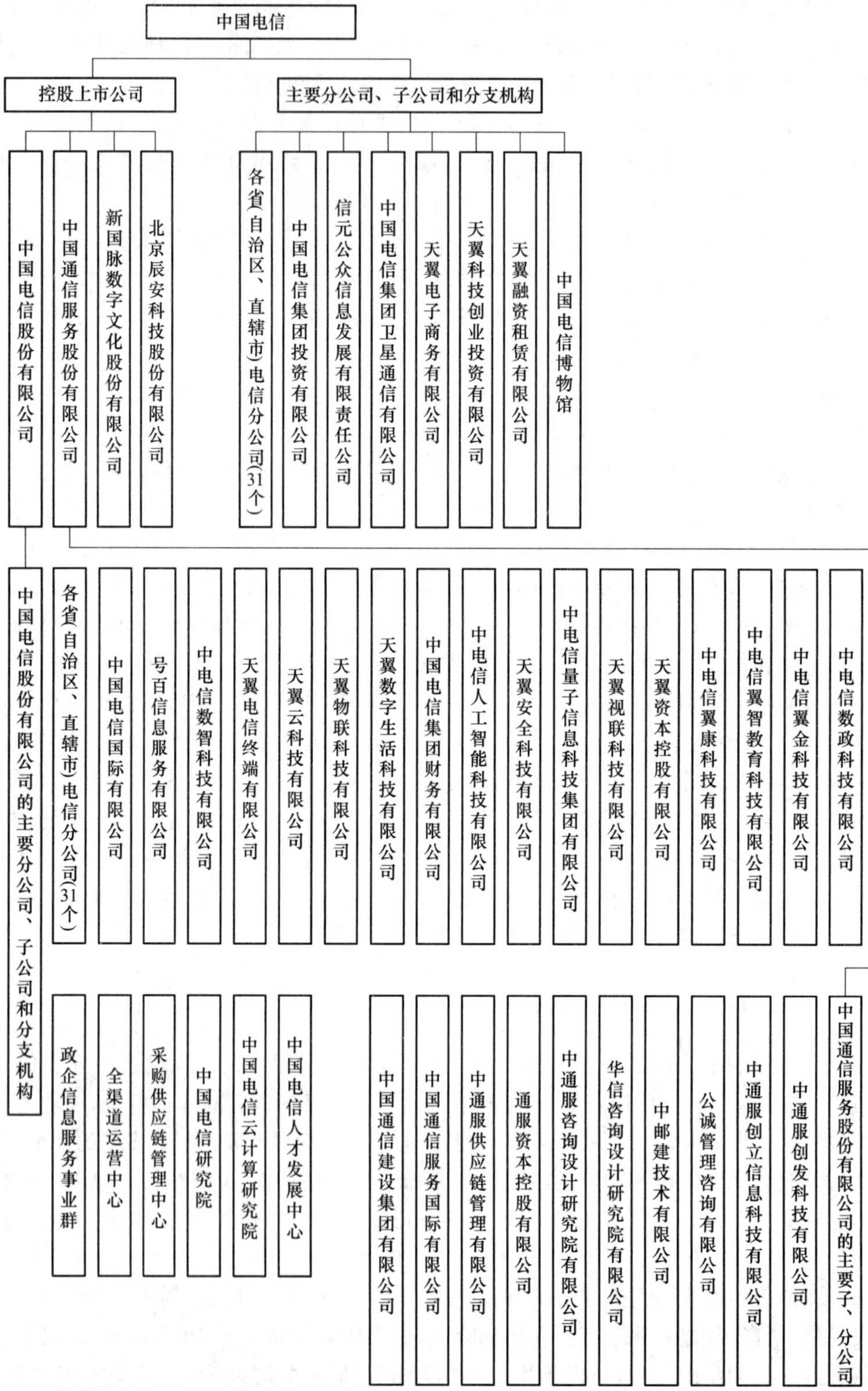

图 3-4 中国电信主要分支机构及子公司

随着公司规模的增大、员工的增加，公司一般会采用职能型组织结构，按照职能建立部门，互联网公司常设置的职能部门有技术/产品、运营、财务、市场和人力资源等部门。当公司再进一步成长，增加更多的产品和服务时，互联网公司多会采用事业部的形式，事业部内部又有多种组织方式，常规职能部门与产品项目团队并存，形成矩阵型组织结构，在企业内部构成了复杂的沟通体系。

以腾讯公司为例，该公司成立于1998年，初创阶段时采用小团队、职能式组织结构，具有有机型组织特征，随着公司规模的扩大，其先后经历了3次大规模的组织架构改革。2005年，腾讯将专注于QQ产品的职能式组织架构改为业务单元（BU，Business Unit）制的组织架构。2014年，随着BU数量的快速增加，腾讯首次设立了互动娱乐、移动互联网、社交网络、网络媒体、技术工程、企业发展等事业群（BG，Business Group），事业群内部采用了产品与职能混合的部门划分方式，如互动娱乐事业群中设置互动娱乐研发部、运营部、市场部、业务管理部、渠道营销部等职能部门，以及若干产品部和游戏工作室；而移动互联网事业群则主要按照产品划分部门，设置了3G产品部、无线增值产品部、无线游戏产品部、无线安全产品部、移动通信部、地图平台部、搜索拓展部，同时也设置了无线运营部、无线研发部、移动互联网市场部等职能部门。2018年，腾讯再次调整组织架构，形成企业发展、互动娱乐、技术工程、微信、云与智慧产业、平台与内容六大BG，其中平台与内容BG主要针对to C（面向个人客户）业务，包括社交、信息流、长/短视频、动漫影业、新闻资讯等板块，云与智慧产业BG则面向to B（面向企业客户）业务，包括腾讯云、智慧零售、地图、安全等板块。

再以百度公司为例，该公司主要以产品和服务为中心组建事业群组。2015年年末百度公司新建金融服务事业群组，其包含消费金融业务部、钱包支付业务部、互联网证券业务部三大业务部以及金融市场研究与策略团队，金融服务事业群组与原有的移动服务事业群组、新型业务事业群组和搜索业务群组，共同构成了百度的四大事业群组。

此外，互联网公司常常是组织结构创新的先行者。例如，谷歌公司的小团队管理模式就被认为是对企业创新能力的有力保障。谷歌对于研发工程师们采取的是小团队管理方式，几乎每个项目都是小组项目，小组享有很大的决策权，每个小组之间都必须进行交流合作，员工之间没有被部门分隔开，使得沟通变得简单、顺畅。基于小团队管理方式，谷歌形成了高度扁平化、灵活的组织结构，将等级权威的力量降到最小，为许多创新型公司提供了典范（参见案例资料"谷歌公司的组织管理模式"）。再如，成立于2004年的Facebook（现更名为Meta）所采用的组织结构是以CEO马克·扎克伯格为中心的分布式网络管理结构，即整个组织是一个完整有机的整体，这可以实现企业内部信息、资源的高效、多途径流通，也有利于企业内部的协作和管理。这种企业管理实践上的创新也将推动企业组织理论的发展，推动互联网时代的企业组织变革。

案例资料

谷歌公司的组织管理模式

对于科技公司而言，如何有效管理知识型员工是一个关键问题。从谷歌创立开始，向来信奉"技术至上"的公司员工就一直质疑管理的价值。其实，绝大部分工程师都希望把时间花在项目设计或项目调试上，而不是把时间花在与老板沟通或督促他人进步上。

谷歌员工真的不需要管理者吗？在谷歌最初发展的那几年，创始人拉里·佩奇（Larry Page）和谢尔盖·布林（Sergey Brin）也想知道这一问题的答案。2002年，他们开始在谷歌推行扁平化组织试验：取消工程师管理者的职位，营造类似于大学氛围的企业环境，希望以此消除级别障碍，提升员工创造力。但这项试验只延续了短短几个月，相当多的员工直接跑去向佩奇和布林汇报情况，而汇报的事情又是项目开支或个人矛盾等小事，这令两位创始人不胜其烦。随着公司规模的不断壮大，两位创始人很快意识到管理者在谷歌的重要性，如管理者可以帮助员工确定优先项目、促进员工协作、为员工职业发展提供支持以及制定符合公司目标的流程和体制。

作为一家拥有数万名员工的大型组织，谷歌已经有了一些组织层级，但数量并不多。一位工程师经理手下大约有30名直接下属，在这种情况下经理所拥有的干预空间并不大，因此为确保团队正常运转，经理的主要精力必须放在为工程师们创造最佳的工作环境上。为推动决策制定和创新，谷歌给予普通员工很大空间。相较于一板一眼的授权或升职，这种自由氛围让技术专家感受到了更大程度上的尊重，进一步提升了解决问题的灵活性，从而更易激发创意的产生。整体而言，等级权威在谷歌并不奏效，你只要有令人信服的逻辑及支持数据，就可以让公司上下都听从你的想法，服从你的决定。毫无质疑地接受上级命令这种情况在谷歌几乎不存在。

谷歌的"20%时间"模式是其提高工程师创新能力的机制之一。该模式要求所有技术人员将20%的工作时间用于他们自选的创新项目上，这并不只是让工程师在闲暇时间填补工作空缺，而是要求员工积极地提出新的产品理念，自选创新项目也会纳入员工考核内容。谷歌对管理者也有类似的要求，每位经理70%的时间用于核心业务，20%的时间用于相关的其他业务，还有10%的时间则用于考虑全新的产品。这一机制为员工带来了创新动力，也产生了一定的压力，谷歌有相当一部分新产品和新功能（如Gmail和AdSense）都来自其工程师的自选创新项目。

案例讨论题：
1. 谷歌的"20%时间"模式实施需要什么样的条件？可能会带来什么问题？
2. 结合谷歌、腾讯的组织架构状况，公司如何在维系创新活力和保障组织效率之间寻求平衡？

资料来源：
[1] Iyer B, Davenport T H. Reverse engineering Google's innovation machine[J]. Harvard Business Review, 2008, 86(4):59-68.
[2] Schilling M A. Strategic management of technological innovation [M]. New York：McGraw-Hill, 2016.

3.3 信息通信企业的商业模式

3.3.1 商业模式的概念

对企业商业模式的研究热潮始于20世纪末期的互联网创业潮。互联网兴起之后,涌现出许多新的公司经营模式,出现了各种不同的业务流程、不同的收入模式、不同的信息流通方式,引发业界对商业模式创新的探讨。然而,尽管商业模式一词被频繁地使用,但学者对这一概念并没有一个明确统一的认识。不同学者从不同角度对商业模式进行了定义,参考国内外对商业模式定义的研究,商业模式有财务、运营、战略和整合4个层面的定义。

① 在财务层面上,商业模式就是企业提供产品和服务、获取收入和利润并维持其收益流的方法,其核心为盈利模式,与此相关的变量包括收入来源、定价方法、成本结构、最优产量等。

② 在运营层面上,商业模式被描述为企业的运营结构,其重点在于说明企业通过何种内部流程和基本构造设计来创造价值,其核心为价值链的构成环节及其联系,与此相关的变量包括产品/服务的交付方式、管理流程、资源流、知识管理和后勤流等。

③ 在战略层面上,商业模式是指对不同企业战略方向的总体考察,涉及市场主张、组织行为、增长机会、竞争优势和可持续性等,其核心为战略方向,与此相关的变量包括利益相关者识别、价值创造、差异化、愿景、价值网络和联盟等。

④ 在整合层面上,商业模式是对企业商业系统如何运行的本质描述。这一定义对企业的盈利模式、运营结构和战略方向3个层面进行了整合和提升,认为一种成功的商业模式必须是独一无二和无法模仿的。因此,商业模式不应当仅仅是对企业经济模式和运营结构的简单描述,也不应当是企业不同战略的简单加总,而应从整体和经济逻辑、运营结构、战略方向三者之间的协同关系上说明企业商业系统运行的本质。

不难看出,各种商业模式概念的分歧主要在于研究对象的范围,从财务层面、运营层面、战略层面到整合层面,商业模式概念包含的范围越来越广,内容越来越全面。

3.3.2 商业模式的构成要素

商业模式概念的不统一使得研究者对商业模式的构成要素形成了不同的观点,研究者考察的深度和广度不同,综合国内外研究成果,商业模式构成要素的主要观点如表3-1所示[1]。

表3-1 商业模式构成要素的主要观点

来源	构成要素	要素数量	适用产业范围
Horowitz(1996年)	价格、产品、分销、组织特征、技术	5	普遍
Viscio 等(1996年)	全球核心、管制、业务单位、服务、连接	5	普遍

---

[1] 原磊. 国外商业模式理论研究评介[J]. 外国经济与管理,2007,29(10):17-25.

续表

来源	构成要素	要素数量	适用产业范围
Timmers（1998年）	产品/服务/信息流结构、参与主体的利益、收入来源	3	电子
Markides（1999年）	产品创新、顾客关系、基础设施管理、财务	4	普遍
Donath（1999年）	顾客理解、市场战术、公司管理、内部网络化能力、外部网络化能力	5	电子
Chesbrough等（2000年）	价值主张、目标市场、内部价值链结构、成本结构和利润模式、价值网络、竞争战略	6	普遍
Gordijn等（2001年）	参与主体、价值目标、价值端口、价值创造、价值界面、价值交换、目标顾客	7	电子
Linder等（2001年）	定价模式、收入模式、渠道模式、商业流程模式、基于互联网的商业关系、组织形式、价值主张	8	普遍
Hamel（2000年）	核心战略、战略资源、价值网、顾客界面	4	普遍
Petrovic等（2001年）	价值模式、资源模式、生产模式、顾客关系模式、收入模式、资产模式、市场模式	7	电子
Dubosson-Torbay等（2001年）	产品、顾客关系、伙伴基础与网络、财务	4	电子
Weill等（2001年）	战略目标、价值主张、收入来源、成功因素、渠道、核心能力、目标顾客、IT技术设施	8	电子
Applegate（2001年）	概念、能力、价值	3	普遍
Amit等（2001年）	交易内容、交易结构、交易治理	3	电子
Alt等（2001年）	使命、结构、流程、收入、法律义务、技术	6	电子
Rayport等（2001年）	价值流、市场空间提供物、资源系统、财务模式	4	电子
Betz（2002年）	资源、销售、利润、资产	4	普遍
Stähler（2002年）	价值主张、产品/服务、价值体系、收入模式	4	普遍
Forzi等（2002年）	产品设计、收入模式、产出模式、市场模式、财务模式、网络和信息模式	6	普遍
Gartner（2003年）	市场提供物、能力、核心技术投资、概要	4	电子
Osterwalder等（2005年）	价值主张、目标顾客、分销渠道、顾客关系、价值结构、核心能力、伙伴网络、成本结构、收入模式	9	普遍

对表 3-1 所列出的诸多要素进行提炼总结，可以发现，人们最关注的要素关键词包括价值、收入、成本、客户和市场等。在综合已有的文献，将相似度或关联度高的要素进行合并后，本书认为，企业的盈利模式、价值链构成、目标客户市场是被广泛认可的商业模式的关键构成要素。

3.3.3 信息通信企业商业模式的演变

1. 传统电信运营商商业模式的演变

在以话音通信为主的时代,传统电信运营商的商业模式就是为用户提供通信通道和基础通信服务,即通信信息由用户提供,电信运营商不能对信息内容加以改变,仅负责信息的传递,并向使用通信业务、占用网络资源的用户收取通信费用。这种商业模式的特点如下。

① 电信运营商的盈利模式简单。电信运营商将所有使用通信业务的组织或个人都视为用户,满足各类用户的通信需求,通信费用一般按照用户使用时间、使用次数或者传递信息量进行计量,用户使用信息服务量越大,所产生的通信费用也就越多。

② 电信运营商仅提供基础通信服务(即"透明通道"),不介入信息内容与应用服务等其他环节。

③ 电信运营商的内部运营一般以通信网络为中心,呈现出技术驱动、追求规模效益的特点。由于基础通信服务的市场需求较为明确,即要求提升通信服务的容量、速率、可靠性、准确性,并尽可能提升业务的普及率、降低业务费用,因此电信运营商经营的重心在于提高网络质量与业务运营效率、扩展网络覆盖范围和增大用户规模,其技术驱动性较强。

④ 电信运营商的目标市场为大众市场和各类集团用户,市场细分的方式主要是区别用户的通信量,而不关注各类用户的具体通信目的,需求差异性较小。

这种基于基础通信服务的商业模式的适用性很强,只要存在通信需求,该模式就有存在的空间。然而,尽管通信需求具有广泛性和普遍性,且需求量(特别是数据通信流量需求)呈增长趋势,但由于竞争加剧、传统话音业务被替代、用户规模趋于饱和以及政策导向等多方面的原因,基础通信服务的价格不断下降,其利润空间不断被压缩。在宽带互联网、移动互联网应用繁荣发展的同时,传统电信运营商逐渐走向"管道化",成为内容和应用提供商的业务管道,传统话音业务被严重侵蚀,基于传统商业模式的盈利能力不断下降。

如何提高盈利能力、如何避免沦为"哑管道"是各国电信运营商都在思考的问题,转型正是电信运营商为寻求新的发展方向所做出的努力(参见本章末案例资料"中国电信的转型之路")。从全球来看,早在2005年,各国电信运营商就纷纷提出转型战略,将业务范围向信息内容与应用服务延伸,将信息与通信服务融合,改变自身的角色定位;同时在传统通信服务方面,也走向智能管道、流量经营的方向,降低网络建设与运营成本,提升管道和流量价值。在当前"大连接""数字化转型"的新时代,电信运营商希望基于无所不在的网络连接,不断吸纳云计算、大数据、人工智能等新兴技术,与增值业务及信息服务紧密捆绑并实现"连接+"服务,也就是连接即服务〔CaaS(Connectivity as a Service),与之近似的还有通信即服务(CaaS,Communications as a Service)、网络即服务(NaaS,Network as a Service)等〕,从而避免被"管道化",开拓电信转型的新途径。

在这一转型思路引导下,电信运营商在业务种类上,开始发展信息与通信服务融合的ICT业务,增加内容与应用服务,并收取相应的服务费用,从而拓展了盈利渠道。在内部运营方面,电信运营商从以网络为中心转变为以业务运营平台和客户为中心。在采用独立或整合方式提供内容与应用服务时,企业需要构建开放式业务运营平台,广泛寻求外部合作,培养业内生态,并关注客户的个性化需求,以提供多样化、定制化、有针对性的高价值服务。

电信运营商的转型升级仍然在继续推进,在数字经济时代,电信运营商在保障网络基础设施运营的同时,将更深入地与互联网融合,走向互联网化,引入基于大数据分析、媒体服务的新型商业模式。

2. 互联网公司商业模式的演变

众多新型互联网企业的兴起带来了许多新型商业模式,互联网公司的商业模式创新成为一个重要研究议题。互联网公司的商业模式具有非常强的多样性和系统性,较早对其进行总结的是美国学者 Michael Rappa,他在 2001 年提出了互联网公司的 9 种基本商业模式,如表 3-2 所示①。

表 3-2 早期互联网公司的 9 种基本商业模式

序号	模式类型	具体方式
1	代理模式:撮合买卖双方完成交易行为,通常从成功的交易中收取佣金	①市场交换,提供交易过程中的全面服务,向卖方收取交易费用 ②满足买/卖需求,满足买方或卖方在价格、配送等方面的要求 ③需求搜集系统,根据买方需求搜寻卖家并促成交易 ④拍卖代理,通常向卖家收取手续费 ⑤交易代理,为买卖双方提供第三方安全支付机制 ⑥分销商,以分类目录聚合大量生产商和零售买家,为双方服务 ⑦搜索代理,帮助购买者搜索指定商品或服务信息并促成交易 ⑧虚拟商场,网站聚合了许多商家,一般向商家收取费用
2	广告模式:互联网公司在其提供的网站内容或服务中加入广告信息,广告成为其主要收入来源	①门户网站,可以有一般化、个性化、专业化三类门户网站 ②分类表,提供想要买卖的产品或服务清单的网站 ③用户注册,网站内容可免费访问,网站利用用户注册信息提供精准广告 ④基于查询的付费,基于用户查询的具体搜索项或特定链接发布广告 ⑤情景相关广告/行为营销,基于个人用户的上网活动投放精准广告 ⑥内容定向广告,在用户访问某特定主题页面时自动弹出相关的广告信息 ⑦引导广告,用户访问需要的信息前先观赏网站全屏广告 ⑧强制广告,交互性的在线广告,要求用户间歇响应
3	信息中介模式:收集数据,帮助买卖双方了解某一特定市场	①广告网络,通过条幅广告收集来自用户的数据,将其用于分析营销效果 ②受众监测服务,接受委托进行在线受众调查研究 ③激励营销,通过设计在线优惠活动收集用户数据,将其用于精准营销 ④元中介(metamediary),为买卖双方提供综合性的信息和辅助服务
4	销售商模式:互联网公司成为商品和服务的批发和零售商家	①虚拟商户,公司只通过网络零售产品 ②目录商户,采用邮件订购、电话订购和在线订购等方式进行销售 ③鼠标+水泥,传统实体零售商店建立网络店铺以销售商品 ④比特商户,销售数字化产品和服务,通过网络完成销售和发送
5	制造商直销模式:制造商利用互联网渠道销售产品	①购买方式,将产品正常销售给买方 ②租赁方式,买家付出租金,从而获得产品使用权 ③授权许可,授权买家获得使用权(如软件授权形式) ④品牌整合内容,制造商创造、发布独有的产品更新信息

---

① Rappa M. Business models on the web: managing the digital enterprise [EB/OL]. (2010-01-17) [2024-02-28]. https://digitalenterprise.org/wp-content/uploads/2023/02/models.pdf.

续表

序号	模式类型	具体方式
6	会员模式：门户网站帮助合作的会员网站增加流量,令访问者点击以促进交易	①条幅广告交换,会员网站之间的广告投放交易 ②按点击付费,网站为每个有效的用户点击付费 ③收益共享,当用户点击引发购买行为时,网站支付一定的销售佣金
7	社区模式：维系网络社区用户,收入来源包括附属产品和服务的销售、无偿捐助、广告和高质付费服务	①开源软件社区,开放并共享源代码,协作开发软件,通过产品支持等相关服务获取收入 ②开放内容,用户共同创造可公开访问的内容,如维基百科 ③公共广播,非营利性质的广播电视,主要以用户支持的方式运作 ④社交网络服务,基于共同的兴趣等形成网络社区,可通过提供情景相关广告服务和高质付费服务收费
8	订阅模式：用户可按天、按月或者按年付费订阅内容	①内容服务,用户付费以访问所需要的文字、音频或者视频内容 ②个人到个人的网络服务,为用户提交的信息提供分发的渠道 ③信任服务,通过明确的规范建立会员组织,每位会员支付订阅费 ④互联网服务提供商,提供网络连接及相关服务并收取服务费
9	效用模式：采用计量使用或者随用随付的方式	①计量使用,测算用户使用服务的情况并进行计费 ②计量订阅,允许订阅者购买一定量的内容访问权

事实上,表3-2列出的9种基本商业模式及其具体方式,并不只是互联网公司提供服务的业务模式,还包括其他行业利用互联网实现的新型交易方式,如其中的制造商直销模式涉及的企业主体是制造企业。此外,表中的商业模式之间存在交叉、重复的状况,例如,广告收益在多种模式中都有提及。可见,互联网公司通过创造、发布、收集、整合、分析网络信息,并将其与实际或虚拟产品和服务相结合,形成了十分多样的价值创造方式。不同学者对于依托互联网出现的业务形式从多种角度进行总结,很难得到统一的结论。随着对互联网行业的深入研究,互联网公司商业模式的相关成果越来越丰富。

为最大限度地避免商业模式类型之间的交叉重叠,本书基于商业模式的两个关键要素——收入来源和盈利模式,为互联网公司商业模式提供一个简洁的分类。通过分析公司获取收益的最根本来源,可以发现互联网公司的常见盈利模式有以下几种,多数互联网公司都采用以下盈利模式中的一种,或者混合采用多种模式。

(1) 直接销售(产品、服务或内容)模式

直接销售模式适用于能够提供独特内容或应用服务的互联网企业,例如,游戏网站、视频网站凭借其提供的游戏服务或视频内容向用户收费,常见的收费模式有定期付费或按需付费。由于累积大量用户是互联网公司取得竞争优势的重要一环,因此互联网公司常采用基本服务免费、增值服务或会员服务收费,一定时限或使用量内免费、超出时限或使用量付费等方式,通过免费服务来吸引普通用户,而凭借收费服务来获得收入,并维系高端客户。此外,互联网公司还可借鉴动漫产业的模式,在自身原有服务的基础上,开发、销售延伸产品或周边产品。例如,在网络游戏运营的基础上,销售虚拟装备和道具,以及开发、销售游戏周

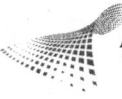

边产品等。

(2) 广告业务模式

在互联网被称为"第四媒体"、手机被称为"第五媒体"时,媒体服务的商业模式融合到了网络产业中,对于媒体产业而言,广告是一个重要的收入来源。互联网相关公司可以对最终用户使用的业务采取低价收费或免费的方式,转而向在信息网络上发布广告的企事业单位收取费用,甚至可以在广告基础上进一步引发交易,收取交易佣金。信息网络作为新型媒体,与传统的电视、报刊、广播三大媒体相比,具有互动性强、个性化程度高、实时性强、信息来源更为丰富、对受众细分更深入等优势,因此可以更准确地定位广告受众,更迅速地进行信息更新。基于网络的广告形式十分多样,网站上的展示广告、广告联盟以及与文章内容相结合的软文广告都已成为比较成熟的网络广告方式。

(3) 平台模式

这种模式的典型包括电子商务交易平台、社交平台、资讯平台等。平台模式的典型特征是连接不同类型的用户群体,促进用户群体之间的互动,最终促成群体之间的商品或者服务交易,而平台可通过广告、资讯服务、交易佣金等获取收益。以电子商务交易平台为例,买卖双方在平台上实现交易,平台运营企业从中收取佣金,例如,佣金是天猫的主要收入来源之一。同时,平台模式还往往与金融业务相结合,平台运营企业利用用户在交易平台的留存资金赚取投资收益回报。与电子商务交易平台相比,社交平台的盈利模式较为间接,社交平台用户群的首要目的并不是购买商品、完成交易,而是基于兴趣、社交等需求聚集在一起。基于庞大的用户群体,社交平台普遍可以通过广告实现盈利,而广告最终指向的仍然是达成商品或服务交易,从而令发布广告的商家获得收益。因此各类平台模式都有共同点,即利用平台连接的不同用户群体之间形成互动,最终共同促成价值创造和实现。

(4) 大数据增值服务模式

数字经济时代,数据资源作为新兴的生产要素,蕴藏着巨大价值。不论是电信运营商还是互联网公司,都可以利用物联网、网络平台、应用软件等网络资源与技术收集、存储大量用户数据、自然环境数据、社会发展数据等,因此许多大型电信运营商及互联网公司也是大数据资源的拥有者。围绕数据的开发利用产生了很多的新型商业模式,如数据销售与租赁、基于大数据的精准营销、基于大数据的分析咨询和人工智能开发等。例如,将车联网数据与汽车制造、交通运输等行业相结合,可以支撑自动驾驶、高精度导航、智慧交通调度等应用场景,从更间接的途径实现价值和收益。

数字经济时代,当信息通信与国民经济各行业实现深度融合之后,电信运营商、互联网公司的价值创造活动将与国民经济各行业活动相结合,数字经济新业态将带来更深层次的商业模式创新。

3.4 信息通信企业的数字化转型

数字经济时代,各行各业都面临数字化转型的机遇与挑战。一方面,信息通信企业为国民经济其他行业的数字化转型提供基础设施、技术和服务的支持,另一方面,信息通信企业也需吸收、利用数字技术,实现自身的转型升级。

3.4.1 数字化转型的概念

数字化转型是顺应新一轮科技革命和产业变革趋势,不断深化应用云计算、大数据、物联网、人工智能、区块链等新一代信息技术,激发数据要素创新驱动潜能,提升信息时代生存和发展能力,加速业务优化升级和创新转型,改造提升传统动能,培育发展新动能,创造、传递并获取新价值,实现转型升级和创新发展的过程[①]。

数字化转型的核心要义是要将基于工业技术专业分工取得规模化效率的发展模式逐步转变为基于信息技术赋能作用获取多样化效率的发展模式。开展数字化转型应系统把握如下 4 个方面。

① 数字化转型是信息技术引发的系统性变革。信息技术作为通用使能技术,不仅代表着一类新兴技术,催生了一个个快速增长的新兴产业,还能够加速推动"硬件"日益标准化和"软件"日益个性化,引发传统创新体系、生产方式、产业结构等发生系统性重构。对企业而言,数字经济时代变化迅速、不确定性显著增加,信息技术进一步引领组织模式创新和生产方式变革,企业数字化转型的过程就是技术创新与管理创新协调互动,生产力变革与生产关系变革相辅相成,实现可持续迭代优化的体系性创新和全面变革的过程。从数字化转型工作开展的角度来看,其涉及战略调整、能力建设、技术创新、管理变革、模式转变等一系列转型创新,是一项复杂的系统工程。

② 数字化转型的根本任务是价值体系优化、创新和重构。企业是一个创造、传递、支持和获取价值的系统,每一项数字化转型活动都应围绕价值效益展开,数字化转型在根本上是要推动企业价值体系优化、创新和重构,不断创造新价值,打造新动能。对于以企业为基本单元的其他经济活动,这一点也同样适用,其价值体系没有得到优化、创新和重构不能称为成功转型。数字化转型的体系架构和方法机制应始终以价值为导向,通过周期性明确价值新主张,提升价值创造、价值传递的能力,转变价值获取方式,创新价值支持、价值保障支撑体系,稳定获取转型成效。

③ 数字化转型的核心路径是新型能力建设。数字经济时代的新型能力是数字化生存和发展能力,为了适应快速变化的环境,企业需要通过深化应用新一代信息技术,建立、提升、整合、重构组织的内外部能力,赋能业务加速创新转型,构建竞争合作新优势,改造提升传统动能,形成新动能,不断创造新价值、实现新发展。未来是数字经济、范围经济的时代,基于信息技术赋能作用获取多样化发展效率是其基本规律,企业只有顺应这一规律,共创、共建、共享新型能力,并赋能业务,才能满足日益个性化、动态化、协同化的市场需求。

④ 数字化转型的关键驱动要素是数据。数据是继土地、劳动力、资本、技术之后的第五大生产要素,其核心关键作用是作为一种信息沟通的媒介,通过数字化转型推动基于数据的信息透明和对称,可提升企业综合集成水平,提高社会资源的综合配置效率。此外,随着区块链等技术的发展,数据已成为一种新的信用媒介,通过数字化转型推动基于数据的价值在线交换,可提升数字企业的价值创造能力,提高社会资源的综合利用水平。

---

① 数字化转型知识方法系列之一:数字化转型的基本认识与参考架构[EB/OL].(2020-12-03)[2024-03-01]. http://www.sasac.gov.cn/n4470048/n13461446/n15927611/n16058233/c16135120/content.html.

3.4.2 电信运营商的数字化转型

在数字经济时代,电信运营商的数字化转型已成为大势所趋。一方面,传统的人口红利和流量红利对电信运营商而言已经接近饱和,行业价值持续在低位徘徊。电信运营商若继续依赖传统的业务模式,将难以保持长期的增长动力。如果电信运营商不主动进行数字化转型,寻找新的增长点,那么行业内部的竞争将更加激烈,其在 5G 时代的角色很可能仅限于基础设施的提供者。另一方面,数字经济浪潮翻涌,数字经济能够助力新发展格局关键要素的流通和融合,推动国内国际双循环,有效稳定经济。

在这种背景下,电信运营商纷纷投身于数字化转型的浪潮之中。例如,德国电信为了适应大数据应用与智能商业服务时代,于 2016 年制定新"T"型战略[①],如图 3-5 所示。上层努力实现平台聚合与商业模式融合创新,细分用户并改造产品营销体系,中层打造端云组合平台,重新定义服务能力。德国电信认为将视频、图像、音频与智能管道充分结合,支撑更高清、更超清的用户体验需求以及企业需求,才能够打造运营商的差异化核心能力。同时,德国电信高度重视人工智能技术的应用,在中层的平台服务中,提供全场景的 AI 算法、模型支持,大力发展智能设备、泛终端设备的应用,德国电信认为未来所有的解决方案将通过智能终端以有形的方式实现,而不再只是一个资费套餐的概念。在底层,德国电信整合 IaaS 基础,对于 IDC 不再选择自建,而是选择与华为等厂商开展全面合作。

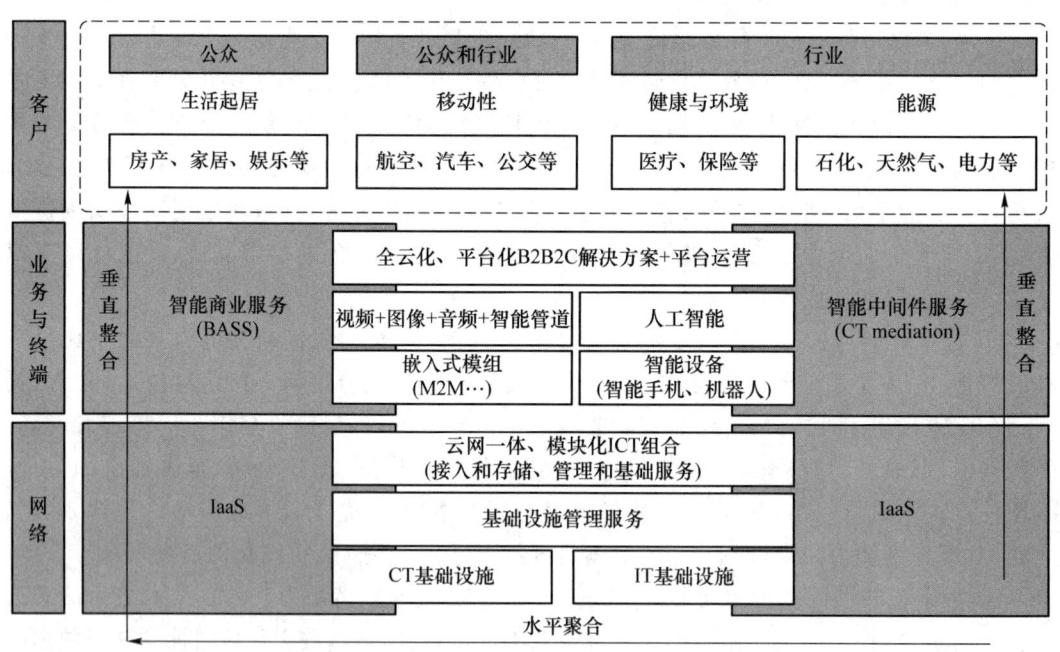

图 3-5 德国电信的新"T"型战略

我国电信运营商也积极实施数字化转型,中国电信着力于推进网络智能化、业务生态

---

① 邵奇,张妙甜,窦一清,等. 电信运营商数字化转型实践分析——以德国电信为例 [J]. 通信世界,2022 (11): 18-21.

化、运营智慧化,并明确了"168"的工作要求(详见本章末案例资料"中国电信的转型之路")。

中国联通通过转意识强统筹、转组织强保障、转方法强能力、转模式强运营、转文化强协同,加快推动数字化、智能化转型升级[①]。

① 实施数智强企。坚持服务国家战略,落实国企数字化转型的工作要求,将数智强企作为公司长期坚持的强企战略之一,以"四提一控一强"(提效率、提质量、提感知、提效益,控风险,强创新)为转型目标,以"场景、工具、平台、数据、流程"五要素为转型方法论,加快数字化、智能化升级,做强智慧大脑、做优智慧运营、赋能智慧生产,强化数据要素、AI大模型等技术与公司生产、经营、管理各类场景的深度融合,推动人才、技术、网络、资金、资产、资本等要素发挥更大价值,提高生产运营精细化、敏捷化、智能化水平,打造高质量数智应用,提高全要素生产率和差异化竞争力,彰显"一个联通,一体化能力聚合、一体化运营服务"的核心优势,向数智化要运营新功能,向数智化要发展新空间,助力公司实现高质量发展。

② 打造数字化能力体系。运用数字化技术和方法提高效率和效益,按照"共平台、共能力、共技术栈、共研发体系"的思路,将 AI 技术、云计算、大数据等能力与业务、网络、服务、管理相结合,形成"1555N"(一云底座、五大中台、五大运营平台、五大 App、N 个场景)能力体系,基本完成数字化能力建设,为数字化转型夯实基础,加速向智能化演进。

③ 强化数据治理和流程治理。坚持"五要素"方法论,加强业务与技术协同联动,驱动全业务、全客户、全场景一体化能力聚合,实现管理效能、一线感知、业务办理向全面好用升级。通过数据治理规范全域数据管理,提升数据融合和共享质量,实现数据资产化;通过流程变革加强对重点业务全流程、全生命周期的管理,打造简捷高效的数字化流程。

④ 聚力打造经营一体化管理。依托"联通智慧大脑",汇聚大中小屏能力,畅通与员工、百万渠道、千万网元节点、上亿客户的数字化连接,强化精兵作战能力。健全建强基层营服体系,坚持统一营销组织、统一配置标准、统一积分体系、统一营销模式、统一系统支撑、统一成本规则的"六统一"原则,做到"网络覆盖、网格规划、队伍配备"同步到位。推进数字技术与公众、政企、服务、网络、管理"五位一体"深度融合,实现全渠道、全客户营销服务一体化、集约化运营高效聚合。

中国移动则制定了"力量大厦"发展战略,明确了转型变革的奋斗目标与行动指南[②]。

① 明确总体目标,即创世界一流企业,做网络强国、数字中国、智慧社会主力军。这一总体目标树立起中国移动面向未来的新愿景和新使命。其中,创世界一流企业,就是要面向信息服务开拓发展空间,聚焦科技创新打造竞争优势,跻身世界一流信息服务科技公司前列。做网络强国、数字中国、智慧社会主力军,就是要勇担"两个推进、两个融合"的发展任务,既要全面推进信息基础设施建设,建设好信息"高速",又要全面推进全社会数智化转型,运营好信息"高铁";要充分发挥电信运营商促进信息技术融合创新、信息技术与经济社会民生深度融合的"扁担作用"。

② 明确发展主线,即推进数智化转型,实现高质量发展。这一发展主线意味着要把握

---

① 【对标世界一流 央企加速奔跑】中国联通:以数字化转型推动企业管理提升[EB/OL]. (2024-04-12)[2024-03-01]. http://www.sasac.gov.cn/n2588025/n2588124/c30512606/content.html.

② MWC 现场|杨杰再次明确中国移动战略内核:"加快'三转'、拓展'三化'、深化'三融'、提升'三力'"[EB/OL]. (2021-02-23)[2024-03-01]. http://www.sohu.com/a/452216026_256502.

以数字化、网络化、智能化为核心特征的新一轮科技革命和产业变革趋势,在持续夯实网络优势的基础上,进一步凸显数字化、智能化的转型方向,形成信息技术、数据驱动的新增长模式,有效发挥新型要素对资本、人力等传统要素效能的放大、叠加、倍增作用,为产品服务、运营管理等全领域、全环节注智赋能,促进全要素生产率显著提升。

③ 明确战略内核,即"加快'三转'、拓展'三化'、深化'三融'、提升'三力'"。这一战略内核代表中国移动转型发展的核心理念。其中,"三转"即推动业务发展从通信服务向信息服务转变,业务市场从主要面向个人用户的市场向 CHBN(C 指移动市场,H 指家庭市场,B 指政企市场,N 指新兴市场)转变,发展方式从资源要素驱动向创新驱动转变,是公司转型的核心内在逻辑。"三化"即线上化、智能化、云化,是公司转型的突破口和核心领域,是激发信息服务需求潜力、提升产业格局的关键。"三融"即构建基于规模的融合、融通、融智价值经营体系,是公司转型的路径。"三力"即打造高效协同的能力、合力、活力组织运营体系,是公司转型的动力源泉。

3.4.3 互联网公司的数字化转型

互联网公司本身就是数字化服务和应用的提供者,因此可以说互联网公司自诞生起就具备"数字基因"。但信息领域的技术创新不断为企业带来新挑战,尤其是近年来大数据、人工智能等技术的发展,催生出众多新公司,用户对互联网服务的期望和要求发生了变化,一些老牌互联网公司同样也要寻求数字化转型。数字化转型并不是简单地将新技术引入原有业务模式中,而是利用新技术和数据分析手段,深入开发数据资源,挖掘其潜在价值,对公司进行全面变革和升级,这样一方面可提升自身效率和效益,另一方面可以创新服务应用,为客户提供数字化赋能。

例如,互联网巨头亚马逊公司作为全球最早开始经营电子商务的公司之一,在其在线零售业务面临越来越大的竞争压力时,通过数字化转型,以客户为中心,利用数字技术提升客户服务,其采用的具体措施如下[①]。

① 独家价格折扣:针对特定客户提供独家的价格折扣,以促进销售。

② 采购系统集成:将供应商的采购系统与公司的系统进行集成,使采购过程更加高效和无缝。

③ 合格客户的免税采购:符合条件的客户在采购过程中可以免税,使客户降低了成本。

④ 共享支付方法:提供跨平台的共享账号管理和支付方式,使客户可以更方便快捷地完成支付。

⑤ 增强的订单报告:提供更全面、详细的订单报告,以便客户可以更好地了解订单情况和做出决策。

这些服务提升举措针对客户需求优化了服务,并帮助客户与供应商通过网络实现无缝对接,令客户能享受更便宜的价格和购物的便利,也为供应商打开了国际市场。

亚马逊也是最早开始提供云计算服务的公司之一,于 2006 年推出 AWS(Amazon Web Services)专业云计算服务,以 Web 服务的形式向企业提供 IT 基础设施服务,目前在全球云

---

① 那些数字化转型的"经典案例":亚马逊、特斯拉们现在怎么样了?[EB/OL].(2023-11-30)[2024-03-30]. https://www.yoojia.com/article/10168709263740364698.html.

服务提供商中排名第一。亚马逊云科技一直在引领云计算的发展,并持续推动云数据库的迭代[1]。亚马逊云科技于2007年开启了云上托管数据库服务的新模式,于2012年推出了首个云原生数据库,于2014年推出了云原生的关系型数据库等。在数据成为企业核心资产的数字经济时代,亚马逊的云数据库为企业实施数字化转型提供了基础设施层面的支撑。同时,在大数据与机器学习领域,亚马逊云科技也可以提供广泛而深入的服务,并通过云、数、智的深度融合满足市场需求,从而降低更多行业用户"上云用数赋智"的门槛,协助他们更好地开展云上数智融合之旅[2]。

2024年,亚马逊云科技围绕行业数字化转型与AI创新,宣布了一系列战略合作计划,将在生成式AI、行业化战略等领域持续投入,与全球各国的合作伙伴一起,提供安全、稳定、可信赖的服务,助力各行各业的企业加速数字化转型和AI创新。在中国,亚马逊云科技针对汽车、制造、生命科学、零售电商、媒体娱乐、游戏、软件服务、金融8个行业组建了专门的行业团队,聚焦3个方面为行业客户提供价值:加强对行业客户所面临的发展机遇和挑战的理解,提高服务垂直行业的能力;与合作伙伴共同打造创新行业方案;与合作伙伴共同构建行业生态。

与亚马逊的数字化提升路径类似,我国的互联网公司也普遍布局云服务、物联网、大数据、AI等新领域,通过创新业务将自身的数字化升级与赋能客户数字化转型紧密结合。例如,百度公司在2010年就开始布局人工智能技术,在人工智能技术栈的各层都积累了较为领先的自研技术,包括昆仑芯、飞桨深度学习平台、文心大模型等。在2019年3月发布文心大模型1.0版本后,依托人工智能技术的积累,百度公司持续迭代文心大模型,该模型现已具备理解、生成、逻辑、记忆4项基础能力,可应用于金融、政务、工业等多个领域,服务千万用户[3]。再如,腾讯公司在2018年的组织结构调整中新增"云与智慧产业事业群",并为汽车、医疗、零售等重要行业提供智慧化解决方案,2022年7月宣布成立政企业务线,聚焦政务、工业、能源、文旅、农业、地产、体育、运营商等领域提供服务。2024年,腾讯公司推出混元大模型,并发布基于混元大模型的一站式AI智能体创作与分发平台。同时,腾讯云智能推出的行业大模型已经在金融、医疗、教育、汽车、能源等20多个行业落地,凭借高浓度的行业数据,提升模型在解决产业问题时的实时性、准确度、安全性等。在特定行业领域的数字化赋能应用,如美团推出的餐饮系统,可一站式提升运营效率和综合收益,已累计服务超100万个餐饮门店。美团餐饮系统是一套支持本地数据存储并实现云数据自动同步的智能SaaS系统,既能在网络状况不佳的情况下离线经营,又能在线管理餐饮品牌数据资产。该系统通过扫码点餐和智能付款体系,结合核心场景的自动化营销方案,减少了前厅服务压力和人员数量,大幅提高了商家经营水平;通过菜品沽清、销售计划、库存、智能要货和供应链的联动,打通美团、大众点评等多个平台,实现平台和门店数据、资源的高效协同。此外,该系统配合美团收银机、点菜宝等家族化智能硬件,能够一站式帮助餐厅提升效率和效益[4]。

从以上例子可以看到,互联网公司作为数字化应用的创新者,为其他公司实施数字化赋

---

[1] 张楠. 亚马逊云科技助力传统行业数字化转型[J]. 软件和集成电路,2022(11):56-58.
[2] 张楠. 亚马逊云科技的"云、数、智"融合之道[J]. 软件和集成电路,2022(7):75-77.
[3] 2023年度中国互联网企业创新发展十大典型案例[N]. 经济日报,2023-11-10.
[4] 2023年度中国互联网企业创新发展十大典型案例[N]. 经济日报,2023-11-10.

能的作用极为突出,在这一过程中,互联网公司通过拓展业务领域、优化客户服务,实现转型升级、抓住新的发展机遇。

> **案例资料**
>
> **中国电信的转型之路**
>
> 21世纪初,各国电信运营商面对互联网的冲击,纷纷寻求新的发展方向,我国电信运营商也开始探索自身的转型之路。企业转型是指企业长期经营方向、运营模式及其相应的组织方式、资源配置方式的整体性转变,它是企业重塑竞争优势、提升社会价值的过程。电信运营商的转型本质是商业模式的转型,也是其在产业生态系统中角色定位的转型。
>
> 中国电信在2004年固网经营时期,就提出由传统的基础网络运营商向综合信息服务提供商转变(转型1.0),将企业定位为电信全业务提供者、互联网应用聚合者、企业ICT服务领先者,大力拓展ICT应用、互联网增值等非话音业务,在2008年的电信业重组中通过收购CDMA网开展全业务运营,并积极开展固网智能化改造。
>
> 2010年年底,伴随移动互联网时代的来临,中国电信适时提出深化转型(转型2.0),调整企业定位,并进一步提出"一去二化新三者"战略,其中,"一去"是指"去电信化","二化"是指市场化和差异化,"新三者"是做智能管道主导者、综合平台提供者、内容应用参与者。
>
> ①"去电信化"就是摒弃传统通信运营商的固有成见和路径依赖,调整思维模式,主动适应变革,顺应网络技术发展、产业格局变化、用户需求多元化的趋势,推进网络平台、业务产品、商业模式以及机制体制等多领域、多层面的创新。
>
> ②"市场化"就是增强企业自身市场化程度,运用市场化的机制和手段,充分调动基层管理者和员工的积极性、主动性和创造性,进一步解放和发展生产力,增强企业发展的活力。"差异化"就是不断拓展信息化应用,满足各种信息化需求,避免陷入价格战。
>
> ③"新三者"就是基于对自身优/劣势和产业发展方向的分析,以及对自身定位的新调整,力求在移动互联网时代取得市场领先。"新三者"的角色定位涉及网络、平台和终端3个层面。在网络层面,中国电信发挥自身优势,抓住移动宽带IP化主线,以智能管道为牵引,推进下一代网络规划、建设和部署;在平台层面,中国电信通过平台云化为移动互联网应用提供开放服务;在终端层面,中国电信采取开放合作策略,细分客户需求,汇聚主流和热门内容与应用,参与移动互联网的价值高端区域,提升客户体验。
>
> 在转型2.0的引导下,中国电信大力推进"光进铜退",发展3G/4G,推进产品、渠道、服务互联网运营,同时在基础业务领域开展划小承包和倒三角变革,在新兴业务领域开展隔离运营、公司化、混合所有制改革,切实推进"去电信化"。
>
> 2016年6月,中国电信发布转型升级新战略(转型3.0),表示中国电信致力于成为领先的综合智能信息服务运营商,将着力推进网络智能化、业务生态化、运营智慧化,

实施网络、业务、运营、管理四大智能化重构,进一步加大开放合作力度,广泛运用智能化技术,充分挖掘企业内外部的数据资源,开展互联网应用的融合创新,提供综合智能信息服务,包括智能连接、智能平台、智能应用,以及三者深度融合形成的业务生态。其具体推进措施如下。

① 网络智能化:SDN+NFV+云,推进网络重构。中国电信将深化开源技术应用,引入SDN/NFV/云等新技术,打造简洁、集约、敏捷、开放的新型网络,实现网络、IT融合开放;加强协同,培养人才,机制配套,走向开发运营一体化。面向用户,提供可视、随选、自服务的全新网络体验,提升用户价值;面向业务,提供快速部署、安全的网络能力,促进业务创新,形成新的增长点。

② 业务生态化:聚焦"2+5",推进业务重构。夯实4G、光宽"2"大基础业务,打造"一横"智能连接型业务生态圈,以云、网、端为核心,强化网络生态合作;依托天翼高清、翼支付、物联网、云和大数据、"互联网+""5"大优势应用,打造智慧家庭、互联网金融、新型ICT及物联网的"四纵"智能应用生态圈,实现共生、共创、共赢。

③ 运营智慧化:增强"6"大能力,推进运营和管理重构。推广大数据应用,增强网络基础、网络运营、数据运营、渠道销售、客户服务和人才队伍"6"大能力,推进运营重构和管理重构,支撑智慧运营。运营重构的核心是注入大数据应用、集约支撑服务等要素,建设用户导向的一体化智能运营体系;管理重构旨在面向创新、创业,推进一线经营自主化、内部支撑平台化,打造高效、协同、自适应的生态组织。

2017年,中国电信董事长杨杰在乌镇世界互联网大会上发表了题为"共筑智能生态 繁荣数字经济"的演讲,提出新时代赋予了电信运营商新的使命,即建设网络强国、打造一流企业和共筑美好生活。中国电信将牢记使命,加快企业转型升级(转型3.0),推进三大任务落实:通过网络智能化打造新一代智能信息基础设施,通过业务生态化构建各行各业信息化融合生态,通过运营智慧化提高经济社会发展全要素生产率。

2021年,在天翼智能生态高峰论坛上,中国电信对公司战略提出了新的阐释。一方面,中国电信强调云网融合的重要性,并将其赋予智能化综合性数字信息基础设施核心特征的含义;另一方面,中国电信加大数字化转型力度,低成本、快速精准、规模化地满足客户需求。此外,中国电信还提出要努力成为科技领军企业和国家战略科技力量的愿景,并提出"高速泛在、天地一体、云网融合、智能敏捷、绿色低碳、安全可控"的核心思想,"网是基础、云为核心、网随云动、云网一体"的发展原则。

2021年,中国电信成立了数字化转型推进工作组,统筹推进数字化转型,其成员包括前端业务部门、主要后端管理部门及云网运营部(大数据和AI中心),各业务部门为数字化转型主体责任部门。战略部、人力部、财务部负责数字化转型机制创新及激励考核制定,云网运营部(大数据和AI中心)负责推进落实数字化转型的具体工作。2022年年末,中国电信在2023年度工作会议中提出"深刻理解世界一流企业的基本特征,构建对标世界一流企业的框架和指标体系,重点提升'五力(竞争力、创新力、控制力、影响力、抗风险能力)',加快建设'产品卓越、品牌卓著、创新领先、治理现代'的世界一流企

业的步伐"的要求,并明确了"168"的工作要求:"1"条主线,指以数字化转型为主线;"6"个更,指更高质量加快发展、更高水平科技创新、更加全面深化改革、更大力度开放合作、更加注重防范风险、更实作风团结奋斗;"8"项重点,一是推进数字化关键核心技术攻关,二是升级产品服务数字化,三是夯实数字化环境下的安全能力基础,四是适应数字化转型的组织机制变革,五是搭建数字化转型服务大平台,六是推进数字信息基础设施建设,七是深入推进人才强企工程,八是坚定不移全面从严治党。

案例讨论题:
1. 如何理解"去电信化"?
2. 中国电信在3次转型战略中对自身的定位有什么变化?
3. 中国电信在2021年开始推进的数字化转型中出现了哪些新的工作重点?

资料来源:
[1] 李安民. 中国电信二次转型精准定位"新三者"[N]. 人民邮电报,2011-08-15.
[2] 黄海峰. 杨杰公布中国电信第三次转型战略:走向智能化[J]. 通信世界,2016(18):20-21.
[3] 中国电信杨杰:加快企业转型3.0 落实三大任务[EB/OL].(2017-12-04)[2024-03-01]. http://www.c114.com.cn/news/117/a1035349.html.
[4] 中国电信加大数字化转型力度 "三步走"打造科技领军企业[EB/OL].(2021-11-11)[2024-03-01]. https://new.qq.com/rain/a/20211111A0BSNG00.
[5] 奋进新征程 建功新时代 | 中国电信全面推进数字化转型[EB/OL].(2022-05-07)[2024-03-01]. https://www.cnii.com.cn/txqygl/zttg/202205/t20220517_381583.html.
[6] 中国电信2023年度工作会议:全面深入实施云改数转战略 加快建设世界一流企业[EB/OL].(2022-12-16)[2024-03-01]. https://finance.sina.com.cn/enterprise/central/2022-12-26/doc-imxxymhy7666587.shtml.

本 章 小 结

1. 信息通信企业是以通信为基础、围绕信息活动为社会大众提供服务的企业。根据信息通信企业拥有的资源类型和提供的服务层次,其可以分为网络运营商、虚拟网络运营商和互联网信息服务与应用提供商三大类。

2. 信息通信企业的类型多样,其在产业中表现出一定的层次性,各类企业在规模、资源能力、组织结构、成本特征等方面都存在较大的差异。基于信息通信技术的特点和服务性行业的特点,信息通信企业具有一定的共性,包括高技术企业特征、服务性企业特征和企业间的相互依存性三方面。

3. 传统电信运营商需要在一个较大的地理范围内建设网络、提供服务,因此一般都是规模巨大、人数众多的大型企业,多采用事业部结构形式。面对互联网发展带来的挑战,传统电信运营商在转型与变革中寻求新的增长点,普遍由以业务为中心转向以用户为中心,根据服务的用户群体类型划分事业部,同时通过建立产品基地、专业公司等方式不断探索新的组织架构模式,不断拓展云计算、物联网、行业应用、数字媒体等新领域。

4. 互联网行业是一个相对年轻的行业,互联网公司往往在短时间内迅速发展壮大,需要根据公司规模不断调整组织结构,其组织结构一般会从初创阶段的有机型组织结构演变为职能型组织结构,而事业部与职能部门并存的矩阵式组织结构是大型互联网公司比较常见的结构形式。与传统企业相比,互联网公司组织结构的扁平化、网络化、无边界化特征更为显著。

5. 现有的文献对商业模式的概念有财务、运营、战略和整合4个层面的理解。在综合已有的文献后,本书认为企业的盈利模式、价值链构成、目标客户市场是商业模式的关键构成要素。

6. 传统电信运营商的商业模式从提供简单的基础通信业务,转而开始提供信息与通信服务融合的ICT业务,增加内容与应用服务,拓展了盈利渠道。在数字经济时代,电信运营商在保障网络基础设施运营的同时,将更深入地与互联网融合,引入基于大数据分析、媒体服务的新型商业模式。

7. 互联网公司通过创造、发布、收集、整合、分析网络信息,与实体或虚拟产品和服务相结合,形成了十分多样的价值创造方式。本书基于商业模式的两个关键要素——收入来源和盈利模式,将互联网公司的盈利模式分为4种:直接销售(产品、服务或内容)模式、广告业务模式、平台模式、大数据增值服务模式。

8. 数字化转型不仅是技术的革新,也是企业顺应数字经济时代变化的深刻变革。传统电信运营商和互联网公司在数字化转型中的不同路径和策略,展现了信息通信企业数字化转型的多维面貌。

复习思考题

1. 请解释以下基本概念:
电信运营商　虚拟运营商　商业模式　数字化转型
2. 信息通信企业主要有哪些类型?
3. 信息通信企业有哪些特点?
4. 传统电信运营商的组织结构发生了怎样的变革?
5. 互联网公司常见的商业模式和盈利模式有哪些?
6. 选择一个实际的互联网公司,分析其商业模式的特点。
7. 信息通信企业如何实现数字化转型?
8. 信息通信企业的数字化转型与其他企业的数字化转型有什么不同?

第4章 信息通信产业价值链与生态系统

4.1 信息通信产业价值链

4.1.1 产业价值链概述

产业价值链的概念是基于迈克尔·波特所提出的价值链分析方法形成的。迈克尔·波特认为企业的价值创造过程是由一系列活动构成的,包括流入物流、生产运营、流出物流、营销和服务等基本活动,以及采购、技术开发、人力资源管理和企业基础设施建设等辅助活动,这些互不相同但又相互关联的生产经营活动构成了一个创造价值的动态过程,即价值链。

价值链在经济活动中无处不在。企业内部各业务单元的联系构成了企业的价值链。随着产业内分工不断地向纵深发展,传统的产业内部不同类型的价值创造活动逐步从以一个企业为主导的活动分离为多个企业的活动,这些企业相互构成上下游关系,共同创造价值,因而上下游关联的企业共同构成了产业价值链。按照迈克尔·波特的逻辑,每个企业都处在产业价值链中的某一环节,一个企业要赢得和维持竞争优势不仅取决于其内部价值链,还取决于在一个大的价值系统(即产业价值链)中其本身的价值链同其供应商、分销商以及客户价值链之间的连接关系,如图 4-1 所示。

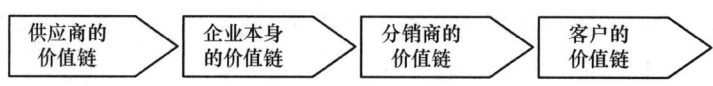

图 4-1 产业价值链示意图

产业价值链可以描述为由上下游相关联的企业共同完成的从购买和加工原材料到形成最终产品和服务并将其交付给消费者使用、为客户创造价值的整个过程。从制造业的角度来看,一个完整的产业价值链包括原材料加工、中间产品生产、制成品组装、销售、服务等多个环节,不同环节中有不同的参与角色,他们发挥着不同的作用,并获得相应的利益。

产业价值链的形态并不是唯一的,不同产业的价值链构成往往存在差异性,而且处于动态变化中。这种变化表现在两个方面:一是在消费需求不变的情况下企业集合的组成关系和结构发生变化,即企业之间的内在逻辑关系不变,但产业价值链各环节的企业数量或其地位关系发生了变化;二是消费需求发生了质变,从而导致产业价值链内企业的组成关系、结构都发生了根本变化,即企业集合之间的内在逻辑关系发生了改变,这必然导致产业价值链发生根本性变化。为寻求竞争优势,企业必须从战略的高度进行分析,考虑是否可以利用上下游价值链进一步降低成本或调整企业在产业价值链中的位置及覆盖的范围。

产业价值链的概念突出了"创造价值"这一最终目标,描述了价值在上下游企业间传递、转移和增值的过程。产业价值链的优化正是遵循价值的发现和再创造过程,充分整合相关联的各企业的价值链,持续地对价值系统进行设计和再设计。具体来说产业价值链具有以下几个方面的特点。

① 产业价值链的各个组成部分是一个有机的整体,相互联动、相互制约、相互依存,产业价值链中的每个环节都是由大量的同类企业构成的,上游产业和下游产业之间存在着大量的信息、物质、资金方面的交换关系,同时产业价值链之间相互交织,往往呈现出多层次的网络结构。在新的竞争环境下,产业中的竞争不仅表现为单个企业之间的竞争,还表现为一条产业链同另一条产业链的竞争、一个企业集群同另一个集群之间的竞争,甚至是不同地区、不同国家企业集群之间的竞争。

② 增值性是产业价值链的一个主要特征。后面的价值增值环节在前面价值产品的基础上,进一步面向新的客户,生产出新的价值产品。但是,这并不意味着前面环节投入的价值量在后面都能够实现,如果存在价值增值瓶颈,那么价值链上一部分投入的价值将会损失掉,无法实现增值。

③ 产业价值链具有循环性的特点。价值增值实现的过程是一个不断循环的过程。这一特点对于参与价值链、持续经营的企业具有重要的意义,因为企业长期化价值的最大实现比短期价值的实现有更重要的意义。

④ 产业价值链的各个环节之间存在着增加值与盈利水平的差异性。产业价值链中的各个环节对价值增值的贡献不同,占据核心环节的企业往往可以主导整个产业价值链,这正是企业需要采取恰当的竞争战略、调整自身在产业价值链中的位置的动因。

4.1.2 信息通信产业价值链的演变

运用产业价值链的概念研究信息通信业可知,信息通信产业价值链的参与者包括在向用户提供服务的过程中,对增加业务价值做出贡献的所有企业。然而,在信息通信业发展的不同时期,其价值链的构成大不相同。随着信息通信技术和新业务的出现,信息通信市场的参与者越来越多,其分工进一步细化,使得信息通信产业价值链趋于复杂化,增加了更多的服务环节和价值内容,各环节之间的联系更为紧密,这与现代经济体系的总体变化趋势是一致的,对信息通信企业竞争带来了一系列重要的影响。

1. 信息通信产业价值链演变的动力

如本书第1章所述,信息通信业由传统电信业发展而来,其业务类型、功能等不断扩展,在这一过程中,促成产业价值链演变的动力有4个方面:技术进步、竞争加剧、用户需求变化、全球数字化发展与数字化转型。

① 技术进步变革业务模式。在计算机出现之前,电信通信主要以电话业务为主,但随着计算机的出现和普及,特别是互联网、移动互联网、5G的发展,电信业务逐步从语音通话业务发展到互联网业务,再发展到物联网业务,连接的重心从连接"人"向智联万"物"跨越。

以 5G、云计算、人工智能、量子信息等为代表的科技革命蓬勃发展,新一代信息技术深刻影响着人类社会的生产、生活和治理方式。基于更为高效、更为先进的新型数字信息基础设施,中国移动等电信运营商已开始向用户提供云数融通、云智融合、云网一体、云边协同等新服务产品。毫无疑问,这些新服务产品已完全改变了传统的点到点通信的业务模式,当然也改变了业务价值提供和实现的过程。

② 竞争加剧引入更多的参与者。电信业的改革、电信管制政策的放松、电信市场的开放竞争降低了行业进入门槛,在电信业中引入了更多的参与者。而部分曾被大型电信运营商垄断的环节被分离出来,由新型企业进行经营,同时互联网、移动互联网、5G、云计算、物联网等新业务的发展,也产生了更多的价值增值环节,吸引了大量的企业参与经营,这些参与者的加入促成了信息通信产业价值链的重构。

③ 用户需求变化促进产业价值链的优化。信息通信产业的发展使信息通信消费市场从卖方市场转向买方市场,用户在产业价值链中的地位得到提升,用户需求变化成为产业价值链变迁的重要因素。用户对通信与信息服务的需求表现出显著的多样性。同时,在各行各业的数字化转型中需要差异化、智能化的信息服务来满足其业务场景需求,仅仅依靠传统的电信运营商是无法令用户满意的。当前,电信运营商正从传统的管道经营者向数字化、智能化、生态化综合服务提供商转变,希望通过"云网边端"融合,为用户带来全新的多元化业务体验,推动产品升级①。而大量互联网公司则在娱乐媒体、生活服务、电子商务、智慧应用等多层面进行应用创新,多样化、差异化、智能化需求要求各类信息通信企业通力合作,融合创新,优化价值链结构,以推动信息通信产业长久良性发展。

④ 全球数字化发展与数字化转型令信息通信产业价值链不断扩展。未来主要的经济形态将是数字经济,它是以数据资源为关键要素,以现代信息网络为主要载体,以信息通信技术融合应用、全要素数字化转型为主要推动力,促进公平与效率更加统一的新经济形态。信息化、数字化进程的加快,使得通信与信息业务渗透到社会的各个方面。例如,基于互联网等开展的电子政务、电子商务、移动支付、电子银行、远程医疗、远程教育等,将信息通信服务与国民经济各部门的生产活动融合在一起。信息通信网络及技术在农业、工业制造、交通、旅游等产业中广泛应用,催生了智慧农业、智能制造、智慧交通、智慧旅游等一批新业态、新模式,已经成为传统产业转型升级的强大引擎。信息通信服务在各行业领域的延伸使得信息通信产业价值链不断扩展,并越来越多地与其他产业价值链形成交叉、重叠,可以预见,在数字经济时代,信息通信产业价值链将成为整个经济体系中价值增值的基础环节。

2. 语音通信业务时期的产业价值链

在传统电信业以话音通信业务为主的阶段,各国电信业普遍采用的是简单的直线形价值链结构,电信产业价值链的参与者主要是网络设备供应商、终端设备供应商、电信运营商和用户,如图 4-2 所示。

为提供话音通信业务,网络设备供应商为电信运营商提供设备,构建电信网;电信运营商负责建设、管理和维护电信网,向用户提供服务;用户为了享受服务,需要购买必要的终端

---

① 程琳琳. 5G 融合创新能力增强 助力产业数字化转型[J]. 通信世界,2024(1):23.

第4章 信息通信产业价值链与生态系统

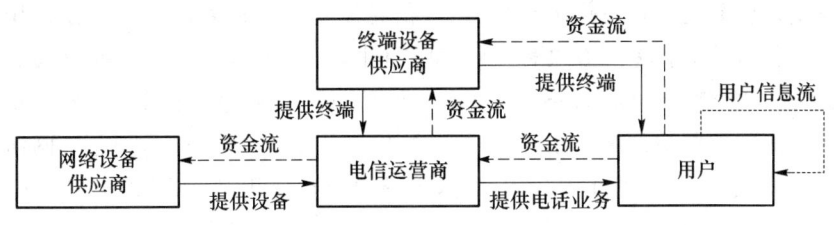

图 4-2 话音通信业务时期的电信产业价值链

设备(可直接通过市场渠道购买或从电信运营商那里与业务捆绑购买),用户在使用业务时需要向电信运营商支付费用。

此时的通信主要是点到点的方式,用户既是信息的生产者,又是信息的消费者。电信运营商仅为用户提供基本服务平台,不介入信息流内容。这种传统电信产业价值链表现出以网络为中心的特点,电信运营商处于主导地位,是电信设备价值得以实现、客户获得服务价值的关键环节。

3. 信息与通信服务时期多元化的产业价值链

当信息通信业提供的服务从简单的话音通信服务扩展至信息与通信服务时,产业价值链中的环节显著增加,特别是内容/应用提供商、软件开发商等成为信息通信业的重要参与者。但在这一时期,产业价值链中各企业之间的关系并没有固定的模式,呈现出多元化、动态化的局面(参见案例资料"移动数据业务发展初期产业价值链建设典型案例"),从企业之间的关系来看,此时期的信息通信产业价值链大体上可以分为3种类型,即以电信运营商为核心整合的价值链、分散型产业价值链(各增值环节分散的价值链)和混合型产业价值链(以上两者的混合)。为简化,以下主要讨论电信运营商与内容/应用提供商之间的关系。

(1)以电信运营商为核心整合的价值链

以电信运营商为核心整合的产业价值链如图 4-3 所示,电信运营商延续了其在传统电信产业价值链中的核心地位,整合了各类硬件软件、内容和应用,最终将其统一提供给用户。

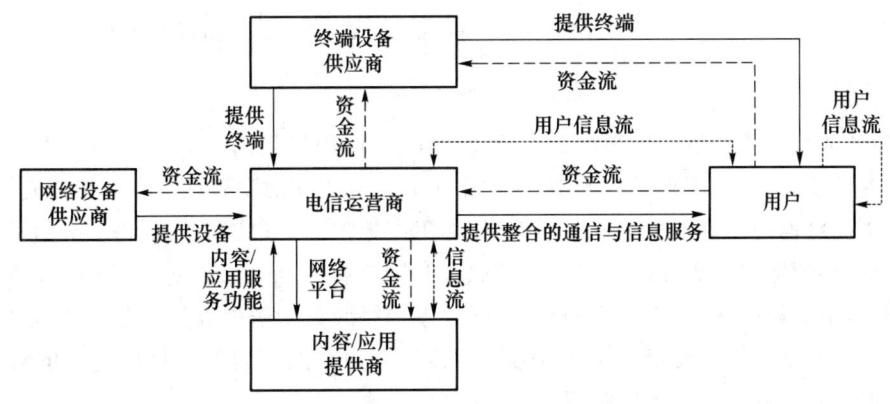

图 4-3 以电信运营商为核心整合的价值链

这种产业价值链是一种封闭的形态,电信运营商垄断着最终用户,内容/应用提供商成为电信运营商的单向供应商,受到电信运营商的严格控制。而用户需要的内容和应用服务

· 93 ·

只能通过电信运营商这个单一渠道获得,用户信息流被电信运营商完全控制。用户的费用全部支付给电信运营商。因此在这种产业价值链中,电信运营商与内容/应用提供商之间形成"主从关系",产业价值链的利益分配向电信运营商倾斜,电信运营商成为最大的受益者。

电信运营商的控制地位来源于其对关键资源——通信网络的控制,通信网络是各类通信与信息服务的载体,也是沟通用户的渠道,各种内容与应用必须通过网络才能到达用户,这就使得内容/应用提供商难以脱离电信运营商独立提供服务,而电信运营商基于资源优势,有条件成为综合通信与信息服务的整合者。

然而,电信运营商的控制权并非不可动摇,在信息与内容服务发展的初期,内容/应用提供商的规模较小,其对用户的影响力也较小,电信运营商与之相比占据绝对优势的地位。但内容/应用提供商为寻求更为有利的地位,必然会力图摆脱电信运营商的控制。当内容/应用提供商逐渐发展壮大时,特别是当企业能够为用户提供高价值差异化服务时,内容/应用提供商与电信运营商进行议价的能力将显著增强,逐渐令产业价值链的价值重心发生转移,使得以电信运营商为核心的价值链结构很难稳定地维持下去。

(2) 分散型产业价值链

分散型产业价值链中,电信运营商不再具备对内容/应用提供商的控制权,如图 4-4 所示。从用户端来看,用户既要支付网络接入费用,又要支付使用的内容/应用服务的费用。而内容/应用提供商也因使用网络、占用网络资源需要向电信运营商支付费用。

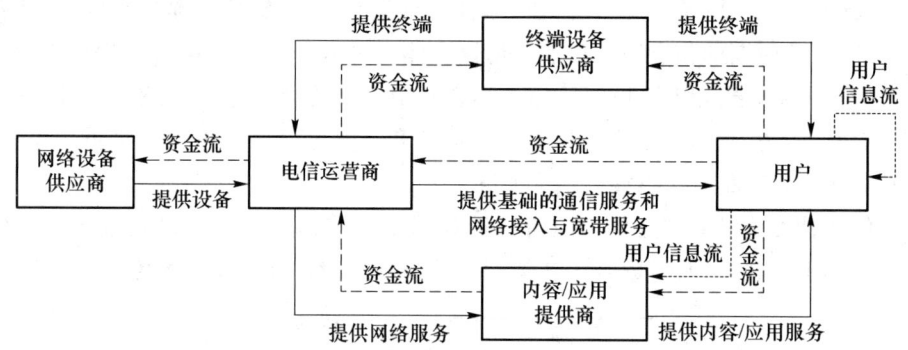

图 4-4 分散型产业价值链

这种分散型产业价值链使得电信运营商和内容/应用提供商之间形成了平等的利益共享关系,提升了内容/应用提供商的地位,增强了其业务创新的积极性。与电信运营商相比,内容/应用提供商往往具备更强的灵活性,能够更好地把握用户需求的变化。电信运营商在分散型产业价值链中主要提供基础的通信服务和网络接入与宽带服务,这一环节的服务需要大量的网络建设投入,其增值空间较小,而随着网络服务越来越成为社会生活所必需的基础服务,其利润空间也会逐步被压缩,因此,电信运营商必然要向产业价值链中的其他环节延伸,以追求更有利的产业价值链定位。

(3) 混合型产业价值链

混合型产业价值链结构是前述两种产业价值链结构的综合,电信运营商对于整个产业仍具有较强的控制力,但并没有完全控制整个产业价值链,内容/应用提供商具有一定程度的独立性,可以独立向用户提供服务,也可以通过与电信运营商合作为用户提供服务。

第4章 信息通信产业价值链与生态系统

在这种产业价值链结构下,电信运营商与内容/应用提供商形成了互利合作关系。当然,这种合作的具体形式多种多样。例如,如图4-5所示,电信运营商为内容/应用提供商打造基础网络平台,并为其代收内容与应用服务的费用。资金流由用户直接流向电信运营商,然后电信运营商与内容/应用提供商根据达成的协议进行分成,电信运营商不仅得到了网络接入费,还得到了一部分内容、应用的服务费。用户虽然通过电信运营商使用各种服务,但与内容/应用提供商与应用开发商直接形成信息流。

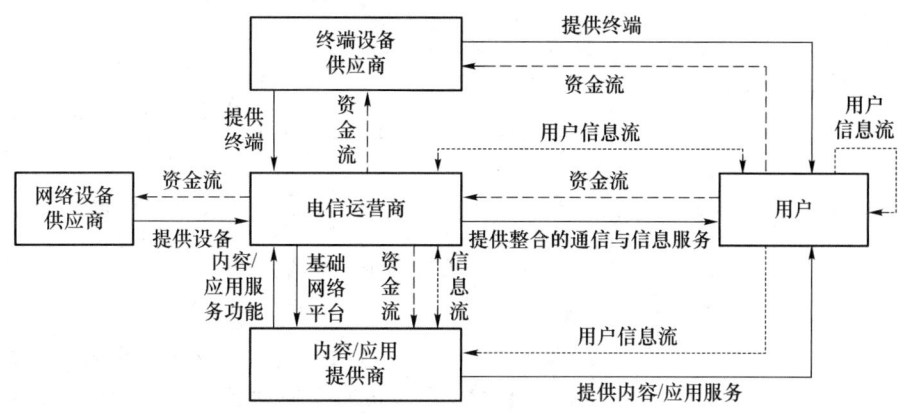

图4-5 混合型产业价值链举例

电信运营商与内容/应用提供商的合作方式决定于双方在业务平台建设、业务方案设计、业务运营、技术支持、营销与业务推广、计费、收费、售后服务等各个环节的责任分配,电信运营商控制的环节越多,其在合作中掌握的控制权越大,获得的利益分成越多。因此混合型产业价值链的具体表现形式极其多样,且非常不稳定,各参与者的利益关系也会不断变化。但无论采取哪种方式,只有当各参与者所得收益与其贡献相适应,产业价值链才能够稳定存在,促进整个产业健康发展。

案例资料

移动数据业务发展初期产业价值链建设典型案例

在移动数据业务发展初期,移动电信运营商面临着如何尽快开发内容与应用,以丰富移动数据业务内涵的挑战。为此,日本和韩国的运营商率先进行了开放合作、打造移动数据业务价值链的尝试,我国运营商也借鉴其成功经验,推动移动数据业务进入快速发展期。

(1) 日本NTT DoCoMo公司的I-mode模式

I-mode是由日本NTT DoCoMo公司于1999年2月推出的手机上网业务,它创造了一条合作共赢的产业价值链,实现了网络、终端、内容各方的协调合作(如图4-6所示)。NTT DoCoMo公司代收信息费,然后与内容提供商进行分成,两者的分成比例一般是9%:91%,即信息费的9%作为手续费归DoCoMo公司所有。I-mode首创了收取移动上网信息费的模式,这种收费模式一方面让用户可以承受,另一方面使内容提供商获得一定的收入,激励内容提供商不断开发有吸引力的内容,促进了信息源的增长,由此形成了良性的循环。同时通过与终端厂商的合作,DoCoMo公司重点解决了制约移动数据业务发展的产业链薄弱环节——终端和内容,从而取得了极大成功,不仅提升了其市场占有率,而且使其数据业务的 ARPU(Average Revenue Per User,平均每用户收入)值得到增长,成为各国运营商效仿的典范。

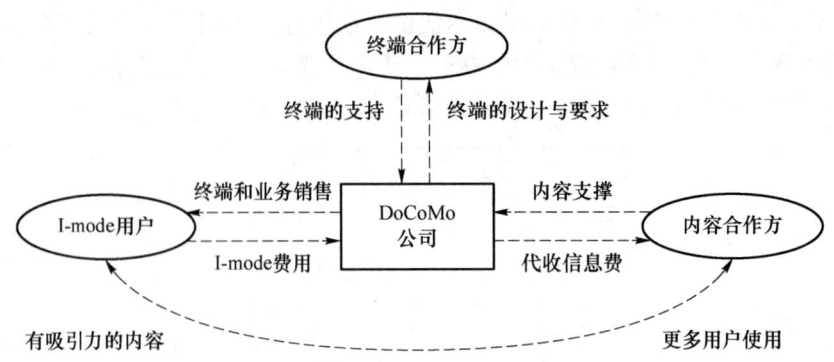

图 4-6　I-mode 的产业价值链模式

(2) 中国移动的移动梦网模式

2000 年年底,中国移动启动"移动梦网计划",旨在向内容/应用提供商(统称 SP)提供一个平台,实现开放公平的接入,构建 SP 与用户之间的桥梁,以促进移动增值业务的发展。移动梦网业务是中国移动与 SP 在"共赢"的基础上,基于中国移动的各类移动网络平台,向中国移动客户推出的各类无线数据业务和语音增值业务的总称,其具体内容随着技术创新和业务创新不断扩充。根据中国移动的《移动梦网 SP 合作管理办法——总则(V3.0)》,中国移动与 SP 的合作分为以下 3 类。

① 普通型合作。中国移动提供网络通道、业务管理平台,提供代计、代收信息费服务,配合 SP 有偿提供客户服务。SP 提供业务内容,自主进行营销宣传,并负责提供客户服务。中国移动与 SP 的信息费结算比例为 15%:85%。

② 半紧密型合作。中国移动提供网络通道、业务管理平台,提供代计、代收信息费服务,负责客户服务。SP 提供业务内容,负责营销宣传,配合提供客户服务支持。中国移动与 SP 的信息费结算比例为 30%:70%。

③ 紧密型合作。中国移动提供网络通道、业务管理平台,提供代计、代收信息费服务,自主进行业务营销宣传,提供全部的客户服务,并享有所提供业务的知识产权(包括但不限于商标、业务名称、业务标识、专利、商业模式)。SP 负责提供业务内容。中国移动与 SP 的信息费结算比例为 50%:50%。

案例讨论题:
为什么在移动数据业务发展的早期,日韩和我国都形成了电信运营商主导的产业价值链?

资料来源:
[1] 刘国亮,范云翠,张秋红. 中日韩电信产业价值链模式对比分析[J]. 商业研究,2008(8):146-150.
[2] 中国移动. 移动梦网 SP 合作管理办法——总则(V3.0)[Z]. 2007.

第4章 信息通信产业价值链与生态系统

4. 信息通信产业价值链的网络化

以上对信息通信产业价值链的讨论仅选取了产业价值链上最典型的几个环节,而现实中产业价值链的参与者更多,除网络/终端设备供应商、电信运营商、内容/应用提供商之外,还有系统集成商、软件开发商、平台开发商、网络建设企业、网络运营维护服务提供商等。随着网络产业分工的不断细化,新型专业化服务企业(如门户网站、虚拟运营商、应用平台提供商等)也在不断出现,同时这些参与者之间的关系愈加复杂,使得产业价值链已突破了链式结构,呈现出网络化的状态,如图4-7所示。

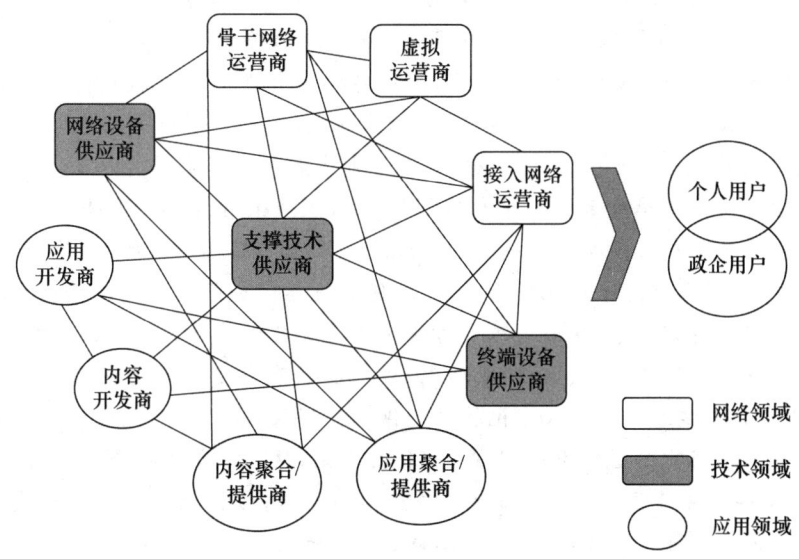

图 4-7 信息通信产业价值链的网络化

数字经济时代,信息通信服务更加专业化,产业中的分工更加细化,产业价值链构成无疑更加复杂,企业必须明确自身在产业价值链中的定位与角色,并关注与产业价值链中其他参与者的链接与协作(参见案例资料"云计算产业价值链整合新模式")。

案例资料

云计算产业价值链整合新模式

在云计算产业价值链中,云服务提供商开发云产品并提供相应的服务。产业价值链的上游产业是基础设施提供商,其将设备服务器、路由器和交换机销售给IDC制造商或直接销售给云服务提供商,下游产业面向传统行业和个人用户。

例如,国际数据公司(IDC,International Data Corporation)发布的《中国公有云服务市场(2023上半年)跟踪》报告显示,在公有云IaaS厂商中,市场份额在前5名的分别是阿里巴巴、华为、中国电信、腾讯和AWS。云从IT资源的服务形式演变成新一代软件架构范式,赋能企业管理和业务生产模式创新。云服务市场竞争加剧,云计算资源本身不再是竞争力。能否满足细分的差异化需求,将成为决定企业竞争力的主要因素。随着传统行业企业数字化、智能化时代的来临,云计算进入深水区,云计算价值链的现状是,一方面云巨头为抢占份额,必须不断强化自身核心技术和输出产品化服务的能力,并联合第三方云服务商,为其开放出更多资源;另一方面,传统行业企业推进数字化转型,上云、用云的应用不断深入,市场对多云、混合云的需求与日俱增,对云资源统一纳管、全生命周期服务等的需求也越来越多,有能力的第三方云服务商将脱颖而出,直接受益。

鹏博士作为拥有丰富企业客户服务经验的运营商,在云计算产业价值链中定位于中立云运营商,负责联结各家云厂商、应用服务商的产品和服务,整合上云、用云的行业价值链,提供一栈式上云服务和全生命周期的云技术服务。

鹏博士通过自主研发的融合云平台,直接对接多个公有云的云资源或云服务,搭建面向行业侧的云资源/云应用的一站式"自选超市",在一个平台上就能实现从账户管理、订单管理、多云资源管理,到账单分析、发票结算的完整流程。

区别于行业内传统的云管理平台(CMP,Cloud Management Platform),鹏博士云平台的独特性体现在它实现了分级账号管理及云资源交易调度功能。它使云平台不仅能支撑各类企业客户的多云、混合云管理,还能满足集团公司客户对内部云资源统一管理和云成本优化的需求,以及渠道客户对快速扩展及自运营能力的特殊需求。此外,鹏博士云平台还配以具备安全、监控、迁移、集成、运维、客户支持等功能的全方位服务体系,为企业客户一栈式上云与数字化转型提供了便利的入口。

以某头部连锁物流企业为例,其在全国32个省(区、市)有130个分公司、办事处及劳动中心,业务辐射全国1 100个城市。作为集团公司,该企业数字化转型最大的痛点是下属分公司的云计算资源各自为政,不同云厂商的云账号加在一起多达近百个,"云烟囱林立",集团IT部门想要统一纳管及数字化升级难上加难。鹏博士云平台使客户的难题迎刃而解,不仅实现了集团IT部门的统一账号、分层级管理,提供了统一云规划及迁移服务,避免了反复部署的资源浪费;还能够支持不同分公司账号采购不同厂商的云资源及云产品,满足了个性化需求,实现了云成本与云资源的最优调度,为该企业的数字化升级奠定了基础。

再如,某互联网医疗SaaS服务商的客户多为各级医院及连锁药店,其最大的痛点是如何满足不同客户的多云资源管理、数据加密、折扣配置等业务发展问题。鹏博士云平台设置多级渠道发展模块,提供分级数据保密管理、多产品上线配置、折扣配置等服务,同时提供应用服务打包整合支持,很好地支撑了渠道类客户的快速发展。

鹏博士云平台的客户包括科技、互联网、金融、汽车、医疗、服务等不同行业的企业。无论客户身处哪个行业,鹏博士云平台都能最大限度地兼容客户的云环境,并为客户提供来自不同厂商的最优技术组合和解决方案,实现算力资源的统一管控,优化云成本,为客户持续数字化转型升级提供最优的云平台解决方案。

案例讨论题:
1. 云计算产业价值链包括哪些环节?各环节有哪些主要参与者?
2. 鹏博士云平台在云计算产业价值链中处于哪个环节?其对价值增值的贡献是什么?

资料来源：
[1] 有连云. 数字经济下,鹏博士以复合能力卡位云计算价值链整合新模式[EB/OL]. (2023-03-20)[2024-03-01]. https://baijiahao.baidu.com/s?id=1761042289599491787&wfr=spider&for=pc.
[2] IDC. 中国公有云服务市场(2023上半年)跟踪[R]. 2023.

4.1.3 信息通信产业价值链分析的关键问题

产业价值链理论为企业制定战略提供了一个较高层面的分析思路,它令企业关注的内容不局限于企业自身的活动,还跨越行业边界,扩展到全产业链。面对信息通信业愈加复杂的环境,产业价值链分析对于信息通信企业战略制定具有重要的意义,为此,企业需要考虑以下几个关键问题。

(1) 产业价值链的完整性

进行产业价值链分析时首先要检验的是产业价值链的完整性。一个完整的产业价值链应完成产品或服务价值创造的全过程,其中某个环节的缺失或者支持乏力,都将成为阻碍整个产业发展的瓶颈。

在信息技术和业务发展引起信息通信产业价值链发生重大变革的时期,在信息通信产业中需要引入更多的增值环节,需要有新企业提供各类新的服务。而这些新企业的发展需要一定的时间,新的产业价值链也必须在实践中逐步完善,因此,在信息通信产业价值链发展演变的过程中,不可避免地会出现某一环节过于薄弱的问题。面对这种情况,产业中较为成熟的企业应积极采取措施弥补薄弱环节,打造完整的产业价值链。特别是在传统电信产业中占据核心地位的电信运营商在促进新产业价值链完善的过程中具有重要的积极作用。凭借自身的资源优势,电信运营商一方面可以扩大其产品和服务范围,向新的增值环节延伸,弥补价值链中的缺失环节,另一方面可以采取开放合作的态度,为新兴企业提供更好的盈利途径,促进新兴市场的成熟,从而吸引更多的企业共同完善产业价值链。

对于新兴企业而言,产业价值链上的缺失环节意味着新的市场空间,但产业价值链的完整、成熟并不是各环节的价值都有企业提供即可,而是各环节都应为产品和服务的价值提升做出重要的贡献,这就要求产业价值链中每个环节的企业都努力创新、优化自身的价值链,从而提升产业价值链的整合效应。

(2) 企业在产业价值链中的战略定位

产业价值链中的各个环节之间存在着增加值与盈利水平的差异性,因此企业在产业价值链上的定位直接影响企业的盈利能力。企业只有清楚认识到自己所在行业的特点、利润增长空间及特殊的经营模式,根据自身的资源和能力的相对优势,进行价值链的合理定位,才能提高企业的核心竞争力或价值创造能力。

一般来讲,在产业价值链中没有核心技术的环节存在相对劣势,占据的利润份额较小;而技术创新能力强、掌握了关键技术或核心技术、控制关键资源的环节则拥有相对优势,占据的利润份额较大。然而对关键技术、资源的控制权的竞争必然十分激烈,企业必须结合自身的资源和能力进行分析。企业在产业价值链中进行定位时,首先应识别价值增值点,明确各环节增值水平的高低,其次应进行企业内部资源和能力分析,最后应根据企业的资源和能力选取价值链中具有高增值水平的环节,进行价值链定位。

如果企业的内部资源和能力有限,企业可以选择专注于产业价值链中某一个环节的产品或者服务,提升专业化程度,令此环节的价值链达到最优,从而成为产业价值链中不可缺少的组成部分。企业如果具有较强的资源优势,则可以扩展其价值链的控制范围,在一定程度上实现垂直一体化,从而占据更大的利益份额。由于产业环境会随着技术和市场的发展而变化,企业的资源和能力可以通过自身发展不断增强,因此产业价值链的战略定位并非一成不变,而应随内、外环境的变化进行调整。

(3) 产业价值链各环节间的协作

产业价值链的存在是以产业内部的分工和协作为前提的。没有分工,就无法区分相应的各个价值增值环节,也就没有价值链的存在。因为只有通过专业化分工,才能使价值链上的各部门充分发挥出各自所长,以达到让最终用户享受更高价值服务的目标。专业化分工可以大大提高效率,增加价值增值流量;而协作是产业价值链中各个价值增值环节得以"链接"和连续的必要条件。

在信息通信产业价值链趋于复杂化的同时,信息通信业用户对产品和服务的要求也越来越高,企业势必要将自己的业务向多样化和个性化方向发展,针对不同的细分市场提供不同的服务类别,这就更需要整个产业价值链的沟通和协调合作。企业应选择与自身价值链存在密切协作关系的合作伙伴,建立战略联盟,达到相互之间在技术、资金、信息上的共享,以此来促进产业价值链的整合。

(4) 合理的价值分配模式

对于产业价值链的各个增值环节来说,只有建立合理的价值分配模式,才能在产业价值链中形成足够规模的产业资本。如果某一环节过多地攫取垄断利润,产业链中的其他环节将处于非常被动的境地,整个产业价值链也将无法形成健康的价值循环,因而难以长期存在。

合理的价值分配模式应符合收益与价值贡献相配比的原则,在产业价值链发展的初期,有必要向产业价值链中的薄弱环节倾斜,以鼓励和刺激更多的企业加入产业中。

4.2 信息通信产业生态系统

4.2.1 从产业价值链到产业生态系统

从 4.1.2 节对信息通信产业价值链演变的讨论可以看到,随着信息化进程的加快,通信与信息业务渗透到社会的各个方面,到了"互联网+"时代,跨界融合成为大趋势,电信业的原有边界变得越来越模糊,信息通信产业价值链不断扩展,与其他产业价值链的交叉、重叠现象越来越多。信息通信产业价值链表现出更强的动态性,各环节很难保持相对封闭和长期稳定的关系,且从形态上已突破了链式结构,呈现出网络化的状态,其结构也日趋复杂。在这种形势下,基于单向价值增值的产业价值链框架已不能很好地反映信息通信业发展的实际状况,业界和研究者开始引入价值系统、价值网、商业网络以及产业生态系统等新概念。

第4章 信息通信产业价值链与生态系统

其中,产业生态系统理论提供了一个全面综合的视角,生动地反映了现代商业体系中相关产业、企业竞争合作、互利共生的关系,因此被业界广泛接受。近年来构建互联网生态圈成为信息产业中许多企业的战略重点。

在学术研究领域,使用产业生态系统这一术语的研究大致有两大分支。第一个分支以产业生态学为基础,关注经济增长与资源环境的协调发展,此分支中的产业生态系统是在产业生态理论的基础上,借鉴自然生态系统建立的产业之间的一种新型的动态物质循环系统,寻求在系统内部实现物质流和能量流循环,从而形成可持续的生态系统。第二个分支所研究的产业生态系统则是在一定环境下,产业中或产业间多企业相互协作,共同构成的开放、动态系统,此分支关注产业生态系统中各企业的战略选择、价值创造、协同进化等问题,与此研究分支关系密切的主要理论有企业生态学理论、商业生态系统理论、价值系统理论和产业生态位理论等。

对于信息通信产业生态系统的研究和实践基本上都属于第二个分支,聚焦于产业生态系统的构建、系统中各成员的角色和相互关系、企业生态位演化等问题,探讨信息通信产业的健康成长和企业战略。相关企业运用生态系统的视角,从"产业链"向"生态圈"进化,打破原有的产业边界和组织边界,重构企业价值网络(参见补充阅读资料"腾讯持续发力搜索生态")。

补充阅读资料

腾讯持续发力搜索生态

腾讯在搜索赛道持续发力,继其收购搜狗并开启微信搜一搜商业化之后,腾讯生态型搜索应势而生。

微信搜一搜是应用程序微信中的一个功能,可以用来搜索朋友圈、文章、公众号、小说、音乐、表情。随着用户在微信中养成高频搜索的习惯,微信搜一搜的作用日益凸显。微信搜一搜对公众号新增粉丝的贡献占比达到27%,对小程序新增日活跃用户的贡献占比达到20%,对视频号新增粉丝量的贡献同比增长超过120%。从整体上看,微信搜索场景呈现出非常有前景的发展趋势。

目前腾讯生态型搜索已经覆盖微信、QQ浏览器场景,未来会进一步覆盖更多的媒体场景,为用户和企业提供生态级的搜索信息和广告服务。同时,腾讯生态型搜索涵盖的各平台搜索资源均可直连微信生态内的视频号、公众号、小程序、企业微信等链路。这意味着,腾讯生态型搜索将为商家的视频号、公众号、小程序、企业微信等增加曝光的场景。

尽管微信搜一搜和百度、谷歌同为搜索引擎,但微信搜一搜有一个优势,即商家可以在此实现闭环。依托微信这个超级生态系统,微信搜一搜可以将B端品牌生成的各种内容形式曝光在用户眼前,在内容被用户搜索到后,商家有机会将用户沉淀到自己的私域(如公众号和企业微信)上。这使得搜索不再是一次性的短暂行为,商家通过搜索可以与用户建立更长期的联系。另外,微信搜一搜推出的品牌官方区功能也可以帮助商家整合微信的各种能力,实现品牌效果最大化,形成有效的商业闭环。微信搜一搜在微信寻求更加精细化运营转化方式的过程中扮演重要的角色,也逐渐成为企业私域流量的重要来源,实现了从"使用微信即可搜索"到"通过微信搜一搜实现转化"的转变。

> 截至2022年,微信搜一搜的月活跃用户数量已经迅速增长到8亿,相比上一年同期,其搜索量增长了54%,呈现出强劲的增长势头。越来越多的用户开始在微信中进行搜索,而且搜索的需求也变得更为多样化。相比2021年,2022年内容资讯类的搜索需求增长了42%,而政务、医疗、新闻资讯、美食、旅游、房产、汽车等关键品类的搜索量增长更是超过了100%。这一数据显示出微信搜一搜在各领域的广泛应用和受欢迎程度,也为各类商家提供了更多的商业机会和宣传空间。
>
> 资料来源:
> 芸众. 腾讯持续发力搜索生态,直连视频号 公众号 小程序 企业微信[EB/OL]. (2023-10-18)[2024-02-28]. https://business.sohu.com/a/729262018_121008370.

4.2.2 信息通信产业生态系统的概念和特点

从当前有关研究和业界实践来看,信息通信产业生态系统的研究视角可以分为两个层面。

第一个层面是产业层面,这一层面借用自然生态系统的概念,将整个信息通信产业或围绕某类产品/服务形成的产业(如互联网产业、5G产业)视为一个大的生态系统,企业个体和群体、供应商、消费者、投资者、市场中介和监管部门等都可以看作该生态系统中的物种,其中同类型企业可构成企业种群,而若干个相互协作的企业或企业种群在一定环境条件下可形成企业群落。这些个体、种群、群落及其所处的环境共同构成了产业生态系统。在产业层面上,人们关注的问题包括整个生态系统的物种构成,不同种群的定位,各个种群之间的竞争、捕食、寄生、互利共生等关系,物种、种群和生态系统的协同进化,生态系统的平衡和稳定性等。

第二个层面是企业层面,这一层面上对于产业生态系统的理解主要脱胎于商业生态系统理论。商业生态系统是由美国战略专家詹姆斯·穆尔在1993年提出的[①],他认为不应将企业只看作某一个行业的成员,而应将企业看作跨越多个行业的商业生态系统的一部分。穆尔明确了商业生态系统的概念及其主要组成部分:商业生态系统是以组织和个人的相互作用为基础的经济联合体,其成员不仅包括企业自身,还包括消费者、代理商、供应商、竞争者、政府等。从图4-8可以看出,商业生态系统以特定企业为基础,对传统产业价值链进行了扩展,图中核心商务部分与产业价值链的各环节十分相似。除此之外,商业生态系统还包括很多其他的企业和组织,他们为企业提供更广泛的服务,如承担售后服务等外包业务、提供财务咨询服务和技术支持、生产互补产品等。此外,企业与竞争对手和消费者的互动是商业生态系统中的重要关系,政府部门、管制机构以及媒体也是商业生态系统的组成部分,他们虽然并不直接参与企业运营,但会对企业带来长期而深远的影响。商业生态系统理论更多地探讨企业如何建设其所处的生态系统,如何维护生态系统的健康,以及在生态系统中企

---

① Moore J F. Predators and prey: a new ecology of competition [J]. Harvard Business Review, 1993(3):75-86.

业的不同战略选择。将商业生态系统应用于信息通信产业中时,常常以某类特定企业或某种产品/服务为基点,识别其核心商务活动,进而扩展至外围商业网络,最后将更多的利益相关者纳入考虑。

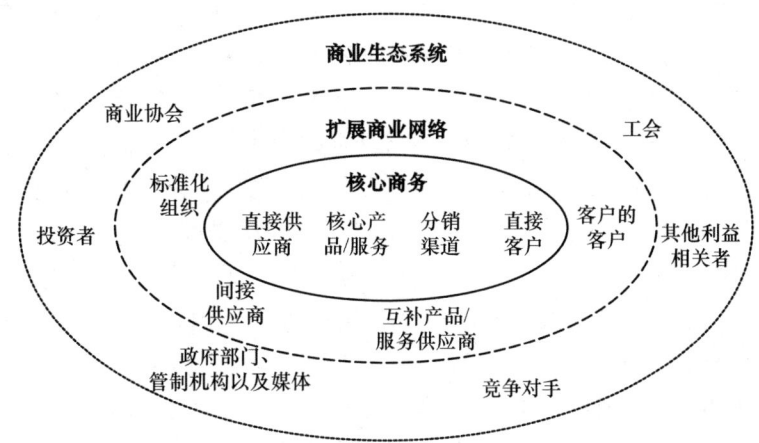

图 4-8　商业生态系统的构成示意图

由上述简介可知,不论是在产业层面还是在企业层面,产业生态系统都传达了一个重要的战略思想,即企业应该用生态系统的观点关注其所处的环境,企业与其他企业或主体之间存在复杂的动态关系,合作、协同成为企业战略中的重要要素。在本书中,信息通信产业生态系统定义为在一定时间和空间范围内,由各类信息通信服务运营企业、相关产品和服务提供企业(如设备供应商、终端供应商、内容提供商、系统集成商、配套产品/服务提供商等)、消费者、监管主体、中介主体,及其所处的经济和社会环境构成的整体系统,这样既可以从产业层面对其进行整体考察,也可以从企业层面对其进行有针对性的界定。

以 5G 产业生态为例对上述定义加以说明。5G 产业生态包括 5G 产业化和产业 5G 化两部分。5G 产业化,即 5G 技术相关产业的创新发展,涉及的企业包括元器件制造、电信设备供应商、终端制造商、软件服务提供商、通信运营商等;产业 5G 化,即 5G 在传统产业中的融合应用(5G+),进而引发人类在生活、生产、生态上的深刻变革。5G 产业生态系统包括核心层和辅助要素,核心层包括创新生态子系统、技术生态子系统和应用生态子系统,辅助要素包括社会文化环境、国际环境、政策体系、要素供给、基础设施和信息安全环境等,5G 产业生态系统中的各要素、各成员相互依赖、紧密连接,形成从研发生产到融合应用的产业闭环,共同推动整个 5G 产业生态体系的升级和繁荣[①]。

与产业价值链理论相比,产业生态系统理论更加强调系统的开放协同、多维价值创造、动态进化。具体来说,产业生态系统的基本特征如下。[②]

① 价值性和整体性。产业生态系统是对产业价值链的扩展,其本质仍是实现价值创造,价值创造能力不断提升是一个产业生态系统持续发展的关键。产业生态系统包括许多

---

① 王咏. 构建 5G 产业生态[J]. 中国电信业,2018(12):14-17.
② 陈健聪,杨旭. 互联网商业生态系统及其内涵研究[J]. 北京邮电大学学报(社会科学版),2016,18(1):45-52.

物种,他们在相互作用、相互依赖的基础上形成有机组合。各个物种需要以为客户提供价值为纽带,共同发挥自己的作用,在价值创造过程中承担不同的角色,聚合生态系统中的多方资源,这样才能形成完整的价值系统。

② 环境依赖性。任何生态系统都是在特定的环境中形成的,自然生态系统与环境密不可分,一个运转良好的自然生态系统很难在不同环境中实现复制,产业生态系统亦是如此。不同的产业环境中,用户的消费能力、消费意识以及消费文化、地理特征、经济发展水平都是不同的,产业生态系统模式必须适应、扎根于本地的产业环境,不能简单地"克隆"其他成功模式。同时还需要注意到,信息通信产业生态系统的发展并不只是产业生态系统单方面适应环境,信息通信业的发展也会反作用于其生态系统,推动技术、文化、政策等方面的变革。

③ 动态开放性。产业生态系统是一个开放的系统,也是一个动态的系统。信息通信业整体就是一个巨大的产业生态系统,其中可以容纳的物种数量在迅速增长,同时信息通信业与其他产业的融合加深,吸引了更多新成员加入系统,并在生态系统中催生了许多新物种,这意味着系统中的物种构成会发生变革,物种间的关系也会随之变动,系统内优胜劣汰,原有的一些优势物种可能被淘汰。组成产业生态系统的所有物种必须保持一种开放的心态,跟随系统动态进行调整进化。

④ 协同进化。产业生态系统的进化是系统中各物种或子系统协同作用、自我调节、共同进化的结果。只有系统中所有物种在进化上彼此匹配或者协调进化,产业才能顺利发展。技术创新是推动进化的主要力量,在实践中,信息通信产业生态系统的物种复杂,进化往往首先发生在某一特定种群中,这一特定种群作为引领者带动其他种群进化,在进化过程中,有可能形成新的"关键种群"和"领导种群"。当进化达到大致均衡时,系统的价值创造能力应获得提升,直至下一次技术创新带来新的进化契机。

4.2.3 信息通信产业生态系统的健康程度评价

产业生态系统的形成、进化和更新是一个涉及生态系统中大量个体、种群的复杂工程,其中一个关键问题是,如何合理评价产业生态系统的健康程度,以及时发现产业生态系统进化过程中存在的问题,识别未来的发展方向。针对这一问题,M. Iansiti 和 R. Levien 在 2004 年提出了三方面的指标,用以评价产业生态系统的健康程度[①]:

① 价值创造能力(productivity):反映产业生态系统提升产品/服务价值,并将之传递给用户的能力。

② 健壮性(robustness):反映产业生态系统在受到扰动时,能够保持原有有效性和功能的能力。

③ 创新能力(innovation):反映产业生态系统吸收新技术,催生创新并吸收创新成果的能力。

可以看到上述三方面的指标主要衡量了产业生态系统运行的绩效表现,而无法反映产业生态系统构成、组织方面的表现。从产业生态系统最初的理论框架而言,产业生态系统健

---

① Iansiti M, Levien R. Strategy as ecology [J]. Harvard Business Review, 2004, 82(3): 68-78.

康与否取决于系统物种的多样性和生态链条的完整性,系统中物种缺失或者进化滞后将直接导致价值创造环节的缺失或薄弱,此外,产业生态系统中企业之间的协调合作也是系统健康发展的必要条件。因此,对于产业生态系统的健康程度评价,在上述3方面的指标之外,还应关注系统的完整性和协调性,这方面指标主要反映系统的组织表现,与其他3方面的指标互为补充。

综合而言,信息通信产业生态系统的健康程度可从以下4方面进行考虑。

(1) 完整性和协调性

产业生态系统的完整性从根本而言是要求生态系统中的价值创造过程完整。这需要识别产业生态系统中有哪些关键的价值创造环节,明确各个环节需要有哪些物种参与,才能进一步考察系统中是否已经具备了应有的物种,以及其是否达到了价值创造所需要的规模。如果从整个产业的层面来考察,这将是一项非常困难的工作。特别是在数字经济时代,国民经济各个行业都在与信息通信产业生态系统接界,产业中的价值创造过程变得极端复杂,识别、评价所有关键种群几乎是不可能的。在这种情况下,从以某一核心产品/服务或企业为基点的视角进行考察显得更加现实。例如,如果考察移动互联网产业生态系统,则终端(智能手机)、网络(4G/5G网络、WiFi)和应用(微信、微博、手机新闻、手机导航等),是移动互联网价值创造的关键环节,进一步细分的话还可将终端分为智能手机硬件和操作系统两个环节。再如,对于电子商务产业生态系统而言,交易双方、信息平台、支付平台、物流服务则构成核心价值环节,而在电子商务走向更加成熟的阶段之后,大数据分析、信用管理又形成了新的价值增值环节。

完整性是构建产业生态系统时首先要考虑的问题,对于系统中的缺失或薄弱环节,产业生态系统内部种群可以通过自建方式补充,如淘宝网通过自建支付宝平台同时解决了支付和信用问题,也可以通过并购、合作、建立产业联盟等方式补充,多种群联合共同补足生态系统的完整性。例如,5G生态系统建设中,中国联通与中国华电集团有限公司天津分公司、海油工程、华为等企业共同组成5G RedCap(Reduced Capability)产业联盟,应用 RedCap 技术对设备功能等方面进行精简,以达到降低5G模组成本、功耗等目标。对于5G生态、云生态这种复杂的生态体系,广泛而积极的合作往往是推动生态健康成长的必要措施(参见案例资料"中国电信:融合共创,生态开放推动者")。

产业生态系统的协调性则是在完整性的基础上,进一步考察物种之间的关系,确定各方是否形成合理、可持续的分工协作模式,以及各方是否共同创造价值并共享收益。例如,互联网金融产业生态系统的形成需要互联网金融平台与基金公司、银行、投资者、客户等广泛合作,互联网金融企业自身需加强自律,并受到政府部门的合理管控,以保障信息安全和用户资金安全。监管机构在协调各类企业行为方面起到重要作用,管控过于严格有可能抑制企业的积极性,降低其创新能力,而缺乏管控会纵容非法集资、金融欺诈等行为,给行业发展带来致命影响。

对于产业生态系统完整性和协调性的考察,其基本思想与产业价值链分析方法是一致的,两者都是以识别核心价值链为基础,但产业生态系统的视角更广阔,且强调从多方向、多维度扩展核心价值链,以发现新的价值环节,引入或创造新的生态系统种群。

信息通信企业管理

案例资料

中国电信:融合共创,生态开放推动者

近年来,中国电信天翼云携手2 000多个生态合作伙伴,以推进产业价值链协同共创为目标,着力打造云生态开放合作高地,面向合作伙伴提供多类型的生态合作业务,帮助合作伙伴快速融入天翼云生态体系,共同培育壮大自主可控、开放共赢的云生态格局,为千行百业上云注智铺就"云上高速路"。中国电信天翼云已落地300余个政务云平台项目,协助8 000余家医疗机构上云,服务200余万个行业客户,打造1 000余个智慧城市项目,……中国电信天翼云在赋能千行百业上云用云、推动经济社会数字化转型方面取得了丰硕成果。

(1) 多项计划引领云生态建设

在第五届数字中国建设峰会·云生态大会上,中国电信发布云生态合作计划,并启动云计算共同体,为构建良性开放、共创共享的云生态体系探索可行路径。

云生态合作计划包含"云创计划"和"云汇计划"。根据计划,中国电信将与合作伙伴一道探索技术共创、合作赋能、合作共赢的创新路径。"云创计划"旨在聚合技术合作伙伴,聚焦云原生、云网络、云存储、云终端、定制硬件5个领域,推动中国电信与生态合作伙伴在云计算基础软硬件方面更广泛、更深入的合作。"云汇计划"旨在联合应用及解决方案合作伙伴,围绕央企应用、产业应用、云边应用和云端应用四大方向,不断丰富应用种类,提升用户体验,促进产业合作,推动"肩并肩"的生态关系构建。

成立云计算共同体是中国电信携手合作伙伴构建云生态的又一重要举措。云计算共同体的成立,进一步促进了云计算产业价值链的交流合作、协同共享、资源整合,共同推进了云计算领域的创新与应用,增强了国产化产业链的竞争力,为实现云计算产业的高水平自立自强创造了广阔的合作空间。

(2) 多条主线打通云生态链路

中国电信天翼云作为全球最大的运营商云,积极与产业价值链上下游合作,充分发挥自身在市场需求、科技创新和云网底座等方面的核心优势,全面升级技术、应用、服务、渠道生态体系,聚合产业价值链各方的能力,并与其在技术合作、SaaS应用、业务上云、渠道合作4个方面互促共进,努力成为云产业发展方向的引领者和云产业基础能力提升的支撑者。

在服务生态圈,中国电信天翼云依托"天翼云·MSP生态合作平台",与管理服务提供商(MSP,Management Service Provider)生态合作伙伴开展了广泛合作。其中,神州数码被中国电信天翼云授予"2022年度最具价值MSP服务合作伙伴"称号。目前,神州数码已具备全球主流云资源全面覆盖能力,可为企业提供专业的云环境迁移、应用现代化改造、长期云托管等多项服务。天翼云与神州数码强强联合,并与其他合作伙伴一道积极推动服务生态圈繁荣壮大,为千行百业的客户提供高效率、优品质的上云用云体验,有力推动了经济社会的数字化、智能化转型升级,助力了数字中国建设。

在应用生态圈,中国电信天翼云基于大数据、AI、5G等新一代信息通信技术,高质量打造应用生态体系,通过跨界融合、业务创新与合作伙伴共享共赢。软通动力作为一家拥有全栈式云服务能力和场景化数字解决方案提供能力的企业,已经与中国电信天翼云在技术、应用和服务等领域形成了有效互补,打下了坚实的合作基础。未来,双方将着力打造端到端、全方位、立体式、全能型的合作伙伴关系,持续强化战略协同,为广大行业客户提供全栈式、端到端的云智能服务,携手助力产业数字化升级。

拓展云计算领域合作的深度和广度,是云生态实现繁荣的必由之路。在建设数字中国的征程上,中国电信天翼云坚持与生态合作伙伴携手共进,以务实的合作为云生态展开腾飞的"羽翼"。

(3) 多样成果推动云生态繁荣

中国电信天翼云与合作伙伴在应用挖掘、服务拓展方面通力合作,搭建起完善的应用生态,为千行百业上云用云提供了智慧便捷的高端增值服务。

2022年7月,中国电信基于天翼云4.0发布云生态重点产品——天翼信创云,其中包含信创专属云、信创私有云、信创云电脑三款产品。天翼信创云由中国电信自主研发,可提供信创平台的交流展示、技术培训与认证、国产化软硬件平台适配和场景化方案的研究及推广服务,加速了信创领域生态圈的成熟。

中国电信与中兴通讯强强联合,于2022年春季上线公测新一代云上数字研发产品——天翼云EasyCoding敏捷开发平台。该平台自带一体化解决方案,为企业提供拎包入住、60分钟起步的模板化服务,为高校提供零机房、零设备、零配置的零负担服务,为个人提供一台计算机打天下的极致场景服务。

基于天翼云4.0分布式云,中国电信天翼云携手中汽培训,围绕数字化转型人才培养,共同赋能汽车行业数字化人才队伍,提出汽车行业数字化转型架构,推动汽车行业的数字化转型。

伴随着"国云"起航,中国电信天翼云将秉持"领域至广、服务至上、价值至优、成长至远"的合作理念,在技术生态方面提供最开放的资源,在应用生态方面聚集最广泛的合作,在渠道生态方面推出最优越的政策,在服务生态方面提供最到位的支持,同产业价值链上下游开展更大范围、更广领域、更深层次、更务实的生态合作,共建云上生态、共赢云上未来。

案例讨论题:
1. 中国电信基于天翼云构建了一个怎样的生态系统?
2. 请具体阐述天翼云生态系统的特征。

资料来源:
张鸣. 融合共创,生态开放推动者[N]. 人民邮电报,2022-12-20.

(2) 价值创造能力

此前已经谈到,产业生态系统的本质仍是要完成价值创造,因此系统将技术、资本等输入转变为更低成本和更好的产品/服务的能力至关重要。衡量价值创造能力的常用指标有

投资收益率、企业利润率、劳动生产率等,但这些指标并不能提供绝对化的评价结果,对于不同行业而言,这些指标的平均值差异很大,而且它们在不同时期也会出现波动。在很多时候,业界不仅要关注产业生态系统实际的产出指标,也要评估其价值创造潜力和预期前景。这对于信息通信业,特别是互联网行业尤其适用。许多互联网企业,包括世界领先的亚马逊、Meta 等公司,都曾有过多年亏损时期,但仍能吸引投资、不断扩张规模,这反映出投资者看好其盈利前景。互联网行业同样也存在大量公司盈利模式不成熟,一味融资烧钱迅猛扩张,却最终只是昙花一现的情况。从长期来讲,产业生态系统必须形成可持续的价值创造能力,这种能力可能来自更好的产品/服务、更高的资源利用水平、更低的交易成本等。

(3) 创新能力

生物多样性是自然生态系统健康程度的标志之一,对于产业生态系统而言,吸收新技术,促进创新,在生态系统中创造新的价值环节或新的市场空间,是维持整个系统生命活力的源泉。衡量创新能力常使用创新效益有关指标,如一定时间内新产品/服务的种类,新产品/服务的用户规模、新产品/服务收入占总收入的比重等。当前信息通信产业生态系统的创新能力是受到社会瞩目和认可的,移动通信网络从 3G、4G 到 5G 的升级,推动移动互联网产业生态系统不断升级,也使得移动互联网成为近年来创新活动最为活跃的一个领域。创新不断在产业生态系统中催生新的物种或种群,但这并不意味着原有的物种和种群仍能维持自己的生存空间,创新同时在调节产业生态系统内物种之间的关系,而各个物种要维持自身在系统中的地位,只能依靠创新。各个物种的创新活动使其在系统中做出独特、不可轻易被替代的贡献,这将有助于其建立更加稳固的物种关系,为系统演进储蓄和提供能量。

(4) 健壮性

自然生态系统必须在环境发生变化时具有一定的适应和调节能力,才能有利于系统中物种的持续发展。类似地,产业生态系统在受到扰动时(如在系统中出现预期之外的技术变化或系统内企业出现不当行为时),应有能力进行自我调节,以避免系统崩溃。具体而言,健壮性可以表现为系统在正常状态下抵抗扰动的能力,以及系统在偏离正常状态后恢复功能和效率的能力。衡量系统健壮性的一个较为简单的方法是考察系统中的种群数量、各种群中的企业数量,以及企业存续比率。系统健壮性与系统的协同进化、自组织性、自适应性、结构有密切关系,一般来说,系统结构越复杂,抵抗能力越强,但恢复能力越弱。但若系统中每个个体都具有较强的灵活性,在各自的局部小环境中都能够独立进行适应性学习,且物种和系统都可以根据环境变化调整自身行为,则系统的健壮性就会提升,且对环境形成反向影响。

4.2.4 信息通信产业生态系统与企业战略

产业生态系统的概念和理论为企业战略分析提供了新的思路,一个健康的产业生态系统为产业发展带来了更多的机会,但同时产业生态系统中的复杂关系也令企业的经营面临更多的挑战,企业需要充分识别和利用产业生态系统中的所有可用资源,在产业生态系统中形成正确的定位和相应的战略。

1. 企业生态位与竞争战略

(1) 企业生态位的概念

生态学中的生态位概念产生于 20 世纪初,在生态学思想向经济管理领域渗透融合时,企业生态位的概念随之出现。

企业生态位的概念反映了研究者们开始突破以往将企业看作孤立个体的视角限制,更多地关注企业与周边环境的协调与共生问题①。围绕这一概念,国内外学者形成了许多研究成果,但并没有提供统一的企业生态位定义,有的研究更强调物种在环境中的资源拥有情况,有的研究偏重于物种的综合能力与产业定位,有的研究侧重于宏观层面,有的研究侧重于微观层面。在信息通信产业生态系统的研究中,多采用微观视角应用生态位理论,以探讨企业竞争战略选择,将企业生态位看作企业在产业生态系统中,为争夺环境资源而与竞争对手发生相互作用所形成的相对地位。

(2) 基于生态位的企业战略分析

在生态位理论中,用生态位宽度、生态位重叠度和生态位优势3种测度方式来分析竞争模式。

企业生态位宽度可以定义为企业所利用的各种市场环境资源的综合,即企业对市场环境资源适应的多样化程度。一般来说,企业生态位宽度与企业的适应度成正比,宽生态位意味着适应范围的扩大、适应效率的降低,使企业具有通用化或多元化趋势,窄生态位则反之。

企业生态位重叠度是指企业之间生态位类似的程度或者生态位因素相同的比例。当一个产业生态系统中多个企业利用相同的环境资源满足相同的顾客需求时,它们会被认为在功能上是可替代的,这时它们之间会存在很高的生态位重叠度。生态重叠度与企业间的竞争强度成正比,自然生态系统的竞争排斥原理同样适用于产业生态系统。企业的组织越相近、目标市场越一致、资源需求越相似、产品和服务越同质化,企业生态位重叠度就越大,企业之间的竞争就越激烈。

企业生态位优势用来测量生态位重叠的企业之间的相对竞争优势,能够以顾客需求为导向并使顾客获得满意体验的企业会获得显著的优势,而且更易于在竞争中获胜。

在以上概念的基础上,企业生态位重叠和分离理论形成了,并进一步发展为企业生态位进化理论,其讨论当企业之间出现生态位重叠时,企业应如何进行生态位进化以实现共生,这也是企业根据生态位理论进行战略选择的依据。具体而言,企业的生态位进化策略主要有以下几种。

① 企业生态位的压缩。这类似于生物物种的生态位压缩原理,如果企业具有很宽的生态位,那么在竞争压力增大的情况下,企业的生存空间会被限制和压缩,企业被限制在那些可提供最适配资源的领域内,企业所利用的资源类型不变,但对资源的利用效率将提高。

② 企业生态位的扩展。企业间竞争的加剧会压缩企业的实际生态位,而企业之间的互利合作可以扩展企业的实际生态位。生态位扩展意味着企业将进入一个新市场,或占有以前并未涉足的市场。

③ 企业生态位的移动。企业为了适应多种不同的环境而分化成多个不同的种群,这就是企业生态位的移动。企业生态位的移动可以实现生态位分离或降低生态位重叠度,从而降低竞争强度。

④ 企业生态位的协同进化。生态系统中存在生物进化的正反馈机制,即一种生物的进化会影响环境中其他生物的生存环境,促使其他生物不得不进化,这反过来又会影响第一种生物的发展进化。在产业生态系统中,由于资源的有限性,企业间不可避免地出现生态位重

---

① 郭妍,徐向艺.企业生态位研究综述:概念、测度及战略运用[J].产业经济评论,2009,8(2):105-119.

叠,适度的竞争会促使企业使用新型资源,促进企业生态位进化,或者使企业获得生态位优势,这种变化又会引起相关企业的进一步变化,形成企业之间相互作用的协同进化。

(3) 基于生态位的企业策略选择

在生态位分析的基础上形成的基本策略为 K-r 策略,这一策略脱胎于学者在研究生物史的基础上提出的 K-r 模式自然选择理论。该理论认为:r 策略是有利于增大内禀增长率 r 的选择,具体表现为物种具有较强的繁殖能力,通过产生不断变异的后代适应不稳定环境;K 策略是有利于增强竞争能力的选择,通常表现为物种更加有效地利用生态资源,增大自身在稳定环境下的环境容量,以达到更高的饱和密度。

类似地,企业生态环境通过竞争机制对企业个体实行优胜劣汰,企业可采用 K-r 基本生态策略。K 策略占据稳定的企业生态环境,其进化方向是使企业规模大小保持均衡水平、不断提升企业内部竞争率,其特征表现为企业规模大、市场份额高、物耗及成本低,多从事资本密集型产业,适宜在稳定的环境中生存和发展;r 策略占据暂时有利的企业生态环境,其进化方向是努力提高对企业生态环境的适应性和反应能力,其特征表现为企业规模小,转产率、物耗率高,多从事劳动密集型和技术密集型产业,采用 r 策略的企业适宜在不可预测的环境中生存和发展,以特有的高出生率和不断适应新环境的能力,成为实施新技术、开拓新市场的动力源泉。

K 策略和 r 策略是企业生态环境自然选择的两个端点,大多数企业个体的生态对策位于两者之间。一般而言,沿着 K 策略方向,组织将向高度复杂、精巧化快速进化;而沿着 r 策略方向,环境的变动性将使大量简单的组织形态同时存在。

基于生态位分析,企业个体的具体战略选择主要是通过生态位进化实施生态位分离,减少生态位重叠,在生态位重叠时寻求生态位优势,以及与其他企业实施合作、实现协同进化。协同进化战略更突出地体现了产业生态系统整体、动态的战略思想。

2. 企业在产业生态系统中的角色定位

M. Iansiti 和 R. Levien 对企业在产业生态系统的角色进行了研究,指出在一个复杂的产业生态系统中,企业可有 3 类不同的角色定位(如图 4-9 所示)[1]。

① 骨干型企业,在系统中占据中枢位置,为系统成员提供共享资产,创造价值并与其他成员共享价值。

② 主宰型企业,在系统中拥有关键位置,力图最大限度地攫取价值,可分为实物资产主宰者(physical dominator)和价值主宰者(value dominator)两类,前者通过垂直或水平一体化的方式创造价值并获取价值,最终控制整个生态系统的大部分,而后者为生态系统创造的价值极其有限,但它能凭借其特殊位置或作用,抽取其他成员创造的大部分价值,价值主宰者留下的价值过少则可能会导致系统的崩溃,而其自身也会随之消亡。

③ 缝隙型企业,专注于狭窄的细分市场,以差异化求得一席之地,这是商业生态系统中数量最多的一类企业。

图 4-9 表明,一个企业在产业生态系统中的战略选择取决于企业自身的目标领域,并受到两方面因素的影响:一是其所处产业的动荡与创新水平,二是其与产业生态系统中其他企

---

[1] Iansiti M, Levien R. The keystone advantage: what the new dynamics of business ecosystems mean for strategy, innovation, and sustainability[M]. Boston: Harvard Business School Press, 2004.

第4章 信息通信产业价值链与生态系统

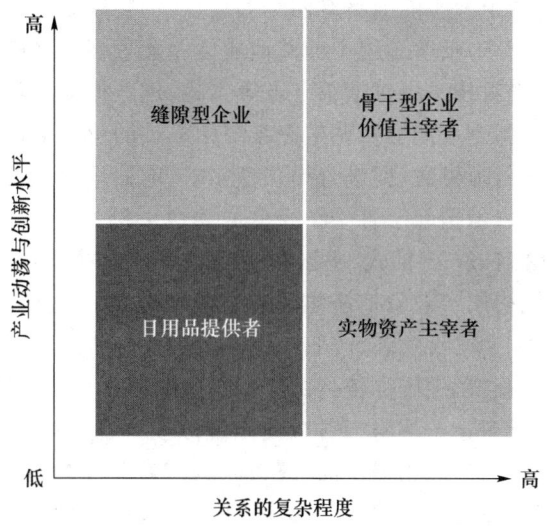

图 4-9 不同产业环境下企业在产业生态系统中的角色定位与战略选择

业关系的复杂程度。如果一个企业面对的是多变的环境,但并不具备联系其他各类企业的广阔网络,则缝隙型企业可能是其最恰当的选择。如果一个企业处于一个复杂网络的中心位置,并需要应对动荡的环境,则骨干型企业将是其最有效的战略,骨干型企业通过管理与其他成员共享的大量资产,可以促进创新,提升生态系统的多样性,降低环境变化所带来的风险。而当一个企业处于成熟、稳定的产业中时,其可以选择实物资产主宰者战略,直接控制企业所需的各种资产,在这种整合到达极限时,产业生态系统也就不再存在了。企业也可以利用其特殊地位成为价值主宰者,这种战略可以在短期内为企业带来大量的利润,但最终产业生态系统可能会崩溃。如果企业的经营相对独立于其他企业,且提供的是成熟、稳定的日用品,则不必考虑产业生态系统的问题,但这种情况在当前的经济发展潮流中很难维持。

3. 信息通信产业生态系统中主要企业的战略选择

近 20 年来,信息通信产业都处于一个动荡变革的时期,监管环境发生重大变化,技术和业务不断推陈出新,这为产业中各种类型的企业都带来了机遇和挑战。因此在这一时期围绕传统电信产业生态系统的研究非常丰富,虽然众多研究在所依据的具体理论、所观察的视角、所关注的具体产业领域、所探讨的重点问题方面具有很高的多样性,但对于产业生态系统中的企业战略选择,有一些结论得到了研究者的广泛支持。

相关研究都强调,在传统电信业向融合的信息通信业演变的过程中,各类企业,包括传统电信运营商、新兴互联网企业,以及提供相关服务的软件企业、系统集成商、内容开发者等,都必须着眼于自身所处的生态系统整体,保持更为开放、更为包容的心态,与系统中的其他企业合作,共同搭建一个大平台,并依托平台实现共同进化。尤其是在数字经济背景下,企业如果只孤立地关注自身的核心竞争力,或试图像一些传统产业一样全面控制价值链的各个环节,就不可能走向成功。

由于电信运营商在传统电信产业中拥有重要地位,也由于他们在产业变革中受到的冲击最为剧烈,因此关注电信运营商战略选择的研究在相关研究中占了相当大的比重。这些研究普遍认为,电信运营商是产业生态系统中的"关键物种"之一,应将自身定位为骨干型企业或生态系统"盟主"。骨干型企业战略有两个关键点：一是以服务、工具或技术等形式创造一个平台或者一种共享资产，吸引系统中的其他成员以此平台为基础共同创造价值；二是通过外包、引入创新技术、将新技术提供给第三方等方式，创造缝隙市场，将大部分价值在整个系统中共享。由此，骨干型企业能够协调生态系统中成员的价值活动，建立信息交流和价值流动机制，合理调整利润分配模式，促进合作。事实上，电信运营商在意识到产业价值链、产业生态的重要性之后，就已承担起了骨干型企业的角色。例如，早在2000年前后出现的日本NTT DoCoMo公司的I-mode模式、中国移动的移动梦网模式中（参见4.1.2节的案例资料"移动数据业务发展初期产业价值链建设典型案例"），电信运营商就处于价值创造的枢纽位置。近年来，在5G生态、云生态、产业AI生态建设中，电信运营商也在积极发挥骨干型企业的作用（参见案例资料"中国电信：融合共创，生态开放推动者"）。

与电信运营商的骨干型企业战略相对应的是缝隙型企业战略。大量的内容/应用提供商，特别是移动互联网的内容/应用提供商，成为以电信运营商为盟主的生态系统中的缝隙型企业。其致力于发展专业能力以实现差异化，是生态系统价值创造和创新的主要力量。一个缝隙型企业通常需要从其他缝隙型企业或骨干型企业获取所需要的互补性资源，需要与其他企业相互依靠、共同发展。缝隙型企业战略的要点就是持续创新，确保其产品和服务的独特性，使其成为产业生态系统中不可替代的组成部分。

当传统电信运营商转变在产业生态系统中的角色定位时，其他相关企业同样也在寻求生态位进化。在传统的信息通信业中，电信网络与终端设备制造企业往往是技术创新的主要力量，而网络运营商则掌控服务提供的主要环节。以苹果为代表的终端设备制造企业，凭借其独特的产品和创新的设计，增强了市场势力，依托其开创的应用商店模式，整合了大量内容应用，打破了传统电信运营商占据核心地位的局面。而华为等传统信息设备提供商也在信息服务领域布局，重构其生态圈。HMS Core（华为移动核心服务）作为华为生态服务系统，提供端、云开放能力，一方面为华为终端用户提供应用商店、支付等基础服务，另一方面为开发者的应用提供消息推送、定位、地图等服务，帮助开发者实现应用的高效开发、快速增长、商业变现，为开发者创新赋能①。华为依托HMS，携手全球合作伙伴、用户、开发者共同创新生态系统。

"平台化""平台战略"可以说是骨干型企业战略在实践中的进一步扩展和升级，而这一战略思想在互联网行业更是早已得到广泛认同。本书认为，平台生态系统是由平台企业定义价值主张，以平台企业的硬件和软件技术平台为核心，由平台企业、产品或服务、技术互补者以及用户等协同互动构成的有机整体②，其目的是实现共同的价值主张。平台生态系统具备价值性、整体性、环境依赖性、动态开放性和协同进化的产业生态系统特征，此外信息通信业的经济特点使其还具有模块化、网络效应、互补性等特征。

从互联网平台企业而言，"平台"就是用以聚集、整合资源的生态圈，平台连接资源提供方和资源需求方，通过两方或多方群体的交流互动，满足所有群体的需求，因而平台面向的是双边市场，甚至是多边市场，平台中任何一方的成长都会带动其他群体的成长。平台战略的本质在于打造一个完善的、成长潜能强大的生态圈。互联网公司作为用户、信息资源的聚

---

① 张富强.华为生态系统面临的挑战与机遇[J].现代雷达,2021,43(9):111-112.
② 闫俊周,单浩远,任润芹.平台生态系统：理论框架与未来研究方向[J].创新科技,2023,23(6):1-15.

集点,更容易采用平台战略,成功的互联网公司,如亚马逊、谷歌、Meta、阿里巴巴、百度、腾讯、字节跳动[①]等,都是实施平台战略的代表(参见补充阅读资料"BAT——中国互联网产业的三大生态圈")。

补充阅读资料

BAT——中国互联网产业的三大生态圈

百度、阿里巴巴和腾讯是中国互联网产业的三大领军企业,并称为 BAT,百度起步于搜索引擎,阿里巴巴起步于电子商务,而腾讯则起步于即时通信(QQ)。现在百度已经超越了搜索,阿里巴巴已经超越了电商,腾讯已经超越了社交,它们都围绕核心领域,以资本和自己的独有优势构建自己的生态圈。

(1) 百度

百度是全球最大的中文搜索引擎,2000 年 1 月创立于北京中关村。百度致力于为用户提供"简单、可依赖"的互联网搜索产品及服务,提供的搜索服务包括以网络搜索为主的功能性搜索,以贴吧为主的社区搜索,针对各区域、各行业所需的垂直搜索,MP3搜索等服务,全面覆盖了中文网络搜索需求。

百度生态系统的基础模型就是以搜索为核心创新性地推出了基于搜索的营销推广服务。百度借助超大流量的平台优势,建立了世界上最大的网络联盟(百度搜索广告所植入的网站),用户从百度搜索和百度联盟网站进入百度平台,再由百度平台通往企业。在整个生态系统中,百度平台、百度联盟和百度用户三方相互促进、不停成长。

随着互联网从电脑端向移动端转型,百度也围绕核心战略加大对移动和云领域的投入,发展云计算、大数据等核心技术,同时积极布局 O2O(Online to Offline,线上到线下)、互联网金融等新生态。百度将 O2O 项目与搜索服务紧密结合,将自身的搜索、地图、信息分发组合成三大入口,通过投资、并购与已有业务整合,形成了包括手机百度、百度地图、百度糯米、百度外卖,以及百度通过股权置换控股的携程等在内的移动智能生活综合服务生态。2014 年 4 月,百度发布其旗下支付业务——百度钱包,并对接多个自有 App,弥补了百度 O2O 欠缺移动支付工具的缺陷。2016 年百度财报数据显示,百度钱包的激活用户数已达到 1 亿,虽然其普及程度与支付宝和微信支付仍有较大差距,但百度钱包与百度相关服务已形成了完整的支付生态闭环。

除在 O2O 领域布局之外,百度在出行、医疗、安全、工具、文化教育和电子商务等领域均有投资,这些获得百度投资的企业是百度连接各行各业的重要组成部分。因此,百度形成了以搜索为入口的移动生态圈,通过百度的入口地位和强大的信息汇集、流量分发、大数据分析能力,在帮助用户找到所需信息的同时,还帮助旗下 App、网站实现流量变现,将用户需求转变为服务需求,实现了人与服务的连接。

(2) 阿里巴巴

阿里巴巴自 1999 年成立至今,已经发展成为全球最大的在线电子商务企业。阿里巴巴一步步建立起消费者电子商务、网上支付及云计算等多个领域的行业标准,在天猫、淘宝、阿里巴巴国际站、1688 等电子商务平台上聚集了千万量级的企业、个人卖家

---

① 赵超,陈雪伟.平台型企业包围战略实施路径研究——以字节跳动为例[J].竞争情报,2022,18(4):21-30.

以及亿量级的消费者,并带动了营销联盟、物流供应商、独立软件提供商等一系列互联网第三方服务商的发展,奠定了中国整个电子商务生态系统的基础。

随着阿里巴巴不断地收购其他互联网企业,其在互联网领域的布局越发完备、深入。在电子商务方面,阿里巴巴从B2B(阿里巴巴)到C2C(淘宝)再到B2C(天猫),牢牢占据电子商务第一大平台的位置,围绕电子商务的资金、信息、物流已经形成了完备的体系,并由电子商务平台领域延伸至互联网金融、广告平台、大数据、云计算等领域,形成了5个核心平台——电商平台、云计算平台、阿里妈妈广告业务平台、无线互联网增值服务平台和物流平台。

近年来,全球化、农村市场、大数据和云计算成为阿里巴巴的主要战略方向,据此,阿里巴巴继续在农村市场和海外市场发力,进一步扩大电子商务市场。阿里数据中心、云服务已在国际市场上占据了一定的市场份额,致力于打造中国未来的商业基础设施,为中国数千万企业提供电商、金融、物流、云计算、大数据、市场营销支撑、跨境贸易等服务。与此同时,阿里巴巴通过投资、收购不断扩展新业务,阿里健康、阿里医疗、阿里体育、阿里影视等横向生态链正在发展,基于数据技术的健康、数字娱乐业务,是未来阿里巴巴扩大其版图的重要领域。

(3) 腾讯

腾讯公司成立于1998年11月,1999年2月基于互联网的即时通信软件QQ诞生,发展成为中国非常成功的即时聊天软件,2011年腾讯推出的基于智能手机提供即时通信服务的微信也成为手机用户最常使用的应用之一。2016年腾讯年报公布,QQ月活跃账户数达到8.68亿,微信和WeChat(微信国际版)合并月活跃账户数达到8.89亿。这些核心产品的成功使得腾讯公司成为中国最大的互联网综合服务提供商之一,也是中国服务用户最多的互联网公司,在中国社交网络领域稳居第一。

腾讯凭借其拥有的庞大用户群体,构建了为用户提供互联网增值服务、移动及电信增值服务和网络广告服务的互联网生态系统。通过QQ、微信、腾讯网、腾讯游戏、QQ空间、无线门户、搜搜、拍拍、财付通等一系列的网络平台,腾讯打造了中国最大的网络社区,覆盖了电子商务、在线支付、搜索引擎、信息安全以及游戏娱乐等众多领域。

2015年,腾讯宣布简化、明晰其战略定位,只做两件事:第一做连接器,以通信和社交为核心,通过微信、QQ平台连接人和人、人和服务、人和设备;第二打造内容产业开放平台。社交平台是腾讯的根本,腾讯在任何时候都会不断地强化这一核心,并在社交平台上扩展游戏业务、数字媒体业务和内容平台业务以及广告业务。腾讯还投入了大量资金在基础服务设施上,包括支付系统、广告系统、微店等,它们构成了在线生态系统,微商加入平台即可开展业务。此外,腾讯还通过投资或战略合作方式,在垂直细分市场与其他平台(如滴滴打车、大众点评、京东)形成联合。

总体来说,腾讯生态布局的逻辑是稳住自身核心业务——社交、文娱等领域的业务,围绕QQ、微信这两个核心社交平台添加优质的内容,引导用户导向,将庞大的流量与服务相结合,让流量变现,同时为其生态系统的合作伙伴创造商机,在其他扩张领域则选择通过财务投资的方式来扩大自身的影响力。

第4章　信息通信产业价值链与生态系统

数字平台生态系统形成了独特的价值创造逻辑[①]。首先,数字平台生态系统扩展了价值创造空间。数字技术为供给端和需求端提供了更多价值互动机会,需求端积极地参与到价值创造中,在数字平台智能响应架构的支持下,需求端与供给端数据实现了完全映射,信息面得到了全覆盖,既实现了同一层次或同一维度信息的完全映射,也实现了不同层次或不同维度信息的完全映射。数字平台生态技术消除了信息不完全问题,从而扩大了价值配置边界,极大地拓展了需求端与供给端的价值配置空间。万物互联及检索、推荐技术显著降低了用户的搜寻成本,产品信息、交易信息以及评价信息更加开放,交易履约风险显著降低。交易成本降低激发交易规模扩大。平台产生的范围经济效应催生更多的参与者,使供给端与需求端的市场配置更加充分。其次,数字平台生态系统通过连接创造了新价值。平台实现了人与人、人与物、物与物的连接,连接促进了价值链的重构。再次,数字平台生态系统聚合了顾客需求。大数据技术可以充分挖掘平台积累的顾客数据,为商业决策提供依据。最后,数字平台生态系统促进了跨界融合价值发现。来自不同领域、不同行业、不同文化的供给端和需求端以及规则设计端的共创行为,将产生新产品、新技术或者新的商业模式。

平台可以基于技术、产品或服务构建,而构建平台的前提是必须建立和维持双边或多边市场,平台提供者可以从服务的多方群体获取收入,在大多数情况下,对其中一方进行补贴,以维持其成长并促进各方成长,是一种明智的策略。这种策略在实践中已得到广泛采用,例如,手机打车App和手机外卖App在发展初期都发起了补贴大战,只有平台生态圈达到一定规模,才能形成可持续的盈利模式。能够聚集多边资源、多边需求的企业,都有可能成为平台领导者。

另外,还必须强调的是,平台市场中网络效应的存在往往令已建立的平台获得很大的竞争优势,而新进入者在与其竞争的过程中,难以获得相应的市场份额。但成功的平台同样存在衰落的风险,平台本身在不断进化,平台领导者也会更新换代,新一代平台有可能取代旧平台。平台要保持竞争优势,需要有很强的维系客户的能力,并积极地实施平台创新。平台创新战略一方面表现为引入技术创新,提升平台质量,优化互补产品,提升平台自身绩效水平,另一方面表现为对生态系统价值创造进行扩展。在信息通信领域,平台相互交叠、包围,并不断融合,与此同时,信息通信企业之间的竞争也扩展为平台之间的竞争,维系用户、维护整个生态系统与融合创新变得同等重要。

当前,领先的ICT企业都在纷纷强化其平台战略,打造生态圈,并基于已有的竞争优势,凭借庞大的用户数量和精确的用户数据,进一步向其他产业渗透。例如,中国电信天翼云已形成全球"9+30+X+N"的云资源布局,建设了"集中化+区域化+属地化+边缘化"的云网基础设施,提供了超过113 Tbit/s的带宽能力,辐射全球多个区域。中国电信天翼云以丰富的网络、广泛的边缘算力布局为基础,形成了云智一体的智算服务体系,为全球350万家企业用户提供了超200个细分场景的解决方案[②]。云网融合使中国电信天翼云所连接的价值群体种类不断增加,覆盖金融、能源、建筑、工业制造等行业,这正是围绕云、网平台的价值网络扩展。而中国移动、中国联通以及阿里巴巴等公司在生态系统建设上也不甘落后,积

[①] 张宝建,薄香芳,陈劲,等.数字平台生态系统价值生成逻辑[J].科技进步与对策,2022,39(11):1-9.
[②] 澎湃新闻.释放全球互连的数字潜力 MWC 2024 云网高峰论坛召开 中国电信发布云网融合三大成果[EB/OL].(2024-02-29)[2024-03-01].https://www.thepaper.cn/newsDetail_forward_26505824.

极部署,因此,目前信息通信产业生态系统已是多平台、多生态圈交织的状态。

本章小结

1. 产业价值链以创造价值为最终目标,描述了价值在产业价值链中的传递、转移和增值过程。信息通信产业价值链经历了从语音通信业务时期的直线型产业价值链,到信息与通信服务时期的多元化产业价值链,再到网络化的信息通信产业价值链的转变。

2. 产业价值链理论为企业制定战略提供了一个较高层面的分析思路,处于信息通信产业价值链中的企业需要分析产业价值链的完整性,确定自身在产业链中的战略定位。同时,产业价值链各环节间的分工、协作,以及合理的价值分配模式是确保整个产业链实现更高价值目标的必要条件。

3. 信息通信产业生态系统是在一定时间和空间范围内,由各类信息通信服务运营企业、相关产品和服务提供企业(如设备供应商、终端供应商、内容提供商、系统集成商、配套产品/服务提供商等)、消费者、监管主体、中介主体,及其所处的经济和社会环境构成的整体系统。与产业价值链相比,产业生态系统更加强调系统的开放协同、多维价值创造、动态进化。

4. 产业生态系统的健康程度可以从完整性和协调性、价值创造能力、创新能力和健壮性 4 个方面进行衡量,通过健康程度评价,企业可以发现产业生态系统中存在的缺陷,及时加以弥补,促进产业生态系统的健康发展。

5. 产业生态系统的概念和理论为企业战略分析提供了新的思路,企业需要充分识别和利用产业生态系统中的所有可用资源,在产业生态系统中形成正确的定位和相应的战略。在生态位理论中,用生态位宽度、生态位重叠度和生态位优势来分析竞争模式。当企业之间出现生态位重叠时,可以将生态位进化策略作为企业战略选择的依据。

6. 在一个复杂的产业生态系统中,企业有骨干型企业、主宰型企业和缝隙型企业 3 类不同的角色定位。对于信息通信产业生态系统而言,电信运营商以及大型互联网公司普遍会选择骨干型企业角色,实施平台战略,并通过创新推动系统协同进化,使得信息通信产业生态系统呈现出多平台、多生态圈嵌套、交织的状态。

复习思考题

1. 请解释以下基本概念:
产业价值链　产业生态系统　骨干型企业　平台战略
2. 信息通信产业价值链演变的原因有哪些?信息通信产业价值链的演变呈现怎样的趋势?
3. 电信运营商在产业生态系统中应定位于什么角色?为什么?
4. 选择一个实际的互联网公司,对其生态系统战略及其在产业生态系统中的角色定位进行分析。

第5章 信息通信企业运营管理

5.1 信息通信企业运营管理概述

5.1.1 运营管理的内涵

现代管理理论认为,企业管理的主要职能是财务会计管理、技术管理、生产运营管理、市场营销管理和人力资源管理。这五大职能既是独立的,又是相互依赖的,正是由于这种相互依赖关系的存在,企业才能实现经营目标。企业的经营活动是这五大职能有机联系的一个循环往复的过程,企业要想达到自身的经营目的,就不能缺少上述五大职能中的任何一个。

过去,西方学者把与工厂联系在一起的有形产品的生产称为"生产(production)"或"制造(manufacturing)",而将提供服务的活动称为"运营(operation)"。现在的趋势是将两者统称为"运营",生产管理也就演化为运营管理。

企业运营管理的对象是运营过程和运营系统。运营过程是一个投入、转换、产出的过程,是一个劳动过程或价值增值的过程,也就是将人力、物料、设备、资金、信息、技术等生产要素(投入)转变为企业产品(产出)的过程。运营系统是上述转变过程得以实现的手段。企业运营管理就是对运营过程及运营系统的规划、组织、实现和控制,是与产品生产和服务提供密切相关的各项管理工作的总称。运营管理的任务是对生产和提供公司主要产品和服务的系统进行设计、运行、评价和改进,从而使企业能够使用可靠的投入资源,通过最佳的流程提供客户满意的产品和服务。对于信息通信企业而言,运营即将各种生产要素(投入)转变为信息通信服务(产出)的过程,运营管理就是对这一过程及运营系统的设计、规划、组织和控制。

企业运营管理要考虑的主要目标包括质量、成本、时间和柔性等方面,它们是企业竞争力的源泉。因此,运营管理在企业经营中具有重要的作用。现代企业的生产经营规模不断扩大,产品本身的技术和知识密集程度不断提高,产品生产和服务提供过程日趋复杂,市场需求日益多样化、多变化,世界范围内的竞争日益激烈,这些因素使运营管理本身不断发生变化。尤其是近十几年来,信息技术突飞猛进的发展为运营增添了新的有力手段,也使企业的运营管理进入了一个新阶段,使其内容更加丰富,范围更加广阔,体系更加完整。

现代运营的范围已从传统的制造企业扩大到服务企业,其研究内容也已不再局限于生产过程的计划、组织与控制,而是扩大到包括运营战略制定、运营系统设计以及运营系统运行等多个层次,把运营战略、产品开发、产品设计、采购供应、生产制造、产品配送直至售后服务看作一个完整的"价值链",对其进行集成管理。信息技术已成为运营管理的重要手段。由信息技术引起的一系列管理模式和管理方法上的变革,成为运营管理的重要研究内容。近年来出现的计算机辅助设计(CAD,Computer-Aided Design)、计算机辅助制造(CAM,Computer-Aided Manufacturing)、计算机集成制造系统(CIMS,Computer Integrated Manufacturing System)、物料需求计划(MRP,Material Requirement Planning)、制造资源计划(MRP Ⅱ,Manufacturing Resource Planning)、企业资源计划(ERP,Enterprise Resource Planning)、客户关系管理(CRM,Customer Relationship Management)等在企业生产运营管理中得到广泛应用。

在数字经济时代,随着信息通信技术与国民经济各行业的加深融合,许多企业的组织边界发生变化,企业的生产方式、组织方式发生着前所未有的变革,虚拟企业、网络组织作为新的生产组织方式得以盛行,生产运营管理也随之跨越传统企业的边界,呈现出与传统企业生产运营管理截然不同的特点。

5.1.2 电信企业运营流程的总体框架

电信管理论坛(TMF,TeleManagement Forum)提出的增强的电信运营图(eTOM,enhanced Telecom Operation Map)是一种业务过程框架或模型,它为服务提供商提供了业务流程的规范描述。eTOM覆盖了整个企业的活动,而不仅仅是电信业务运营,它包括企业战略规划、企业基本管理活动、企业产品规划等各个方面,因而能够指导企业的整体活动,并表明运营与企业其他活动的联系[①]。

1. eTOM 概述

图 5-1 显示了 eTOM 的总体框架。在整体概念层次上,该框架分为 3 个流程域:战略、基础设施与产品流程域,运营流程域,企业管理流程域。

战略、基础设施与产品流程域从企业长期经营的层面考虑战略的制定与实施、基础设施与资源的建设、产品与服务的整体规划等问题,为运营流程域提供指导和保障。

运营流程域是 eTOM 的核心,它展示了电信企业向用户提供服务并获取收入的一般过程,以及对此过程提供直接支持的管理活动。

企业管理流程域包括运行任何业务所需的基本职能流程群组,侧重于企业层面的管理过程、目标和对象,它们几乎和企业中的其他每一个流程群组都有接口,有时也被称为协作功能,如人力资源管理和财务与资产管理等。

在 eTOM 中流程框架由纵向和横向流程群组组成。纵向有 7 个端到端的流程群组,横向有 16 个功能流程群组,它们支持纵向流程群组的执行。

7 个端到端的纵向流程群组分别是战略与承诺、基础设施生命周期管理、产品生命周期管理、运营支持与就绪、业务开通、业务保障和业务计费。其中,前 3 个流程群组属于战略、基础设施与产品流程域,后 4 个流程群组属于运营流程域,如图 5-1 所示。

---

① 刘克飞,杨萍.基于 eTOM 模型的端到端流程优化研究——以电信运营商集团客户全业务为例[J].电信科学,2014,30(S1):189-194.

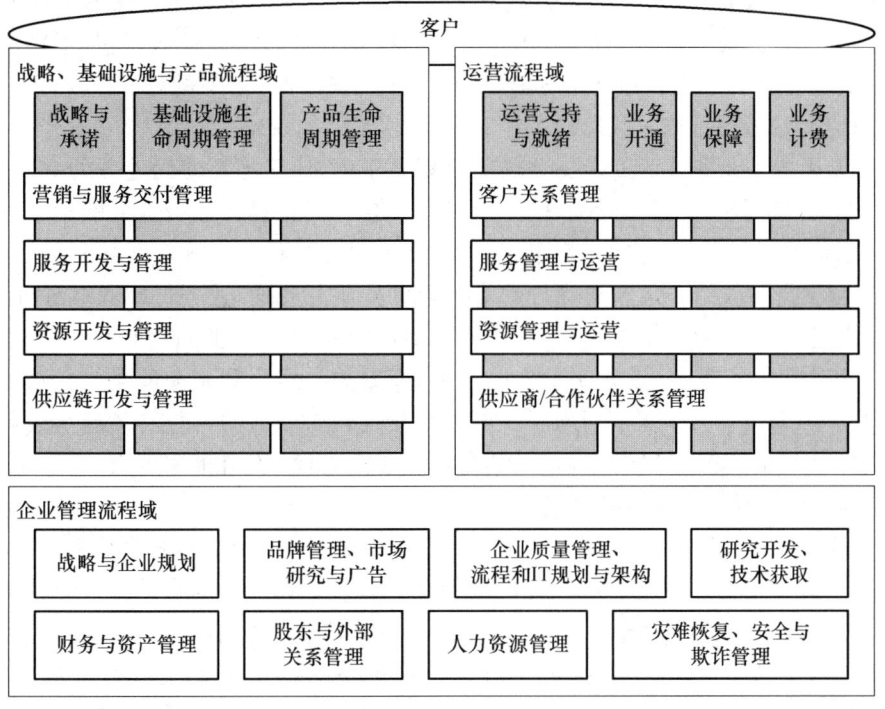

图 5-1 eTOM 的总体框架

16个横向功能流程群组包括营销与服务交付管理,服务开发与管理,资源开发与管理,供应链开发与管理,客户关系管理,服务管理与运营,资源管理与运营,供应商/合作伙伴关系管理,战略与企业规划,财务与资产管理,品牌管理、市场研究与广告,股东与外部关系管理,企业质量管理、流程和IT规划与架构,人力资源管理,研究开发、技术获取,灾难恢复、安全与欺诈管理。其中,前4个功能流程群组为战略、基础设施与产品流程域的纵向流程群组提供支持,客户关系管理、服务管理与运营、资源管理与运营、供应商/合作伙伴关系管理为运营流程域的纵向流程群组提供支持,其他功能流程群组属于企业管理流程域,完成基本的企业管理职能,如图 5-1 所示。

eTOM 完善和强调了产品的管理(包括产品的开发过程和生命周期的管理),强调了广义基础设施和资源(包括网络、IT 系统、计算资源等)及其生命周期的管理,同时还强调了新型产业价值链环境下合作伙伴的管理,为电信企业重整运营流程提供了一个模板。

2. eTOM 运营流程域

(1)运营流程域的纵向流程群组

eTOM 运营流程域包含业务开通、业务保障、业务计费以及运营支持与就绪 4 个纵向流程群组。其中,业务开通、业务保障和业务计费完成企业向客户提供服务并收取费用的整个过程,可统称为客户运营流程群组,运营支持与就绪为这一过程提供支持。

① 业务开通。业务开通负责以恰当的方式及时给客户提供他们所需的产品,它将客户的业务需求或个人需求转化成解决方案,以便从企业的业务种类中选取特定的业务来交付实现。这个流程群组可以将订单状态告知客户,确保按时交付产品、令客户满意。

② 业务保障。业务保障负责执行维护活动,确保提供给客户的服务是持续可用的,能

够达到客户所要求的性能水平。它通过连续的资源状态和性能监测来探测可能发生的故障,收集性能数据并对其进行分析,以确定潜在的故障并及时予以排除,使其不影响客户的使用。它负责管理服务水平协议并向客户报告服务性能,接收客户的故障报告,通知客户有关故障的处理状态,保证修复故障以及让客户满意等。

③ 业务计费。业务计费负责及时准确地提供账单,计算客户使用业务的应收费用,并完成应收费用的征收。它还负责受理客户查询账单的业务、提供计费查询的状态和及时解决客户对账单的有关疑问、令客户满意。另外,该流程群组还支持预缴费业务。

④ 运营支持与就绪。运营支持与就绪负责支持业务开通、业务保障和业务计费流程,确保在开通、保障、计费领域的运营就绪。一般来讲,与前3个流程群组相比,该流程群组关注的不是针对单个客户或单次服务的实时活动,而是关注客户和服务的群体。在运营流程域中,将其单独列出是为了更清晰地反映电信企业运营中的活动,而在实践中,运营支持与就绪流程群组往往与其他3个流程群组结合在一起完成日常的维护和运作。

(2) 运营流程域的横向功能流程群组

在 eTOM 运营流程域中,有4个横向功能流程群组,它们分别是客户关系管理、服务管理与运营、资源管理与运营、供应商/合作伙伴关系管理。图5-2体现了它们的具体内容及其对纵向流程群组的支持作用。

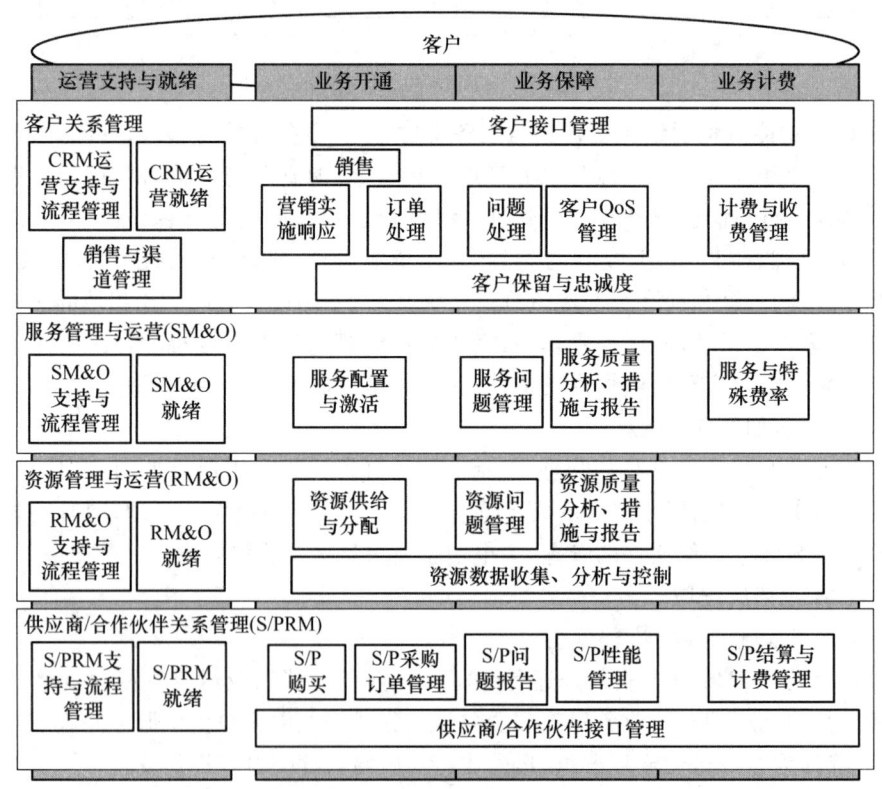

图 5-2 eTOM 运营流程群组分解

① 客户关系管理。客户是企业销售产品、提供服务的对象,客户关系管理是一种支持和管理与客户交互的管理方法,它能帮助企业识别、吸引、增加和保持有价值的客户,强调客

户数据的收集和应用,管理与客户的关系,以改善和保持客户的忠诚度,并提高客户对企业的价值。客户关系管理考虑客户需求的基本信息,包括获取、增强和保持客户关系所需的所有功能,可将收集的客户信息用于服务的个性化、客户化定制和集成交付,以寻找增加客户价值的机会。随着社交媒体平台的广泛发展,基于社交媒体的社交化客户关系管理(SCRM,Social Customer Relationship Management)出现,它通过社交媒体平台实现企业与客户之间的有效沟通和互动,相比于 CRM,SCRM 更注重客户参与度和互动性,可以更好地了解客户需求和喜好,从而提高客户满意度和忠诚度(参见补充阅读资料"SCRM 在电信运营中的应用")。

② 服务管理与运营。服务管理与运营强调服务接入、连接和内容等方面的信息,包括为客户提供通信和信息服务的运营与管理所需的所有功能。与电信网络管理相比,服务管理与运营的侧重点在于服务的交付与管理,包括短期服务能力规划、针对特定客户的业务设计的应用、服务改善的管理等。这个流程群组负责业务管理层的功能,以达到降低服务成本和令客户满意的要求。

③ 资源管理与运营。资源管理与运营负责维护和管理网络和系统资源,为客户提供服务和相关支持。它还负责企业内部使用的所有资源(网元、计算机、服务器等)的直接管理。这个流程群组能够保障网络和信息系统平稳运行,支持端到端的服务交付,直接或间接地回应业务、客户和员工的需求。资源管理与运营的基本功能还包括汇集资源相关数据,并对其进行集成、关联、汇总,将其传递给服务管理系统,或者对相关资源采取特定的控制措施。

④ 供应商/合作伙伴关系管理。供应商向企业提供所需要的产品或资源,直接或间接地支持企业的业务。而合作伙伴是企业在业务区域中以各种形式达成合作协议的合作对象。供应商/合作伙伴关系管理包括供应商产品/服务购买、跟踪交付、问题处理、有效计价,以及供应商和合作伙伴的质量管理。

补充阅读资料

SCRM 在电信运营中的应用

SCRM 系统,即社交化客户关系管理系统,是一种基于互动双向关系的客户管理系统。SCRM 最初被认为是一种理念和商业策略,其目的是让用户参与到同企业的对话中,从而在可信和透明的业务环境中提供互利价值。伴随着建立在 Web 2.0 基础上的社交媒体平台的发展,以及大数据和 AI 技术的日益成熟,SCRM 为企业创造了更多获得客户情感和行为洞察数据的机会,结合了社交属性,重塑了企业与客户之间的连接能力。

SCRM 是对 CRM 功能和应用范围的进一步拓展。SCRM 有 4 个必备的构建要素:①以客户为中心,围绕客户重新制定企业核心业务和流程;②支持由客户主导的多样化渠道;③形成企业与客户的双向沟通;④自动跟踪客户生成内容,完成信息和知识挖掘的自主化,大大提高辅助企业决策的效率。以连接、数据和客户体验为核心,SCRM 系统延伸了连接外部客户和内部管理的场景链路,帮助企业实现数字化转型,并成为现代数字化营销的新增长点。

SCRM系统更加注重客户之间的互动。企业通过品牌和产品将自己的客户连接起来,促使客户之间形成社交关系。企业的口碑是社交关系形成的基础,也是客户聚合关系的要素。因此,SCRM系统能够根据企业的相关信息来引导客户发出声音。对于已有客户,企业可以提高他们的忠诚度。同时,通过社交网络,企业可以开发客户身边的人群,引导他们认同企业品牌,并最终将其转化为消费者,从而为企业增加盈利。

SCRM因其独特的优势,正逐步成为存量用户运营的重要举措。以中国移动某省级公司为例,其营销渠道主要有企业微信、电话销售、短信营业厅、网上营业厅、微信营业厅、手机营业厅、淘宝/天猫/京东、抖音/快手/今日头条、线下营业厅及代理商,各渠道缺少有效融合。其中,企业微信已广泛用于一线营销,可以及时获取客户资源,随着客户的增长和积累,庞大的私域客户资源有待进行精细化运营和转化变现。但该公司原有的客户运营流程与企业微信不能无缝衔接,企业微信添加的客户好友仅能用于聊天和简单的业务转发,企业微信渠道的业务受理中存在操作复杂、需要多次校验、无法支持相对复杂的业务等问题,导致缺乏客户运营的有效手段,其业务转化率仅为1%。

通过引入SCRM系统,以客户为中心,进行业务流程的重制,可以基于企业微信原生能力,打造服务营销一体化的集中运营体系。该体系包括灵活获客、营销服务、智慧运营、数据支撑、集中托管等功能。

灵活获客:集成线上渠道如网上营业厅、微信营业厅、手机营业厅、云店等触点,进行客户导流以实现客户快速增长。利用企业微信,助力一线员工进行客户运营,面向员工的社交关系和已沉淀的客户群,进行获客宣传。通过渠道活码实现客户智能分配,为客户匹配相应的运营策略、提供个性化的体验,从而提升获客效率。

营销服务:营销人员可以通过设置关键词、用户属性、通信属性、消费属性等标签来创建精准的细分客户群。针对具体客户群,可在群管理的标准化操作流程(SOP,Standard Operating Procedure)中设置好推送时间和推送文案,定时发送信息,保持客户群的活跃度,让客户群管理更加高效、有序,提升客户感知。

智慧运营:与企业的网上营业厅、微信营业厅、手机营业厅、云店等渠道对接,沉淀营销,丰富运营活动,提升客户活跃度。将经营分析系统、集中运营平台、CRM等接口打通,提升业务受理体验。与集中运营平台(IOP,Integrated Operation Platform)标签库对接,完善企业微信客户标签,进一步提高客户群的精准度,实现精准运营。

数据支撑:通过沉淀客户订单数据和上行消息数据,结合客户识别统计、回复识别统计、托管账号统计、客户活跃度统计等数据,可以进行多维度的数据分析,以支持报表制作、业务转化、地市运营跟踪、活动策划复盘等工作。这些数据分析有助于完善运营管理工具,提升客户活跃度、消息回复率和业务转化率等关键指标。利用平台数据处理能力,可以加强商机运营管理,及时抓取瞬时商机。

> 集中托管：利用线上线下等多种获客渠道，通过线上引导和数据同步，吸引客户加入统一的企业微信号，实现客户的整合，由各级运营支撑人员进行统一的集约运营。针对客户维护运营中的日常工作，系统提供多端同时登录、永久在线、会话存档、营销素材上传、标准话术导入、客户二次打标、群内消息互动、线上订单处理等功能，助力实现海量客户的统一管理、统一运营和精准营销。
>
> 通过SCRM系统的能力建设，企业可逐步提升洞察客户、维护客户、营销自动化等核心营销能力，全面构建数字化运营能力。这将实现业务的科学决策与产品/服务的智能化，助力企业的可持续性增长。
>
> 资料来源：
> [1] 闫雨萌,李艳.竞争情报视域下基于社交媒体的SCRM理论框架研究[J].情报理论与实践,2022,45(9):142-147.
> [2] 田晨.论SCRM项目引入对省级运营商私域渠道运营建设的意义[J].中国新通信,2024,26(4):46-48+123.

5.1.3 互联网公司运营的主要内容

互联网公司运营职能的含义与传统电信运营商存在差异。运营是为业绩目标服务的，是业绩和用户之间的调度器。运营需明确产品的业绩目标，通过一切可操作的方式合理地分配资源，通过技能吸引用户并引导用户完成指定的行为动作，以提升用户的留存率和活跃度，从而产生收益，完成企业的业绩。

互联网公司中常见的运营工作内容包括产品运营、用户运营、内容运营、活动运营等[①]。

① 产品运营：通过活动、优化方案、内容组织等手段，提升某个产品的特定数据，如装机量、注册数、用户访问频次、用户访问深度等。

② 用户运营：围绕用户的新增、留存、活跃、传播以及用户之间的价值供给关系形成良性循环，提升用户数、活跃用户数、用户停留时间等。

③ 内容运营：围绕内容的生产和消费形成良性循环，提升内容数量、浏览量、互动数、传播数等。

④ 活动运营：围绕一项活动的策划、资源确认、宣传、效果评估等做好项目推进、进度管理、落地执行，以取得活动预期效果。

除上述工作之外，互联网公司的运营工作还涉及新媒体运营、App推广运营、搜索引擎运营、网络社群运营等。

运营与互联网服务产品之间是相辅相成的关系，产品负责界定和提供长期用户价值，运营则负责创造短期用户价值，并通过用户反馈，协助完善产品的长期用户价值[②]。

---

① 张沐.运营思维：全方位构建运营人员能力体系[M].北京：人民邮电出版社,2020.
② 黄有璨.运营之光：我的互联网运营方法论与自白2.0[M].北京：电子工业出版社,2018.

5.2　信息通信基础设施与业务运营

5.2.1　信息通信基础设施建设与业务发展规划

1. 规划工作概述

信息通信基础设施建设往往需要较大的投资和较长的建设时间,且需要随着业务种类的增加、业务量的增长不断扩容,因此需要根据社会需求的发展,对未来信息通信业务的种类、覆盖范围、发展规模、发展节奏、业务质量水平做出预见性安排,并根据业务发展要求,在恰当的地方、恰当的时间,以恰当的费用部署信息通信基础设施,这就需要为基础设施建设和业务发展制定规划[①]。

信息通信基础设施建设与业务发展规划是一项关系国计民生的重大工作。宏观而言,全国信息基础设施建设规划应是国民经济和社会发展战略的重要组成部分。信息通信行业需探寻技术和服务的发展规律和趋势,从国民经济与社会发展的需求出发,制定信息通信业务发展的方向、目标、发展速度,与国民经济各部门实现协调发展。例如,我国2023年2月印发的《数字中国建设整体布局规划》提出了夯实数字中国建设基础的总体目标,具体包括加快5G网络与千兆光网协同建设,深入推进IPv6规模部署和应用,推进移动物联网全面发展,大力推进北斗规模应用,系统优化算力基础设施布局,促进东西部算力高效互补和协同联动,引导通用数据中心、超算中心、智能计算中心、边缘数据中心等合理梯次布局等内容。这就从国家层面确定了数字基础设施建设的总体规划方向。

而在企业层面上,规划应为企业的基础设施建设和业务发展提供切实的指导,可以为企业的所有信息基础设施和业务进行总体规划,也可以针对单项业务及其所需的基础设施进行规划。规划的内容涉及定性规划和定量规划两个方面。

定性规划涉及方向性的决策,包括对业务需求发展趋势、技术走向、网络演变、生命周期、经济效益、社会效果等深层次问题的定性分析。定量规划则需要针对基础设施建设与业务发展涉及的重要指标,给出规划期内各个发展阶段应达到的定量目标数值。这些量化指标包括静态指标(即到某一个时间节点应达到的状态,如网络拓扑结构、设备规模、用户数量、带宽容量、投资规模等),以及动态指标(即某一个时间区间内累计的数量,如通话时长、数据流量、访问人次等)。

2. 规划工作的主要步骤

制定信息通信基础设施建设及业务发展规划是一项综合性工作,一般遵循以下步骤。

① 对信息通信基础设施建设与业务发展现状进行调查。
② 确定信息通信基础设施建设与业务发展规划目标。
③ 对技术发展趋势、业务需求发展趋势等作出科学预测。
④ 确定规划方案,包括基础设施建设方案和业务发展方案。
⑤ 对规划方案进行技术经济分析,对投资可行性、经济性作出评价,并选定最终方案。

---

① 梁雄健,孙青华,张静,等. 通信网规划理论与实务[M]. 北京:北京邮电大学出版社,2006.

在以上各步骤中,发展预测、方案制定以及经济分析是主要的工作。

(1) 发展预测

信息通信基础设施建设与业务发展规划需要进行的预测范围很广,包括与信息通信发展相关的宏观人口与经济环境预测、业务发展预测以及基础设施资源需求预测,其中业务发展预测是最重要的内容,它决定了基础设施资源需求。

信息通信业务发展统计的常用指标包括与用户数量相关的指标,如各类业务的用户数量、普及率、市场占有率等,还包括与用户使用需求相关的指标,如用户平均通话时长、通话总时长、用户平均数据流量、总数据流量、访问频次、总访问数量等。为了针对基础设施建设给出更具体的参考值,预测还需要在更微观的层面上进行,例如:对于规划地区进行分区、分片预测,确定各区域的用户密度;对不同类别的用户(如个人用户和家庭用户)使用行为分别进行预测;等等。

业务发展预测是整个规划的基础和依据,预测的准确程度直接决定规划方案的实用性。进行预测时,需要根据业务特点,充分考虑技术环境、市场环境、宏观经济环境等因素,采用科学预测方法,将定性与定量分析相结合,以得到合理、可信的预测值。定性预测需要通过社会调查,采用少量的数据和直观材料,结合人们的经验加以综合分析、作出判断。定量预测则需要以量化数据资料为基础,运用数学特别是数理统计方法,建立数学模型,以预测经济现象未来的数量表现。预测方法与模型非常多,大致可以分为3类。

① 直观预测法。它又称为专家预测法,主要是通过熟悉情况的有关人员或专家的直观判断进行预测。这种方法简单、方便、易于掌握、适用性强。特别是在历史数据不足时,如对新业务进行预测时,可以采用这种方法。直观预测法常用的具体操作有3种:专家会议法、德尔菲法和综合判断法(参见补充阅读资料"德尔菲法与综合判断法")。

② 统计数据分析法。如果所要预测的业务有相关统计数据,则可运用数理统计方法进行数据分析,建立数学模型进行业务预测。预测中常用的方法有时间序列分析和相关分析,前者分析统计数据依时间变化的发展规律,后者分析研究预测对象与有关因素的相互关系。二者都可以选择适当的曲线模型(如直线方程、指数方程、幂函数、二次曲线、成长曲线等),利用统计数据计算相关参数,得到预测模型,以计算未来时点的预测值。

③ 计算机仿真以及机器学习等新型预测方法。计算机仿真在数据资料基础上,借助算法构建仿真模型,模拟现实系统动态进行预测。与以上统计数据分析法相比,计算机仿真考虑的因素更为复杂,能够突破简单模型的局限,更为全面地反映影响业务发展的多种因素之间的动态关系。大数据时代,AI技术的发展使得计算机的数据处理和分析能力极大地增强,基于大数据的机器学习和预测分析技术越来越成熟。机器学习可以运用算法来分析和解释数据,从大量数据中发现模式和规律,甚至能够挖掘数据中的隐藏信息,从而据此作出预测和决策。事实上,面对大数据集合,传统的数据处理方法已经无法胜任,机器学习拥有广阔的发展前景,并且随着技术的进步和算法的改进,它将更加高效和准确,为预测和决策提供更好的支持。

对于预测方法的选择取决于预测精度要求、预测费用以及已有的数据基础。复杂的方法往往预测费用高、所需要的数据多,直观预测法适用性强、费用低,但其依靠专家的经验判断,对专家的要求很高。企业需要根据预测要求和条件选择适当的方法,在条件允许的情况下,应采取多种方法进行预测,并对预测结果进行验证调整。

> **补充阅读资料**
>
> ### 德尔菲法与综合判断法
>
> 德尔菲法是在20世纪40年代由美国兰德公司研究人员开发的一种预测方法。1946年,美国兰德公司为避免集体讨论中存在的屈从于权威或盲目服从多数的缺陷,首次用这种方法来进行定性预测。这种方法适用性极强,可以被应用于任何领域的预测,如军事预测、人口预测、医疗保健预测、教育预测等。此外,这种方法还用来进行评价、决策、管理、沟通和规划工作。特别是当缺少历史数据使得其他数学模型无能为力时,德尔菲法仍能凭借专家的经验进行预测。
>
> 德尔菲法具有匿名性、反馈性和集中性三大特点。其操作过程是主持预测的机构先选定与预测问题有关的领域的专家10~30人,然后与他们建立联系。专家之间不得互相讨论,不得发生横向联系,只能与调查人员联系。调查人员将他们的意见进行综合、整理、归纳,并匿名反馈给各位专家,再次征求专家们的意见。经过多次反复、循环,专家们的意见逐渐趋于一致,由主持预测的机构进行统计分析并提出最后的预测意见,该预测意见即预测的结果。这种方法避免了专家之间直接的互相影响,在合理选择专家的前提下,其预测结果较为可靠。
>
> 综合判断法是德尔菲法的一种派生形式,也称为概率估算法。在请每位专家给出预测结果时,可首先请他们分别给出3种估计,即最高估计值(a_i)、最低估计值(b_i)和最可能估计值(c_i)。然后根据以下公式分别求出每位专家预测结果的平均值x_i,即
>
> $$x_i = \frac{a_i + 4c_i + b_i}{6}$$
>
> 最后根据所请各位专家的实际工作经验、意见的权威性等分别给出各位专家的权数w_i,将各位专家的预测结果的平均量进行加权处理,求得预测结果x,即
>
> $$x = \frac{\sum x_i w_i}{\sum w_i}$$
>
> 资料来源:
> 梁雄健,孙青华,张静,等. 通信网规划理论与实务[M]. 北京:北京邮电大学出版社,2006.

(2) 方案制定

信息通信基础设施的建设要根据业务发展需求来制定规划,信息通信业务发展规划的内容一般包括以下3个方面。

① 设计业务体系,可细化到针对集团客户、家庭客户、个人客户等不同客户类别提供的业务组合设计,并可进一步确定规划期内的重点业务。

② 确定各类业务发展的关键指标,以及规划期内各阶段的发展目标,例如,对于5G业务,用户数是一项关键指标,可针对规划期内各年度的到达值给出目标。更为细致地,可以对规划范围进行区域划分,将目标任务分解到各个区域,例如,在省公司的业务规划中,将业务发展目标分解到所辖地市公司。

③ 制定业务发展的主要措施，对业务发展节奏做出安排。例如：对于新业务，应确定其上线开通时间，明确其主要营销推广措施等；对于已有业务，应给出规划期内的发展重点和关键措施。

信息通信基础设施建设规划则需根据业务发展的需求，为基础设施资源的建设、获取和配置给出方案。为此，需要完成的工作主要包括以下3项。

① 将业务发展需求转换为基础设施资源需求。例如，在进行数据中心规划时，需要在数据中心用户量以及用户使用量等预测数据的基础上，对数据中心的吞吐量、各方向流量作出预测。

② 给出建设和优化方案，该方案主要解决4个方面的问题。一是核心技术选择和基础设施总体架构设计。二是基础设施的拓扑结构设计，确定关键节点数量、位置以及各节点之间的连接关系。三是基础设施的主要资源配置，如确定数据中心节点吞吐量、连接链路容量以及基站频段分配等。四是制定业务流量分配、基础设施资源分配优化方案，以达到均衡基础设施负载、满足业务质量要求的目标。

③ 为基础设施建设给出具体措施和推进步骤，如给出设备选型要求、规划期内建设工程推进计划等。

(3) 经济分析

在信息通信基础设施建设和业务发展规划中，需要从不同角度对规划方案进行评估，全面评价规划方案的经济效益。在进行评价时，首先应进行投资估算和业务收入、业务支出的测算，在此基础上进行规划方案的企业经济效果分析，包括盈亏分析、现金流量分析、经济指标计算等，可以计算出内部收益率、投资回收期、投资利润率等指标，评价规划方案的可行性。如果存在多个方案，则可通过评价进行方案选优。同时，考虑到规划期内各种可能出现的不确定因素的影响，在评价时还应进行敏感性分析，对投资总额、业务收入和业务支出分别作增减变动，从而了解规划方案的经济风险性。

除对规划方案进行经济评价之外，还要对其社会效益进行评价。社会效益评价更为复杂，除专家评价法之外，还没有很成熟的方法。由于信息通信服务在经济和社会发展中具有重要作用，因此出于对社会效益的考虑，在一些不具备经济可行性的地区（如贫困山区），信息通信基础设施建设和业务发展仍然是有必要的[①]。

5.2.2 信息通信基础设施运营管理

信息通信基础设施包括铁塔、天线、管道、电缆、光缆、机房、路由器、服务器等物理媒质，在此基础上通过技术配置，形成了信道、通路、码号、存储空间等逻辑资源。信息通信基础设施运营管理的目标是确保各项资源能够维持其设计的功能和运行状态，必要时采取控制措施，以达到在任何情况下都能最大限度地利用基础设施资源、保障信息通信业务正常运行的目的，同时在经济性方面，提升基础设施运营效率，实现费用目标和可用性目标的相对平衡。为此，信息通信基础设施运营管理的内容一般包括性能管理、故障管理、配置管理和安全管理[②③]。

---

① 库康贝茨，韦伯. 通信网络定价——经济、技术与模型[M]. 张静，等译. 北京：北京邮电大学出版社，2007.
② 梁雄健，杨瑞桢，张静. 电信组织管理[M]. 北京：人民邮电出版社，2004.
③ 彭英. 电信运营管理[M]. 2版. 北京：人民邮电出版社，2017.

① 性能管理实现对构成信息通信基础设施的设备、线路、功能模块等资源进行性能监视，采集相关的性能表征参数，报告其状态，评价其性能有效性，支持资源分析和规划。

② 故障管理使操作维护人员能及时了解基础设施运行中出现的非正常状态，帮助操作维护人员确定故障原因和故障位置，以便及时纠正问题，保证基础设施正常运行。

③ 配置管理实现对基础设施中资源数据的管理，提供资源的综合分析和信息管理操作，实现管理人员对资源的合理分配和管理。

④ 安全管理是保障基础设施运行安全的一系列功能，其责任是保障基础设施不会被非法使用和破坏，保护企业和用户的合法权益。安全是多方面的，如接入的安全防护、应用软件访问的安全防护、传输信息的安全防护、管理工具的保护，其专门功能包括安全指标监测、安全故障隔离、口令管理、对非法行为产生告警等。

5.2.3 信息通信业务运营管理

1. 服务质量管理

保障服务质量是信息通信业务运营管理的核心目标，企业开展基础设施建设和优化、设计开发新业务、改善服务流程等运营活动的最终目标都是以客户能够接受的价格提供符合质量要求的服务，满足客户需求，提升客户满意度。服务质量管理是一个长期持续的工作，企业需要制定明确的质量标准，持续监控质量指标，定期进行质量评价，及时发现问题并持续改进[①]。

信息通信业务种类和服务环节很多，因而其质量评价是一个复杂的体系，信息通信企业可以结合自身业务特点，运用多种方法，使用多方面的指标进行质量评价，从而为企业改进运营流程提供依据。

（1）电信服务质量评价

对于传统电信业务的服务质量，我国颁布了《电信服务规范》，其中明确设置了电信服务质量指标及标准。电信服务质量指标分为服务质量指标和通信质量指标两大类。服务质量指标是指反映电信服务固有特性满足要求程度的、主要反映非技术因素的一组参数，如装移机等待时间、服务及时率、障碍修复时限等。通信质量指标是指反映通信准确性、有效性和安全性的，主要反映技术因素的一组参数，如呼叫接通率、传输损耗、误码率、拨号时延、网络传送时延、计费差错率、网络通话中断率等（详见补充阅读资料"《电信服务规范》中的质量指标类别"）。

补充阅读资料

《电信服务规范》中的质量指标类别

根据指标性质的不同，《电信服务规范》中的电信服务质量指标可分为定性类指标、时限类指标、期限类指标、时延类指标和比率类指标。

- 定性类指标。定性类指标是用于描述用户基本权益和电信业务经营者义务的一类指标。例如，《电信服务规范》规定，电信业务经营者应免费提供火警、匪警、医疗急

---

① 舒华英，等. 电信运营管理[M]. 北京：北京邮电大学出版社，2008.

救、交通事故等公益性电话的接入业务。是否免费提供了这一服务就成为一项定性考察的服务质量指标。

- 时限类指标。时限类指标是用于衡量业务申办、变更、恢复等服务及时性的一类指标，通常针对人工服务，属于服务质量指标，一般为从电信业务经营者受理用户申请到提供服务(如开通、修复、业务变更等)所需要的时间，典型的指标包括业务预受理时限、业务开通时限(装移机时限)、业务变更时限、障碍修复时限、客服中心话务员的应答时限等。
- 期限类指标。期限类指标是用于保护用户知情权、查询权等基本权益的一类指标，通常属于服务质量指标。典型的指标包括电信业务经营者应提前通知用户的一些情况及提前的时间要求、电话号码冻结期限(销号后的保留时间)、短消息的存储期、计费数据保留期限等。
- 时延类指标。时延类指标是用于衡量通信迅速性的一类指标，通常针对由设备自动完成、不涉及人工的服务，属于通信质量指标，如拨号前时延、拨号后时延、短消息发送时延、IP包传输往返时延、接入响应时间等。
- 比率类指标。比率类指标是用于衡量业务成功或故障的一类指标，通常属于通信质量指标，这类指标的技术性较强。成功率指标包括各类接通率、短消息发送成功率、接入认证成功率等，故障率指标主要有通话中断率(掉话率)、计费差错率、丢包率、误码率等。

(2) 互联网信息服务质量评价

不同于传统电信业务，互联网信息服务的质量评价缺乏一个统一的评价框架，一方面是因为互联网产业的发展并没有处于严格管控之下，另一方面是因为互联网信息服务种类繁多，其在质量评价上各有侧重点，难以使用统一的评价标准。普遍而言，互联网信息服务质量评价主要考虑以下几个方面[1]。

① 安全性：包括网络业务系统安全、业务数据安全、信息内容安全、用户信息安全等。

② 可用性：主要指信息服务的可靠性及稳定性，如网络拥塞会影响服务响应时间，造成用户下载速度受限、网络连接中断等问题。

③ 可扩展性：考察信息服务的软硬件基础设施能否满足其用户数量和流量增长的要求。

④ 易用性：主要考察用户使用信息服务的体验，评估使用界面操作的友好程度，以及用户交互功能等。

随着互联网产业的发展，各类服务以及相应的质量评价标准日渐成熟，我国相关管理机构在一些服务领域制定和颁布了国家标准，以监督企业的质量管理水平。例如，我国于2020年3月实施了《信息技术 云计算 云服务质量评价指标》，从安全性、可用性、可靠性、响应性、满意度和可保障性6个方面表征云服务质量，具体指标如图5-3所示。

---

[1] 刘宗斌. 互联网+运营管理：商业模式创新到落地[M]. 北京：清华大学出版社，2016.

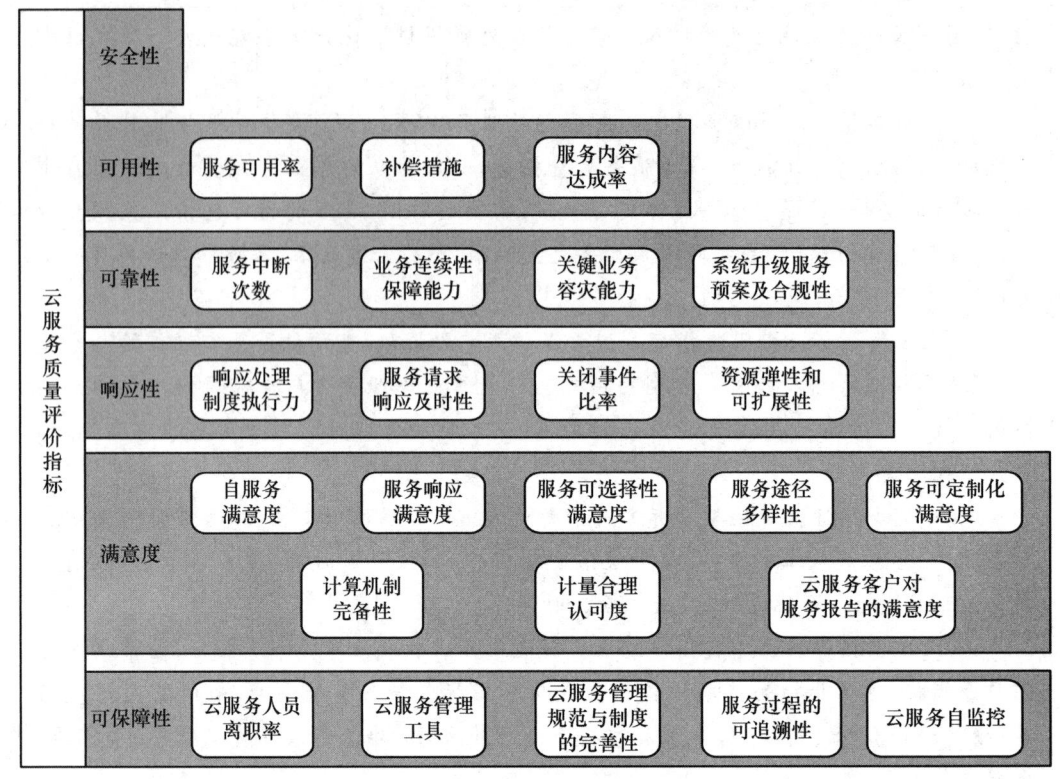

图 5-3 云服务质量评价指标

2. 产品生命周期管理

产品生命周期理论是由美国哈佛大学教授、著名经济学家雷蒙德·弗农（Raymond Vernon）于 1966 年在其所发表的《产品周期中的国际投资与国际贸易》中首次提出来的[①]。弗农认为,产品生命是指产品在市场上的营销生命,与人的生命类似,要经历一个从开发、引进到成长、成熟,再到衰退的过程。

信息通信服务产品的生命周期存在比较大的差异,例如,传统电信业务（如 4G/5G 基本服务）的功能特性较为稳定且生命周期长,而大多数互联网公司的服务产品的更新迭代速度更快,即使其产品生命周期很长,产品本身的功能特性也会经历多次升级迭代,并不是长期稳定的。所以在产品的运营过程中,除了保障服务质量,还需要不断地从用户处收集反馈,改进产品功能,以维持甚至延长产品的生命周期。

从互联网产品投入市场并获得用户的过程来看,其生命周期可分解为新创、拉新、活跃、营收、留存、回流 6 个阶段,这 6 个阶段构成了产品的 3 个生命阶段:初创阶段、成长阶段和成熟阶段。

初创阶段包含新创和拉新。在这个阶段,产品处于研发初期,即处于解决用户痛点、快速迭代上线、积累用户、获取口碑的过程。这个阶段为产品需求量后续快速增长奠定基础,是确定需求规划和版本规划的重点。

成长阶段包含活跃和营收。这个阶段的产品有明确的主线和比较完整的体验流程,主

---

① Raymond V. International investment and international trade in the product cycle[J]. Quarterly Journal of Economics, 1966,80:190-207.

要需要关注的是如何提升用户的活跃度,实现盈利。在这个阶段,版本的迭代需要兼顾质量和效率,产品版本迭代以稳定为主,以保障用户体验的一致性,同时,从用户反馈中发现用户痛点,通过产品迭代进一步满足用户需求,提高用户黏性。

成熟阶段包含留存和回流。处于成熟阶段的产品的主线需求和商业模式都已经比较成熟,用户规模趋于稳定。这个阶段的重点是将用户体验做到极致,尽量延长用户的产品使用周期。产品的迭代可用长线大版本维持现有活跃用户,用一些优化类的小版本改善用户体验。

不同类别的信息通信服务产品在整个生命周期中运营的重点各不相同,几种主要产品的运营重点可概括如下[①]。

① 平台类产品:注重发展节奏、用户维系、品牌建设。
② 工具类产品:注重效率和体验,产品重于运营。
③ 社交/社区类产品:注重社交氛围、话题和玩法,运营与产品并重。
④ 内容类产品:依托内容话题,以内容质量为核心。
⑤ 电商类产品:涵盖商品与品类运营、活动策略与落地、推广和流量建设、用户关怀和用户维系等内容。
⑥ 游戏类产品:注重推广、拓展收入来源。

5.3 信息通信企业的用户运营

5.3.1 用户运营的一般过程

用户数量和用户价值是产品的核心指标,只有庞大的用户数量和高用户价值才能支撑起商业模式,用户运营是赢得用户的关键环节,也是信息通信企业比较核心的工作。用户运营的目的是收获忠实用户,提高用户黏性,提升用户转化率,实现更高营收。

AARRR模型是可用于指导用户运营和业务增长的重要模型。该模型把用户和业务增长过程拆分为5个步骤,这5个步骤分别是用户获取(acquisition)、用户激活(activation)、用户留存(retention)、用户推荐(referal)、用户变现(revenue),各步骤中的主要策略和关注的关键指标如图5-4所示。AARRR模型涵盖了用户从引入期到成长期再到成熟期的整个用户生命周期价值变现的过程,同时,也展现了通过用户运营使用户从开始了解某个产品或服务到成为其忠实用户、从被动接收信息到主动传播信息的转变过程。

(1) 用户获取

用户获取可以利用公共渠道或者已有客户资源,分为渠道获取和裂变获取。用户获取常见的方法包括活动营销、新媒体运营、发帖推广、人工邀请、线下地推、付费广告、口碑传播、用户转介绍、搜索引擎优化(SEO,Search Engine Optimization)或应用商店优化(ASO,App Store Optimization)、寻找平台推荐、渠道互推、应用内换量推荐、通过公关宣传或其他广告方式打造品牌等。

用户是产品生命的源泉,是产品价值的共同创作者。新用户能够带来新的用户价值。获取新用户在实践中也常被称为"拉新"。拉新是一个有导向性的过程行为,一旦涉及过程

[①] 黄有璨. 运营之光:我的互联网运营方法论与自白2.0[M]. 北京:电子工业出版社,2018.

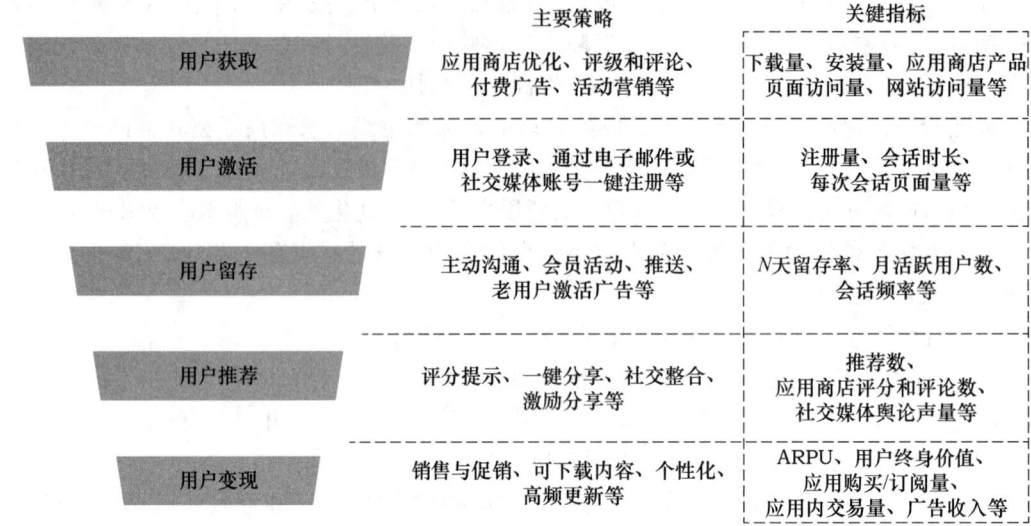

图 5-4 AARRR 模型各步骤的主要策略及关键指标

就有转化,所以新用户运营的核心是转化率。企业要密切关注数据,根据数据反馈不断优化新用户运营行为,在最大限度拉新的同时降低获客成本。

(2) 用户激活

用户激活是指用户在首次安装产品后,完成了产品核心功能的使用,并由此产生持续使用产品的意愿。用户激活是用户生命周期中价值转化的起点。为了有效激活用户,需要采用以下策略:为用户提供清晰易懂的新手引导,帮助用户快速了解产品的核心功能和使用方法;通过奖励机制鼓励用户体验产品或服务的核心功能;根据用户属性和行为特征,制定差异化的激活策略,进行个性化推荐;通过鼓励机制,鼓励用户将产品分享给朋友,吸引更多潜在用户。

(3) 用户留存

在用户激活后,还需进一步通过促活使用户保持合适的活跃频次,用户使用服务能够满足自身需求、获取所需价值,才能持续留存。如果用户不再使用服务,即使其账户并未注销,也不再为企业带来价值,因此只有保持一定活跃度的用户才是真正的留存用户。对于企业而言,要通过用户来实现产品营收,就必须保证用户的活跃程度与活跃规模,用户激活、用户促活是用户留存和用户变现的基础。为此,企业需要确定产品或服务的核心功能,分析用户行为路径,深入了解用户行为,制定针对各细分用户群的促活策略。用户促活、用户留存的主要指标是活跃用户数和留存率。活跃用户数一般会在一个周期内进行衡量,一天的活跃用户数叫作日活(DAU,Daily Active User),类似的还有周活(WAU,Weekly Active User)、月活(MAU,Monthly Active User)。留存率一般考察用户在注册或首次使用后一段时间(N 天)内仍然活跃的比例,如 7 天留存率、30 天留存率等。

常见的用户促活、用户留存方法包括不断迭代产品来适应新的需求、适时地推送消息提醒用户(刷存在感)、针对用户精细化运营、建立用户成长激励体系、创造优质运营内容、积分商城签到打卡、KOL 运营关怀等。

(4) 用户推荐

用户推荐是指由用户分享使用的产品,将产品推荐给好友。用户之间交流的商品信息比商家传递的商品信息更能激发用户购买意愿。用户推荐的方式主要有:用户自传播,即用户将认可的产品或服务自发、自愿、主动地分享给朋友;推荐式分享,即用户只需按要求向好友分享指定内容,便可获得物质或精神上的奖励;邀请式裂变,即用户将指定内容分享给好友,好友受邀后必须完成相应的操作,用户才能获得相应的奖励,常见的形式有老带新裂变(邀请有礼)、优惠券裂变(奖励随机)、分销裂变(获取佣金)等。

(5) 用户变现

对于信息通信企业来说,庞大的用户群并不代表可观的收入,盈利是运营的核心目标。在维护用户的同时,企业需要考虑如何寻找合适的机会获得收益,实现盈利。当用户使用满足其自身需求的产品或服务,并产生付费行为时,企业才能获得收益。例如,互联网产品获取收益的途径通常有产品收费、广告流量变现、增值服务收费、中介服务收费、电商变现等。企业可以通过改善产品服务、提升服务质量,提升产品价值,促进用户变现。尼尔·埃亚尔的上瘾模型和激励策略给出了培养用户支付习惯的路径和方法,即触发—行动(动机、能力)—多变酬赏(社交酬劳、猎物酬劳、自我酬劳)—投入(用户的精力或财力的付出),4 个环节反复循环[①]。互联网企业在用户运营过程中通过运营活动和用户激活策略来增加用户活跃度,从而提高用户变现的能力(参见补充阅读资料"维持用户活跃度的常见手段")。

补充阅读资料

维持用户活跃度的常见手段

内容型产品或电商型产品常采用推送的手段来活跃用户。这一方式需要精选话题/商品,针对不同的用户推送不同的话题/商品,以提高打开率。随着人工智能技术的发展,利用大数据和 AI 技术,对用户行为数据进行训练,可以得出更好的运营规则。AI 技术可以实现千人千面的个性化推荐,推送内容打开率提高很多。

红包和积分制在电商、外卖等交易类平台中十分常见,对于面向个人用户的产品,它们是刺激用户活跃的有效手段。红包可以以定期或随机的方式发放给用户,这为用户提供了直接的优惠,往往能有效促成交易。而积分制则是较为间接的优惠方式,用户可以通过做任务获得积分,然后用积分兑换不同的权益,获得优惠或奖励。

排名竞争机制在腾讯系产品和游戏产品中比较常见,"打飞机"、"跳一跳"和微信运动都利用了排名竞争机制。排名榜方便用户查看自己与上一名用户的差距,这种机制很好地利用了用户争强好胜的心理,刺激用户为争取一个好名次更多地使用产品。

5.3.2 用户分层运营方法

在用户运营中,可基于各种属性(如渠道、地域、性别、年龄、设备、用户行为属性等)进行用户分层,用数据判断哪种属性下的用户对业务的价值更大。随着我国互联网行业十几年的发展,用户运营已经积累了一些管理方法。阿里巴巴、京东等互联网公司在用户运营过程中,结合大数据技术,纷纷推出自己的用户运营模型(参见补充阅读资料"互联网公司的用户旅程运营模型")。

在用户运营中,为了精准地满足用户需求,可以用"打标签"的方法把同类标签的用户分

[①] 埃亚尔,胡佛. 上瘾:让用户养成使用习惯的四大产品逻辑[M]. 北京:中信出版社,2017.

成一组,对同组用户进行针对性运营。对用户进行分层的常用方法是RFM模型。

RFM模型是衡量用户价值和用户创造利益能力的重要工具。该模型通过用户在一定时间范围内的近期购买行为、购买总频率和购买总金额3项指标来描述该用户的价值状况。

① R(Recency):最近一次消费到现在的时间间隔,一般以天为单位。R值越大,即用户与企业产生交易的时间间隔越长,用户活跃度越低,用户越容易流失;反之则用户活跃度越高,用户越不容易流失。

② F(Frequency):消费总频次,即用户在一定时间范围内产生交易的累计频次。F值越大,即用户与企业交易越频繁,用户与企业合作的黏性越强,用户的忠诚度越高;反之则用户与企业合作的黏性越弱,用户的忠诚度越低。

③ M(Monetary):消费总金额,即用户在一定时间范围内产生交易的累计金额。M值越大,即用户与企业的交易金额越大,侧面反映用户的经营规模越大,其所占市场份额越多且资金能力越强;反之则用户的经营规模越小,其所占市场份额越少且资金能力越弱。

RFM模型的用户分层如图5-5所示。其通常将用户分成8类:重要价值用户、重要保持用户、重要发展用户、重要挽留用户、一般价值用户、一般保持用户、一般发展用户和一般挽留用户。

那么如何判断R值、F值和M值的大小?比较值又该如何确定?比较值的大小会直接影响客户的划分类型。在实际应用中,比较值经常使用平均数法、帕累托法则(二八法则)、四分位法等来确定,具体数值需要根据业务实际情况决定。

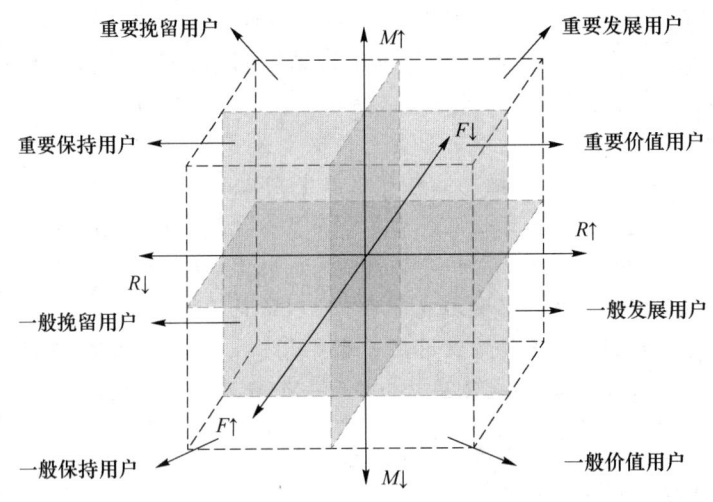

图5-5 RFM模型的用户分层

在实际工作中,用户分层并不会严格遵循RFM模型的规则。RFM模型适用于电商、外卖、游戏等包含支付功能的产品,并不适用于资讯类及工具类产品。在用户运营中,需要根据自己产品的特点调整分层依据的指标。例如:对于SaaS产品的用户,运营人员可以根据登录时间、调用次数、付费能力进行用户分层;对于内容型产品的用户,运营人员可以根据登录时间、阅读次数、广告点击次数进行用户分层。此外,运营人员也可以结合用户数据情况,对分层维度进行扩展,灵活运用RFM模型,对用户进行分层管理。

5.3.3 用户运营技术

用户运营管理需要基于技术采集用户相关的信息与行为数据,这些数据可用于用户分层,以形成不同特点的用户群,从而有针对性地对用户群进行运营,形成系统性的管理。用户运营采用的技术方法如下[①]。

① 数据埋点。通过对用户行为轨迹的复盘绘制用户画像,以此来进行分层次的用户管理。启动期种子用户是用户运营的关键,对于种子用户,需要频繁地与他们沟通,及时处理他们反馈的信息,同时需要为他们提供超预期的服务体验,并且最好在线下建立同样的强连接。用户运营管理在产品生命周期中需要做的是拉新、促活、留存。在拉新中,设计好新手引导、突出展现新手特权;在促活中,对于不同层级的用户,需要采用不同的留存方法;在留存中,需要搭建完善的用户成长体系,保障用户留存。

② 给用户"打标签",实现精准运营。通过给用户"打标签",精准汇聚用户需求,产品设计专注于满足用户需求,可防止用户流失,唤醒沉睡用户,找到转化率高的原因。根据用户在线时长、用户使用频率、用户活跃程度、用户对产品的贡献度、用户对产品的归属感对用户进行分层。维护高价值用户,紧抓他们的痛点,制定权益机制,设计进阶体系,提供服务关怀。

补充阅读资料

互联网公司的用户旅程运营模型

伴随着互联网和移动互联网的发展,人工智能/商业智能技术为打通营销全链条创造了充分的条件。互联网公司正在从以互联网广告为主要营收来源转向以互联网营销服务为主要营收来源,各大公司纷纷提出自己的用户旅程运营模型。

(1) 阿里巴巴的"AIPL"模型:品牌用户定量化运营的全域营销模型

阿里巴巴的"AIPL"模型(图 5-6)展现了一个用户从初识品牌到形成品牌忠诚度的全过程。该模型本质上是把各类电商行为数据进行了一系列清洗,建立了一个综合模型,包括品牌商品的曝光、点击、浏览,用户的搜索、加购、分享等行为数据。通过这个模型,可以量化每个品牌的认知用户、兴趣用户、购买用户、忠诚用户的数量,对品牌的忠诚度了如指掌。

图 5-6 阿里巴巴的"AIPL"模型

---

① 马彦威. 用户运营[M]. 北京:电子工业出版社,2019.

(2) 京东的"GOAL"模型:品牌消费者增长方法论

京东的"GOAL"模型(图 5-7)以用户的精细化运营为理念,旨在帮助品牌实现用户增长。该模型通过以下 4 个环节帮助品牌解决"谁买我—来买我—多买我—只买我"的全链路问题。

① G(Targeting Group,靶向人群):定位靶向人群,即目标人群。

② O(Osmosis,渗透增长):提升品牌渗透率和转化率,在靶向人群中提升品牌的 4A 消费者资产。京东 4A 消费者资产的逻辑和阿里巴巴的 AIPL 逻辑类似,4 个 A 分别代表 Aware(认知)、Appeal(吸引)、Act(行动)、Advocate(拥护)。

③ A(Advancing,价值增长):评估用户的中长期价值,结合靶向人群找出高价值人群,并通过持续的运营提高用户价值。

④ L(Loyalty,忠诚增长):提升消费者对品牌的忠诚度。

"GOAL"模型可以帮助品牌找到运营上的问题,根据不同的业务场景,G、O、A、L 可以灵活组合。

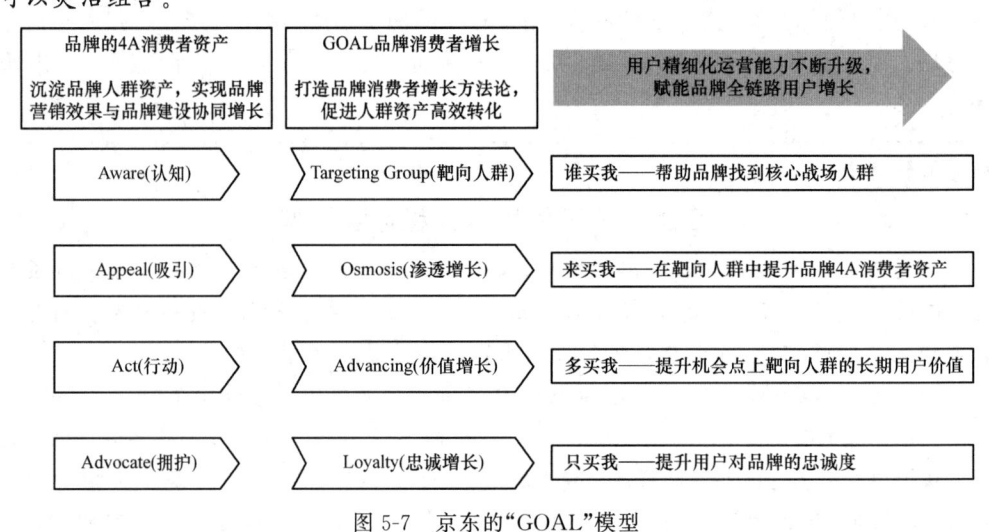

图 5-7 京东的"GOAL"模型

(3) 天猫的"DeEP"模型

"DeEP"模型是波士顿咨询公司(BCG,Boston Consulting Group)消费者领域专项团队与天猫品牌营销团队共同研发推出的品牌建设方法论。"DeEP"是一套由大数据驱动的品牌资产评估和策略指导模型,可以实时反映消费者在一定时间段内与品牌产生的互动及关系亲密度,评估品牌价值,助力品牌营销,如图 5-8 所示。

"DeEP"模型的三大核心指标为:①品牌资产总额,其与品类平均/竞品按细分资产维度进行比较,得出品牌价值的绝对规模,评估品牌的核心竞争力;②品牌资产结构,其与品类平均/领先玩家同品类或跨品类进行比较,得出处于发现、探寻、热爱 3 个不同状态的用户占比,以此评估品牌资产建设路径;③品牌资产变现率,即品牌资产规模与实际销售规模进行比较,得出品牌资产和销售表现间的相对关系,以此评估品牌营销的有效性。品牌资产代表未来潜在的生意机会,资产变现则表示潜在的生意机会中目前实际的销售成绩转化情况。与"DeEP"模型对应的品牌资产增长路径分别为:扩大目标群体,做大外圈层;深耕目标群体,做大内圈层;品效合一,增长资产变现。

图 5-8 天猫的"DeEP"模型

资料来源：
[1] 商派. 超级平台的用户旅程运营模型总结对比[EB/OL]. (2022-12-26)[2024-07-02]. https://zhuanlan.zhihu.com/p/670746341.
[2] 和讯名家. BCG×天猫：图说 DeEP 模型——数字营销 3.0 时代的利器[EB/OL]. (2020-05-29)[2024-07-01]. https://news.hexun.com/2020-05-29/201447335.html.

5.4 信息通信企业运营的信息化和智能化转型

信息通信企业的基础设施与业务运营涉及的工作内容繁多、运营数据量巨大，因此为了支撑和改善运营，需要借助现代 IT 技术和 IT 管理方法建设运营支撑系统（OSS，Operational Support System），这是信息通信企业本身实现信息化的核心内容之一。近几年运营支撑系统进一步走向智能化转型和升级（参见案例资料"中国移动打造运营全领域信息化管理体系"）。

5.4.1 运营支撑系统的起源与概念

早期的 OSS 起源于电信运营商对关键运营环节的支撑，网管系统和计费系统是主要的两类 OSS。运营管理需求推动这两类系统实现了计算机化，大大提高了网络管理和业务运营的效率。

此后，随着电信网络技术的突飞猛进，电信产品和服务日新月异，运营商需要在动态变化的市场环境中管理更复杂的网络和服务，OSS 也需要应用现代信息技术满足企业的更多需求，于是 OSS 的功能得到了进一步扩展，逐步出现了客服系统、资源管理系统、结算系统、大客户系统以及各类专业网管系统。因此，OSS 逐渐演变成为庞大而复杂的系统，包含了为信息通信业务开展和运营提供支撑的各项功能。

TMF 相继提出的 eTOM 和 NGOSS（Next-Generation OSS，下一代 OSS）等理论和概念，建立了 OSS 的需求分析、规划设计、开发和部署的理论体系，为企业 OSS 建设与发展提供了指导。

简单来讲，OSS 即信息通信业务开展和运营时所必需的支撑平台，它目前并没有公认的定义。随着 NGOSS 的提出，OSS/BSS 的提法也得到业界的认可，BSS 即 Business Support System，也就是业务支撑系统。从狭义而言，OSS 是指面向电信网络和设备维护的后台支撑系统，主要实现电信网络和电信资源管理，主要包括交换网管、传输网管、数据网管、移动网管、资源管理等专业网管系统。BSS 是指面向业务和客户的前台支撑系统，实现对业务、资费、营销以及客户和服务过程的管理。从广义而言，OSS 实际上包含了 BSS 的功能。本书采用 OSS 的广义概念，即 OSS 的管理范围涵盖信息通信企业的整个业务流程，以下从多个角度进行描述以帮助读者全面理解 OSS 的含义。

首先，OSS 的服务对象可以是各类信息通信企业，包括网络运营商、基础业务提供商、增值业务提供商以及虚拟运营商等。OSS 的目标是支撑运营和改善运营，借助的手段是现代 IT 技术（包括网络技术、云计算技术等）和 IT 管理方法（包括项目管理、需求管理、流程管理等方法）。

其次，OSS 的管理范畴从纵向看覆盖了信息通信服务的整个业务流程，包括业务开通、业务保障、业务计费等，从横向看覆盖了客户管理、业务管理、资源管理、网络管理、供应商与合作伙伴管理等各个层面。OSS 的内涵已经逐步从运营管理的内涵向企业管理的范畴延伸，企业策略、产品规划、网络与资源规划、收入管理与风险管理等都成为新一代 OSS 关注的内容。

再次，从 OSS 的设计和开发的角度来看，它不是简单地开发一套管理软件，而是包含了对企业发展目标和运营目标的理解和支撑、对业务流程的梳理、对企业信息模型的建设和引用、对运营数据和原有系统的整合等。

最后，从展现形式来看，OSS 并不是孤立的计算机系统，它包括承载在 OSS 之中的业务规则、业务流程、关键业务数据，包含一系列与之协同作业的企业规章制度和管理方法。

案例资料

中国移动打造运营全领域信息化管理体系

中国移动从支撑发展、积淀能力、长远布局等方面，推动数据、技术要素深度融入生产运营全流程、全环节，充分发挥信息化管理能力支撑公司数智化转型、高质量发展的重要作用。

（1）支撑发展，夯实运营全领域的信息化能力

中国移动持续加强信息化管理能力建设，建立覆盖生产运营全领域、全环节的信息化管理系统，充分发挥信息管理系统在业务发展中的作用，实现从被动支撑向主动赋能的重大转变。

一是赋能市场发展。坚持以服务人民为中心，围绕加快拓展信息服务新领域、新业务、新模式的需要，体系化开发产品管理、客户管理、渠道管理、订单融合、数据融合、客户服务支撑等覆盖客户经营全生命周期的信息系统，构建商机挖掘、精准营销、便捷受理、快速开通、精益服务等覆盖售前、售中、售后的全流程信息化支撑能力，保障客户价值持续提升。

二是赋能网络运营。顺应信息通信行业发展趋势，加速推动网络云化、智能化升级，建设"集中化、智能化、平台化"的新型网管系统，开发网络资源管理、故障管理、质量

管理等信息系统,全面覆盖公司移动网、固定网等各类网络建设运维需求,系统提升网络规划、建设和运维全流程智能化水平,支撑网络高质量运行。

三是赋能企业管理。围绕管理提质增效要求,面向企业管理全领域,开发智慧党建系统、集中化 ERP 系统、集中化人力资源管理系统、集中化计划建设管理系统、集中化研发管理系统、供应链管理系统、OA 系统等,培养以人、财、物、工、控、OA、党团为主的信息化管理支撑能力,助推公司管理效率、效能迈上新台阶。例如,在供应链管理方面,建立贯通上游供应商到末梢使用节点的数字化供应网络,使物资平均在库时长下降 20%,呆滞库存占比下降 46%,作业效率提升 10%,人力成本下降 15%。

(2) 积淀能力,打造集约共享的资源能力体系

中国移动积极构建以 5G、算力网络、智慧中台建设为重点的"连接+算力+能力"新基建,加强全网 IT 资源统筹配置和系统平台统筹规划,打破信息系统"烟囱",打通信息"孤岛",推动业务、数据、技术等资源能力的集中沉淀、一点共享,将资源能力优势转化为发展优势。

一是统筹全网 IT 资源配置和信息系统规划建设。以"前台敏捷化、中台集约化、技术标准化"为目标,以"统一规划、统筹推进,小步快跑、循序渐进,业务牵引、保障质效"为规则,推进内部各成员单位 IT 系统的高效协同演进。持续开展集约化能力建设,统筹开发通用需求,实现共性能力全网复用,在业务需求逐年增长、系统技术持续升级的情况下,实现 IT 总投资逐年下降、平台系统协同效率持续提高。

二是建设"业务+数据+技术"的智慧中台体系。以智慧中台为能力基座,打造超越业务平台系统、软硬结合的系统工程,实现资源能力集中共享。在业务方面,统一沉淀、共享、复用标准共性业务能力,已积淀跨客户管理、订单管理等领域的 84 项能力,可支撑精准营销、客户满意度评测、智能业务稽核等 90 项核心业务场景。在数据方面,建立统一数据治理体系,汇聚内外部数据资源,建成行业一流的"梧桐"大数据平台,数据日处理量达 15 PB,沉淀数据资产超 600 PB,在赋能精准防控疫情中,提供行程码查询及核验服务超 150 亿次。在技术方面,汇聚通信、人工智能、物联网、云计算、大数据、边缘计算等共性技术,实现广泛复用与开放共享,其中人工智能平台"九天"沉淀 66 种自研 AI 能力,服务用户超 9 亿人。

三是构建"六统一"大数据运营管理模式。发挥数据要素价值,实现数据资源变现。通过统一数据品牌、统一运行机制、统一运营流程、统一需求管理、统一产品管理、统一运营管理的"六统一"机制打通大数据资源变现路径,建立大数据产品库,实现收入规模达亿级的产品 8 个、达千万级的产品 10 个,数据价值不断凸显。

(3) 长远布局,构建自立自强的信息化创新体系

中国移动全面贯彻落实科技自立自强的总体要求,围绕数智化转型发展需要,坚持前瞻性、系统性布局,践行"引进-消化-吸收-创新"模式,通过自研与合作研发并举,全力打造信息化领域的科技创新能力,为企业信息化管理能力水平的提升注入持久动能。

一是以成果应用带动信息化技术迭代升级。积极推动业务需求与技术创新能力的无缝对接,加快 IT 核心技术创新突破,重点推进 PaaS 平台、AI 平台、区块链、电子签章等自研信息技术的应用落地,推动科技成果向现实生产力转化,形成"技术能力支撑业

务应用、业务应用反哺技术能力"的螺旋上升体系,研发出一批业界领先的自主创新产品,不断提升信息化能力水平,扩大信息化应用范围。基于云原生技术的磐基 PaaS 平台已建设 414 个集群,节点规模为 2.72 万,业务容器有近 40 万个;磐舟一体化开发交付平台管理的代码有 12 亿余行,已迈入行业前列;磐匠流程智能化广泛应用于财务、运维、市场等场景,全年节省超 280 万工时。

二是以自主可控原则推进信息化创新能力建设。始终把科技自立自强摆在信息化发展规划的首要位置,建立全面的信息系统自主可控评价标准体系,从定制、试点、集采、生态 4 个维度指导所属各单位不断提升系统自主可控水平。持续开展核心系统应用国产数据库、营业厅终端操作系统等自主可控试点和联合攻关。

三是以质量评价带动信息化支撑质量提升。中国移动总部探索建立涵盖基础运营能力、支撑执行力等在内的信息化运营支撑评价指标体系,综合评价各成员单位 IT 部门运营支撑质量。2022 年,中国移动的 IT 运营支撑质量、内部客户满意度显著提升。

案例讨论题:
1. 结合 eTOM 运营管理框架,分析案例中开发的信息系统分别支撑了哪些流程。
2. 结合具体场景,举例说明大数据应用如何提升电信运营商的运营水平。

资料来源:
中国移动通信集团有限公司. 中国移动打造运营全领域信息化管理体系 加快数智化转型 推动高质量发展[EB/OL]. (2023-03-10)[2024-01-09]. http://www.sasac.gov.cn/n2588025/n2588124/c27412082/content.html.

5.4.2 运营支撑系统的功能

从普遍的功能来说,OSS 一般包括网络与资源管理系统、营业系统、计费账务系统、客户服务与客户关系管理系统以及经营分析系统。

(1) 网络与资源管理系统

网络与资源管理系统作为 OSS 的重要组成部分,其目的在于围绕资源管理数据库,建立跨专业、跨厂商的资源管理平台,实现网络资源的集中管理、统一配置、动态调度,保障电信网络高质量、高效率地提供电信业务。

网络与资源管理系统的基础是资源数据库,通过科学的数学模型,客观完整地描述网络资源,通过对资源数据的采集、清洗、录入、维护,为现实的网络资源和逻辑资源在数据库中建立对应的数据映像,在此基础上,实现资源的配置、调度、查询等。

此外,网络与资源管理系统还需提供维护人员接口和对自身进行管理的功能,帮助维护人员完成日常的维护管理工作,提高工作效率,保障系统安全、可靠、稳定运行。

(2) 营业系统

营业系统负责受理和处理客户的业务请求,实现业务的开通和变更。

具体来说,营业系统的功能如下。

① 营业受理。营业系统是面向客户的窗口,负责受理客户请求,对申请的电信业务进

行登记,生成客户订单,接受客户缴费,满足客户查询、撤单、改单等相关要求。

② 业务配置与激活。营业系统可实现对客户订单所需网络资源(如号码、端口、线路等)的分配、占用、变更和释放,满足业务受理需求,按照客户的要求激活业务功能。

③ 订单管理。营业系统可以订单为中心,将各种业务内部施工的作业规范化,调度指挥各个生产环节协调作业,产生各个生产环节(如配线配号、程控、测量、外线、竣工等)的施工工单,保障工单及时回笼,保障客户申请的及时竣工。

④ 统计信息查询。营业系统可生成各种综合管理信息和面向客户的查询信息,并将其提供给各级管理部门和供客户查询。

(3) 计费账务系统

计费账务系统负责采集客户使用业务的数据,按照客户服务合同所规定的计费规则进行计价,将数据汇总形成账单,并进行账务处理。

计费账务系统的功能具体如下。

① 综合计费。综合计费需要采集两方面的数据:一是客户的业务使用数据,这是动态数据;二是客户资料和计费参数,这是静态数据。计费系统要利用这些原始数据进行集中计价处理和部分优惠处理,形成计费清单数据和费用数据,还要提供修改费率、折扣、增减费用种类等功能,同时为业务量报表统计做好数据准备。

② 综合账务。综合账务包括合账、调账、销账、账单管理、欠费和呆坏账管理等,即将计费清单数据与客户资料数据相结合,形成客户账单数据,并按要求进行合并、调整、生成、销账等处理。

③ 统计分析与综合查询。在指定的统计周期内,计费账务系统应按要求将各种统计要素存储于数据库中,为经营分析系统提供客户费用的相关数据,支持客户费用查询和信息查询,并保障信息的安全性。

(4) 客户服务与客户关系管理系统

客户服务是 OSS 的基本功能,客户关系管理是客户服务的升级,能够提供更高级的客户管理功能。

客户服务系统面向客户,与营业系统和计费账务系统进行信息交互,满足客户的查询、咨询、业务变更等要求。客户服务系统是联系客户与企业的纽带,是企业理顺与客户的关系并加强客户资源管理的渠道。

客户服务系统的功能一般如下。

① 故障申告。故障申告指由企业对客户所申报的产品故障进行登记,派单到相应的施工部门,由施工部门完成检测修复工作,并将结果反馈给客户的过程。

② 业务咨询。业务咨询指企业为客户介绍各种业务知识,辅导客户正确使用业务,回答有关业务的各种问题,包括业务功能、业务开展情况、资费标准、付费方式、常见故障处理、质量标准等各类内容。

③ 投诉建议。客户在对所使用的业务不满意时,可通过客户服务系统向企业投诉,或对业务的开展情况提出建议。

④ 业务查询。业务查询指为客户提供其业务消费的有关信息(包括当前客户业务状

态、历史服务、客户当前以及历史账务情况等)的查询功能。

⑤ 主动服务。主动服务指客户服务系统主动发起的向客户提供通知或服务的业务,大致可以分为通知类和交互类两种,具体内容包括服务营销、问卷调查、结果评估、客户回访、客户关怀、客户调查、费用催缴等。

此外,客户服务系统还可以向营业系统方向延伸,将营业受理功能包括进来,成为客户获取业务的又一途径。客户服务系统应不仅仅作为服务手段的延伸,更应引入客户关系管理的理念,向客户关系管理系统升级,增强客户管理的功能。例如,利用联机分析工具和数据挖掘技术,分析客户的消费心理、价值取向和消费行为,从中发现市场机会,为客户提供个性化、多层次的服务,为企业更好地吸引和保留有价值的客户提供支持。

(5) 经营分析系统

经营分析系统以 OSS 中其他系统的数据为基础,构建统一的企业级数据仓库,利用先进的数据挖掘技术,帮助企业的经营决策层了解企业经营现状,发现企业运营的优势和劣势,预测未来趋势;帮助营销部门细分市场和客户、进行有针对性的营销;为企业制定预算提供支撑和保障,同时对决策的执行情况和结果进行客观准确的评估。

经营分析系统的功能如下。

① 数据处理。数据处理包括数据的抽取、转换和加载,即把业务系统的原始数据提取出来,对其进行清洗、转换处理后将其加载到数据库中,同时根据需要加载市场信息、人口统计信息等外部数据;随后根据决策需要,从数据库中抽取所需要的数据集,进行数据深层分析和挖掘。数据处理功能模块应周期性地执行上述过程,通过对增量数据的抽取、转换、加载,进行数据的追加和更新,以反映业务系统数据的变化。

② 关键指标监控。关键指标监控是对企业关键业务指标的实时监控和预警,使得管理者既能从宏观上及时了解现有用户数量、业务收入等,也能从微观上了解具体某地某类用户的具体情况,从而使得系统能够对数据的异常情况有高度的灵敏性,并能够针对不同的异常情况,制订不同的处理办法,缩短决策的周期,提高决策的准确性。

③ 综合分析。综合分析包括客户分析、收益分析、业务量分析、销售分析、客户流失分析、各类业务综合分析、竞争分析、成本分析等,可以报表、图表等可视化方式展现分析结果,对异常结果进行预警。

④ 高级数据挖掘。可利用数理统计分析、神经元网络等方法,从大量的数据中找寻数据与数据之间的关系,从而进行客户价值分析、业务预测、消费层次变动分析、流失概率分析等深层次的分析工作。

⑤ 统计报表。可按照经营分析要求生成报表,并保证数据的完整性和准确性,还可以灵活的方式定义数据格式。

5.4.3 信息通信企业运营的智能化转型

当前无论是电信运营商还是互联网公司,其基础设施的规模日益扩大,网络资源愈加复杂。在 3G/4G/5G 多代网络叠加并存、云网融合的趋势下,不同设备、不同厂家、多层级、多区域网络和云计算资源并存。"网+云+AI+应用"与传统产业深度融合,伴随着数字化时代的全面开启,信息通信企业需要快速进行数字化布局,不断更新自身的技术、模式和能力,通过数字化转型,构建云、网、数、智、安多要素融合的新型数字信息基础设施,保持竞争优势和持续发展能力,为数字经济发展提供强大的支持。

信息通信企业所提供业务的多样性显著增加。超高速率、超低时延、海量互联等业务对网络服务质量提出了更高的要求。安全的业务保障、敏捷的服务和卓越的用户体验等用户诉求急需通过智能化手段实现。数字化时代用户需求日趋复杂,趋于小众化、个性化、复杂化,信息通信企业在用户使用服务的过程中可以积累大量数据。例如,电信运营商85%的数据来自运营域(O域)[1],包含上网行为、信令、位置、访问日志数据、URL解析数据、App应用解析数据等。随着数据量指数级增长及行业数字化需求剧增,电信运营商拥有丰富的业务场景和各类数据,需要充分利用数据理解、知识表达、逻辑推理、增强学习、数字孪生等智能技术,打造敏锐的数据洞察能力,赋能精准营销,协助业务体验分析及产品规划等,释放数据价值,支撑业务创新。

智能化是从人工、自动到自主的过程,使对象具备灵敏准确的感知功能、正确的思维与判断功能、自适应的学习功能,以及行之有效的执行功能。具体到实现,如图5-9所示,智能化近似为AI+自动化+数据,即AI像指挥中心,负责感知、认知、决策;自动化承担执行工作,负责标准化流程、自动化执行;数据则是反映实体状态的信息载体。

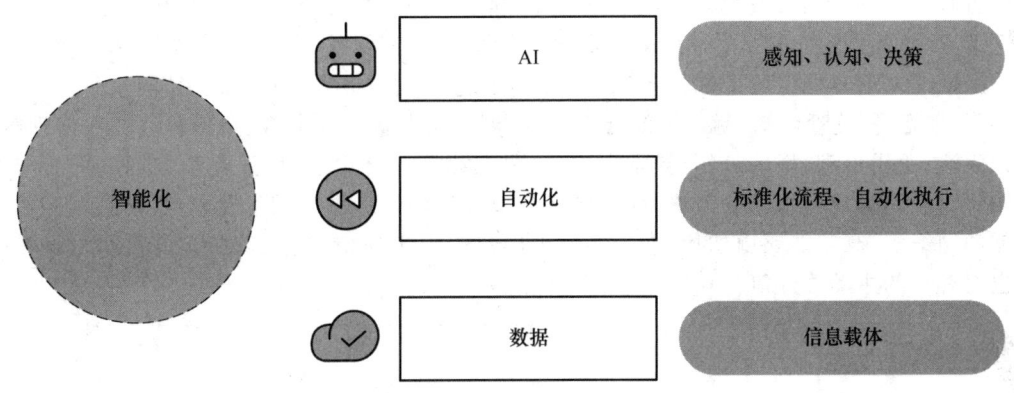

图5-9 智能化的内涵

AI已成为未来的发展方向,信息通信企业迫切需要加速网络和服务的智能化转型,积极探索AI与信息通信基础设施、信息通信服务数据等的深度融合,支撑业务自动开通、网络即服务、智能运营维护,提升服务质量。

电信运营商的智能化愿景是,通过自动化和智能化方法,推动网络与IT系统具备自配置、自优化、自治愈和自演进能力,简化业务部署,面向网络与设施管理、产品与市场营销、客户感知与服务、科技创新等方面实现业务处理的全息感知与认知理解、全网络推演与决策、全场景实时控制,为消费者和垂直行业客户提供零等待、零接触和零故障体验。为实现这些目标,电信运营商构建的智能化体系如图5-10所示[2]。

---

[1] 第一财经.运营商数字化运维转型方向、路径和特征[EB/OL].(2023-06-06)[2024-01-28]. https://baijiahao.baidu.com/s?id=1767922437945914065&wfr=spider&for=pc.

[2] 中国通信学会,中国联合网络通信有限公司研究院,中兴通讯股份有限公司.电信运营商智能化体系白皮书[R].2023.

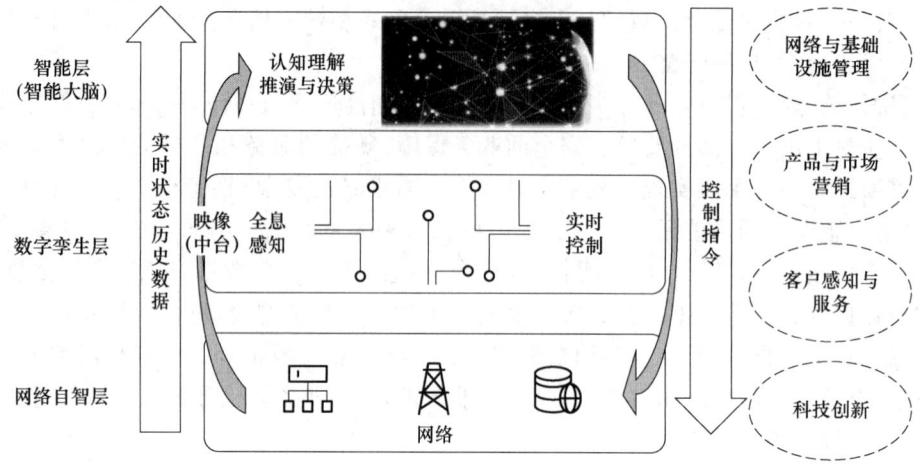

图 5-10　电信运营商的智能化体系

电信运营商的智能化体系分为以下 3 个层面。

① 网络自智层:面向为用户提供业务的各专业网络,支持面向用户所需网络资源的自我配置和专业网络的自我优化等(参见补充阅读资料"中国电信云网运营自智")。

② 数字孪生层:负责从实体层采集数据,包括实时状态(配置、性能、告警)数据、事件数据、历史数据等,通过数据模拟现实网络,控制指令上传下达,实现虚拟与物理信息的协同联动。

③ 智能层:负责认知理解、推演与决策,担当智能大脑。其中,认知理解负责数据理解、知识表达、逻辑推理(根因分析、异常定位、关联推荐等)、自主学习(强化学习)等;推演与决策则针对问题形成可执行的策略,如在网络与基础设施管理中自动配置业务、动态调配业务所需的网络资源、智能路由切换,在产品与市场营销中实现精准营销,在客户感知与服务中发出对客户的主动关怀等。

> 补充阅读资料
>
> ## 中国电信云网运营自智
>
> 随着国家对"战新(战略新兴)"业务的加速布局,云网技术和用户需求不断升级,驱动云网融合向纵深发展,此发展过程面临着许多挑战,如资源的弹性随选及动态调度、云网智能安全管理等。中国电信将云网运营自智作为"云改数转"战略的重要组成部分,充分发挥自身禀赋优势,为实现提质降本增效、提升用户体验和业务敏捷性,按照特有的云网运营自智蓝图规划及实施方案不断探索实践,成效逐步显现。
>
> (1) 中国电信云网运营自智的总体思路和特点
>
> 2022 年以来,中国电信以"客户极优体验、产品极速服务、云网极智运营"为云网运营自智的愿景目标,不断夯实以云网操作系统/昆仑平台为底座的"四层四闭环"体系架构,以全面自智等级评估标准和成效指标体系为牵引,沿着"2022 年云网运营自智能力全面达到 L2—2023 年全面达到 L3—2025 年达到 L4"的演进路径,不断注入 ICT 技术的新发展成果,带领全网不断提升运营的自动化、智能化水平。
>
> 中国电信云网运营自智主要有四大特点:一是将自智从网络扩展至"云",即关注云网的一体化供给、一体化运营和一体化服务的自智能力,响应云网融合战略要求;二是

贯通 IT 的 B、O、M(业务、运营、管理)三域及 CT 的云网基础设施,依靠云网操作系统底座构建 E2E(End-to-End,端到端)的自智能力,充分发挥 IT 和网络运维两大体系整合与重构带来的优势;三是引入网络大模型,为迈向高阶自智注入新动能,这也是中国电信在 AI 时代的重大布局;四是强调能力开放及服务化 NaaS,推动新型信息基础设施全要素的能力开放,赋能千行百业。

(2) 云网运营自智关键能力的打造

在运营商已有的网络架构、产品形态、服务模式和 IT 体系的基础上,要提升自智水平、推动云网运营数字化转型,关键应打造以下 4 个能力。

一是支撑新产品快速上线的产品设计和加载能力。通过构建运营商云网能力数字化模型,开展通信产品组装式设计,通过多模式云网能力感知、产品积木式自动组装以及可解释加载的编排包,实现产品一点设计、自动加载、动态编排。

二是云网基础设施的一体化智能管控能力。基于大规模运营级网络的 SDN 智能协同控制器,系统打造面向全光网、全 IP、5G、云网融合等全场景的网络端到端管控能力。

三是平台及应用的一体化 IT 智能运维能力。面向上云后的网络、业务平台、IT 系统等,通过统一的数字化平台,打造从 IaaS、PaaS、SaaS 到最终应用的一体化运行监控和维护能力。

四是数据治理和数据运营的能力。借助对有源和无源数据、实时数据、大数据的采集、关联、共享和管理能力,生成高价值高可用的数据,以支撑算法和模型训练、实现 DaaS(Data as a Service,数据即服务)。

(3) 2023 年云网运营自智的成果

2023 年是中国电信系统化、规模化部署实施云网运营自智的一年,通过体系化蓝图设计、专班化统筹推进、规模化迭代实施、敏捷化自智建设、产业化生态合作,中国电信在服务数字化和维护数字化等方面取得了显著成果,整体云网运营自智等级达到了 L3。中国电信云网运营自智工作成果主要体现在以下 4 个方面。

一是在服务数字化方面,集约型产品加载提速 3 倍,产品加载环节实现端到端可视化;光传送网(OTN,Optical Transport Network)和云专网自动开通成功率提升至 95%;支撑了全球首例、规模最大的中国电信、中国联通共建共享的网络业务的开通与运营。

二是在维护数字化方面,5G 核心网自动预判网元容量,容量隐患识别自动化率达 60%,5G 核心网边缘用户面功能(UPF,User Plane Function)部署自动化率达 80%,效率提升 10 倍;IP 中继质差问题发现及定位时间从小时级降至分钟级,业务影响时间缩短 90% 以上;31 个省(区、市)自动开站率达 66%,实现无线质差小区优化方案自动匹配;21 类场景实现云网故障自动处置;故障解决方案智能推荐准确率超 85%,大大增强了云网主动预见性维护能力。

三是在自智能力建设方面,具备云化、解耦、融合、自动、智能五大特征的新一代云网运营系统在集团和 31 省(区、市)全面上线应用,在设计编排、跨域资源关联、告警快速定位、变更操作数字化等方面有了进一步成效,支撑了云网安全高效运行,实现了中国电信运营系统整体演进的重要阶段目标。

四是在生态合作方面,中国电信全面参与产业活动和联合创新,通过行业标准、峰会、论坛以及《自智网络白皮书》《中国电信云网运营自智白皮书》等,与业界分享中国电信

在云网运营自智方面的理念、设计和实践经验,促进交流和互鉴。

2024年,中国电信以赋能数字经济和行业数字化转型、满足人民美好数字生活愿望为使命,以提升用户体验、创造商业价值为目标,全面贯彻新发展理念,统筹高质量发展和高水平安全,全面深入实施自动化、智能化转型,加速迈向L4级云网运营自智,在接续奋斗中谱写全新篇章。

资料来源:
毛东峰,王燕川. 中国电信云网运营自智实践与未来展望[EB/OL]. (2024-01-25)[2024-02-22]. http://www.chinatelecom.com.cn/news/02/202401/t20240125_79821.html.

本 章 小 结

1. eTOM是一个电信企业运营流程的总体框架,它给出了服务提供商业务流程的规范描述。eTOM的总体框架分为3个流程域:战略、基础设施与产品流程域,运营流程域,企业管理流程域。其中,运营流程域包含业务开通、业务保障、业务计费以及运营支持与就绪4个纵向流程群组,以及客户关系管理、服务管理与运营、资源管理与运营、供应商/合作伙伴关系管理4个横向功能流程群组。

2. 在互联网公司中,运营是为业绩目标服务的,在明确产品的业绩目标的前提下,通过一切可操作的方式合理地分配资源,通过技能吸引用户并引导用户完成指定的行为动作,以提升用户的留存率和活跃度,从而产生收益,完成企业的业绩。互联网公司中常见的运营工作内容包括产品运营、用户运营、内容运营、活动运营等。

3. 信息通信基础设施建设及业务发展规划要在国家信息基础设施总体规划方向下,进行定性和定量规划。发展预测、方案制定以及经济分析是主要的规划工作。

4. AARRR模型可用于指导信息通信企业用户运营和业务增长。它把用户增长拆分为用户获取、用户激活、用户留存、用户推荐和用户变现。在用户运营中,可基于渠道、地域、性别、年龄等多种属性进行用户分层,精准了解和满足用户需求,RFM模型是一种常用的用户分层方法,具体可采用的技术方法有数据埋点、给用户"打标签"等。

5. 运营支撑系统借助现代IT技术和IT管理方法,为信息通信企业基础设施与业务运营提供支撑,近几年运营支撑系统进一步加速智能化转型和升级。

复 习 思 考 题

1. 在eTOM的总体框架中运营流程域主要包括哪些流程群组?
2. 互联网公司的运营管理与传统电信运营商有什么不同?
3. 信息通信基础设施建设与业务发展规划的主要工作内容是什么?
4. 举例说明不同类型的互联网服务产品的运营重点有所不同。
5. 信息通信企业用户运营的一般过程是什么?
6. 结合自己使用信息通信业务的实际经验,总结在用户运营的不同阶段或针对不同用户群体,用户激活和用户留存的有效手段。

第6章 信息通信企业创新管理

6.1 信息通信企业的创新活动

6.1.1 创新的概念与分类

要探讨信息通信企业的创新活动,首先需要理解创新的概念与分类。本书使用的"创新"一词的含义主要是指技术创新,同时参考服务创新有关研究所强调的服务活动及服务业特性,本节以此为基础综合讨论信息通信企业的创新活动。

1. 创新的概念

一般来讲,创新(innovation)是指新事物以及产生新事物的过程,这里的新事物包括任何新的思想、新的实践或新的制造物。从这一意义上讲,创新是普遍存在的,任何个人、组织都可以是创新者。

在经济学和管理学领域,创新是有其特定含义的,在学术文献中,创新主要是指企业的创新。首先在经济学领域中明确创新的作用的是美籍奥地利经济学家约瑟夫·熊彼特(Joseph Alois Schumpeter,1883—1950年),他在1912年以德文出版的《经济发展理论》一书是创新经济学诞生的标志,在该书中他提出了一个以创新为核心概念的经济理论,从而开创了创新研究领域。熊彼特将创新定义为"新的生产函数的建立",即"企业家对生产要素之新的组合",也就是把一种从来没有过的生产要素和生产条件的"新组合"引入生产体系。熊彼特的创新概念的含义是相当广泛的,包括了各种可提高资源配置效率的新活动,而这些活动不一定与技术直接相关。具体来说,创新包括以下5种情况:

① 采用一种新的产品或一种产品的新特性;
② 采用一种新的生产方法;
③ 开辟一个新的市场;
④ 获取或控制原材料或制成品的新的供应来源;
⑤ 实现新的工业组织形式。

熊彼特认为,创新是一个经济范畴,而非技术范畴,它不是科学技术上的发明创造,而是把已发明的科学技术引入企业之中,从而形成一种新的生产能力,创新的目的是获取潜在的利润。因此,创新的实施者是企业家,而非发明家,企业家必须具备发现潜在利润的能力、敢于冒风险的胆量和足够的组织能力才能成功完成创新,而企业是创新的主体。

在熊彼特强调了创新对经济发展的重要作用之后,管理学界也开始关注对创新活动的管理,以熊彼特的概念为基础,管理学界的"创新"特别强调以下几个方面的特性:

① 创新的主体是企业;

② 创新是一种经济行为,其目的是获取潜在的利润,市场实现是检验创新成功与否的标准;

③ 创新者不是发明家,而是能够发现潜在利润、敢于冒风险并具备组织能力的企业家;

④ 创新联结了技术与经济,是将技术转化为生产力的过程。

在熊彼特之后,特别是在 20 世纪 60 年代之后,众多学者和研究团体开始进行有关创新的研究,创新的定义逐步成熟,且在许多文献中,创新基本等同于技术创新,例如:

- 1974 年,詹姆斯·厄特巴克(James M. Utterback)在《产业创新与技术扩散》中指出"创新就是技术的实际采用或首次应用";
- 美国国家科学基金会在研究报告 Science indicators, 1976: report of the National Science Board① 中,将创新定义为"将新的或改进的产品、过程或服务引入市场";
- 克里斯托弗·弗里曼(Christopher Freeman)在 1982 年的《工业创新经济学》修订本中指出,技术创新就是指新产品、新过程、新系统和新服务的首次商业性转化;
- 我国清华大学傅家骥教授对技术创新的定义是企业家抓住市场的潜在盈利机会,以获取商业利益为目标,重新组织生产条件和要素,建立起效能更强、效率更高和费用更低的生产经营方法,从而推出新的产品、新的生产(工艺)方法,开辟新的市场,获得新的原材料或半成品供给来源或建立企业新的组织,它是包括科技、组织、商业和金融等一系列活动的综合过程;
- 我国在 1999 年 8 月发布的《中共中央、国务院关于加强技术创新、发展高科技、实现产业化的决定》中提出"技术创新是指企业应用创新的知识和新技术、新工艺,采用新的生产方式和经营管理模式,提高产品质量,开发生产新的产品,提供新的服务,占据市场并实现市场价值";
- 梅丽莎·希林(Melissa A. Schilling)在《技术创新的战略管理》(第 4 版)一书中将技术创新定义为"引入新的设备、方法或材料并加以应用,以实现商业及实际目标"。

比较以上定义可以看到,这些创新、技术创新的定义都涉及技术、应用、商业化(或市场化)几个要素,整体上都沿用了熊彼特的创新概念,强调技术的应用和商业化。毫无疑问,技术与创新的关系十分密切,有些创新本身就是基于技术的,有些创新则是依靠技术提供的设施实现的。例如,自动取款机本身是一项创新,它应用了信息通信技术、自动识别技术、自动控制技术等,而银行通过安装自动取款机可以提供 24 小时自助银行服务,这是借助技术提供的设施实现的又一项创新。需要强调的是,技术与创新是不同的,对技术的描述主要强调其能够提供的功能,即关注技术能否提供问题的解决方案。因此,技术与创新的根本区别在于,技术并不一定强调经济性,而创新是一个经济概念,以商业应用、市场化为目的。

对于企业而言,创新是企业在竞争中生存和发展的动力源泉;对于产业而言,创新可以

---

① National Science Board, National Science Foundation. Science indicators, 1976: report of the National Science Board[EB/OL]. (2024-07-17) [2025-01-11]. https://babel.hathitrust.org/cgi/pt? id=ucl.d0005306402&seq=3.

催生新产业、摧毁旧产业,或使传统产业焕发新活力;对于国家而言,创新能力是国家竞争力的核心,对于一国在全球经济体系中的话语权具有决定性作用。在新一轮科技革命和产业变革深入推进的背景下,创新对于各行各业的发展都至关重要。

2. 创新的分类

从多个角度对创新进行分类,可以帮助企业更清楚地认识不同类型的创新所带来的不同机会,以及它们对资源的不同需求。各种分类方式不是相互独立的,而是可以交叉使用,从而形成更为细致的分类框架。实践中最常用的分类方式是按照创新对象,以及创新新颖性或变革程度进行分类。

(1) 产品创新与过程创新

根据创新对象或创新目标的不同,创新可分为产品创新和过程创新。产品创新即向市场提供新的产品或者服务。过程创新也称为工艺创新,是指产品的生产技术的变革,以提高生产效率为目标,包括新工艺、新设备和新的生产组织方式的采用。

产品创新与过程创新相互支撑,常常顺序发生。产品创新帮助企业提升差异化,过程创新则帮助企业以更低的投入获得更高的产出,即降低生产成本。在制造业中,产品创新和过程创新比较容易识别,而在服务性产业中,由于服务本身就是一个过程,因而产品创新往往同时也是过程创新。一般可以通过考察服务本身的功能、性能、特性是否改变或提升,以及服务对客户而言是否带来效用的增加,来确定其是否属于产品创新。例如,微信在即时通信功能的基础上增加红包、支付等功能,是对微信服务功能的提升,属于产品创新,而腾讯公司利用云计算技术优化对网络资源的利用,进而提高微信服务的可靠性,则属于过程创新。

(2) 根本性创新与渐进性创新

根据创新的新颖度、影响力和风险的不同,创新可以分为根本性创新和渐进性创新。根本性创新是指新颖度高、有重大突破的创新,通常其风险较大,需要的投入较多。渐进性创新是指渐进的、连续的、变革程度较小的创新,通常其风险较小,需要的投入也较少。

区分根本性创新和渐进性创新对于企业的意义在于,可以对创新的资源要求和潜在的风险进行更为充分的准备,并在组织、管理流程方面选择更为合理的方式。根本性创新和渐进性创新的划分并非绝对的,必须结合企业的背景和经验来判断,不同的企业判断新颖度的标准是不同的。

应用这种分类方式时,特别需要注意的是不能单纯注重技术变化的程度,而应综合考量创新对企业、市场、竞争环境的影响。例如,当移动通信系统从 2G 走向 3G、4G 时,尽管网络可以采取一种渐进式的逐步建设升级的方式,但从产业变革的角度来看,2G 向 3G、4G 的升级使移动通信业务从以话音业务为中心转向以数据业务为中心,要发展移动数据业务,企业不仅需要大量投资在网络中部署新的设备、升级传输带宽,还需要设计新的业务流程和支持平台,丰富数据业务内容和应用,甚至需要创造新的商业模式,重建产业价值链。因此,对于基础电信运营商而言,由 2G 走向 3G 是一种根本性创新。同样,在 4G 向 5G 升级的过程中,5G 的应用场景与 4G 有着很大的不同,其中工业互联网、车联网等产业应用发展潜力巨大,互联网与其他产业深度融合,创造新模式、新业态,引领数字经济时代变革,相应地,信息通信企业需要认识到这种变革的重大意义,并为之做好准备。

6.1.2 服务创新

服务创新概念的提出是将创新、技术创新的概念应用于服务领域的结果。从前述技术创新的定义可知,技术创新本身的定义并没有排除服务业,只不过早期有关技术创新的研究多以制造企业为对象,所发展的分析方法和管理工具也更适用于制造企业。伴随着服务业在经济体系中地位的提升,人们开始认识到服务创新的重要性和独特性,关于服务创新的研究从20世纪80年代起显著增多,对于服务创新的概念,学界形成了多种观点。

在早期对服务创新的研究中,一些学者主要关注技术在服务业中引起的创新,例如,R. Barras于1986年提出了"逆向产品周期"理论[1],对服务业中受技术驱动的创新活动进行了较深入的研究,从技术创新由制造业向服务业扩散的视角,形成了服务创新分析的"技术方法"分支。但狭隘的技术观点并不足以理解服务创新形式的多样性,因而不能把握服务创新的全部实质。

一些学者从服务本身的特性出发,提出"服务导向"视角。例如,P. Eiglier与E. Langeard在1987年提出"服务生产"的概念,指出创新过程中服务提供者和顾客间的"合作生产"这一突出特性[2]。"服务导向"视角并不排斥技术维度,而是更加重视非技术形式的创新,认为服务创新的范畴遵循熊彼特的较为广泛的创新定义,除新技术引入引发的创新外,还包括服务生产组织的重构、服务传递创新、结构创新、专门化创新等,这些创新比技术引发的创新更为频繁地发生,是服务创新的主体。这一视角以服务本身的特性为基础,发现并解释了服务创新的多样性和独特性,进一步扩大了服务创新的研究领域和范畴[3]。

在上述认知的基础上,在产品和服务边界日益模糊并相互融合的背景下,人们对服务创新的定义越来越趋于采用整合的视角,将技术与非技术因素所带来的创新都包括在内。例如,R. Bilderbeek等在1998年提出服务创新四维度模型[4],认为服务创新可以归结为新服务概念、新顾客界面、新服务传递系统和技术4个维度,任何一项服务创新都是这4个维度的某种特定组合。2010年,Pim den Hertog等将其扩展为六维度模型[5],提出服务创新可能涵盖的维度包括新服务概念、新顾客交互作用、新业务伙伴、新收益模型、员工/组织/文化上的新交付系统和技术上的新交付系统。

在整合视角之下,学者们进一步从服务创新的深层内核出发,认为服务创新从本质上改变了价值创造和获取过程,因而应从价值视角理解服务创新的内涵[6]。例如,2014年我国学者刘飞和简兆权融合开放式服务科学理论、服务主导理念、开放式创新、价值共创,对六维度模型进行改进,提出了网络环境下基于服务主导逻辑的服务创新六维度模型(如图6-1所示)[7],将服务创新定义为服务企业及其所构建的服务生态系统为顾客提供的、能够创造顾

---

① Barras R. Towards a theory of innovation in services[J]. Research Policy,1986(4):161-173.
② Eiglier P,Langeard E. Servuction:le marketing des services [M]. Paris:McGraw-Hill,1987.
③ 蔺雷,吴贵生. 服务创新研究方法综述[J]. 科研管理,2004(3):19-23.
④ Bilderbeek R,Hertog P,Marklund G. Services in innovation:knowledge intensive business services(KIBS)as co-producers of innovation[R]. SI4S Project Synthesis Report,Oslo:Step Group,1998:5-6.
⑤ den Hertog P,van der Aa W,de Jong M W. Capabilities for managing service innovation:towards a conceptual framework[J]. Journal of Service Management,2010(4):490-514.
⑥ 顾永平. 服务创新研究综述[J]. 中国集体经济,2022(16):94-96.
⑦ 刘飞,简兆权. 网络环境下基于服务主导逻辑的服务创新:一个理论模型[J]. 科学学与科学技术管理,2014,35(2):104-113.

客价值的新服务体验或新服务解决方案,它由新服务概念、新顾客交互作用、新服务价值网络(服务生态系统)、新收益分配模型、组织层面的新服务交付系统和技术层面的新服务交付系统6个维度构成。

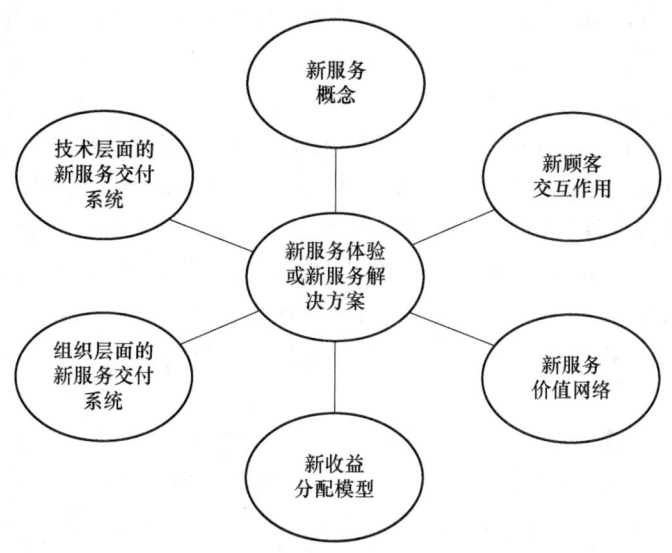

图 6-1　网络环境下基于服务主导逻辑的服务创新六维度模型

从上述讨论可以看出,人们对服务创新的概念并未形成一致意见,其内容比较宽泛。本书基于整合的视角,参考上述四维度及六维度模型,旨在使读者较为全面地认识和理解信息通信企业的创新活动。

6.1.3　信息通信企业创新的内容

将创新、技术创新、服务创新的概念应用于信息通信业,则可将信息通信企业的创新理解为企业根据社会需求,利用信息基础设施和技术手段,对企业内外资源进行重新组织,重新设计服务功能,或者改变服务的实现和提供过程,从而推出新的服务类型、新的服务实现方式,或者提高原有服务的效率或效益,最终创造新价值的过程。对于企业而言,创新的目标是提高企业的整体运行效率和经济效益,具体表现为服务种类增加,服务功能增强,服务质量提高,服务成本、价格降低,信息基础设施及系统运行效率提高,新市场开拓,原有市场份额扩大等,最终帮助企业获得竞争优势,获取更多的商业利益。

基于上述技术创新的内涵、服务创新的多维度模型和创新分类方式等理论和方法,结合企业的创新实践,本书将信息通信企业创新的内容总结为以下几个方面。

① 推出全新业务及增加业务新功能。信息通信从提供简单固定通话业务、移动通话业务发展到提供高速互联网接入业务,支撑网络直播、互动游戏、实时监控等高级多媒体业务,信息通信业的发展历史就是服务功能不断增加、不断丰富的过程。信息通信服务种类复杂、功能层次多,因而"新功能"的界定标准比较宽泛,创新既可表现为设计新的核心功能,进而推出全新业务,也可表现为针对原有服务增加功能选项,进而形成渐进性的功能改进。例如,2005年,随着网络带宽的扩展和终端设备的成熟,网络直播开始出现,在当时这是一种互动性、交互性强的全新业务,2010年之后直播平台迅速增加,2017年之后电商直播爆发式增长,直播涉及的领域和内容不断扩展,直播平台所提供的服务功能也在不断增多,如场

景选择、特效、连麦 PK、送礼物打赏等。

② 以新手段实现原有服务功能，增强服务性能，改善服务质量。对于信息通信最基本的服务——信息传递而言，信息通信技术发展的主线就是不断用新的技术手段提升信息传递的速度，增大信息传递的容量，如以光缆取代电缆，以数字技术取代模拟技术。在许多情况下，技术手段的升级在改善已有服务的同时，也会带来全新的功能。例如，20 世纪 80 年代，移动电话商用系统在刚建立时，提供了移动状态下进行双向交互式语音通信的功能；从 1G 到 2G，移动电话服务由模拟通信转向数字通信，移动话音通信的功能没有变，但移动话音通信的质量得到了提高，同时增加了低速数据业务的新功能；从 2G 到 3G 的升级，增加了高速数据接入功能，使得更高质量的数据通信应用成为可能，在提供话音业务方面，虽然没有增加更多新功能，但是提升了网络资源利用率；到了发展 4G 以及 5G 时期，提供移动话音和数据业务的能力进一步增强，与 3G 相比，接入速率显著提升，大大地改善了客户使用服务的体验。人们的话音通信方式逐步由传统的电话拨号转为基于微信等 App 实现，其操作更为直观方便。

③ 以提高效率、降低成本为主要目标的创新。这类创新对应于创新分类中的过程创新，一般不涉及新业务或业务性能的显著改进。比较典型的例子就是传输复用技术的升级大幅提高了传输容量，大大降低了通信业务的单位成本。另外，信息通信网络总体架构走向云网融合，提高网络灵活动态配置资源的能力，其主要目标是提高网络利用效率，同时也赋予网络更好地满足需求、支撑新业务的能力。

④ 用户交互界面的创新。参考服务创新的四维度模型和六维度模型，用户交互界面的创新是指围绕将服务提供给用户的方式，以及企业与用户的交流、合作方式所进行的创新，这类创新并不增加新业务功能，对已有业务性能和成本也没有直接改善，其主要目标是改善用户体验。例如，信息通信企业普遍采用为用户提供多业务组合的套餐服务方式，这种业务组合就属于一种用户交互界面的创新，它简化了用户办理业务的流程，并帮助用户节省了部分费用。再如，基于个性化推荐算法为用户提供资讯是大数据时代信息内容平台与用户交互方式的重要创新。

⑤ 价值网络、产业生态系统层面的创新。这类创新是指信息通信企业基于开放合作、协同创新、共享利益的理念，与其他企业合作，构建新的价值创造环节，完善产业生态系统建设，这类创新往往意味着商业模式的创新。例如，在移动互联网时代，"后向流量经营"成为基础电信运营商的一个创新方向。流量经营的前向模式和后向模式是两种商业模式。前向模式是指基础电信运营商向消费者提供流量服务并收取费用的传统模式。而后向模式则是指基础电信运营商与互联网公司合作，由互联网公司支付流量费用，并将流量赠送给使用其 App 或者访问其网站的用户的模式。虽然这种模式并不直接改变用户所获得的服务，但其价值创造与传递方式发生了变化。这种模式能够成功的条件就是基础电信运营商与互联网公司形成持续增值的价值网络，通过广告、大数据分析等新途径实现共同盈利。中国联通与腾讯 2017 年联合推出的号卡产品"腾讯王卡"就是采用了这一创新模式，"腾讯王卡"用户不仅可以在腾讯应用宝内免流量下载和更新全网应用，还可以免流量费使用微信、腾讯视频、王者荣耀等腾讯系 App。而到了数字经济时代，产业数字化领域中的智慧农业、智能制造、智慧交通、数字金融、数字商贸、数字城市等数字化应用场景则涉及信息通信企业与更多行业的深度融合，更多的主体加入价值网络重构。例如，智慧交通领域的 5G 车联网应用集中

应用了5G、AI、大数据、云计算、区块链等前沿技术,需要汽车、电子、信息通信、道路交通运输等多个行业深度融合,由此形成了极为复杂的创新生态系统(参见补充阅读资料"5G车联网创新生态")。

上述5个方面的创新内容并不是完全相互独立的,实践中的许多创新项目往往涉及几个方面创新内容的整合,新功能的提供往往同时需要完善价值网络,用户交互界面的创新也多需要企业内部过程创新的支持。对信息通信企业的创新内容进行分析,目的是帮助企业发现创新机会、审视创新方向,而不是将创新活动进行人为分割,更不是将创新活动局限于这5个方面。数字经济时代,在用户需求趋于个性化、关系化、体验化与互动化的市场环境下,跨产业融合的信息与通信服务有着巨大的创新空间。

补充阅读资料

5G车联网创新生态

智慧交通已成为交通运输行业创新实践最为活跃的领域,5G车联网正加快推动智慧交通建设,不断拓宽智慧交通应用场景。基于5G网络构建车联网,可大幅降低车联网规模组网成本,包括单路口的建设成本和施工维护成本等,同时大网升级覆盖快,可形成规模效应,而成本下降、规模上量会带来商业模式闭环的更多可能性。预计2024—2025年,5G和车联网会更加紧密地结合在一起,实现更大规模的落地,也能更好地发挥5G的价值,助力产业升级。

近年来,车联网一直是行业发展的热点,2019年中共中央、国务院印发《交通强国建设纲要》,中国移动是唯一获批交通强国建设试点的运营商。在国家级试点中,中国移动主要承担三大任务:一是5G智能交通信息基础设施应用试点;二是5G车路协同和智慧公路相关试点;三是5G智慧航运技术创新及应用试点。

5G车联网的生态链正在不断延伸,价值空间持续扩大。2023年2月,中国移动率头发起成立了车联网联盟,聚合"车、路、网、云、图"等车联网产业生态合作伙伴,面向智能网联、车路协同等领域,共同开展产品研发、标准制定、技术创新、市场拓展、联合宣传等各领域的广泛合作,实现战略资源共享、商业合作共赢、品牌价值共建、投资合作共生。到2023年下半年,该联盟已吸纳超200家成员单位,共促产业协同创新和发展进步。

中国移动还联合17家单位成立了中国移动车联网科技创新联合体,也是为了把行业生态合作伙伴聚合在一起,激发创新动能,共创产业价值。中国移动将会携手合作伙伴,聚焦智能网联、智能座舱、车路协同三大领域,以连接为基础,融合"车、路、网、云、图"产品能力,加速构建车联网的科技创新体系。

资料来源:
[1] 金台资讯. 中国移动联合17家单位成立车联网科技创新联合体[EB/OL]. (2023-09-06)[2023-12-19]. https://baijiahao.baidu.com/s?id=17762546224423856468&wfr=spider&for=pc.

> [2] 徐勇,岳悬. 赢在 5G 时代|让车行驶在更"聪明"的路上 5G 车联网谱写智慧交通新篇章[N]. 人民邮电, 2023-09-25(008).

6.2 信息通信业中的主导地位竞争

6.2.1 产业发展中的技术周期

在许多产业的发展进程中,技术创新都起到了非常关键的作用,成为产业变革、升级的主要推动力量。这种技术带来的变革往往呈现出周期性特点:每一次新技术出现并对老技术形成替代时,首先都会使产业进入一个动荡时期,然后新技术迅速提升性能,完成对老技术的淘汰,最后新技术的性能趋于成熟稳定,产业进入稳定发展期,直到下一次间断性技术出现。这种新老技术替代往往会颠覆产业原有的竞争结构,造就新的领导者,原有的领导者有可能变成失败者或者落后者。

许多研究者试图详细描述这种技术周期,并对其进行阶段划分,进而识别各阶段的产业发展特征。其中比较著名的研究成果是美国学者詹姆斯·厄特拜克和威廉姆·艾伯纳西(W. J. Abernathy)在 20 世纪 70 年代所提出的 A-U 模型(如图 6-2 所示),该模型将产业发展分为 3 个阶段:流动阶段、转换阶段和专业化阶段,指出了企业产品创新和过程创新的创新率在这 3 个阶段的分布规律,并从产业竞争结构、企业组

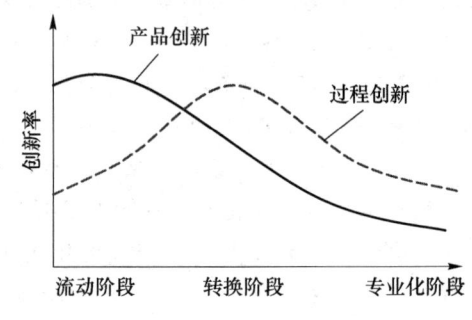

图 6-2　A-U 模型

织、竞争战略等方面描述了各阶段的特征。具体而言,在产业发展的流动阶段,技术和市场都存在高度的不确定性,基于新技术所形成的产品和服务一般比较粗糙且价格高昂,但能够满足一定的市场需求。企业会进行多样的产品创新,以不同的方式实现产品功能并设计其特性,以此测试市场的反应,因此在这一阶段产品创新的创新率表现为高水平。通过产品创新和市场反馈不断交互,企业最终对于产品设计会逐渐达成共识,于是主导设计产生。而主导设计的产生正是产业进入转换阶段的标志,在转换阶段,产品创新的创新率显著下降,而过程创新的创新率开始上升,这是因为当产品设计稳定下来之后,企业会将创新的重点转移到提高生产效率方面,以更大的规模、更低的成本、更高的效率生产主导设计产品。当主要过程创新完成之后,创新将以渐进性创新为主,产业发展进入专业化阶段,这意味着这一阶段的创新都是为专门优化主导设计进行的,在这一阶段企业间竞争的焦点往往是规模、效率,产业结构多呈现出几家大公司占据绝大部分市场份额的寡头垄断局面。

从许多产业(如汽车、能源、计算机等)的发展历程都可以观察到 A-U 模型所揭示的规律。A-U 模型中的一个重要概念就是主导设计,主导设计是指能够赢得市场,会被多数生产者和消费者所采用的设计。主导设计的出现意味着产品设计走向标准化,为某个产品类

别建立了居于主导地位的单一技术轨道,其他技术轨道则遭到市场的排斥,也就是说不采用主导设计的企业会被主流市场抛弃。

在 A-U 模型的基础上,菲利普·安德森(Philip Anderson)和迈克尔·塔什曼(Michael L. Tushman)提出了 A-T 模型,给出了更为简单的产业阶段划分方式(如图 6-3 所示)。这一模型以技术间断为起点,以主导设计出现为转折点,将产业发展划分为酝酿期和渐进改进期。技术间断使产业进入酝酿期,新技术可能带来突破性的技术性能,从而替代老技术,同时新技术系统的具体实现方式可能会有多种选择,因此在这一时期企业会创新多种技术实现方式,并在市场中展开竞争。而竞争的结果常常是一种主导设计出现,最终占据大部分市场份额。基于对许多产业发展历程的研究,安德森和塔什曼指出,主导设计往往不是最早出现的技术形式,也常常不是最先进的技术形式,而是最好地满足了大多数用户需求的技术和产品特征的综合体。主导设计的出现使产业进入渐进改进期,在这一时期,企业注重效率和市场占有率的提升,可以提供更多的产品型号和价格选择,也可以简化设计、优化生产流程以降低成本。这一时期以累积的渐进性创新为主,直到下一次技术间断出现推动产业进入新的酝酿期。

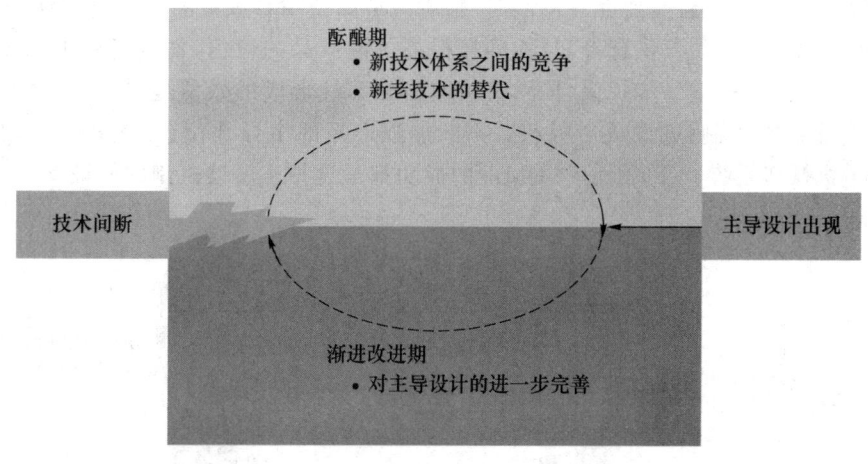

图 6-3　A-T 模型

由上述模型可以看出,技术间断出现是产业竞争状况大变革的一个契机。在前一个技术周期中处于领先地位的企业,如果无法及时采用和掌握新技术,则有可能在新老技术交替中变成失败者,如在智能手机时代错失机会的诺基亚、在数码影像领域掉队的柯达。而一个拥有新技术的新企业如果能在主导设计的竞争中胜出,则有可能成为新的产业领导者,如智能手机时代的苹果、新能源汽车产业的特斯拉。在技术变革迅速的产业中,每个企业都必须重视创新,保持对新技术的敏感性,并快速做出反应,特别是在主导设计出现时能够迅速跟进,这样才能在产业中占据有利的地位。

6.2.2　收益递增理论与主导设计竞争

上述技术周期模型并不适用于所有产业。在有些产业中,产品和生产过程的异质性是价值的关键来源,例如艺术品、餐饮、服装等行业,市场更需要的是多样化的产品和服务,而不是标准化的主导设计。但同时也存在一些产业,选择主导设计或主流技术的力量非常强,不支持多种技术并存的局面,在这些产业中,主导设计的竞争往往会形成"标准战",信息通信业就属于这样的产业。

1. 收益递增理论

"标准战"现象可以用布莱恩·阿瑟(W. Brian Arthur)的收益递增理论加以解释。所谓收益递增是指领先者更加领先、失去优势者进一步丧失优势的趋势,这是"正反馈"在市场、企业和行业内起作用的机制。收益递增现象在高科技领域常常存在,在信息通信领域表现得尤为明显,因此布莱恩·阿瑟于1996年发表的《收益递增与新商业世界》成为阐述网络经济基本竞争规律的经典文献[①]。

形成收益递增的原因有很多,对于信息通信产业而言,特别值得注意的是网络外部性所形成的正反馈效应。如第1章1.1.4节所述,网络外部性是由消费活动产生的外部性,是指在使用同一产品或服务的用户数量发生变化时,每个用户从消费此产品或服务中所获得的效用会发生变化的现象,信息通信服务普遍具有正的网络外部性特征,使用同一种产品或服务的用户越多,每个用户所获得的效用就越大。网络外部性的产生源于消费行为的相互依存性和配套产品之间的互补性,由此形成了直接网络外部性和间接网络外部性。当某产品的使用存在相互依存性且需要互补产品时,随着该产品使用者数量的增加,将会出现种类更多、价格更低的互补产品可供选择,从而间接提高了该产品的价值,消费者就更乐于购买该产品,产品的用户规模进一步扩大,同时直接网络外部性形成的效益也进一步增加,这样就形成了一种正反馈机制(如图6-4所示),不断加强产品的主导地位。Windows操作系统、Android手机操作系统、3G时代WCDMA的成功都是这种正反馈机制的例证。

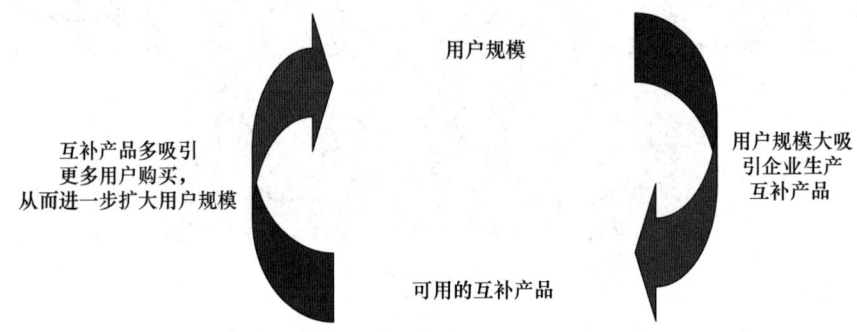

图6-4 网络外部性所形成的正反馈机制

从用户角度而言,形成收益递增的原因还有使用习惯和转换成本。对于复杂的信息产品和服务,用户需要经过一定的训练才能够使用它,一旦用户选择了某种信息服务,并投入了一定的时间使用,在适应之后就不会轻易地使用其他产品,因为这意味着要放弃已有的经验和习惯重新训练、重新学习,所投入的时间精力越大,转换成本就越高。在信息通信产业中,很多服务都具有这种特性,当用户习惯了使用某一App后就不会轻易放弃,这也使得许多信息通信服务的用户使用界面趋于一致,以降低用户转换成本。

此外,信息通信业固定成本高、边际成本低的成本结构特点以及学习效应因素也是形成

[①] Brian Arthur W. Increasing returns and the new world of business[J]. Harvard Business Review, 1999, 74(4): 100-109.

收益递增的原因。这意味着当企业的产品所获得的用户越来越多时,企业也可以不断改进生产,使单一产品的成本不断下降,甚至可以使边际成本降到极低,因而用户规模越大的企业所能够获得的边际收益也越高,从而有更多的资源投入进一步完善产品,不断巩固自身的优势地位。

2. 主导设计竞争

在存在收益递增现象的产业中,市场趋于选择一种主导设计,即选择单一标准。对于用户来说,单一标准可以使网络外部性所形成的用户效益最大化,用户之间的互操作性、兼容性得到保障,配套产品的开发生产也可以达到最优规模、最低成本,每个用户都会从中受益,且不必承担转换成本。对于企业来说,单一标准使得产业中所有企业共同采用同一技术,产业中的集体学习效应达到最大,企业的运营效率得以提升。总之,在这样的产业中,单一标准比多标准并存更具经济合理性,这也是信息通信业、广播电视业等网络性产业中往往由管制机构或标准化组织主导推进标准化、选定特定标准的原因。

"标准战"的结果就是市场选择一种主导设计,即主流标准,这一主流标准将被市场中的大部分企业所采用。能够控制主导设计的企业通常会获得巨大的回报,在一个技术周期内占据市场主导地位。相反,如果一个企业开发并推广的技术最终没有成为主导设计,则该企业此前在该技术上的投入可能无法收回,不采用主导技术的企业可能被排斥于主流市场之外,只能在一些小缝隙市场上求得生存。这类企业即使转而采用主流设计,也将处于一种落后的状态。因此,"标准战"往往导致产业竞争状况大变革,催生新的领导者,而失败者则要承担巨大的损失。

根据收益递增理论,一旦某一企业凭借主导设计确立其优势地位,则正反馈机制会使其主导地位不断加强、难以撼动。而且主导设计的出现会影响生产者和消费者的知识积累,进而影响未来的技术和产业发展方向,有助于控制主导设计的企业继续在下一个技术周期取得优势。例如,在移动通信领域,2G 时代 GSM 为主流标准,这在很大程度上影响了 3G 时代的标准选择,运行 GSM 网络的运营商会倾向于选择提供了基于 GSM 演进路径的 WCDMA 标准,WCDMA 能在 3G 时代占据主流地位与此有直接关系。

如果正反馈机制一直无法打破,则最终将会形成"赢者通吃"的市场,即最大的赢家将拥有极大的市场势力,对整个产业形成结构化的控制力。例如,主导个人计算机产业的微软不仅拥有操作系统的最大市场份额,也在极大程度上影响着个人计算机应用软件开发行业,应用软件必须跟随 Windows 系统的升级而升级。在互联网行业,常使用"马太效应"一词描述这一状况,即大者恒大、赢者通吃,大型互联网公司,如中国的"三巨头"(百度、阿里巴巴和腾讯),凭借其已经拥有的巨大用户规模,可以游刃有余地将业务延伸至互联网的各个领域。在这种市场上,企业必须考虑收益递增所带来的影响,需要采取特别的竞争策略。

在主导设计的竞争上,抓住技术间断的时机是前提条件,同时必须清楚,能够取胜的并不一定是最先进的技术,许多非技术因素,如时机、企业已有的市场影响力、合作联盟、营销策略、政策因素等都会起作用,企业必须先一步形成良好的正反馈机制,促使其技术和产品的价值不断提升,才有可能占据并稳固其主导地位。在信息通信领域特别是互联网应用领域,曾多次出现互联网公司为抢夺用户而大规模发放红包补贴的现象,这些互联网公司这么做正是为了抢先扩大用户规模,促进正反馈机制形成(参见案例资料"打车软件公司的补贴大战")。

当然产业中主导设计竞争的激烈程度会随着技术和产业的发展发生变化。例如,创新

使得许多信息通信服务的用户转换成本下降,因而在许多业务领域(如移动支付、电子商务等)中,可以看到双寡头或者多寡头并存的现象,而非绝对的一家独大。因此,技术进步、创新可以削弱主导设计的压倒性优势,打破赢者通吃的局面。

案例资料

打车软件公司的补贴大战

2010 年前后,4G 技术普及,移动出行具备了技术条件,美国的 Uber、英国的 Hailo 相继出现。在中国,2012 年 8 月到 9 月,快的打车、滴滴打车(滴滴出行的前身)相继上线,初期分别在杭州和北京各自发展。

2013 年 3 月,阿里巴巴投资快的打车,标志着大资本的正式入驻。腾讯在投资摇摇招车被拒后,转而向滴滴打车注资 1 500 万美元。完成融资后,滴滴打车和快的打车开始了市场扩张,它们不约而同地把目标城市定在了上海。在确定战略以后,滴滴打车很快就在上海投放了大量的广告,开始疯狂补贴上海的司机与乘客。快的打车迅速作出反应,加大在上海的广告投放力度,并发放补贴。

补贴大战始于腾讯的战略布局。2014 年是微信发展的巅峰时期。腾讯意欲借助社交网络资源,涉足移动支付领域,然而却一直找不到微信支付的应用场景,而手机打车正好提供了这一场景。于是 2014 年 1 月,微信与滴滴打车合作,强推微信支付功能,为每个微信支付用户补贴 5 元,正式打响补贴大战。补贴效果出人意料得好,一周时间,滴滴打车的订单量直接上涨了 10 倍,两周时间,订单量从 10 万级上涨到 500 万级。为争夺市场,快的打车联合支付宝迅速跟进,补贴力度持续加大,大战范围由上海蔓延至全国其他城市。

2014 年 1 月 10 日,滴滴打车在 32 个城市开通微信支付功能,乘客使用微信支付,车费立减 10 元,司机立奖 10 元。

2014 年 1 月 20 日,快的打车和支付宝宣布,每单奖励乘客 10 元,奖励司机 10 元。随后快的打车和支付宝加大奖励力度,每单奖励司机 15 元。

2014 年 2 月 10 日,滴滴打车宣布对乘客的补贴降至 5 元;快的打车表示奖励金额不变,乘客每单仍可得到 10 元奖励。

2014 年 2 月 17 日,滴滴打车宣布,每单奖励乘客 10 元,每天 3 单;对于北京、上海、深圳、杭州的司机,每单奖励 10 元,每天 10 单;对于其他城市的司机,每天前 5 单每单奖励 5 元,后 5 单每单奖励 10 元。新乘客首单立减 15 元,新司机首单立奖 50 元。支付宝和快的打车则宣布,乘客每单立减 11 元;对于北京的司机,每天奖励 10 单,高峰期每单奖励 11 元(每天 5 笔),非高峰期每单奖励 5 元(每天 5 笔);对于上海、杭州、广州、深圳的司机,每天奖励 10 单。

2014 年 2 月 18 日,滴滴打车开启"游戏补贴"模式:乘客使用滴滴打车且微信支付每单能随机获得 12~20 元不等的补贴,每天 3 单。快的打车则表示每单最少给乘客减免 13 元,每天 2 单。

2014 年 3 月底,滴滴打车公布,自补贴开始,其用户数从 2 200 万增至 1 亿,覆盖全国 178 个城市，日均订单量从 35 万增至 522 万，补贴达 14 亿元。2014 年 4 月，快的打车公布的第一季度成绩单显示，其覆盖城市已达 261 个，日订单量超过 623 万。两公司均宣称其在打车 App 领域的市场份额过半。

从 2014 年 1 月开始的短短 4 个月间，两大打车软件公司直接烧掉超过 20 亿元资金，可谓下了血本。2014 年 5 月 17 日，两公司同时宣布取消给乘客的打车补贴。但滴滴打车以两周年庆为名，推出打车红包分享活动：用户通过微信分享，可以抽取红包抵消部分车费。几乎同时，快的打车也推出了积分抵车费活动。两大打车软件公司的竞争并未停息，只是从"明补"变为"暗补"。

回顾打车软件市场的一场场缠斗，补贴与创新是贯穿始终的关键词。补贴大战不仅是打车软件市场的竞争，还是移动支付平台主导地位的竞争，阿里巴巴控股的快的打车和腾讯控股的滴滴打车通过不断创新，把打车软件市场化为两大互联网阵营第三方支付渠道争夺的战场，又通过持续创新，把战火延伸到拼车、代驾等现代人出行的各个领域。

案例讨论题：
1. 两大打车软件的红包补贴是否取得了预期的效果？
2. 请分析打车软件后续的发展，你认为哪个企业取得了明显的主导地位，其主导地位是否稳固。

资料来源：
[1] 路上读书. 打车软件大战：狂烧 20 亿元补贴，一个老百姓打车的黄金时代[EB/OL]. (2023-03-06)[2023-12-20]. https://baijiahao.baidu.com/s?id=1759582080162938211&wfr=spider&for=pc.
[2] 新奇心理. 解读大战硝烟背后的大众非理性现象，打车软件的"烧钱"大战[EB/OL]. (2021-09-21)[2023-12-20]. https://baijiahao.baidu.com/s?id=1711497849519905859&wfr=spider&for=pc.
[3] 谢作诗. "嘀嘀"和"快的"：打车软件的今生与来世[J]. 经营与管理，2014(9)：10.

6.3 信息通信企业的创新战略

6.3.1 创新战略的内容

学术界对企业战略的定义有很多种，而不论何种定义，对战略的描述都涉及经营环境分析、未来发展预测、远景目标设定、远景目标轨迹勾画和战略策略制定等要素。战略侧重于长期的经营思路和经营决策，是联结企业各项活动的枢纽，具有总体性、全局性、长远性、系统性的特点。企业战略是对企业各方面战略的统称，细分来说包括竞争战略、营销战略、发展战略、品牌战略、财务战略、创新战略、人才战略等，也就是说创新战略是企业战略的内容之一。

自 20 世纪 80 年代起,战略管理学者开始认识到技术是竞争战略中的重要因素,因而说创新战略在企业战略中占据核心地位亦不为过。在激烈的市场竞争中,不创新的企业必然走向衰亡,而创新战略选择不当所导致的不良创新更可能会加快企业衰亡的进程。企业能否正确选择并贯彻实施创新战略,是其能否顺利推进技术创新、赢得利益回报的先决条件。

由企业战略的概念可知,创新战略是企业在正确分析自身的内部条件和外部环境的基础上,所做出的企业创新总体目标部署,以及为实现创新目标而做出的全局谋划。与企业战略相比,创新战略统率和决定企业创新的具体行为,侧重于对企业技术资源的运用和对创新活动目标的定位,以及围绕创新的重要决策的全局考虑。具体来说,创新战略要考虑如下问题。

① 企业在创新上的定位是什么?
② 要建立和保持竞争优势,企业必须具备哪些核心能力?
③ 企业核心能力的发展方向是什么?
④ 核心产品的设计应使用何种技术?
⑤ 企业创新投入应达到什么水平?
⑥ 技术来源主要是外部的还是内部的?内部和外部两方面来源如何平衡?
⑦ 企业如何应对竞争对手的创新?
⑧ 企业如何保护技术资源?
⑨ 企业的组织管理方式如何支持创新战略的实施?

毫无疑问,创新战略是企业竞争战略中的重要内容。技术变革和产业内外企业的创新活动都可能极大地改变企业的竞争环境,需要企业进入新的业务领域,重塑自己的核心能力。反过来,重要的创新也可以成为企业全面战略转型的契机。创新活动如果得不到战略层面的有效支持,则很有可能达不到预期效果,甚至走向失败(参见补充阅读资料"中国移动飞信的失败")。

在 6.3.2 节到 6.3.4 节中,本书结合信息通信企业创新实践,重点讨论其创新战略中的 3 个关键问题:创新定位、创新投入水平和创新生态系统。

补充阅读资料

中国移动飞信的失败

2007 年,中国移动推出"飞信"业务,该业务被认为是打通互联网与移动通信网的一大创新。中国移动用户可以直接使用手机号注册飞信账号,通过飞信电脑客户端或者手机客户端免费发送短信。飞信推出之际,其对手只有腾讯 QQ 和微软 MSN,中国移动既有的用户群体使得飞信用户数增长迅速,鼎盛时期飞信注册用户数接近 5 亿,活跃用户数为 9 000 万,与腾讯 QQ 的用户规模差距不大,可以说,飞信曾经拥有非常好的发展机会,被许多业内人士看好。然而,飞信的发展却未能达到人们的预期,在 2011 年腾讯推出微信之后更是迅速没落。2015 年 4 月,有媒体报道,手机飞信人均业务量从 2014 年 12 月的 42 条下降至 29 条,零消息量用户从 55% 增长至 83%。其后,飞信用户持续流失,2022 年 9 月,中国移动宣布飞信正式终止服务。

从产品本身来看，飞信的主要功能是免费发短信，飞信通过这种方式打通了移动网和互联网，找到了移动互联网的一个入口。但"免费"被封闭在移动用户内部，没有对其他运营商用户开放，通过飞信发短信给联通的用户是收费的，用手机短信回复飞信的消息同样也是收费的。同时中国移动主要业务收入的很大一部分仍来源于话音和短信收入，由于中国移动担心互联网产品影响自己的传统语音和短信业务，因此在几年的时间中飞信的功能都是以发短信为主。这些限制决定了飞信无法成为一个入口级的应用，而只能成为短信的附属服务。微信在推出后很快就可以提供语音即时通信、照片分享等功能，且不断推出新版本、增加新功能，而飞信直到2013年12月才增加免费音视频通话、多人电话等功能，但这对于飞信而言已没有什么意义。

飞信是中国移动向互联网转型的一个标志性产品，但中国移动从战略上未能给予其足够的重视和支持。中国移动一直将飞信外包给神州泰岳做研发与运营，且2011—2013年，中国移动对飞信的投入呈现逐渐减少的趋势：6.1亿元、5.86亿元、4.58亿元。而这段时间正是微信兴起的关键时期，面对这一竞争对手，无论是中国移动还是神州泰岳都没能做出很好的应对。这也说明，传统电信运营商尽管在业务层面做出了创新，但其内部机制仍然未能与互联网思维同调，转型不彻底是飞信失败的根本原因。

资料来源：
[1] 付亮. 飞信缘何走向落幕？[J]. 通信世界，2022(15)：9.
[2] 李洋. 即将"告别"的飞信经历了什么[N]. 中国高新技术产业导报，2022-08-01(14).

6.3.2 创新定位

企业的创新定位反映了企业在其所在产业中所呈现的姿态，是在创新方面积极进取，做产业技术进步的引领者，还是做模仿者、跟随者，两种定位选择各有优缺点，对于企业资源、能力的要求也不同。

1. 自主创新与模仿创新

从创新来源的角度，企业可以选择自主创新或模仿创新。

(1) 自主创新

自主创新是指企业通过自身的努力和探索产生技术突破，攻破技术难关，并在此基础上推动创新的后续环节，完成技术的商品化，从而获取商业利润的创新活动。

自主创新的优点是显著的。技术突破的内生性有助于企业形成较高的技术壁垒，并通过专利保护等手段巩固这一壁垒，从而使企业在一定时期内凭借对新技术的垄断而享受垄断利润。从企业未来的发展来看，掌握核心技术的自主创新企业有机会在市场中占据领先地位，并继续开展相关领域的技术创新，促进企业多元化投资，获取丰厚的利润，一些国际知名企业都凭借自主创新战略确立了它们在其行业中的地位。

自主创新的缺点主要表现在高投入和高风险性上。为了取得有效的技术突破，企业必须投入大量的资金和人员进行研发，而相当一部分的研发项目可能以失败告终，即使成功取得技术突破,在后期的创新实施与市场实现环节中,企业也必须承担新工艺、新设备可靠性的风险,失败率非常高。

从总体上看,自主创新战略对企业能力要求高,要求企业的技术能力必须很强,资金实力必须雄厚,能够应对自主创新所需要的高投入和伴随的高风险。

(2) 模仿创新

模仿创新以引进、学习、模仿为主要技术来源。企业通过学习、模仿领先企业的创新行为,吸取其成功的经验和失败的教训,引进或破译其他企业的核心技术,并在此基础上对其进行改进完善,进一步开发,生产出有竞争力的产品。

模仿创新是一种十分普遍的创新行为,模仿创新并非单纯的仿制,而是在学习的基础上有针对性地改进完善,因此其研究开发更有针对性,难度低且成功率高。模仿创新还可以免去在新技术探索的早期需要的大量投入,使企业能够有更多的资源和力量用于创新的其他环节,并可以通过多方面的学习来积累经验,因而模仿创新具有投资少、时间短、效率高、风险小的优点。

模仿创新的主要缺点是被动性,由于模仿创新企业不做研究开发方面的广泛探索和超前投资,而是以学习为主,因此在技术积累方面难以进行长远的规划。同时,模仿创新有时会受技术壁垒或法律保护壁垒的制约,从而影响其实施的效果。

对于技术力量薄弱的企业而言,采用模仿创新战略是一种必然选择,但一味模仿很难为企业赢得长期的竞争优势,并且要有效地实施模仿创新战略,企业也要具备一定的自主创新能力,能够在学习、消化吸收的基础上,使产品在性能、成本等方面具有竞争力。因此,从长远发展而言,企业不宜只单纯实施模仿创新战略,而应随着企业的发展增强自主创新能力,实现自主创新、模仿和学习的平衡。

2. 领先创新与跟随创新

领先创新与跟随创新的区别主要在于企业开展技术研发以及进入市场的时机不同。

(1) 领先创新

实施领先创新战略的企业定位为创新的"领导者",企业以技术领先为基础,并以率先进入新市场、推出新产品、实施新工艺为目标。

领先创新战略使企业在技术研发、生产、营销等各个环节都走在其他企业之前,因此可以使企业获得先发优势,具体表现为:在技术方面,可形成技术壁垒,甚至立足核心技术控制多个相关技术领域,奠定行业领导地位;在生产方面,较早建立起与新产品生产相适应的原材料渠道、生产线,并培训生产人员,抢先控制原材料、人才等重要资源;在市场方面,率先进入市场建立销售网络,有机会抢先培养用户消费行为,占据较大的市场份额。

然而,这种先发优势也伴随着高风险。在技术上,由于领先创新的企业没有可学习的对象,研发的难度较大,投入也较大,因而失败的可能性也较大。在生产上,新工艺、新设备在首次使用时必然存在缺陷,企业可能需要承担由此而产生的损失,此外生产人员的培训也需要较高的成本。在市场上,市场接受新产品需要一定的时间,而这个时间有可能很长,企业需要培育市场,因此可能会产生高额的营销费用,但即便如此,新产品是否能在市场上取得成功仍然存在极大的不确定性。

显然,实施领先创新战略的企业必须以自主创新为基础,并具备强大的风险承受能力。具体来说,企业必须具有强大的创新能力,包括具备技术开发能力、拥有雄厚的资金和充足的人员支持,以及对市场具有强大的影响力。同时为了减少市场上的风险,企业应能够很好地把技术与消费者需求紧密联系在一起,以避免创新成果不符合市场需求。为了保障企业获取领先创新所带来的回报,企业应加强对技术的保护,利用知识产权等手段来设置技术壁垒,进而提高市场进入壁垒,充分地获取垄断利益。

（2）跟随创新

实施跟随创新战略的企业在创新的时间上落后于领先创新的企业,这种落后集中表现在其进入市场的时间上。需要特别说明的是,跟随创新并不等同于模仿创新,跟随创新意味着企业不做创新的第一人,但并不意味着企业没有率先创新的能力。因此,跟随创新战略在具体实施时,可以有两种情况:一是企业具有自主创新能力,但不第一个进入市场,即跟随是一种主动的选择;二是企业不具有自主创新能力,只能通过学习、模仿领先创新的企业实现创新,此时跟随实际上是一种被动的选择。

企业之所以会主动选择跟随,主要原因是能够有效降低领先创新者所面对的风险,特别是市场风险。企业可以选择在适当的时间进入市场,并可享受领先创新者进行市场开拓的溢出效益,在消费者培育、市场环境建设方面"免费搭车"。此外,在技术和生产方面,企业可以节省部分早期尝试的费用,特别是当领先者的产品已进入市场之后,跟随者可以针对新产品的不足进行有针对性的、改进性的创新,从而避免因早期的大量投入而被"绑定"的问题。

若企业不具备自主创新能力,则只能实施模仿性的跟随创新战略。虽然这种选择是被动的,但企业依然可以享受"免费搭车"效益,也仍然有取得成功的可能性。因为模仿创新者可以向技术先驱学习,不论是对于产品还是对于生产过程,都可进行有针对性的、改进性的研发,成功率相对较高。

跟随创新所带来的后发优势是相当可观的,凭借后发优势后来居上的企业不在少数。日本的汽车、家电行业中的一些企业在发展初期是作为跟随者出现的,但其后来在市场上的表现甚至超过了最初的领先创新者。由于领先创新的企业较少,大多数企业都是跟随者,因此从总体上看,在大多数情况下跟随创新的企业从创新获得的利润总份额会超过领先创新者。

然而跟随创新从根本上来说是一种"反应式"的战略,即当领先创新者推出产品,并取得较好的市场反应时,跟随者再随之跟上,因而其在技术、生产和市场方面存在一定的被动性。如果企业缺少对领先创新者的充分了解,其在技术积累、市场定位等方面的长远规划就会受到影响。特别是对于模仿跟随者来说,企业作为先进技术的学习者,有可能会受到技术壁垒的制约,从而影响其创新实施的效果。

"跟随"是相对于领先创新者而言的,实施跟随创新战略的企业必须对所选择的跟随对象,即领先者的战略、技术和产品有正确的评估和理解。同时企业应具备快速反应能力,能够在新产品刚开始进入成长期的时机进入市场,抢占市场份额。另外,企业必须具备很强的生产能力和市场营销能力,这样才有可能超越先进入市场的领先者。通过模仿实现跟随的企业要特别注重自己的学习吸收能力,不能单纯模仿,而应在模仿的基础上有所改进、有所提高,包括改进产品的功能和性能,以及更有效地提高生产效率、降低成本、开拓市场,这样才能真正实现创新目标。

3. 信息通信企业的创新定位选择

领先创新必然是以自主创新为基础的,但反过来自主创新未必能实现领先。有自主创

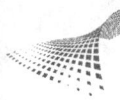

新能力的企业在考虑将新产品推向市场时,可以稍作等待,让其他企业的新产品先对市场进行初步检验,再选择跟随进入市场。对于一个企业来讲,创新战略的选择是由技术能力、市场营销能力、生产能力以及综合管理能力决定的,同时受企业所处行业的特点以及市场特点影响。在成功的企业中,既有富有开拓精神、锐意进取的领先创新者,也有沉着稳健、后发制人的跟随者。两种创新战略都有各自的优缺点,无论采用哪种战略,企业都应尽量发挥其优势,并为潜在的风险做好充分准备。

如 6.2 节所述,信息通信业存在收益递增效应,因而主导地位竞争激烈,在许多业务领域都会形成一家独大或双寡头垄断局面。在主导地位的竞争中,抢占先发优势,从而抢先建立起图 6-4 所示的正反馈循环极为关键。因此,具备一定实力的信息通信企业往往会选择领先创新战略,引领新技术、新服务、新模式的发展。

领先创新的信息通信企业可以在市场上取得优势,具体表现在用户规模、品牌效应、用户忠诚度等方面。用户规模是信息通信服务市场势力的集中表现。领先创新的企业意欲抢占先发优势,但如果没有及时聚集起足够多的用户,或不能持续维系、保有用户,则仍有可能被跟随者超越。例如,在我国网络休闲游戏市场上,联众游戏曾经是一个领先者,而腾讯借助其 QQ 用户基础以及在游戏界面、互动功能方面的创新,成功取代了联众游戏的主导地位(参见案例资料"腾讯的创新之道")。再如,2010 年国外出现了一款名为 Kik Messager 的即时通信 App,其能够基于手机通讯录,实现跨平台免费短信聊天,推出不到 15 天,用户量突破 100 万,成为当时的明星 App。在我国率先推出的类 Kik 产品是小米公司 2010 年 12 月发布的米聊,初期其用户增长相当迅速,而 2011 年 1 月,腾讯发布微信,并通过 QQ 为其导流,依靠 6 亿 QQ 用户的成熟关系链,仅用 1 年时间就获得 1 亿用户,将米聊远远地甩在了身后[①]。可见,领先创新的先发优势并不是先一步开展研发或者先一步进入市场就能够自然获得,而是需要企业通过有效的市场推广措施和持续创新去建立和稳固。像腾讯这样的公司,本身拥有庞大的用户基础,在社交软件领域占据主导地位,这使其更有机会向更多新领域扩展业务,即使新领域中已有领先者存在,腾讯也常常能够后来居上。

案例资料

腾讯的创新之道

腾讯的创立源于模仿,源于其将国外成功的即时通信服务移植到了中国市场,而腾讯的成功依靠的却是其持续不断的创新能力,通过快速迭代微创新的方式,腾讯超越了一个又一个竞争对手。

(1) QQ 与 ICQ

1996 年,ICQ 诞生,瞬间风靡全球。1998 年,ICQ 成为美国最大的互联网集团 AOL 公司的旗下资产,其资本雄厚、地位稳固。1999 年,腾讯推出 QQ,其采用中文界面,迅速引起了市场的关注,而与之同期,市场上相继出现了一批同类型的通信软件:PICQ、TICQ、GICQ、新浪寻呼、雅虎即时通等。

---

① 新华社客户端. PK 微信败阵!米聊彻底与用户再见,雷军的社交梦终结?(2021-12-20)[2023-12-20]. https://baijiahao.baidu.com/s?id=1692193766598563484&wfr=spider&for=pc.

第6章 信息通信企业创新管理

QQ能够迅速杀出重围,在2000年成为即时通信市场上的王者,凭借的是以下一系列创新:

- ICQ的全部信息存储于用户端,一旦用户换一台计算机登录,以往添加的好友就此消失,而QQ的用户资料存储于远端服务器,用户可以在任何终端上登录并聊天;
- ICQ只有在好友在线时才能聊天,QQ首创离线消息发送功能、隐身登录功能,用户可以随意选择聊天对象,可以有自己的个性化头像;
- ICQ通过给企业定制即时通信软件获利,而QQ坚持通过面向消费者的免费服务寻求商业化机会。

(2) QQ与MSN

1999年,MSN开通即时通信服务,依靠微软的雄厚资本和Windows的操作系统平台绑定,到2001年的时候就已经打败了AOL,成为世界上最大的即时通信平台。2003年,MSN已经拥有3亿用户,并开始进军中国市场,其凭借免费绑定策略、良好的品牌形象、强大的Hotmail邮箱和MSN新闻网站服务,很快就在商务通信市场上占有了一席之地。

而当时腾讯的形势岌岌可危,QQ秀刚刚推出,还没实现盈利,人才匮乏。为了生存,腾讯将40%的股份卖给了海外投资者,而国内的投资者对其并不看好。2003年,腾讯推出企业版QQ,正面迎击MSN。企业版QQ不断带给用户新的体验,它通过用户数据报协议(UDP,User Datagram Protocol)传送文件,速度更快,并支持文件断点续传、文件直接拖放至窗口、共享文件夹、屏幕截图、好友分组、聊天记录备份及快速查询、短信互通、视频会议、网络硬盘、软键盘密码保护、个人名片等功能,这些功能都是QQ首先推出的,而MSN或者跟进,或者没有。QQ凭借更快速的反应、更好的用户体验重新成为白领们的主要沟通工具。

(3) QQ游戏与联众游戏

2003年,联众是世界上最大的休闲游戏平台,拥有2亿注册用户,月活跃用户数为1 500万,最大同时在线人数为60万。

2003年,QQ游戏推出第一个版本,有打牌升级、四国军棋、象棋3个游戏。联众此时将研发重心转向大型游戏市场,不再更新休闲棋牌游戏,一些BUG得不到解决长期存在,角色形象、自动找座等功能需要收费,使得老用户迅速流失。而QQ游戏与QQ直接对接,用户可以通过QQ进入游戏平台,同时QQ游戏快速更新迭代,提供更加精美的界面,并允许用户免费定义角色形象、免费自动找座位加入游戏,成功地吸引了用户。

(4) 微信的创新与发展

2011年1月诞生的微信为腾讯公司打开了移动互联网的大门。到2011年年底,微信在一年的时间里更新了11个版本,平均每个月迭代一个版本。1.0版本仅有聊天功能,1.1版本增加了对手机通讯录的读取功能,1.2版本打通了腾讯微博,1.3版本加入了多人会话功能,2.0版本加入了语音对讲功能。直到这个时候,腾讯才完成了对竞争对手的模仿和追赶,开始创新之路。

2.5版本率先引入了查看附近的人功能;3.0版本率先加入了漂流瓶和摇一摇功能;3.5版本增加了英文界面,全面进军海外市场;4.0版本率先推出了相册和朋友圈功能,4.2版本增加了视频聊天插件;4.3版本增加了语音搜索功能;4.5版本增加了多人

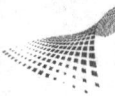

实时聊天、语音提醒和根据对方发来的位置进行导航的功能。微信的社交平台功能日趋完善,并且一步步向移动智能助手的角色发展。

5.0版本添加了表情商店和游戏中心,扫一扫功能全新升级,可以扫街景、扫条码、扫二维码、扫单词并翻译、扫封面,微信支付体系打通,一个移动商业帝国的框架基本搭建完毕,2016年年底,微信全球用户数已经接近9亿。

案例讨论题:
1. 腾讯产品的哪些创新点在维系用户黏性方面起到重要作用?
2. 近年来腾讯的创新定位有何变化?

资料来源:
边缘. 腾讯是怎样通过创新一步步登上王者之位的?[EB/OL].(2014-05-13)[2023-12-19]. http://www.woshipm.com/pmd/84539.html.

尽管收益递增效应令信息通信业中的主导力量非常强大,特别是凭借庞大的用户规模,企业可以形成强大的垄断力量,但是落后的企业或者新企业也并非全无机会。一方面,这些企业可以关注新的替代性技术,在下一次技术间断出现时,在新的技术周期中尝试取得领先优势。另一方面,这些企业也可采取破坏性创新方法,绕开主流市场,从低端或者高端边缘市场切入,建立破坏性立足点,进而向主流市场侵入。

破坏性创新的概念由哈佛商学院的克莱顿·克里斯坦森(Clayton M. Christensen)教授在《创新者的窘境:大公司面对突破性技术时引发的失败》一书中提出。他将创新分为维持性创新与破坏性创新。维持性创新致力于面向主流消费者的需求对现有产品进行改进,在主流市场上提供更好的产品。破坏性创新是指企业偏离主流市场用户所重视的绩效属性,通过在产品或服务中引入低端用户或者新用户看重的绩效属性的方式完成创新,先占领低端市场或者新市场,再基于此对主流市场的产品或服务形成部分替代甚至颠覆。克里斯坦森主要提出了低端破坏和新市场破坏两种基本破坏方式,后有学者提出了第三种破坏方式,即基于高端市场切入进行破坏。本质上,这3种方式都回避了主流市场,或者说回避了主导企业掌控力最强的市场,从主导力量较弱的其他市场切入,从而实现与主导企业的错位竞争。

近年来信息通信业中不乏破坏性创新成功的例子,拼多多就是从低端市场切入的成功案例。2015年拼多多正式上线时,电商领域已有两个成熟平台——淘宝和京东,而拼多多关注需求未被满足的广大低消费群体,主打低价产品、更方便的购买流程,并创新性地引入"拼团""砍价"等融入社交元素的购物模式,成功地从低端市场开始积累用户,在五年内跻身为中国三大电商平台之一[①]。而首汽约车则是一个从高端市场切入的案例。我国网约车市场在2012年下半年兴起,在早期的探索性发展之后,经历了2014年的补贴大战,快的打车、滴滴打车战略性合并,以及滴滴出行并购Uber等一系列事件,2016年基本形成了滴滴出行一家独大的局面。首汽约车在2015年9月正式上线,进入市场的时间较晚。不同于行业领

---

① 陈蕾,张佳林,罗冬秀. 拼多多的崛起路径与创新机理[J]. 财会月刊, 2021(1): 155-160.

先企业依靠补贴迅速扩大用户规模的做法,首汽约车以企业用户和高端商务人士为目标客户,主打安全、标准、规范的服务品质,在高端市场形成了口碑[①],并快速布局全国30多个城市,拥有了较为稳定的客户群。

综上所述,对于信息通信企业而言,领先还是跟随并非只需要关注进入市场的时机,还需要注重在用户规模的争夺上能否取得领先优势。先发者必须具备较强的自主创新能力并将其转化为市场上的优势,而后发者要想后来居上,也不能完全跟随先发者的脚步,必须找到自己的创新点和突破口,实施破坏性创新,这样才能挑战领先者的地位。

6.3.3 创新投入水平

衡量创新投入水平的主要指标是研发强度,因为企业自身的研发是创新的主要来源,确定研发强度是企业创新战略中的重要内容。

研发强度一般用企业年度研发费用与销售收入的比值来计算,以此衡量企业资源向创新分配的比例。不同产业的研发强度存在很大差异,例如,汽车、ICT、制药行业的企业研发投入总额较高,从研发强度来看,ICT服务业(与信息通信业基本重合)、制药行业的平均水平要明显高于其他行业(参见补充阅读资料"2022年全球研发投入前20位的企业")。在同一产业中,不同企业选择不同的战略定位和战略目标,决定了其研发强度存在差异。

补充阅读资料

2022年全球研发投入前20位的企业

2022年,欧盟发布了《2022欧盟工业研发投资记分牌》(The 2022 EU Industrial Research and Development Investment Scoreboard),将欧盟创新驱动型产业的表现与全球主要同行进行了比较。基于报告中提供的2021年全球主要公司的研发投入数据,表6-1列出了全球前20位企业的研发投入总额和研发投入强度。

表6-1 全球前20位企业的研发投入总额和研发投入强度

排名	公司	总部所在地	2021年研发投入总额/亿欧元	2021年研发投入强度/%	所属产业
1	Alphabet(谷歌母公司)	美国	279	12.3	ICT服务
2	Meta(脸书母公司)	美国	218	20.9	ICT服务
3	微软	美国	216	12.4	ICT服务
4	华为	中国	195	16.0	ICT制造
5	苹果	美国	193	6.0	ICT制造
6	三星电子	韩国	168	8.1	ICT制造
7	大众	德国	156	6.2	汽车
8	英特尔	美国	134	19.2	ICT制造
9	罗氏	瑞士	133	21.8	制药

---

① 饶恒. 首汽约车的错位竞争术[J]. 国资报告, 2017(1): 80-84.

续表

排名	公司	总部所在地	2021年研发投入总额/亿欧元	2021年研发投入强度/%	所属产业
10	强生	美国	130	15.7	制药
11	辉瑞	美国	102	14.3	制药
12	百时美施贵宝	美国	93	22.7	制药
13	默克美国	美国	91	21.2	制药
14	梅赛德斯奔驰	德国	90	5.3	汽车
15	丰田汽车	日本	87	3.6	汽车
16	诺华	瑞士	80	17.1	制药
17	阿里巴巴	中国	77	6.5	ICT服务
18	腾讯	中国	72	9.3	ICT服务
19	阿斯利康	英国	71	21.5	制药
20	通用汽车	美国	70	6.2	汽车

资料来源：

[1] European Commission. The 2022 EU Industrial Research and Development Investment Scoreboard [EB/OL]. (2022-12-13) [2023-12-20]. https://iri.jrc.ec.europa.eu/scoreboard/2022-eu-industrial-rd-investment-scoreboard#field_reportsscoreboard.

[2] 新智元. 欧盟全球研发排名发布！华为、阿里、腾讯位居全球Top 20[EB/OL]. (2023-01-10) [2023-12-20]. https://baijiahao.baidu.com/s?id=1754636336846645581&wfr=spider&for=pc.

[3] 创业者李孟. 全球科研最烧钱的公司有哪些,我们从2022年排行榜去看看吧[EB/OL]. (2023-06-24) [2023-12-20]. https://baijiahao.baidu.com/s?id=1769564280793501603&wfr=spider&for=pc.

尽管研发投入高并不一定意味着创新效益好，但是从全球领先企业的经验来看，提高研发强度是增强创新能力的必要条件之一，是创新获取充足技术支撑的资源保障。研发强度必须与企业的创新战略选择以及技术来源选择等决策相适应。如果企业致力于提升自主创新能力，将自身定位为创新领先者，则其研发强度必须高于行业平均水平、高于竞争对手，这样才能实现创新的领先；而如果企业限于资源能力，将自身定位于基于学习模仿的创新跟随者，则其研发强度可以低于领先企业，此时企业可将有限的资金用于有针对性的研发，并将更多的资金投入生产和销售环节。

过去，传统电信运营业与许多服务性行业一样，被认为不需要特别注重研发与创新。它们在很大程度上依赖产业链上游的网络信息设备提供商的技术创新，通过引入新的设备、新的网络解决方案来实现新的业务功能，信息通信网络和服务的升级换代在很多时候都是由电子信息设备研发和制造企业推动完成的。因此，传统电信行业的研发强度相对来说并不高。已有的一些研究数据表明，美国1999年电信与广播电视行业的平均研发强度为0.4%，

2004年电信行业的平均研发强度为1.9%,2006年这一数字为1.4%,而同期ICT产业中的软件与互联网行业的平均研发强度约为13%,计算机、半导体、电子设备等硬件产品制造业的研发强度则介于7%到12%之间。在2010年之后,传统电信行业走向全方位融合,竞争也愈加激烈,用户服务个性化、业务架构提升、网络资源优化等方面的要求越来越紧迫,大数据、云计算、新一代网络等技术的发展为电信运营商的研究开发提供了新的方向,促使传统电信运营商加大研发投入。根据欧盟发布的2016年度全球2500家公司的研发数据[①],在全球研发投入100强企业排行榜中,有3家传统电信运营商入榜:意大利电信的研发投入为17.2亿欧元,列第76位;日本NTT的研发投入为16.27亿欧元,列第81位;AT&T的研发投入为15.55亿欧元,列第84位。而从研发强度来看,这3家运营商之间存在很大差异,分别为8.7%、1.9%和1.2%。从欧盟所研究的2500家企业中其他传统电信运营商来看,德国电信的研发强度为0.3%,英国电信和西班牙电信的研发强度则达到2.1%,我国的中国电信研发强度为0.2%,多数传统电信运营商的研发强度仍在2%以下。而亚马逊、百度等互联网服务企业的研发强度则普遍在10%以上。

从2022年欧盟公布的数据来看,全球领先的互联网公司,如Alphabet、Meta的研发强度分别达到12.3%和20.9%,相比来说,我国的阿里巴巴、腾讯的研发强度均不足10%,我国互联网公司在大数据、云计算、人工智能等领域的核心技术与美国公司仍存在差距,因此还需继续加强核心技术研发。我国传统电信运营商的研发投入在近几年增长迅速,2022年中国移动的研发投入达到217亿元,比上年增长17%;中国电信的研发投入则为106亿元,增幅高达52%。二者的研发强度均为2.2%[②],比2016年的数据均有大幅度提升,显示了其明确的增强自主创新能力、坚持创新引领的战略导向。

总体来看,传统网络运营商的研发投入水平远远低于互联网公司。当然,互联网公司与传统网络运营商在投资结构、运营成本结构方面存在根本的不同,并不能简单要求传统网络运营商向互联网公司看齐。信息通信企业类型众多,规模差异很大,企业可以采用标杆法,即根据自身的战略定位和发展目标,对比行业平均水平,选择同类型领先企业进行对标,由此确定自身的研发强度。

6.3.4 创新生态系统

在企业选择创新战略定位时,不论是选择领先还是选择跟随,积累并增强自身的核心能力都是有必要的。同时必须强调的是,在当前产业分工愈加细致的现代经济体系中,创新不再完全是一个企业内部的活动,企业必须具备开放协同的理念,整合内外部资源和能力共同完成创新,创新生态系统的概念由此产生。

创新生态系统是将商业生态系统、产业生态系统的概念应用于创新管理领域而形成的概念,是为推动创新活动,在一定环境下,企业、客户、供应商、政府等多个主体基于共同价值

---

① European Commission. The 2016 EU Industrial R&D Investment Scoreboard [R]. 2016.
② 飞象网 CCTIME. 三家运营商2022年年报简析[EB/OL]. (2023-03-27)[2023-12-20]. https://www.163.com/dy/article/I0QOEGR80511SFVH.html.

主张,按照一定的规则形成的相互依存、开放流动、协同演化、实现价值共创的网络系统[①]。对于创新生态系统的考察可以采用国家、区域层面视角,特定技术领域或产业层面视角,以及企业视角。国家、区域层面视角及产业层面视角一般关注创新生态系统整体的结构、培育、演化以及绩效等,企业视角则关注企业如何围绕自身建设创新生态系统,并协同其他创新主体共同创造价值。

在数字经济时代,信息通信业与国民经济各行业深度融合,基于信息通信服务的广泛应用形成了极为复杂的价值网络,企业之间的竞争已经由单个企业依赖核心能力的竞争演化为生态链、价值网络、生态系统之争。研究表明,创新生态系统可以帮助企业汇聚创新资源、提升创新绩效。一方面,处于核心地位的企业可以直接引领创新活动,获取和整合所需要的技术、能力、人才等资源,降低创新风险和成本,加快创新速度,从而增强企业竞争优势,并进一步巩固其核心地位[②];另一方面,处于非核心地位的企业可以借助创新生态系统的开放性,与核心企业实现协同共生,在合作过程中完善自身核心能力,促进创新成果落地,从而不断实现从追赶到超越,在协同演化中打破依赖关系,提升自身竞争力。因此,建设创新生态系统并在系统中找到恰当定位对于信息通信企业制定创新战略具有重要意义[③]。

与产业生态系统的核心理念一致,企业视角的创新生态系统也以产业价值链为核心,由核心企业、上游组件供应商、互补产品供应商和下游客户等共同构成,可以划分为核心企业层、创新平台、辅助企业层等。基于创新生态系统,创新活动是一个以核心企业为中心的输入资源、输出成果的过程,核心企业整合内外部创新资源,上游组件供应商、互补产品供应商给核心企业提供产品组件,核心企业将这些产品组件进行整合处理,形成创新产品并输出给客户[④],成员间通过生态化创新、协同共生来实现价值创造。创新生态系统强调相关企业之间围绕创新实现"协同进化",以合作和竞争的方式支持新产品开发并满足客户需求,企业之间基于开放共享、共创与利益相关者协同发展。

在创新生态系统中,企业间的共生模式包括寄生共生(parasitism)、偏利共生(commensalism)、互惠共生(mutualism)等。寄生共生表现为非核心的配套组织依托核心企业的技术供给、资金等资源,不断发展并扩大规模,配套组织对核心企业具有强烈的依赖性;偏利共生是指核心企业和配套组织之间相互依赖,通过互补性资源不断提升价值创造水平,核心企业和配套组织之间是一种对一方有利的关系;互惠共生表现为核心企业和配套组织通过资源配置和整合,彼此之间形成紧密的互惠关系,是创新生态系统演化的最佳方向[⑤]。在信息通信业中,从许多新业务、新应用(如电子商务、移动支付、5G车联网、网约车、网络外卖等)的产生和发展,包括数字经济时代许多产业数字化融合应用的出现,都可以观察到明显的核心企业的存在(参见案例资料"海尔物联网创新生态系统")。在创新生态系统

---

① 吴群,韩天然.数字化能力对平台型电商企业创新生态系统韧性的提升机制研究[J].当代财经,2023(12):81-93.

② 康益敏,朱先奇,李雪莲.科技型企业伙伴关系、协同创新与创新绩效关系的实证研究[J].预测,2019(5):9-15.

③ 刘婷婷,潘持春.数字化转型、创新生态系统与企业创新绩效[J/OL].经营与管理,2023:1-12.(2023-10-09)[2025-01-11].https://doi.org/10.16517/j.cnki.cn12-1034/f.20231008.008.

④ Adner R, Kapoor R. Value creation in innovation ecosystems: how the structure of technological interdependence affects firm performance in new technology generations[J]. Strategic Management Journal, 2010, 31(3): 306-333.

⑤ 欧忠辉,朱祖平,夏敏,等.创新生态系统共生演化模型及仿真研究[J].科研管理,2017,38(12):49-57.

逐步壮大成熟的过程中,核心企业与其他成员之间的共生关系逐步由以寄生共生为主向以偏利共生和互惠共生为主转化,价值逻辑由核心企业主导的价值创造向成员高度协同的价值共创和价值共赢方向嬗变。系统中成员企业的创新一方面推动企业自身生态位由低层次向更高层次跃迁,另一方面推动生态系统整体演化升级[1]。

案例资料

海尔物联网创新生态系统

海尔集团创立于1984年。从20世纪80年代到21世纪初,海尔陆续实施名牌战略、多元化战略、国际化战略,逐步成长为全球白色家电第一制造商。

2005年起,海尔开始聚焦提升信息化与互联网技术应用水平,制定了全球化和网络化两大战略以提高企业开放性。为推动公司与外部合作者间实现资源共享,海尔构建了三大平台:2013年上线HOPE开放共享平台、2014年推出服务创新创业的海创汇平台、2017年上线卡奥斯COSMOPlat智能制造平台。依托三大平台和2015年推出的"U+"平台,海尔致力于全要素、全时空、全员的全面创新。同时,海尔的组织结构从"正三角组织"向由三级经营体构成的"倒三角组织"再向"节点闭环的网状组织"转变。在"倒三角组织"结构下,首先,海尔形成了有助于激发自主经营体创新的组织流程与制度,强化内部生态成员对海尔的价值创造;其次,各级经营体能够借助技术平台实现资源共享以及合作共赢,进而强化企业与外部生态成员的合作关系。在"节点闭环的网状组织"结构下,个体或团队成为具备资源链接能力的"节点",能够将用户需求转化为订单。在技术平台与组织结构的协同演化下,海尔从传统家电制造业企业转型为一个无边界的开放式平台企业,并将开放共享等数字化特征与平台思维融入其与合作伙伴等利益相关者的合作之中,这为海尔形成基于数字平台的创新生态系统奠定了基础。

2018年,海尔作为唯一一家物联网生态企业被评为中国500家最具价值品牌之一,这意味着海尔成长为生态型企业,当前海尔正处在其"生态品牌战略"阶段。在该阶段,海尔从生态品牌、生态场景两方面建设基于数字平台的创新生态系统。第一,推行生态品牌战略。2019年,海尔推行生态品牌战略,以实现从传统企业的产品品牌向数字化时代下的生态品牌的过渡。在该战略下,海尔打造由"小微"(海尔内部的创业小微团队)构成的生态链群,并通过数字化的技术平台链接多方资源进行平台升级以及开发多个领域生态品牌,最终成长为数字化情境下创新生态系统中的品牌引领者。第二,打造生态场景。借助数字化技术与相关平台,海尔通过建设生态场景帮助用户实现零距离交互体验。以海尔推出的场景品牌"三翼鸟"为例,海尔通过数字化技术围绕用户布局触点网络,获取用户需求信息,进而改善其与用户的生态伙伴关系。另外,海尔通过线下体验店、001号店,围绕厨房、卧室等场景建立"1+N"生态服务体系,为用户提供定制化服务,实现用户和企业价值共创。海尔通过数字化技术不断升级已有平台,并逐

---

[1] 纪慧生,Asmita1,吴小梅,等. 制造企业生态位战略与创新生态系统演化——基于价值共生共创视角[J]. 电子科技大学学报(社科版),2023,25(5):76-87.

渐形成基于数字平台的创新生态系统,以创新价值获取与创造方式,最终成长为国际知名的生态企业。

案例讨论题:
1. 海尔构建物联网创新生态系统进而转变为生态企业在哪些方面增强了其竞争力?
2. 海尔创新生态系统还可引入哪些信息通信新技术、新服务以推动系统继续升级?

资料来源:
[1] 张娜娜,蔡芸忆,张文松,等.非数字原生企业创新生态系统构建机制研究——来自海尔的启示[J].科学学与科学技术管理,2023,44(9):18-29.
[2] 李振永.用户信息交互对海尔智家的价值提升研究——基于价值共创视角[D].烟台:山东工商学院,2023.
[3] 宁连举,肖玉贤,牟焕森.平台生态系统中价值网络与平台型企业创新能力演化逻辑——以海尔为例[J].东北大学学报(社会科学版),2022,24(2):25-33.
[4] 王福,刘俊华,长青,等.场景链如何赋能新零售商业模式生态化创新?——海尔智家案例研究[J/OL].南开管理评论,2023:1-22:(2023-05-1)[2025-01-11].https://kns.cnki.net/kcms/detail/12.1288.F.20230510.1615.004.html.

6.4 信息通信企业的创新过程

6.4.1 一般创新过程

就一般企业而言,完整的创新过程涉及创新构思产生、项目选择、研究开发、技术管理与组织、工程设计与制造、用户参与以及市场营销等一系列活动。对于服务型企业而言,创新过程一般包括创新构思产生与机会分析、服务概念定义与可行性研究、服务流程设计、开发与测试、实施与推广5个环节,其中前两个环节完成构思和前期准备,服务流程设计、开发与测试两个环节完成主要的研发工作,最后的实施与推广环节使创新在商业层面和市场上得以落地。在创新过程中,这些活动相互联系,有时要循环交叉或并行操作。

创新过程可以采取顺序方式推进,这在创业型公司中是常见的。但当企业成长到一定规模,创新成为持续性活动时,明确定义创新各环节的活动,并规范控制各环节之间的连接,对于提高创新项目的效率和成功率十分有益。

从创新各环节的连接方式来说,创新过程模型大致有序列化和部分并行两种方式。在20世纪90年代之前,大部分企业的创新过程采取序列化的方式,即一个阶段结束后开始另一个阶段。20世纪80年代后期出现的部分并行的一体化创新过程模型标志着观念的转变,企业开始以部分并行的方式来组织创新过程,特别是在研发设计和制造阶段。如图6-5所示,产品设计在概念开发阶段结束之前就开始了,而工艺设计在产品设计阶段开始之后不久也开始了,不同阶段的工作更紧密地协调起来,最大限度地减小研发阶段设计出的产品难以制造或制造成本很高的可能性。同时,这种部分并行的方式还有助于避免在不同开发阶段之间进行反复调整的问题,从而有助于节约时间、缩短整个创新周期。

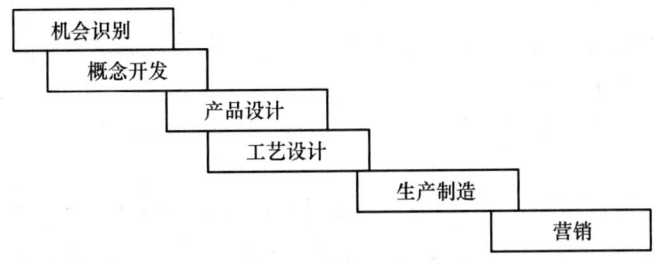

图 6-5　部分并行的创新过程

20 世纪 90 年代之后,随着信息技术的广泛应用,创新过程逐渐走向电子化、网络化,形成了系统集成与网络模型,通过引入专家系统、计算机辅助设计、计算机辅助制造、仿真模型等技术,并借助电子工具和信息平台,创新的速度和有效性得到了提升,同时通过信息网络实现了创新各环节、各参与方之间的紧密联系,强调了组织的柔性,提升了创新速度。

到了数字经济时代,数字化、智能化在提升企业创新过程效率方面的赋能作用进一步增强。在消费端,电商平台、智能穿戴产品、物联网等提供了新型的数据收集手段,借助这些手段,企业能够更密切地触及用户,获得用户行为和偏好信息,解读用户潜在需求。在生产端,利用虚拟现实、数字孪生等技术,将传统上基于实物原型产品的开发、设计、测试工作转移到数字化虚拟世界中完成,不仅能显著提升速度,还能大幅度降低开发成本。企业的内联网、外联网可以贯通企业内外,使企业可以实时获得外部合作伙伴的支持,进而共同完成创新开发、生产制造等环节的工作。因此,各类新型数字技术和平台使得创新过程中各环节之间的互动反馈更为快速,从而实现快速的试错、反馈、改进、再创新的循环,帮助企业在最短的时间内实现产品与需求的匹配。

6.4.2　互联网时代的迭代创新

建立规范化的创新过程,旨在提升创新的成功率和效率,在客户需求变化迅速、市场竞争日益激烈的环境下,许多企业尝试以类似生物进化的方式组织创新活动,由此在实践中产生了一种新的创新模式——迭代创新[1]。迭代创新是指以加快创新速度为目标,以持续创新为导向,通过构建充分授权的小型创新团队,以最小成本和最低风险,采用多次迭代方式进行创新的模式。迭代创新有如下特点[2][3]。

① 迭代创新将一次长周期创新变为多次短周期的叠加创新。传统创新过程一般预先规划总体目标和要求,并试图在一个创新周期内达到预期目标。而迭代创新将创新目标进行分解,对所要解决的问题进行优先级排序,在每个迭代周期中只解决最重要的几个问题。特别是在首创产品或服务时,迭代创新不追求一次推出功能齐备的"完美"产品,而是首先以"最小可行产品(MVP,Minimum Viable Product)"为目标,即推出仅具备最核心功能的产

---

[1] 张腾,王迎军. 迭代式创新的研究与实践发展[J]. 现代管理科学,2016(10):100-102.
[2] 孙黎,杨晓明. 迭代创新:网络时代的创新捷径[J]. 清华管理评论,2014(6):30-37.
[3] 黄艳,陶秋燕. 迭代创新:概念、特征与关键成功因素[J]. 技术经济,2015,34(10):24-28.

品,将其迅速投向市场来验证产品价值并获取市场反馈。在一个迭代周期结束后,先重新对问题的优先级进行排序,再开始下一次迭代。迭代创新不仅有助于保证主要创新目标的实现,而且能大大提升创新与反馈的速度。

② 迭代创新通过持续的多次迭代实现累积改进。迭代创新是一个由全局到局部、由框架到细节的过程,每次迭代都是基于上次迭代的结果进行的,都包含着对反馈信息的总结和吸收,每个周期的产出是完整的但不一定是完美的,但每经过一次迭代,结果都向完美更靠近一步。

③ 迭代创新能够以最小成本、最低风险快速地响应客户需求。创新活动存在固有的不确定性,其本质是试错过程。迭代创新在每个迭代周期中改进程度较小,投入的时间成本也相对有限,在获得市场反馈的基础上进行的改进也更有针对性,经过几个迭代周期就可以快速形成满足客户需求的阶段性成果。

④ 迭代创新强调客户的高度参与。迭代创新会让客户试用、评价每一个周期的成果并广泛参与创新过程,因此其能及时将客户需求显性化,并纠正创新团队对需求的误解,使得创新的成功率和绩效得到极大提高。

快速迭代创新是企业在互联网时代应对不确定性的重要策略,国内外许多信息通信企业,包括谷歌、腾讯、小米、360 等都是迭代创新的成功实践者(参见案例资料"腾讯的创新之道"和"小米手机的用户参与创新")。迭代创新是一种"干中学"式的创新模式,不仅要求企业建设鼓励尝试、宽容失败的组织文化,还要求企业具备较强的用户交互能力、学习能力和资源整合能力。成功推行迭代创新的企业在组织上通常具有 3 个特点:组织结构扁平化、边界模糊化、组织团队化。迭代创新往往由独立的开发团队实施,这些团队具有高度自治权,可以直接与用户、供应商以及资源第三方对接,这保证了团队的自主性和灵活性,使其能够快速做出反应。此外,迭代创新还要求组织资源能够在各产品开发团队间自由流动。在迭代创新企业中,多个项目往往并行推进,分散了创新的风险,最终成功的项目在试错中脱颖而出。

与重视计划、规范的传统创新过程相比,迭代创新更能适应互联网时代的要求,提升了企业在超竞争与不确定环境下创新成功的概率,有利于企业更快地打造出竞争优势。迭代创新特别适用于信息通信行业,依托数字化平台,信息通信企业能够与客户良好互动,特别是互联网应用产品更新速度快,使得快速迭代创新在互联网公司中被广泛应用。而对于重视产品稳定性的产品生命周期长的行业,迭代创新是否适用尚有待进一步探讨。

6.4.3 用户与合作伙伴参与创新

更快速的创新要求企业能够更准确地识别需求,而用户通常是最能识别新产品最佳性能的群体,因此让用户参与创新过程,并鼓励用户对产品提出建议,可以帮助企业将资源更多地集中在那些真正满足用户需求的项目上。

许多企业通过 Alpha 测试(α 测试)和 Beta 测试(β 测试)等形式收集用户的意见。其中,Alpha 测试是在开发阶段末期,在受控的开发环境中进行的内部测试,由开发团队、质量保证人员以及少量受邀用户完成,主要用于验证产品的核心功能是否满足需求、发现严重逻辑错误或功能缺陷并加以修复改进,以及进行产品性能、兼容性和安全性等方面的优化。Alpha 测试之后、产品发布之前,可进一步进行较长期的 Beta 测试。Beta 测试是在真实的用户环境中进行的公开测试,面向更广泛的外部用户群体,主要用于集中获取用户的体验反馈,如易用性、界面设计等,发现与使用环境相关的兼容性问题,如不同硬件、操作系统、网络环境等,以及测试在线服务的负载能力和稳定性,参加Beta测试的用户可以更早地体验产品特性并获得反馈机会。Beta测试常用于移动应用、游戏或大规模产品和服务(如Windows预览体验计划、Apple Beta版软件计划等),Beta版产品可以帮助企业在商业化大规模推广之前即占有一定的市场份额,并向市场传递产品信息,从而观察市场反应、验证用户接受度,最终决定是否发布正式版本。

还有一些企业在创新的更早环节就让用户参与进来,例如,在产品设计之前,这些企业通过市场调查来识别用户需求,并将用户需求融入产品设计中。一些研究指出,研究领先用户的需求要比大范围研究普通用户的需求更有价值,与普通用户相比,领先用户处于市场最前沿,更容易从新产品中获取效用和乐趣,同时领先用户又能够反映普通用户的需求,只是时间提前几个月甚至几年。因此,先识别领先用户,再针对领先用户这个相对较小的群体进行调查,不仅能够减少花费,而且能够更好地识别未来的市场需求。

除了让用户深度参与创新,将供应商、互补性产品供应商等引入创新过程,也是促使创新成功的重要方式之一,这种方式是创新过程与创新生态系统建设相适应的必然选择。通过让合作伙伴参与创新,企业可以扩展其信息资源,使合作伙伴在改进产品和提高生产效率方面贡献他们的想法。特别是通过与供应商、配套产品提供商的协作,企业能够以及时、成本可控的方式生产高质量的部件,把开发时间最小化。

在数字化背景下,企业将用户、合作伙伴引入创新过程变得更为便利。互联网用户社区、大数据平台、企业外联网、共创平台等使其具备了可行性条件。例如,小米公司的手机操作系统MIUI是全球首个采用互联网开发模式的操作系统,通过MIUI论坛,全球超过150万发烧友参与了该系统的开发改进,如此大范围的用户深度参与是传统创新模式无法实现的(详见案例资料"小米手机的用户参与创新")。

案例资料

小米手机的用户参与创新

北京小米科技有限责任公司(以下简称小米公司)成立于2010年4月,是一家专注于智能硬件和电子产品研发的移动互联网公司,它首创了基于互联网平台开发手机操作系统、发烧友参与开发改进的模式。

小米手机所使用的MIUI是小米公司基于Android操作系统开发的智能手机操作系统,也是全球首个采用互联网开发模式的操作系统,全球超过150万发烧友参与了它的开发改进。MIUI项目团队主要通过MIUI论坛与发烧友进行直接沟通,MIUI论坛的注册用户有165万人。MIUI项目团队通过论坛收集用户的反馈,并做到有问必答。在构思新功能时,MIUI项目团队会在论坛发帖征询用户的意见,对于用户强烈反对的功能,会中止立项;对于同一功能的两种或多种实现方式,会在论坛发起投票,让用户做出最终选择。MIUI项目团队会定期发布用户体验报告,及时总结产品的不足和改进方向。此外,MIUI项目团队还会定期举办较大规模的线下交流活动,与发烧友进行面对面的深度交流。

MIUI团队定期发布开发版和稳定版的系统。开发版供用户体验最新的MIUI改进，每周五在线升级；稳定版在经全球发烧友测试并确认稳定后发布，每月进行一次升级。基于论坛庞大的发烧友用户基础，MIUI项目团队将开发完成的功能，甚至半成品，交给一小部分核心用户进行试用。用户在实际使用中能快速发现问题、不足，团队据此进行完善后再将其交给更大范围的用户进行大规模测试，让用户继续发现问题。这种测试方法成本极低而效率却很高。这样，MIUI项目团队通过每周五的定时更新，及时摒弃不正确的思路，解决已发现的问题，并固化用户认可的东西，这种做法就是MIUI获取反馈后快速迭代的互联网开发模式。

在初期的开发中，每周的更新涉及四五十个，甚至上百个功能，其中有1/3是由"米粉（即小米发烧友）"提供的，相比于Android原生系统，MIUI共有100多项改进，许多贴合用户需求的"微创新"提高了用户的黏性。这种用户参与的创新方式进一步延伸至小米手机的研发，通过互联网平台关注用户体验、在各个环节实现充分的用户参与，成为小米成功模式的核心。

案例讨论题：
1. 小米手机、小米智能设备及其应用软件发展至今，其用户体验如何？小米公司还可对其进行哪些方面的改进？
2. 结合自身经验，举例分析常见信息通信服务创新过程中的用户参与程度，相关企业可以如何进行改进。

资料来源：
[1] 朱明，严海宁. 用户创新的过程研究——以小米手机公司为例[J]. 现代商业，2016(35)：94-96.
[2] 生花笔下."互联网思维"创造小米奇迹[EB/OL]. (2023-10-06) [2023-12-20]. https://baijiahao.baidu.com/s? id=1779010594139957666&wfr=spider&for=pc.

6.4.4 创新过程管理方法

在实践中可以采用有多种方法对创新过程实施流程化的规范管理，本节主要介绍3种信息通信企业适用的方法：SGP方法、IPD方法、敏捷开发方法。

1. SGP方法

创新活动不同于企业其他常规活动的最显著特点是其具有高度的不确定性，而SGP方法正是契合这一特点的流程管理方法。SGP即Stage-Gate Process，也称为门径管理流程。该方法的核心思想是在创新推进过程中分阶段进行多次评估，即在项目推进过程中设置"生/杀决策点"，在每个阶段创新团队根据收集到的技术和市场信息来决定项目是继续（生）还是终止（杀），只有成功通过评估的项目才能进入下一个阶段。这一方法改变了对于一般项目只进行一次评估决策的方式，将项目评估与项目推进相结合，凭借项目推进过程中掌握的更多信息进行多次评估，从而及时中止表现不佳的项目。该方法能够帮助企业优化创新项目组合,提高创新的效率和成功率,在创新过程管理中得到了广泛应用。

SGP方法由两个主要元素组成:阶段(stage)和关口(gate)。阶段是指新产品开发过程中的一个确定区间,包括一系列需要完成的活动和可交付成果。关口是指新产品开发过程中的一个确定节点,包括评估标准和决策原则,需要由把关者通过关口会议输出结果。在实施SGP方法时,首先要理清创新项目的时间和任务逻辑顺序,其次要划分阶段和设立关口,最后还要明确评估参与人员和操作流程,从而对创新产品的质量和风险进行控制。具体的阶段划分和关口设置并没有统一的模板,企业可以根据自身情况自行设计(图6-6给出了一个示例)。SGP方法具有灵活性和适应性,企业可以根据具体情况对其进行调整,增加或减少阶段或者关口,以适应不同类型或规模的项目。

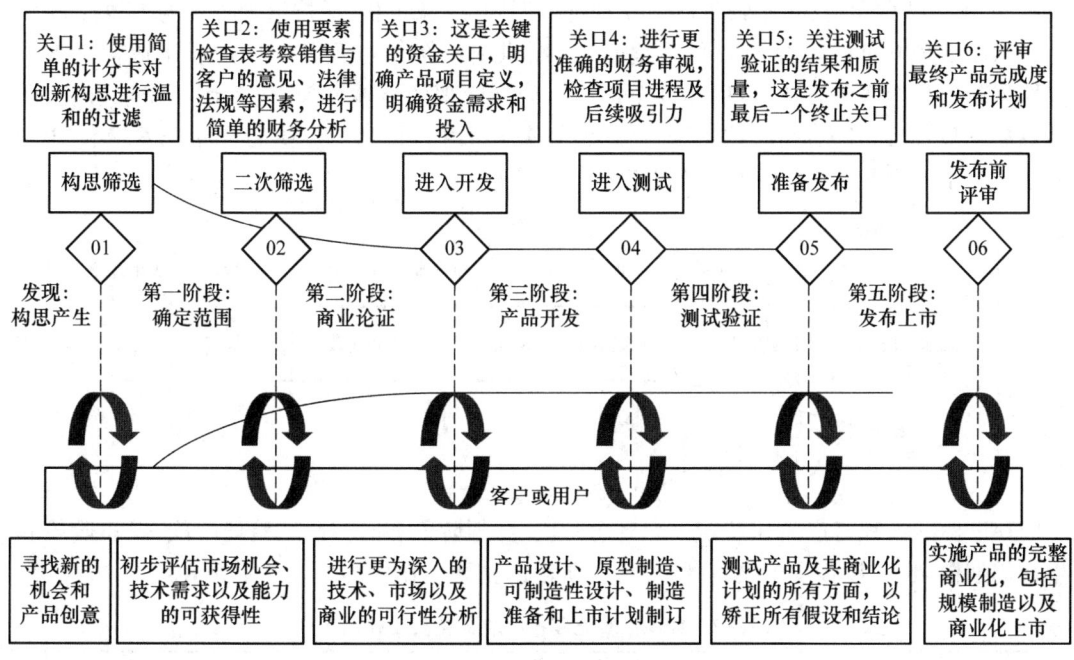

图6-6 SGP方法示例

2. IPD方法

IPD全称是Integrated Product Development,即集成产品开发,是一套新产品开发的模式、理念与方法。美国PRTM管理咨询公司于1986年开发的产品及生命周期优化法(PACE,Product And Cycle-time Excellence)是IPD方法的起源。

最先将IPD方法付诸实践的是IBM公司。20世纪90年代,IBM为了重获市场竞争优势率先使用了IPD方法,实践证明,IPD方法可以缩短产品研发周期、降低成本、减少中止项目、提高产出率和产品质量。此后,国内外许多公司,包括美国波音、中国华为等,也都采用了IPD方法,并取得了显著的效益。

概括而言,IPD方法是为了满足客户新的需求,在保证产品质量和控制开发成本的前提下,通过优化团队、流程和产品三大方面来提升新产品研发效率,并对市场的变化做出快速反应的开发模式。其遵循的重要理念如下。

① 将产品开发作为一项投资来管理,细化方案并明确资源投入情况,整合SGP方法的

理念,设置多个商业决策评审点,提升研发效率和市场成功率。

② 强调基于市场需求进行产品研发,将需求管理作为产品研发的出发点。

③ 采用跨部门团队进行产品研发,主张由开发、生产、采购、财务、客户服务等不同部门人员组成贯穿整个产品开发过程的团队,强调跨部门、跨系统协同。

④ 采用异步并行开发模式,通过严密的计划、准确的接口设计,综合考虑产品设计与后期的生产制造、测试维护、质量管理、客户服务等工作。

⑤ 采用公共基础模块以实现重用策略,将技术开发与产品开发分离,从而提升产品开发效率。这里的公共基础模块指那些可以在不同产品、系统之间共用的零部件、模块、技术及其他相关设计成果。

⑥ 建立结构化流程,主张将活动要素进行明晰化、流程化,保持活动输出的一致性。

由以上理念可以看出,IPD体系整合了一体化并行创新过程、SGP方法、集成信息系统支撑创新过程等多种方法,可以作为企业产品创新管理的整体框架,包括市场需求管理、产品战略管理、产品开发流程、技术开发流程等多方面内容。对于具体的产品开发流程,IPD方法提供了一个图6-7所示的标准流程。

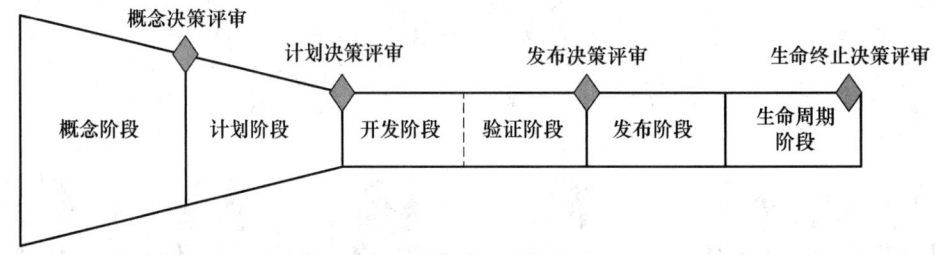

图6-7 IPD标准流程

IPD标准流程将产品开发划分为概念阶段、计划阶段、开发阶段、验证阶段、发布阶段和生命周期阶段,并设置4个决策评审点,各阶段的主要工作内容如表6-2所示。

表6-2 IPD标准流程各阶段的主要工作内容

阶段	主要工作内容
概念阶段	明确需求,评估产品机会是否与公司产品战略一致,以及是否符合公司业务策略要求
计划阶段	分解需求,将客户需求转变为产品系统以及各模块的需求,完成从公司、模块到个人等各个层级的计划,并详细分析商业计划,以决定公司是否投入大量的资源进行开发
开发阶段	根据产品系统结构方案进行产品详细设计,包括产品各模块的详细设计,并实现系统集成,同期还要完成与新产品制造有关的制造工艺开发
验证阶段	对系统整体设计以及各模块功能进行验证,完成系统集成测试,必要时对产品设计进行更改;开始制造初始产品并进行制造系统的测试,对产品的规模生产进行评估
发布阶段	评估市场发布计划并进行必要的修改,明确产品的早期客户,确定产品的定位、定价策略、宣传推广策略,发布产品并制造足够数量的产品,将产品正式推向市场
生命周期阶段	稳定生产、持续销售产品,监控产品业绩数据,对产品进行改进,总结产品在生命周期中的表现

图6-7所示的四大决策评审点主要是商业决策评估,由产品投资决策和评审机构根据产品方案、计划书、验证测试报告、产品绩效报告等决定是否继续推进项目、是否对项目提供必要资源、是否同意产品上市、是否停止生产产品等决策。此外,企业在流程中还可以设置

多个技术评估点,让流程管理更加细化,如华为的 IPD 流程,如图 6-8 所示。

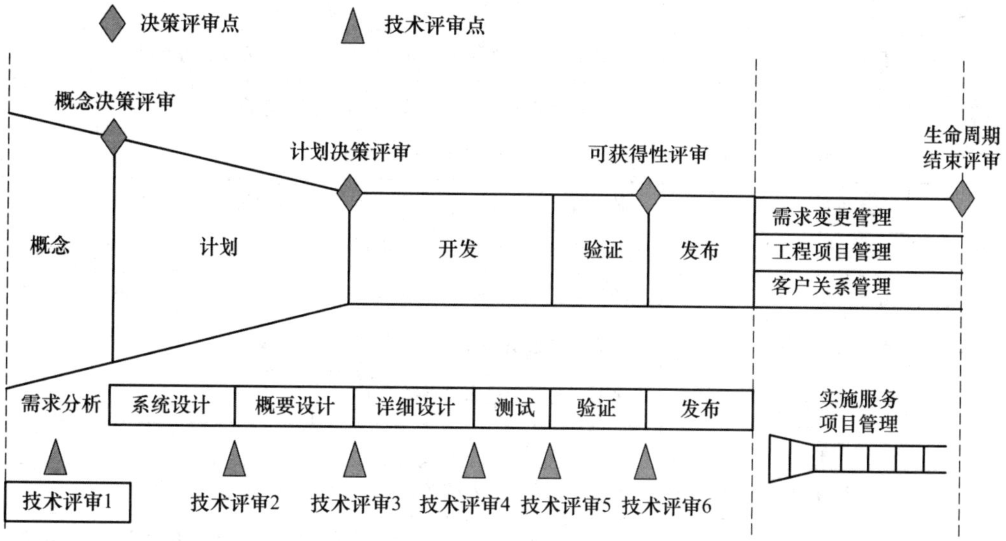

图 6-8 华为的 IPD 流程图

3. 敏捷开发方法

敏捷开发方法主要应用于软件产品开发领域。20 世纪末,随着信息技术的不断发展,产品生命周期日益缩短,用户的需求变得多样化和个性化,这使得项目需求变化很快,项目的复杂性和风险性都很高。软件项目面临着越来越多的问题,包括早期用户需求不明确、中后期用户需求频繁变更、软件功能使用率低、用户参与度低、无法快速响应市场变化、进度滞后、成本超支等。对此,2001 年 Jeff Sutherland 等 17 位软件开发领域的领军人物在美国提出了敏捷开发这个概念,共同发表了《敏捷宣言》,定义了敏捷开发的 4 条价值观和 12 条原则。

敏捷开发首先是一种思想,它是一套软件开发的价值和原则,提倡迭代开发、尽早交付、持续改进并对变化做出快速反应。要实施敏捷开发,需要具备面对需求变化快速响应的能力,其核心思想包括注重沟通、合作、交付可用产品和适应变化。为实现敏捷开发思想,软件行业在实践中发展出了多种方法和工具。因此,敏捷开发方法并非一种单一的方法,而是符合《敏捷宣言》价值观和原则的方法、技术、框架和实践的总和,具体包括 Scrum、精益开发、极限编程等。其中,Scrum 是敏捷开发中应用最广泛的方法,在实际实施敏捷开发的项目中,有超过 75% 的项目采用了 Scrum 或 Scrum 混合其他方法。

敏捷开发方法不仅是一个过程管理流程,还是一个包含项目团队价值观、团队建设、工作流程、管理工具等一系列内容的框架。以 Scrum 为例,Scrum 是一个轻量级的框架,它通过提供对复杂问题的灵活性和自适应解决措施来帮助个人、团队和组织创造实用价值。Scrum 有 3 大支柱、3 个角色、3 个工件、5 个活动和 5 个价值,简称"33355"(如表 6-3 所示)。3 大支柱包括透明、检查和调整;3 个角色包括产品负责人、敏捷教练和开发团队;3 个工件包括产品待办列表、冲刺列表、产品增量;5 个活动包括产品待办列表梳理会议、冲刺计划会议、每日站会、冲刺评审会议和冲刺回顾会议;5 个价值包括承诺、专注、开放、尊重和勇气。

表 6-3　Scrum 的"33355"

框架	内容	说明
3大支柱	透明	团队成员清楚地知道要交付的产品功能和开发进展情况
	检查	定期检查产品功能和开发过程是否存在偏差
	调整	发现问题后立即进行调整和改进
3个角色	产品负责人	负责规划要开发什么、以什么顺序开发，并确定每项需求的验收标准
	敏捷教练	负责指导团队使用 Scrum 并提出改进方法，帮助团队正确使用 Scrum
	开发团队	负责实现产品负责人规划的需求，交付每次冲刺结束时可发布的产品增量
3个工件	产品待办列表	根据用户价值进行优先级排序的需求列表
	冲刺任务列表	冲刺需要完成的需求列表
	产品增量	可交付给用户的产品
5个活动	产品待办列表梳理会议	将收集的所有产品需求根据用户价值进行优先级排序
	冲刺计划会议	在每次冲刺之初，从产品待办列表中挑选最高优先级的需求进行讨论、分析和估算，得到本次冲刺的任务列表的会议
	每日站会	每日 15 分钟站立会，每个团队成员回答昨日做了什么、今日准备做什么及遇到的问题
	冲刺评审会议	团队成员演示产品功能，产品负责人进行需求验收
	冲刺回顾会议	在冲刺结束后确定这次冲刺有哪些地方可以完善
5个价值	承诺	团队成员承诺实现团队目标
	专注	团队成员专注于团队目标
	开放	团队成员都能看到项目中的工作内容和进展情况
	尊重	团队成员相互尊重，理解他人的独特性
	勇气	团队成员有勇气做出承诺并迎接挑战

由 Scrum 的"33355"可以看出，敏捷开发非常注重人的作用和团队的建设，强调团队成员之间的紧密协作，打造自我组织型团队，通过充分沟通明确每一阶段的开发目标，快速交付新的软件版本，并持续不断地进行改进。

6.5　信息通信企业的创新组织

本节从创新项目团队和企业整体两个层面，探讨创新活动所需要的组织支撑。

6.5.1　创新项目团队

企业在开展某一项创新项目时，可以建立正式组织来完成创新任务，也可以不建立正式组织。不建立正式组织时，创新活动可以由企业原有各部门协调完成，也可以由参与员工自发组成非正式小组完成，这种组织方式适用于变革程度较小的渐进性创新。而对于较为重要的创新活动,企业普遍会选择建立正式组织,即建立有明确的领导者、权责明确的创新项目团队。创新项目团队有明确的创新目标和任务,可以是常设的,也可以是临时的,小组成员可以是专职的,也可以是兼职的。在企业实践中,最常见的创新项目团队形式是跨职能团队,重大创新多采用自主型团队,在网络化、数字化时代,虚拟团队越来越多地被企业所采用。创新项目团队可以由企业管理层自上而下、以集中管理的方式组建,也可以由员工自发组建,许多科技型企业都建立了相应的机制来支持员工自发创新,以最大限度地激发员工的创新精神、发挥其创造力(参见案例资料"阿里巴巴的内部创新机制——赛马")。

案例资料

阿里巴巴的内部创新机制——赛马

所谓赛马机制,即鼓励组织内部创新并形成竞争机制。"赛马不相马"是海尔公司率先提出的理念,旨在鼓励员工努力提高自己的工作能力,在竞争中获得工作岗位和级别。在许多企业中,赛马机制也被用于创新项目管理,以激发员工的创新活力,并通过优中选优提升创新的效率和效果。

2010年,淘宝已成立7年,稳稳占据中国网购市场第一的位置。淘宝高层担心淘宝患上"大企业病",因此提出基于赛马机制鼓励淘宝内部创业的想法。项目的产生有两种方式:一是员工自由选题、自由组队,通过评审即可立项;二是公司提供命题,员工组队投标竞标,获胜团队可获得立项。

赛马项目一经启动就极大地激发了员工的创新热情。整个公司共提出了350个项目,经过多轮评审,最终有10个项目获得通过。赛马项目是员工在本职工作之外去完成的,这导致管理上存在诸多矛盾,这些矛盾包括高层管理者与中低层管理者之间的矛盾、主流业务与非主流业务之间的矛盾,以及不同部门之间协同中的矛盾等。另外,由于基层员工能力和经验不足,内部创业项目的成功率并不高,大多数项目成果并不理想,参与赛马的员工积极性受挫。第一年的尝试尽管存在诸多问题,但仍然孵化出了淘宝iPhone主客户端和"淘网址"这样的好产品。

2011年,淘宝基本延续了前一年的做法,但更强调去伪存精。2012年,赛马机制进入第三季。淘宝决定调整方向,赛马的定位从内部创业转为微创新,而微创新是内部创业到达一定高度后的自然结果。在这一季,赛马机制还从淘宝走向了整个集团,出现了主/分会场,主会场共提出了155个项目。

2013年和2014年,赛马机制的理念进一步升级,由一次活动转变为基于线上平台"创新农场"常年运营,并且增加了"线上海选"环节,改变了以往仅由几个评委评审项目的方式,转而由公司内部两万多人评判项目创意的优劣(筛选过程如图6-9所示)。对于特别优秀的项目,给予更多支持和自主空间,包括提供服务器、测试环境、训练营、财务法务咨询、赛马导师、特定考核机制等。

在这4年中,赛马项目吸引了几千人参与,提出了800个创意,并成功落地开发出50多款产品。赛马机制也从淘宝走向了整个集团,成为阿里巴巴集团内部统一的创新品牌,承载着创新文化,并对新型组织形态进行了探索和实践。

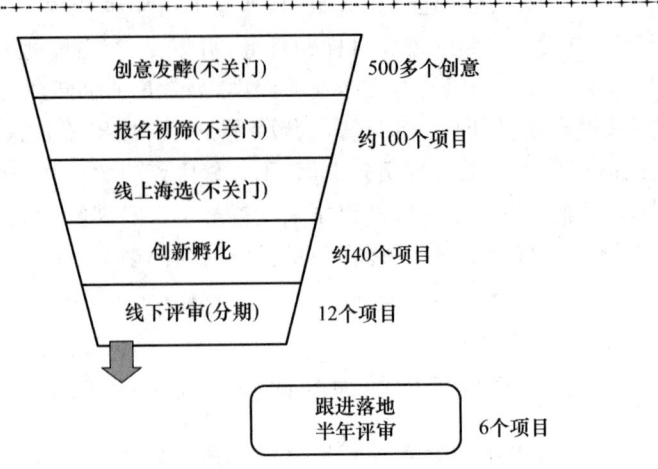

图 6-9 淘宝赛马项目的筛选过程

案例讨论题：

1. 赛马机制在许多互联网企业中都有采用，腾讯也曾以赛马机制著称。对比阿里巴巴和腾讯的赛马机制，简述二者有什么相同点和不同点。
2. 回顾阿里巴巴和腾讯赛马机制的发展历程和现状，分析赛马机制要取得较好的效果，需要什么样的环境和条件。

资料来源：

苏杰. 聊聊阿里的内部创新机制——赛马[J]. 程序员，2014(2)：78-79.

1. 跨职能团队与自主型团队

所谓跨职能团队，是指团队成员来自企业的多个职能部门，如研发、工程、生产和营销等。创新活动需要企业多个部门相互配合，基于跨职能团队，参与创新的各个部门易于实现良好的沟通协调，从而提升团队绩效。此外，团队成员往往具备不同的专业背景，这不仅为团队提供了更广泛的知识和能力基础，也带来了更丰富的信息和资源，从而有助于产生更多创造性想法，发现有价值的创意。但同时，成员间的差异性也有可能导致观点较难统一，增加沟通与协调成本。

当企业实施重大创新项目时，需要很多的人才和充足的资源。此时，就需要建立自主型团队。自主型团队通常直接接受企业最高主管的领导和授权，自身拥有很大的自主性和决策权，它为很难纳入企业现有组织体系的重大创新提供了适宜的组织环境。

美国洛克希德·马丁公司二战期间在开展军工高级开发项目时，采用了自主型团队的管理方式。由于当时研发项目部所在地毗邻一家散发着恶臭的塑料厂，员工们对环境表示不满，于是将工作地取名为"臭鼬工厂(Skunk Works)"，并形成了一套臭鼬管理法，该方法成为自主型团队管理的范例。臭鼬管理法的核心思想如下。

① 高度自治：研发团队高度自治，由项目经理全权负责所有事务，完全实现小团队、扁平化管理，同样供应商和客户的对接项目团队也享有高度自主权。

② 人少而精：严格控制人数，使用优秀的人，严格限制外部接触项目的人数，设定安全权限。

③ 关注关键节点和事项，简化烦琐的程序：简化合同，消除限制性、无意义的规定。报告越少越好，但重要节点和工作必须从始至终贯穿记录，每月都要做实际成本核算和整个项目的成本估算。

④ 从设计阶段开始就考虑工程制造、质量评估、测试、材料和后勤保障问题。

大企业可以以自主型团队为核心，进一步建立新事业发展部，以开创全新事业。这种组织方式能够最大限度地减少大企业结构臃肿、层级繁杂对创新造成的阻碍，使新事业在一个相对较为独立的环境中，获得与初创企业类似的灵活性。

2. 虚拟团队

虚拟团队是指由地理位置分散的成员组成，在互联网等通信技术的支持下实现远程协作的团队。虚拟团队的出现为跨地域、跨文化的协同工作提供了便利，同时也带来了协同创新的机遇和挑战。

虚拟团队利用信息技术进行沟通是其不同于传统团队的最大特点。因此，成员能否适应新的沟通工具，并建立高效的沟通机制，是虚拟团队能否完成协同创新的关键。虚拟团队的所有成员都需要认同远程沟通方式，并具备使用相关技术和工具的能力。信息技术提供了很多工具和平台，如较早出现的在线聊天工具、视频会议系统，以及更先进的共享互动文档、表格等，团队应根据创新项目需要沟通的内容，选择合适的工具，并合理安排沟通频率，以保障信息的快速流动。

为了确保虚拟团队成员之间的良好合作，需要建立一个透明的信息共享机制。信息共享是虚拟团队协同创新的基石，只有信息共享畅通无阻，成员才能够及时了解团队的进展和问题，从而提供适当的帮助和支持。共享知识库或者协同办公软件可帮助团队实现信息共享。利用云计算技术，团队成员可以快速查阅、远程协同和实时共享相关文档和数据，从而提升工作效率。更进一步地，大数据和人工智能可以帮助团队领导对团队成员的工作进行智能化监测和分析，通过对团队成员的行为和工作指标的监控，团队领导可以及时发现问题并迅速采取措施进行调整。

另外，与虚拟团队协同创新密切相关的还有团队文化的建设。虚拟团队成员分散，没有面对面的交流，因此更需要团队文化的凝聚力来促进成员之间的联系和合作。团队文化可以通过定期的团队活动、分享会议和团队建设等形式来培养。团队成员要有共同的价值观和工作准则，并愿意为团队的目标和利益而努力。

6.5.2 动态能力与敏捷组织

从企业整体而言，在高度不确定、竞争激烈的动态环境中，企业需要最大限度地提升效率和灵活性，能够及时感知技术变革、需求变化等带来的机会和挑战，通过高效地获取、重组、整合内外资源，快速实施创新并持续改善绩效，从而实现组织与环境的协同演进。这样的组织是一种与动态竞争条件相适应的、具有不断适应环境和自我调整能力的组织，称为敏捷组织或柔性组织。

面向变革、以创新为核心、具有动态能力，是敏捷组织区别于传统组织的最大特征，而为了构建、发展和维系动态能力，其组织结构、管控过程、组织文化以及外部联系等方面都需要进行全面升级,如图 6-10 所示。

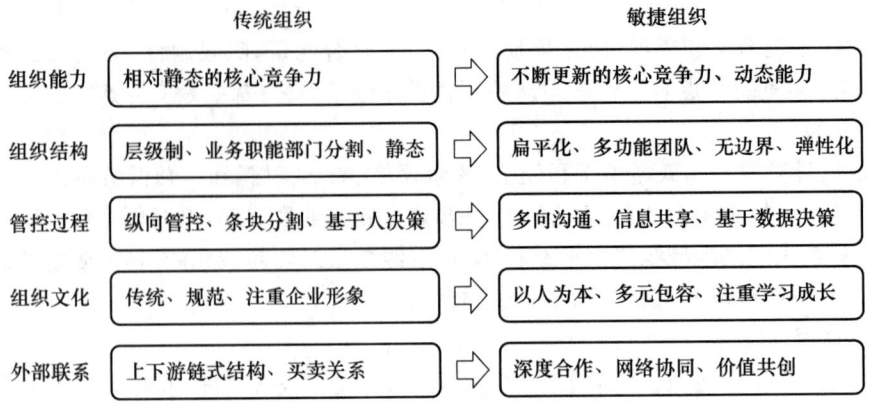

图 6-10 传统组织向敏捷组织的演化

(1) 组织能力

企业的核心竞争力是使企业在一定时期内保持竞争优势的某种关键资源或关键能力的组合。在高度不确定的环境中,企业无法再像过去一样依靠某一个领域的核心能力来长期保持竞争优势,环境的变化有可能迅速使企业的核心能力过时,甚至变为"核心刚性",成为企业适应新环境的桎梏。21 世纪初,许多曾经非常成功的企业,如柯达、诺基亚、通用汽车、索尼等,都曾一度陷入经营危机。面对新挑战不愿跳出原有的成功模式,陷入核心刚性,是造成其困境的一个重要原因。

动态能力理论正是在 20 世纪 90 年代基于人们对市场环境日益动态化的认知而被提出的,它对核心竞争力理论进行了补充,其基本理念是企业只有不断创新,才能持续成功。企业在发展构建核心能力时,不应仅仅围绕特定的技术领域或者产品形成特定的能力集合,而应同时发展一种弹性能力,使组织能够有效掌握市场动态,持续创新以满足市场需求。因此,动态能力是指企业更新、整合、重构内外资源以应对环境变化、获取长期竞争优势的能力[1],它不是一种固定的能力集合,而是"改变企业能力"的能力,其本身具有开拓性、开放性的特点。具体而言,动态能力包括感知能力、获取能力和转型能力 3 个维度,即企业能够侦察、感知外界环境的变化趋势,能够获取必要的资源和能力,并能够对企业组织、资产等进行相应的调整和转型,更新战略策略以应对变化。因此,动态能力强调快速创新、实时反应,以建立短期竞争优势为主要目标,通过有效的组织设计和人力资源管理,以高效率、低成本的方式对内外资源和能力进行重整、组合、获取与调试。

(2) 组织结构

企业组织结构是企业部门设置、职能规划及流程运转等最基本的依据,对于组织中的群体行为、个体行为、组织风格特征具有决定性作用。敏捷组织在结构设计方面的特征主要体现在以下几个方面。

在管理层级方面,敏捷组织趋于扁平化。通过增加管理跨度、减少管理层次、压缩职能

---

[1] Teece D J, Pisano G, Shuen A. Dynamic capabilities and strategic management[J]. Strategic management Journal, 1997, 18(7):509-533.

机构、裁减冗余人员等措施,敏捷组织使决策层和执行层之间的中间管理层级尽量减少、企业效率尽量提升,从而建立了一种紧凑而富有弹性的组织架构。扁平化组织将重心下移,增加了下层管理权限,能够更有效地实现以客户为导向的目标,同时横向协作更加直接,有助于激发员工的创造性和积极性,从而增强组织的反应能力和协调能力。

在部门和职责划分方面,敏捷组织趋于无边界组织。敏捷组织使企业内部各部门之间的界限变得模糊,尽量减少企业内部的水平和垂直界限,并消除企业与供应商、客户之间的外部障碍,从而实现更加高效的部门间协作和企业间协作。无边界组织寻求的是减少命令链,对控制跨度不加限制。实现无边界组织一方面意味着取消组织垂直界限,使组织趋于扁平化,将等级秩序的作用降到最小;另一方面以多功能团队取代职能部门,团队可以根据需求建立或者解散重组,围绕企业的工作流程来组织活动,以消除组织的水平界限。

在管理体制方面,敏捷组织具有较大的灵活性和弹性,主要表现在:领导关系弹性化,灵活性的临时组织增多,如成立项目管理办公室(PMO,Project Management Office),可以负责提供创新项目的管理支持服务,或直接管理一个或多个创新团队,其类型包括支持型、控制型和指令型等;决策权更加分散,员工和团队具有独立处理问题的能力和权力,以应对各种突变情况和适应变化的环境;广泛支持跨团队协作,增加平等的横向沟通,减少自上而下的集中调配方式。

(3) 管控过程

敏捷组织要实现组织内各部门、各团队的快速协调,对变革做出响应,在管控过程上就要注重沟通和信息共享。在传统企业中,各部门条块分割、各司其职,在各自规则下的强管控状态无法满足协同工作的要求,也会导致组织整体的内耗、低效。因此,优化流程的首要原则就是打破部门藩篱、提高沟通效率,使信息充分流动、充分共享。借助云计算、大数据、人工智能等技术,可以有效改变传统企业管理中的"数据孤岛"现象,打通各职能部门的信息沟通渠道,使各部门能够以最高效的方式获得所需要的信息,最大限度地减少沟通过程中的信息缺失或失真。数据在企业范围内实现拉通、共享,深入所有的管理模式之中。

在此基础上,通过数据挖掘发现隐藏的信息价值,可为管理者的决策提供强有力的支持。以数据为中心的决策方式将取代主要依赖管理者个人智慧、洞察力的以人为中心的传统决策方式。大数据驱动的智能决策,不仅能提高决策速度、降低决策成本,还能增强决策的科学性,帮助企业灵敏地捕获市场变化的信号,并在运营和战略层面做出有效应对,从而提升组织的敏捷性。

(4) 组织文化

敏捷组织要求每个个体都具有高度的自主性和学习能力,使个体能力汇聚为组织能力,并实现个体能力与组织能力的协同发展。因此,敏捷组织的文化特征如下。

① 以人为本。尊重个体发展,包容个体的多样性,为员工提供成长所需的环境和条件。

② 工作职责弹性化、动态化。与敏捷组织相适应,员工的工作职责有较大的调整空间,员工能力更加多元化,通过弹性工作设计可以促使其最大限度地发挥创造力。

③ 员工自我驱动、自主管理。组织更多地为员工授权和赋能,使员工拥有一定的管理自主权和决策权,从而增强员工的责任意识和风险意识。

④ 人际关系平等化。在组织中,员工的地位取决于其影响力的大小,而不是职位的高低。

⑤ 重视团队合作与协同。在敏捷组织中,往往以团队为基本单位来完成工作任务,员工必须具备高度的团队精神和协作精神,以减少内耗。

⑥ 激励机制多元化。多元激励既包括物质激励,也包括非物质激励。良好的制度与机制设计使员工利益与组织利益相统一,推动员工实现自我激励,并在工作中获得满足感。

⑦ 促进持续学习与深度学习。在面向创新的敏捷组织中,员工需要保持持续的深度学习能力,组织应为其营造学习氛围,并为其提供学习条件,实现人与组织共同成长。

(5) 外部联系

在数字化时代,随着数字技术与各行各业的深度融合,行业间的界限变得模糊,各个行业的上下游产业链关系发生了变化,其形态已打破了链式结构,重构为价值网络、价值空间,企业集群形成了共生共荣的产业生态系统。

在这样的环境中,任何企业都不可能封闭经营,而必须开放连接。企业间的关系已由简单的买卖关系演变为深度合作、多方协同,每个企业都可能会同时置身于多个价值网络、生态圈中。当产业环境发生变化时,往往需要生态圈做出整体反应,引入新的要素,甚至可能需要引入新的组织类型、新的企业"种群"。产业生态系统的进化是一个开放式协同的过程,因而,敏捷组织不仅应专注于企业内部协同,还应跨越组织边界,实现组织内外协同共生。通过网络化的内外协同,一方面,企业能够快速从外部获取、整合资源,弥补企业自身资源和能力的不足,从而加速能力的迭代;另一方面,在重要创新机遇来临时,企业可以带动生态圈中的其他成员共创价值、协同进化,从而有机会在生态圈价值网络中占据关键位置,成为产业领导者。

综上,敏捷组织需要企业具备"强链接"能力,打通内外价值链接,与外部合作伙伴构建柔性价值共创网络,由组织内协同升级到组织内外协同共生,实现场景联通、数据贯通、价值互通,共同发现、培育新的价值增长点。

本 章 小 结

1. 对于企业来说,创新以商业应用、市场化为主要目的,追求经济利益。参考服务创新的四维度、六维度概念模型,信息通信企业的创新活动包括推出全新业务及增加业务新功能、增强服务性能、提高服务效率、改善用户交互界面、完善或重构产业生态等多个层面的内容。

2. 技术推动产业变革、升级,使得产业发展往往呈现周期性特点,A-U 模型、A-T 模型描述了这种周期性,技术间断使产业进入动荡的酝酿期,主导设计的出现成为转折点,使产业进入渐进改进期,直到下一次技术间断出现。在存在收益递增现象的产业中,主导设计的竞争往往会形成"标准战",信息通信业就属于这样的产业。

3. "标准战"的结果就是市场选择一种主导设计,即主流标准,这一主流标准将被市场中的大部分企业所采纳。能够控制主导设计的企业通常会获得巨大的回报,在一个技术周期内占据市场主导地位。根据收益递增理论,一旦某一企业凭借主导设计确立其优势地位,则正反馈机制会使其主导地位不断加强、难以撼动,因而形成"赢者通吃"的市场。因此,信息通信企业在竞争中需要抓住技术间断的时机,抢先形成良好的正反馈机制,促使自身技术和产品的价值不断提升,才有可能占据并稳固主导地位。

4. 创新战略是企业在正确分析自身的内部条件和外部环境的基础上,所做出的企业创新总体目标部署,以及为实现创新目标而做出的全局谋划。创新战略具体考虑的内容包括企业的创新定位、核心竞争力建设、核心产品采用何种技术、创新投入水平、技术来源、技术保护战略等。

5. 企业的创新定位可以选择自主创新或模仿创新、领先创新或跟随创新,不同的定位各有优缺点。领先创新必然是以自主创新为基础的,但反过来自主创新未必能实现领先,有自主创新能力的企业也可选择跟随创新战略。信息通信业存在收益递增效应,主导地位竞争激烈,具备一定实力的信息通信企业往往会选择领先创新战略,抢占先发优势以期建立主导地位,但如果没有及时聚集起足够多的用户,或不能持续维系、保有用户,则仍有可能被跟随者超越。

6. 收益递增效应令信息通信业中的主导力量非常强大,特别是凭借庞大的用户规模,企业可以形成强大的垄断力量,但是落后的企业或者新企业也并非全无机会。一方面,这些企业可以关注新的替代性技术,在下一次技术间断出现时,在新的技术周期中尝试取得领先优势。另一方面,这些企业也可采取破坏性创新方法,绕开主流市场,从低端或者高端边缘市场切入,建立破坏性立足点,进而向主流市场侵入,信息通信业中不乏破坏性创新的成功案例。

7. 衡量创新投入水平的主要指标是研发强度,即企业年度研发费用与销售收入的比值。企业在确定研发强度时,必须根据企业所处行业,与企业的创新战略选择以及技术来源选择等决策相适应。信息通信企业类型众多、规模差异很大,企业可以采用标杆法,即根据自身的战略定位和发展目标,对比行业平均水平,选择同类型领先企业进行对标,由此确定自身的研发强度。

8. 在数字经济时代,信息通信业与国民经济各行业深度融合,基于信息通信服务的广泛应用形成了极为复杂的价值网络,企业之间的竞争已经由单个企业依赖核心能力的竞争演化为生态链、价值网络、生态系统之争。创新生态系统可以帮助企业汇聚创新资源、提升创新绩效。创新生态系统强调相关企业之间围绕创新实现"协同进化",以合作和竞争的方式支持新产品开发并满足客户需求,企业之间基于开放共享、共创与利益相关者协同发展。

9. 规范的创新过程管理对于提高创新项目的效率和成功率十分有益。在数字经济时代,数字化、智能化在提升企业创新过程效率方面的赋能作用进一步增强,各类新型数字技术和平台使得创新过程中各环节之间的互动反馈更为快速,从而实现快速的试错、反馈、改进、再创新的循环,帮助企业在最短的时间内实现产品与需求的匹配。

10. 迭代创新是指以加快创新速度为目标,以持续创新为导向,通过构建充分授权的小型创新团队,以最小成本和最低风险,采用迭代方式进行创新的模式。迭代创新特别适用于信息通信行业,依托数字化平台,信息通信企业能够与客户良好互动,特别是互联网应用产品更新速度快,使得快速迭代创新在互联网公司中被广泛应用。

11. 让用户参与创新过程,并鼓励用户对产品提出建议,可以帮助企业将资源更多地集中在那些真正满足用户需求的项目上。将供应商、互补性产品供应商等引入创新过程,也是创新过程与创新生态系统建设相适应的必然选择。在数字化背景下,企业利用互联网用户社区、大数据平台、企业外联网、共创平台等,将用户、合作伙伴引入创新过程变得更为便利。

12. 在实践中可以采用多种方法对创新过程实施流程化的规范管理,如 SGP 方法、IPD

方法、敏捷开发方法等。

13. 在企业实践中,最常见的创新项目团队形式是跨职能团队,重大创新多采用自主型团队,在网络化、数字化时代,虚拟团队越来越多地被企业所采用。在高度不确定、竞争激烈的动态环境中,企业需要构建、发展和维系动态能力,升级其组织结构、管控过程、组织文化以及外部联系等方面,形成与动态竞争条件相适应的、具有不断适应环境和自我调整能力的敏捷组织。

复习思考题

1. 请解释以下基本概念:
创新　服务创新　迭代创新　动态能力　虚拟团队
2. 举例说明近年来出现的信息通信企业创新,分析它的创新类型和对企业带来的影响。
3. 网络外部性特征对于信息通信企业的创新战略选择有何影响?
4. 请举出一个信息通信企业的创新实例,分析用户与合作伙伴在这项创新过程中的参与程度和参与方式,并对创新效果进行评价。
5. 迭代创新有哪些特点?
6. 结合信息通信企业创新实践,分析加快创新速度、缩短创新周期的关键因素有哪些。
7. 如何理解敏捷组织?举例说明信息通信企业建设敏捷组织时采取的策略和措施。

第7章 信息通信企业营销管理

7.1 营销管理概述

7.1.1 营销理念的演变

有关市场营销的学术研究开始于 20 世纪初期,在长达百年的发展过程中,市场营销理论和实践不断演进,这种演进集中反映在营销定义的变化上。例如,美国市场营销协会(AMA,American Marketing Association)在不同年代发布的几种市场营销的定义如下。

① 营销是引导产品和服务从供应商向消费者流动的商业活动(1960 年)。

② 营销是对创意、产品和服务的概念、定价、促销和分销进行规划和实施,以创造能实现个人和组织目标的交换(1985 年)。

③ 营销既是一种组织职能,也是为了组织自身及利益相关者的利益而创造、沟通和传递客户价值,并管理客户关系的一系列过程(2004 年)。

④ 营销是创造、沟通、传递、交换对顾客、客户、合作伙伴和整个社会具有价值的提供物的一系列活动、组织、制度和过程(2007 年)。

AMA 对市场营销定义的变化,反映了市场营销观念从传统的产品观念、推销观念转变为现代的客户导向、价值导向,从关注产品和服务的交换价值转向关注客户价值,营销对象从客户扩展到利益相关者乃至整个社会等一系列变化。2004 年和 2007 年的定义强调了营销的核心是客户价值,并突出了企业与客户共同创造价值的理念。同时 2004 年和 2007 年的定义还指出,营销既是一种组织职能,也是一种社会过程,所涉及价值的内涵和外延更加广泛。2007 年的定义在"过程"之外增加了"组织、制度",将除企业自身之外参与营销活动的组织,以及与营销有关的正式、非正式规范与制度包括进来,使得营销体系更加完整。2007 年的定义对营销对象的界定也更加广泛,社会是营销体系的最大客户,营销的责任是要满足社会对高质量产品和服务的需求,为此相关组织需要完成创造、沟通、传递和交换 4 个基本营销活动。总之,营销已经从单一的分销活动发展演变成使交易双方获得利益的管理活动和为社会创造价值的组织活动。

7.1.2 营销管理的内涵及其演进

1. 营销管理的内涵

营销管理与营销的内涵是既相关而又有区别的。菲利普·科特勒在《营销管理》一书中指出,市场营销学为营销管理提供专业知识基础,营销学的发展偏向科学,更多地研究揭示消费心理、消费行为以及营销活动的内在规律,而营销管理的发展则偏向管理应用。他把营销管理定义为选择目标市场,通过创造、传递和传播更高的顾客价值,获得、维系和发展顾客的艺术和科学。

具体来说,营销管理是对企业营销活动的管理,是企业为实现其任务和目标而发现、分析、选择和利用市场机会,从而创造、传递、传播客户价值的管理活动,其主要任务有分析市场机会、选择目标市场、设计和实施营销策略组合。

发现、分析和评价市场机会是营销管理的首要内容,营销人员可以通过收集市场信息、研究消费者群体需求、实施市场细分等方式,识别未满足的需求和新的市场机会。

在发现市场机会和进行市场细分的基础上,企业需要综合考虑自身的战略方向、资源能力状况、细分市场的吸引力、竞争对手战略等因素,确定主要生产经营的产品,决定以哪个或哪些市场为目标市场。

设计和实施营销策略组合是指企业在选定的目标市场上,综合考虑环境、能力、竞争状况等因素,对自身可以控制的策略要素(如产品、品牌、价格、广告、分销渠道、促销、人员等)进行最佳组合和运用,以达成企业目标。

2. 营销管理的演进

随着市场营销学研究和企业实践的发展,营销管理的理论和方法也在发展,可以通过阶段划分或者范型来反映其演进[①]。

(1) 3 个进化阶段

2004 年,C.K.普拉哈拉德和文卡特·拉马斯瓦米曾将营销管理的演进划分为 3 个主要阶段,即 20 世纪 50 年代的交易营销阶段、20 世纪 80 年代的关系营销阶段和 2000 年后的合作共赢营销阶段,其划分的主要标准包括市场观点、价值观点、顾客和企业的不同角色等(如表 7-1 所示)。

表 7-1 营销管理演进的 3 个主要阶段

主要阶段	交易营销阶段	关系营销阶段	合作共赢营销阶段
价值观点	交换中的供给	长期的顾客关系	共同创造体验
市场观点	价值交易场所	各种供给汇集的地方	通过对话来共同创造价值的平台
顾客的角色	被动接受供给	培养关系组合	消费前积极参与价值的共同创造
企业的角色	替消费者界定并创造价值	吸引、开发并维系有利可图的顾客	让顾客参与并定义价值及共同创造价值
与顾客互动的性质	调查顾客以得出需求和反馈	观察顾客并逐步学习适应	与顾客和社群积极对话

---

① 科特勒,凯勒.营销管理(中国版)[M].卢泰宏,高辉,译.13 版.北京:中国人民大学出版社,2009.

(2) 4个营销范型

营销范型反映了营销管理的整体状态,包括营销哲学、主流的营销类别和获利的焦点。区分营销范型的主要依据是其市场驱动力的类别,由此归纳出 4 种不同范型,即交易驱动型、关系驱动型、价值驱动型和价值网驱动型。

① 交易驱动型:以交易为中心,以销售活动为主,追求销售额增长,关注新顾客。代表性营销组织是销售部。

② 关系驱动型:以客户关系为中心,致力于留住客户、多次成交和建立更持久的商务关系,非常关注客户满意度,关系营销和服务营销成为主流。代表性营销组织是以客户关系为核心的市场部。

③ 价值驱动型:以基于客户的品牌价值为中心,追求更高价值的客户资产和品牌资产,价值营销和品牌营销成为主流,需要深入挖掘客户价值。代表性营销组织是品牌管理部。

④ 价值网驱动型:以网络和价值网络为中心,关注通过引入外部资源和网络效应来提高营销管理的效能和效率。价值网驱动的营销包括两个分支:一是互联网驱动的互联网营销;二是通过合作共赢的竞争战略创造出新的商业模式和营销模式。以客户价值为中心的合作网络突破了单一企业的资源限制,建立起跨公司、跨行业的联盟,从而能够争取更多的客户资产和更大的市场份额。客户体验在网络环境中发挥重要作用,互联网营销、价值网营销和体验营销成为主流。代表性营销组织是营销战略创新部门。

7.1.3 营销策略组合框架

市场营销策略组合中所包含的可控变量很多,迄今为止影响最大的是杰罗姆·麦卡锡于 1960 年在《基础营销》一书中提出的 4P 框架,即将营销策略要素概括为产品(product)、价格(price)、渠道(place)、促销(promotion)4 个方面。此后,许多学者以此为基础,从不同角度对营销策略组合进行了扩展,形成了 6P、7P、10P 框架,随着营销管理向关系驱动、价值驱动范型演进,又出现了 4C(customer,cost,convenience,communication)、4R(relevance,reaction,relationship,reward)组合。表 7-2 简要介绍了这些营销策略组合框架的营销要素与特点。

表 7-2 营销策略组合框架的营销要素与特点

组合框架	营销要素	特点
4P	产品、价格、渠道、促销	均为企业可控要素,实际可操作性强
6P	产品、价格、渠道、促销、政治权力、公共关系	体现"大市场营销"观念,认为企业可通过政治权力、公共关系两方面的策略影响市场环境
10P	探查、分割、优先、定位、产品、价格、渠道、促销、政治权力、公共关系	在 6P 基础上增加了战略营销规划过程
7P	产品、价格、渠道、促销、人员、有形展示、过程	针对服务行业的营销,对 4P 进行了扩展
4C	顾客、成本、便利、沟通	以客户需求为导向,从消费者的立场反思和发展了 4P
4R	关联、反应、关系、回报	以竞争和客户关系为导向,体现并落实了关系营销的思想

概括而言,从4P到6P再到10P,是对营销要素的扩充。菲利普·科特勒在20世纪80年代提出了一个创新性理论,认为企业应能够影响自身所处的环境,而不应单纯地顺从和适应环境,因此他在4P的基础上增加了政治权力(political power)和公共关系(public relations),企业可以通过对二者的运用,打破国际或国内市场壁垒,开拓新的市场。此后,菲利普·科特勒又强调了营销战略规划的重要性,将战略规划过程概括为探查(probing)、分割(partitioning)、优先(prioritizing)和定位(positioning),从而将6P扩展为10P,使其涵盖战略和策略两个层面。

7P框架是在考虑了服务性行业特点的基础上对4P框架进行扩展而形成的。在服务性行业中,特别是在劳动密集型的服务性行业中,服务人员本身就是服务产品的一部分,因此企业必须重视服务人员的选拔、培训、激励和控制。同时,尽管服务具有无形性,但实体环境、设备以及实体信息标志等有形展示元素会影响客户对于服务企业的评价。另外,服务的传递过程也很重要。基于这些考虑,服务营销策略组合增加了人员(people)、有形展示(physical evidence)和过程(process)3个要素。

从4P到4C、4R的演变反映了营销观念不断深入融合的趋势,这三者并不是对立或取代关系,而是相互补充的。4C强调了客户需求导向,4R体现了关系营销思想,而4P则是企业实际操作层面的落脚点。根据企业的实际情况,将这三者结合起来指导营销实践,有助于取得更好的效果。在互联网时代,4P、4C、4R框架同样也未过时,但互联网的普及使信息沟通模式发生了巨大变化,信息不对称被打破,消费者的认知和行为都在改变,产品和服务的提供方式也在改变,营销策略组合中的各个要素都会展现出网络时代的新特征(参见补充阅读资料"网络时代消费者行为模式的演变")。

补充阅读资料

网络时代消费者行为模式的演变

深入理解消费者行为模式是制定有效营销策略的基础。国内外营销学者和相关机构对此进行了大量研究,对不同时代下的消费行为提出了相应的模型,其中比较有代表性、应用较为广泛的有AIDMA模型、AISAS模型和ISMAS模型,如图7-1所示。

AIDMA模型是由美国广告学家E.S.刘易斯在1898年提出的,他认为消费者从接触营销信息到产生购买行为大致要经历5个心理阶段:注意(attention)、兴趣(interest)、欲望(desire)、记忆(memory)、行动(action)。这一模型很好地反映了在传统媒体环境下,企业主要向消费者单向推送信息的营销关系。

随着互联网的普及,消费者作为信息传播主体的地位逐渐增强,他们更愿意且能够主动获取更准确的商品信息。2005年,国际4A广告公司日本电通集团提出了AISAS模型,该模型包括注意(attention)、兴趣(interest)、搜索(search)、行动(action)和分享(share)5个阶段。与AIDMA模型相比,AISAS模型增加了两个基于互联网的典型行为——搜索和分享,即消费者会主动搜索商品信息,并愿意在社交网络中分享他们的消费体验。

随着互联网社交媒体的发展,媒介形式越来越多样化,消费者在做出决策的过程中对媒体的使用变得更加主动。基于此,北京大学刘德寰教授等在 2011 年提出了 ISMAS 模型,该模型包括兴趣(interest)、搜索(search)、口碑(mouth)、行动(action)和分享(share)5 个阶段。ISMAS 模型去掉了"注意"这一环节,加入了"口碑"这一核心要素,认为在移动互联网与社交媒体高度发达的时代,用户转向主动消费模式,商家的营销信息必须基于消费者的兴趣来设计,兴趣和注意合二为一,同时口碑成为一个承上启下的关键要素,只有形成口碑效应,才能促使消费者完成购买行为,并愿意分享他们的消费体验,从而形成二次口碑效应。

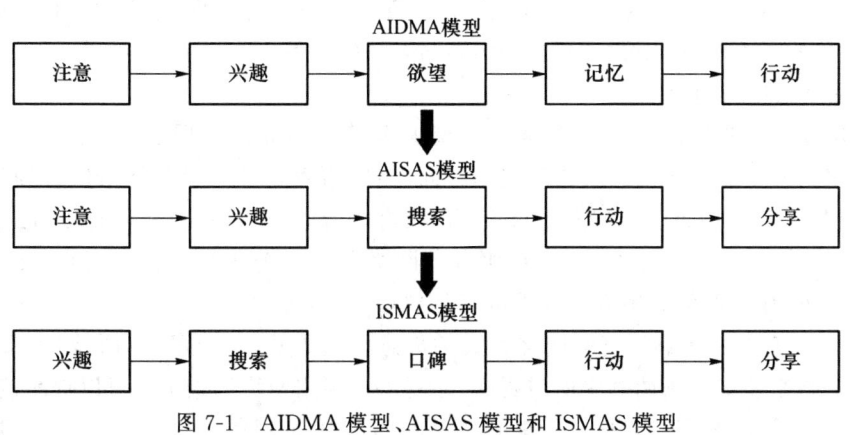

图 7-1　AIDMA 模型、AISAS 模型和 ISMAS 模型

资料来源:
[1] 刘德寰,陈斯洛. 广告传播新法则:从 AIDMA、AISAS 到 ISMAS[J]. 广告大观(综合版),2013(4):96-98.
[2] 魏云暖. 基于 ISMAS 模型的大学生网络消费行为分析[J]. 现代营销(上旬刊),2024(1): 151-153.

7.1.4　互联网时代的营销创新

自 20 世纪 90 年代互联网商用化以来,基于互联网的内容和应用越来越丰富,接入互联网的用户也越来越多,使得互联网成为报纸、广播、电视之后的"第四媒体",因此利用互联网开展的营销活动也自然而然随之兴起。从早期基于网站页面、公共论坛、电子邮件等开展的网络营销,到利用社交媒体的社会化营销,以及大数据时代的精准营销,基于互联网的营销手段不断创新,形成了丰富的营销策略组合。

1. 网络营销

网络营销,也被称为互联网营销、数字营销、线上营销,是指以互联网(包括移动互联网)为媒介,运用数字媒体和信息技术相关的方式、方法和理念来实施的营销活动。网络营销与传统营销的本质是相同的,都是创造、发现、传递、传播客户价值,以满足客户需求。

(1) 网络营销的特点

与传统营销相比,网络营销具有以下特点。

① 超越时空限制,营销成本相对较低。网络覆盖范围广泛,企业可以通过互联网直接接触潜在客户(例如通过公共论坛、电子邮件等方式),因此网络营销可以帮助企业以较低的成本把信息传递给大量的潜在客户,节省了大量的渠道建设费用,更易于提供全球性的营销服务,实现国际化。

② 富媒体与高效性。随着互联网应用和服务能力的增强,基于互联网能够传递高质量的多媒体信息,使营销活动信息能以多种形式表现和交换。另外,网络信息更新速度快,网络平台能够提供快速精准的信息查询等功能,这使信息传播效率更高。

③ 互动性强。企业与客户可以通过网络实现便捷的双向沟通,这有助于企业创新营销手段,满足客户的个性化需求,并建立和维系与客户的关系。

(2) 网络营销的内容

互联网是一种辐射面广、交互性强的新型媒体,其广告推广作用已被广泛认可。许多关于网络营销的研究侧重于网络广告和促销方面,但网络营销并不只是网络广告和促销的新途径,而是贯穿于企业网上经营的整个过程:从市场调查、市场信息收集,到产品设计和制造,再到推广传播,以及产品交易、售后服务。网络营销是企业整体营销战略的组成部分。因此,网络营销作为新的营销方式和手段,其内容非常丰富。

① 市场信息收集。利用互联网交互式的信息沟通方式,企业可以进行网上市场调查,或者通过网络来收集市场调查中所需要的二手资料,利用网络调查工具可以提高调查效率、降低成本。另外,互联网作为信息聚集的平台,汇集了大量消费者和企业信息,许多兴趣、爱好趋同的群体形成了一个个特征鲜明的网络社区,利用这些网络信息,企业可以更有效地深入分析用户群体的需求特征、购买动机和购买行为模式,从而挖掘细分市场,发现市场机会,预测市场需求走向。

② 产品与服务的设计开发。互联网的交互性使得企业能够及时、全方位地与客户、合作伙伴沟通,便于客户与合作伙伴参与产品与服务的设计开发以及品牌建设过程,特别是基于互联网搭建的沟通平台为用户参与创新提供了便利的途径,甚至可以实现消费者到企业(C2B,Consumer to Business)反向定制的产品设计生产模式。小米公司就是依靠网络营销形成了独特的手机运营销售模式,在激烈的智能手机市场竞争中脱颖而出的(参见第 6 章案例资料"小米手机的用户参与创新")。

③ 网络广告与推广。网络广告与推广是网络营销的主要内容之一,具体可以利用许多互联网应用平台和工具,形成多种营销方式,其中常见的有搜索引擎营销、电子邮件营销、网站广告营销、社交媒体(如微博、微信、网络论坛等)营销、病毒式营销、内容营销等。

④ 推动电子商务交易。网络营销并不等同于电子商务,但二者之间存在密切关系,互联网所提供的信息流、资金流渠道是电子商务发展的基础,而渠道正是营销策略组合中的要素之一。随着电子商务的发展,网络渠道在成本效率、覆盖面方面的优势愈加凸显。此外,在电子商务的环境中,企业的定价、促销策略也可以更加灵活。例如,商家可以通过网络方便地实施实时拍卖竞价,且允许大量用户参与,这在传统实体销售中很难实现。再如,电子商务平台可以根据网络销售情况动态调整促销方案,激发更大的销售量。在电商平台聚集大量用户的基础上,网络营销能够带来惊人的效果(参见案例资料"'双十一'购物狂欢节")。

案例资料

"双十一"购物狂欢节

在2009年之前,11月11日只是人们口中调侃的"光棍节",但如今它已经成为我国消费者一年一度的网络购物狂欢节,并且其影响力已开始扩散到全世界。

阿里巴巴集团是打造"双十一"购物狂欢节的主导者。2009年,淘宝商城(2012年更名为"天猫")开始在11月11日举办促销活动,其初衷是打造一个淘宝商城的专属节日,以提高淘宝商城的知名度。这个时间恰好处于传统零售业"十一"黄金周和圣诞促销季之间,这一尝试证明了网络促销拥有巨大能量,使得"双十一"成为电商购物节的代名词,并带动了其他大型电商平台参与,甚至对非网购人群、线下商城也产生了一定的影响。自2009年以来,阿里巴巴旗下电商平台在"双十一"期间的交易额持续攀升,到2016年已超过1 200亿元(如图7-2所示)。

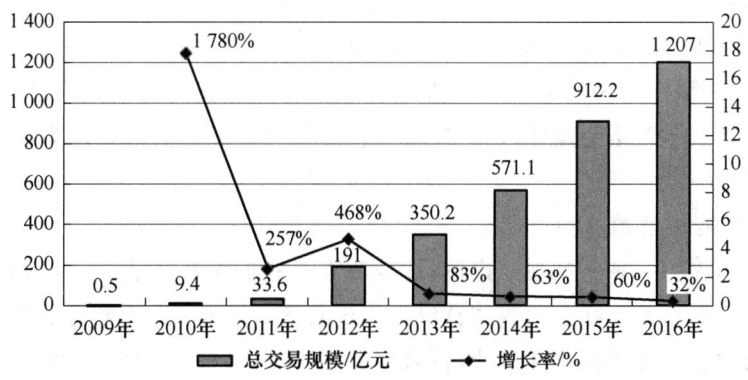

图7-2 2009—2016年阿里巴巴旗下电商平台"双十一"总交易规模

在八年的发展过程中,"双十一"购物狂欢节所采用的促销手段越来越丰富,形成了全方位的立体营销组合。

在产品方面,参与"双十一"活动的品牌和产品众多,一些知名品牌的单日销售额甚至破亿元,这成为许多品牌提升知名度的良机。

在价格方面,"双十一"的低价策略深入人心,用户可以很方便地在网络上进行比价,许多商品在"双十一"期间的价格都是历史最低价,近几年许多商家选择在"双十一"期间开始预售,并发放优惠券、红包,使网购用户的购买力达到高峰。

在促销方面,各大电商平台不仅通过各种媒体广告全力造势,还利用网络的互动性,采取了丰富多样的促销方式,如吸引用户参与小游戏抢红包、抢购物券、抽奖、邀请好友组队返利等,这些方式的趣味性远远超越了传统的促销手段。

在渠道方面,网购需要解决的不是产品售前的运输分销问题,而是产品售后的物流配送问题。面对"双十一"活动引发的快递"爆仓"问题,电商平台与物流公司紧密合作,提前增加运力,引导商家错峰发货,并协调各快递公司的业务量,以保障良好的用户购物体验。

案例讨论题：

1. 基于自身的体验,你认为"双十一"购物狂欢节期间哪些具体促销手段的效果很好？
2. "双十一"购物狂欢节经历了十多年的发展,现阶段的营销策略出现了哪些变化？营销效果出现了哪些变化？

资料来源：

[1] 马智萍."双十一"电商狂欢节的营销策略分析[J].商场现代化,2016(2)：66-67.

[2] 隋文哲.淘宝"双十一狂欢节"营销研究[J].时代金融,2016(20)：193.

2. 社会化媒体营销

社会化媒体营销,也称为社交媒体营销,是指利用博客、微博、在线社区、短视频平台、直播平台等社会化媒体平台来发布、传播资讯,从而达到吸引客户、维护公共关系、传播口碑、促进消费等目的的营销活动。社会化媒体的概念是在 Web 2.0 时代发展形成的。在 Web 2.0 时代,互联网用户不再只是信息的接收者,而是可以成为信息的内容创造者,并广泛参与互动和分享,网络中的每个用户都可以成为"自媒体",大量的网络用户进行信息发布、互动、分享,共同构成了社会化媒体,用户进行信息发布与交流的平台就称为社会化媒体平台或社交媒体平台。

（1）社会化媒体营销的特点

社会化媒体作为一种新型在线媒体,其显著特点是连通性、公开性、社区化,用户可自由参与、交流和互动,这使得社会化媒体营销与传统营销方式相比,甚至与早期的网络营销相比,其传播方式扁平、传播互动速度快、覆盖范围广、营销成本相对较低的特点更为突出。

① 传播方式扁平。在传统营销中,企业是主体,主要传播方式是自上而下的单向传播。而在社会化媒体营销中,社交传播功能得到进一步强化,企业与消费者之间以及消费者之间的信息沟通形成了一种平等关系,用户的话语权得到了增强。在传播过程中,除企业发布的内容外,还有大量由用户自愿提供的内容,这不仅增强了信息的可信度,也使得用户更愿意参与和分享。

② 传播互动速度快且覆盖范围广。在传统的市场营销推广中,信息通过特定的媒体渠道传达,企业需要根据媒体渠道的要求准备内容,其传播时间和受众范围受限于媒体渠道,获取消费者的反馈则更为滞后。而借助社会化媒体平台,企业可以随时发布商品信息、宣传活动内容等,并直接获得消费者反馈,平台用户都可以成为潜在的信息接收者以及二次传播者,高质量的内容可以获得更多用户的分享,达到指数型的传播速度。企业也能够即时收集消费者的意见,并与之进行高效交流,从而显著提高企业推广的效率。

③ 营销成本低。在传统营销推广中,电视等媒体掌握着关键的渠道资源,广告费用相对较高,在电视、报纸等传统媒体上进行广告宣传,前期的文案准备、影像拍摄、素材制作等环节都需要投入较多的时间和费用,导致成本相对较高。而社会化媒体营销中,企业可以利用平台数据对受众进行精准定位,这在很大程度上降低了资源耗费,从而节省了营销成本。

（2）社会化媒体营销的一般过程

近年来,基于各种新型互联网服务,社会化媒体的媒介形式愈加多样化,涵盖文字、声音、图片、图文结合、视频、直播等,社会化媒体平台也趋于多元化。用户和流量大量聚集的社交媒体平台,如微博、微信、抖音、快手、小红书、大众点评、美团等,都成为商家开展营销的重要阵地,特别是活跃用户众多的微信、抖音等大平台,更是商家营销的必争之地。鉴于不同网络平台面向的受众群体存在差异,商家普遍会选择多平台运营社交媒体账号,最大限度地联系自身客户或潜在客户,形成全方位的沟通、互动。

对于商家而言,社会化媒体营销的目标可以从短期、长期两个方面进行考虑。短期目标往往是针对特定营销事件制定,希望利用社会化媒体平台在短时间内实现快速的口碑发酵。例如,当企业推出新产品时,可以配合产品的整体促销活动,通过社会化媒体平台进行产品展示、促销推广。而长期来讲,企业可以通过发布、传播有价值、有意义的信息,打造品牌形象,帮助企业建立和稳固声誉、口碑,维系长期客户关系。因此,社会化媒体营销既可以作为短期促销的利器(参见案例资料"2023年暑期档电影的抖音营销"),也可以作为一种长期化、常态化的营销活动。

要使社会化媒体营销取得理想的效果,就需要对营销过程进行充分准备、精心策划,一般需要遵循以下几个步骤。

① 明确营销受众。首先要对营销的目标用户进行明确界定与规划,这是精准制定社会化媒体营销计划的前提。

② 确定营销平台。由于社交媒体平台在内容调性、产品属性、算法逻辑等方面的差异,选择与营销受众契合的平台非常关键,可以通过对比各平台的用户结构特征来确定营销效果最佳的平台。

③ 精准输出内容。在进行社交媒体营销时,内容质量非常关键,需要创作出能引起目标用户兴趣的优质内容,无论是文案、图片还是视频,都需要对内容进行精心设计和编排,同时根据内容调性,设计内容输出和传播路径,例如选择关键意见领袖(KOL, Key Opinion Leader)、识别和利用种子用户等加速内容输出。

④ 分析数据反馈。数据是对社交媒体营销效果的直接反馈,企业需要定期跟进每个社交媒体平台的数据与关键指标,这些指标通常包括阅读量、播放量、完播率、点赞数、评论数、转发数等,先通过数据分析找出营销策略上的不足,再针对可优化的点进行完善,对营销策略进行调整。

案例资料

2023年暑期档电影的抖音营销

2023年暑期档电影票房为206.18亿元,同比增长125.7%,观影人次为5.05亿,场次为3 461万,票房、观影人次、场次均刷新中国影史暑期档的纪录。这一"史上最强暑期档"不仅展现了电影市场的新变化,也反映了幕后宣发模式的新玩法。以抖音为主阵地的短视频营销势头强劲,成为推动电影市场增量的排头兵。

信息通信企业管理

抖音通过"探索新内容""高潜内容加热""爆款内容打透"的三步走策略,最大限度地拓展路人盘,精准挖掘兴趣人群,进而实现全民范围的破圈传播,最终实现观影人群购票的高效转化。除电影官方账号外,电影主创人员还走进抖音主播的直播间,与抖音内容创作者和用户直接交流,进一步影响观影人群的消费决策。相关研究数据表明,暑期档观众有70%的影片信息获取自短视频平台。从暑期档数据来看,关于电影的话题讨论量、互动量明显提升,抖音电影话题播放量同比增长163%,点赞量同比增长95%,投稿量提升68%。具体到影片而言,多部高口碑影片的官方抖音账号点赞量打破了历史纪录。其中《孤注一掷》的主话题在抖音上拥有213.5亿阅读量,官方抖音账号点赞量高达2.1亿,《封神第一部》《消失的她》《八角笼中》的主话题阅读量均在百亿以上,官方抖音账号点赞量均为亿级。

抖音已积累并摸索出一整套电影短视频宣发的方法论,并制定了《抖音电影宣发方法指南》,其从内容种草、阵地经营出发,用抖音电影指数衡量宣发绩效,旨在打造更好的抖音电影营销生态。

案例讨论题:
1. 借助短视频平台,企业可以采用哪些营销手段?其营销效果如何?
2. 通过本案例进一步思考,信息通信服务平台在其他企业的营销活动中可以提供怎样的服务支持。

资料来源:
[1] 拓普数据. 2023年暑期档电影观众调研报告[EB/OL]. (2023-08-03)[2023-12-20]. https://mp.weixin.qq.com/s/ZXok2SjsAuOPd27PHrKcbw.
[2] 灯塔研究院,灯塔电影实验室. 长风破浪,势不可挡——2023年暑期档电影市场洞察报告[EB/OL]. (2023-09-01)[2023-12-20]. https://mp.weixin.qq.com/s/FuHUkEXucBBvNHKDkaLrkw.
[3] 猫眼专业版. 2023年暑期档电影数据洞察[EB/OL]. (2023-09-01)[2023-12-20]. https://mp.weixin.qq.com/s/jBgZUL_ofi15BwEuEqf0Fw.
[4] 孙俨斌,初启钧,王溪鸣. 破圈与拉新:2023年中国电影营销市场盘点[J]. 中国电影市场. 2024(2):23-35.

3. 大数据营销

大数据的概念提出后,人们广泛探讨了大数据在公共管理、制造、商务、医疗、计算机科学、环境等各个领域的应用,其中在商业领域,大数据的营销价值备受关注,由此产生了大数据营销的概念。

目前关于大数据营销,并未形成公认的严谨定义,一般是指利用互联网上形成的大数据进行数据挖掘与分析,并以分析结果为依据制定策略的营销方式。从实现手段上来看,大数据营销属于网络营销的范畴,它利用网络聚集的数据资源,对传统的基于市场调查的人口统计数据和其他用户主观信息的数据营销进行了升级,也是互联网时代"精准营销"的一种实现途径。

精准营销是指对目标市场的不同消费者进行细致分析,根据不同的消费心理和行为特征,企业采用有针对性的技术、方法和策略,实现对目标消费者群体的高效、高投资回报的营销沟通。大数据为实施精准营销提供了海量数据,借助先进的数据挖掘技术,可以进行更精确的市场细分与定位,发现用户行为规律,从而描绘用户画像,清晰描述目标用户的需求特征,这有助于企业高效地寻找用户,并为其提供个性化的产品和服务,改善用户体验。除此之外,大数据还可以帮助企业监测竞争对手的状况和市场需求的变化,进行市场预测,为企业战略决策提供支持。

许多大型互联网公司已成为大数据的聚集者和控制者,例如亚马逊、阿里巴巴等电商平台,Facebook、微信等社交平台,它们都掌握了大量的用户基本信息以及能够反映用户偏好和心理的交易信息、行为信息等,而像谷歌、百度这样的搜索引擎入口,则可以记录大量用户在网络中搜索、浏览的痕迹,百度每天处理的数据量达到几十 PB,淘宝网每天产生约 20 TB 的数据,Facebook 每天的日志数据在 300 TB 以上,这些海量数据使得互联网公司成为大数据营销的积极实践者和先行者。亚马逊率先在其网络购书平台上推出了个性化推荐系统,该系统基于海量的用户购买数据分析产品之间的关系,快速为用户提供更广泛的产品推荐,由此带来的销量远远高于传统书评推荐。在亚马逊的带领下,个性化推荐已经被各类电商、交易及内容平台广泛采用。

4. 网络整合营销

网络整合营销是通过运用互联网的新媒体手段以及整合网络营销渠道而形成的一种营销模式。网络整合营销除具备网络营销的数据驱动、动态互动的特征之外,还强调整合多种媒体和数字渠道,实现全媒体覆盖。它传播的信息内容是针对目标客户个性化定制的,注重多渠道信息的统一性和一致性,以增强与用户的互动和连接。

由最初直观的网络广告发展至网络整合营销,互联网时代的营销理论和实践不断丰富。中外学者相继提出了新的营销策略组合,其中"4I"原则得到了广泛认可和应用。4I 具体是指趣味原则(interesting)、利益原则(interests)、互动原则(interaction)和个性化原则(individuality)。

① 趣味原则。如果过于直白地将营销信息展示给消费者,消费者通常会对其存在不同程度的抵触,甚至产生逆反心理。而有趣的内容更容易被人们通过网络分享,从而形成裂变传播。因此,若要网络营销取得良好效果,其传播的内容必须具备趣味性,无趣、枯燥的内容难以留住消费者,销售转化也就无从谈起。

② 利益原则。消费者购买产品是为了满足自己的需求和利益,网络整合营销需要转换视角,从消费者的角度思考利益问题。只有当商家的营销符合消费者利益时,消费者才有购买的动力。利益并非仅指物质利益,还可以有更广泛的内涵,包括消费者获得的效用、服务、心理满足等。

③ 互动原则。网络整合营销强调与消费者的互动,通过互动来了解消费者的需求和反馈信息,并及时调整营销策略。同时,互动还可以拉近与消费者的距离,使商家和消费者之间产生情感联系,增强消费者对产品的兴趣,培养消费者的忠诚度。

④ 个性化原则。网民数量庞大、信息量庞杂是互联网的两大特征,而移动互联网更是将这些特征推向了一个新的高度。因此,想要在如此庞大的网络空间中让营销信息获得较高的关注度,"投目标客户所好"的个性化成为不二选择。个性化可以分两方面展开:一方面

是通过改变营销内容的风格来打造个性化;另一方面是利用平台调性的差异来选择合适的发布平台,以此来制造个性化,但在这一过程中,要根据效果适时调整策略。

7.2 信息通信市场细分与目标市场选择

7.2.1 市场细分与目标市场选择策略

1. 市场细分

市场细分是指根据消费者的需求、特征和行为等方面的差异,将某一产品的整体市场划分为若干消费者群体的过程,每个细分市场都是由具有相似需求倾向的消费者构成的。不是所有的市场都需要被细分,也不是所有的细分都有用。有效的市场细分应满足可衡量、足够大、可区分的标准。对于识别出的细分市场,企业需要具备进入市场的条件和资源,能够制定切实可行的计划,根据需求差异实施产品多样化,使消费者更加满意,并通过营销努力最终实现计划目标,这样的细分市场策略才是真正成功的。

随着市场的日益分化,以细分市场为基础,许多企业正在向细分营销、补缺营销、本地化营销和客户定制4个层面的微观营销发展。

① 细分营销:识别细分市场,并向各细分市场提供灵活的、不同的供应品,而不是提供单一的标准化产品。企业还可以选择某些特定的细分市场,有针对性地展开营销活动。

② 补缺营销:以比细分市场更小范围的消费者群体为目标,进一步寻找细分市场中那些有独特需求且愿意为获得更满意的服务而支付额外费用的客户。一个有吸引力的补缺市场应该有一定的规模、利润和增长潜力,补缺者可以通过专业化取得一定的经济效益。

③ 本地化营销:专为本地客户群体(如贸易地区、社区甚至个性化商店)需求量身定制营销方案。本地化营销反映了一种向"草根营销"发展的趋势,即致力于尽可能地接近最终目标消费者并与之建立私人联系,其核心内容包含了体验营销,即把要推广的产品或服务与独特而有趣的体验结合起来。

④ 客户定制:市场细分极端化的形式,也可以称为"一对一营销"。在信息通信行业,客户定制普遍存在于大客户营销中,一些大型政企客户业务需求复杂,不仅需要常规的电话通信、宽带等业务,还需要更高层次的 IT 支撑、数据中心、物联网等综合服务,而不同大型政企客户的具体需求也存在很大差异,因此必须提供一对一的定制服务。

互联网的发展、大数据的累积无疑有助于改进以上4个层面的营销策略。以大数据为基础,企业首先可以更加准确地识别细分市场和补缺市场,其次能够更加深入地解读不同地域、不同用户群体的需求和偏好,最后智能数字化平台为更灵活、更具规模的用户定制提供了支撑。例如,电商平台与消费品制造和销售商家合作,基于电商数据综合消费者画像、商圈氛围、历史销量等不同维度,可以帮助商家设计不同地区的门店主题风格、陈列方式,让门店商品与当地消费者的偏好高度匹配,从而将本地化营销做得更加细致。用户还可以通过网络互动系统自行选择产品属性、配件、价格、送货方式等,从而定制自己想要的产品和服务,这种方式进而发展成为数字经济时代的新经济模式之一——C2B模式。

2. 目标市场选择策略

以多种产品、多个细分市场为基础,企业在选择目标市场时可以考虑的策略(如图 7-3 所示)如下[①]。

① 市场集中化策略。企业只选择一个目标市场,只生产一种产品,只为单一客户群提供产品。企业可以更清楚地了解该市场需求,从而树立良好的信誉,在该市场中建立稳固的地位,并通过专业化生产实现规模经济效益。但依赖单一市场的风险较大,一旦所选择市场的需求发生变化,就可能给企业带来致命的影响。如果企业具备在某一子市场中专业化经营的优势地位与条件,或限于财力只能经营单一市场,或该子市场的竞争对手较少且风险较小,则企业可以选择市场集中化策略。

② 选择专业化策略。企业有选择地进入几个不同的子市场,每个子市场都具有良好的盈利潜力,并且与企业的目标和资源条件相匹配。选择专业化有助于分散风险,但也会分散企业的力量,因此采用这种策略的企业应具有较多的资源和较强的营销实力。

③ 产品专业化策略。企业同时向几个子市场销售同一种产品。通过这种策略,企业可以在某一特定产品领域树立良好的形象,但一旦替代品出现,企业就会面临被替代的风险,因此这种策略适用于产品具有长期、稳定需求的情况,并且企业应积极跟踪与产品相关的技术进步,通过创新降低替代品的威胁。

④ 市场专业化策略。企业集中力量满足某一特定客户群的各种需求。这种模式能更好地满足客户需求,树立良好的信誉。企业还可以向该客户群推销新产品,使其成为新产品的有效销售渠道。如果企业能够维持一个需求较为稳定且有足够规模的客户群,则可以采用这种策略。

⑤ 市场全面化策略。企业全面为所有客户群提供他们需要的所有产品,实力强大的大企业适合采用这种策略。

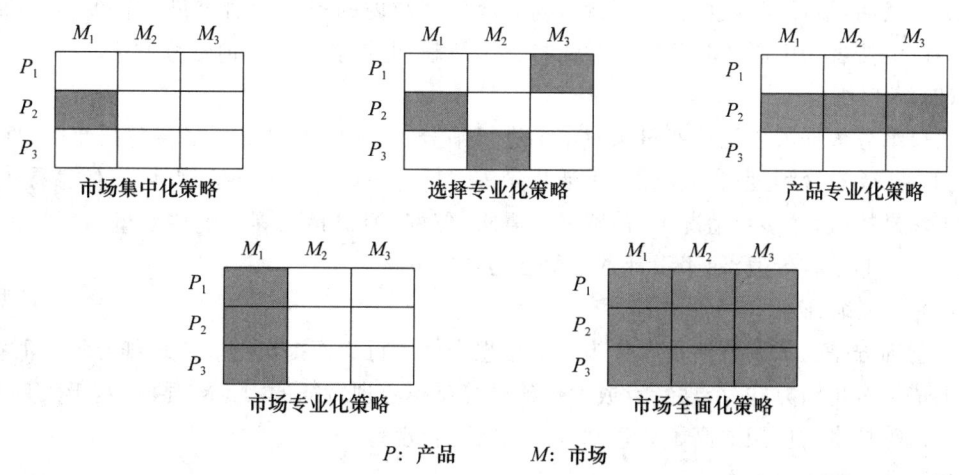

图 7-3 目标市场选择策略

在市场细分的基础上,无论企业采取何种策略,也无论企业选择多少个细分市场,其总体原则都应是所选目标市场能够为企业带来最大利润。在确定目标市场时,企业需要在其

---

① 郭国庆,陈凯. 市场营销学[M]. 5 版. 北京:中国人民大学出版社,2015.

整体竞争战略指导下,综合考虑所处行业的需求特点、市场吸引力、市场竞争强度、企业资源能力等多方面因素。其中,企业的资源能力是一个决定性的内在因素,企业选择的目标细分市场越多,则所需的资源就越多,市场全面化策略适合资源充足、实力雄厚的大企业采用。若企业资源有限,则选择市场集中化策略更为可行。若采用产品专业化策略或市场专业化策略,则企业需要具备较强的创新和营销能力,以便能够快速地对专业领域出现的新需求做出响应。

7.2.2 信息通信市场细分

如本书第2章所述,信息通信服务种类繁多,层次众多,服务地域广阔,所服务的对象也极其多样,包括个人用户、家庭用户以及各类企事业单位(组织)用户,因此信息通信市场细分是一个极为复杂的问题。本节将先从消费者市场和组织市场两个角度探讨信息通信市场细分的维度,再对实践中信息通信行业常见的细分市场进行简要概括。

1. 消费者市场细分基础

用来细分消费者市场的变量有两大类:一类是与产品无直接相关的描述性特征,如地理、人口、心理特征等;另一类是与产品直接相关的行为因素,如使用场合、使用频率或对品牌的反应等。无论采用何种市场细分方法,关键都在于要能够根据消费者差异对营销战略进行调整。

(1) 地理细分

地理细分按照地理区域(如国家、省、地区、城市、城区、县、乡等)来划分市场。企业可以选择在特定地理区域经营,也可以选择在所有区域经营同时关注不同区域的差异。地理细分最易界定,在开发高效的营销体系、构建广泛的分销渠道以及售后服务系统方面具有明显的优势。然而,地理细分也具有局限性,同一地理区域内的消费者需求仍具有多样性,地理细分为以消费者为中心的其他细分方法打下了基础,但不能替代其他细分方法。

(2) 人口细分

人口细分根据人口统计变量来对市场进行细分,具体的人口统计变量包括年龄、性别、收入、职业、受教育程度、家庭状况、生活背景等。这些人口统计变量客观性强、信息易获取、目标市场易接触,在多数情况下,消费者的需求、偏好、消费状况等与这些变量高度相关,因此人口细分非常有价值,便于设计营销组合的具体策略。

(3) 心理细分

心理细分是为了洞察消费者作为独立思想个体的行为而提出的。心理细分划分消费者群体的依据有生活方式、个性特点或者价值观等反映心理特征的因素。显然,基于大数据的用户画像等技术的应用提高了心理细分的现实可行性。

(4) 行为细分

行为细分从消费者与产品之间的关系出发,依据消费者的行为变量(场合、利益、使用者状况、使用率、购买者准备程度、忠诚度和对产品的态度等)对市场进行细分。各变量的简要说明如表7-3所示[①],行为细分在信息通信行业中的实际应用参见案例资料"中国电信对移

---

① 科特勒,凯勒. 营销管理(中国版)[M]. 卢泰宏,高辉,译. 13版.北京:中国人民大学出版社,2009.

动存量用户的细分与经营策略"。

表 7-3 消费行为细分的主要变量

行为变量	说明
场合	区分普通场合、特殊场合等
利益	购买者追求的不同利益：质量、服务、速度等
使用者状况	从未使用过、以前用过、有可能使用、第一次使用、经常使用
使用率	偶尔使用、适度使用、频繁使用
购买者准备程度	购买者的不同准备程度：未知晓、知晓、已了解、有兴趣、想得到、试图购买
忠诚度	某一品牌的忠诚者、多产品忠诚者、转移型忠诚者、多变者
对产品的态度	热衷、积极、不关心、否定、敌视

2. 组织市场细分基础

对于组织市场（包括政府部门、企事业单位），企业可以采用消费者市场细分所使用的某些变量进行细分，如地理因素、追求的利益、产品使用率、对品牌的忠诚度、购买准备程度等。此外，企业还可以采用其他变量对组织市场进行细分，T. V. 波诺马（T. V. Bonoma）和 B. P. 夏皮罗（B. P. Shapiro）[①]建议的组织市场细分变量包括人口变量、经营变量、情境因素和购买者个性因素。对组织市场进行细分往往需要同时使用多种细分变量，形成一个连续的细分过程。

① 人口变量是最重要的，包括组织所处行业、组织规模和所在地区 3 个具体变量。企业首先必须决定自己服务于哪个行业，然后在选定的目标行业中根据组织客户的规模和所处的地理区域进行进一步的细分。

② 经营变量包含的内容涉及技术、客户使用状况、客户能力、采购职能、权力结构、采购政策等。企业需要确定关注的重点，选择高度使用者、中度使用者、轻度使用者还是未使用者，服务对象是需要大量服务的客户还是需要少量服务的客户，是选择追求质量、重视服务的客户还是选择注重价格的客户等。

③ 情境因素主要考察客户是否需要紧急服务、特殊服务，以及客户更注重大订单还是小订单。

④ 购买者个性因素涉及买卖双方的价值观差异程度、对待风险的态度、对供应商的忠诚度等内容。

> **案例资料**
>
> ### 中国电信对移动存量用户的细分与经营策略
>
> 对于运营商而言，存量经营是指其针对现有用户，以提升用户忠诚度、释放用户价值为目的而采取的一系列经营方针和策略，主要通过客户信息挖掘、精细化管理、差异化服务等手段实现客户保有和价值提升。具体来说，就是将存量用户进行分类，并针对

---

① Bonoma T V, Shapiro B P. Segmenting the industrial market[M]. Lexington：Lexington Books，1983.

不同类别的用户采取不同的经营策略。

中国电信对存量用户的细分采用了几种分类标准:根据用户消费贡献将用户细分为 VIP 用户、星级用户和普通用户;根据在网时间将用户细分为一年以上用户、三年以上用户和五年以上用户;根据套餐类型将用户细分为融合用户和单产品用户。

中国电信的存量经营策略包括3个方面:用户关怀、价值提升和流失预警。用户关怀是从关心和回馈用户的角度提升忠诚度,价值提升是从挖掘用户消费潜力和产品升级换代的角度提升用户消费贡献,流失预警是从用户生命周期的角度延长用户在网时长。从经营效果看,用户关怀旨在稳定用户在网,价值提升旨在获取收入和利润,流失预警旨在减少损失。

用户关怀主要针对高价值用户开展,同时结合产品和技术的升级换代进行用户服务升级;价值提升主要针对成熟期用户开展,根据用户的消费特征、趋势和偏好,进一步挖掘用户消费潜力,推荐用户使用更符合需求的套餐和终端,引导用户充分使用套餐内的服务;流失预警主要针对有离网倾向的用户开展,通过分析用户使用趋势,建立流失预警模型,有效预测存在流失可能性的用户,并提前对其进行挽留,将风险控制在萌芽阶段。

案例讨论题:
1. 对于移动存量用户,电信运营商还可采用哪些标准进行市场细分?
2. 根据中国电信对存量用户的分类,分析如何改进针对各类用户的经营策略。

资料来源:
边莹. 中国电信移动存量用户经营策略探索[J]. 通信企业管理,2016(1):38-40.

3. 信息通信企业常用的市场细分维度

在实践中,信息通信企业可以对上述的市场细分维度进行组合、交叉,形成更加细致、精确的细分市场,这是一个从粗到细的过程。信息通信企业常用的市场细分维度包括服务种类、服务地域以及客户群体。

(1) 按照服务种类进行细分

从服务产品种类的角度,参照本书第2章的信息通信业务体系,信息通信市场形成包含基础设施服务、基础通信业务、互联网应用服务以及融合业务等多个层次的子市场,在每一类服务下又可针对具体的业务种类划分子市场。例如,基础通信业务市场可细分为固定电话业务、移动电话业务、宽带接入业务等市场,互联网应用服务市场可细分为即时通信、网络视频、网络音乐、网络游戏等服务领域。显然,由此而产生的细分市场数量众多,并且随着信息通信领域的不断创新,还可能出现新的细分市场。

(2) 按照服务地域进行细分

大多数的信息通信服务都是面向社会大众提供的,因此理论上其服务范围可以覆盖全国,甚至跨越国境,扩展至全球市场。但企业在具体经营时,必须考虑各个地方市场的特性,实施本地化营销。因此,在制定营销策略时,按照服务地域进行细分是必要的。

首先,从最大范围来讲,信息通信市场可以分为国内市场和国外市场。大多数服务性企业通常都会首选立足于国内市场发展,当企业实力积累到一定程度之后,再考虑进入国外市场。近几年,我国的基础电信运营商以及互联网巨头公司已在国外市场取得令人瞩目的业绩。国外市场的政策法律环境、消费者偏好、资源特点等是企业制定发展战略及营销策略时必须考虑的因素。

其次,对于国内市场而言,我国城市和农村地区,以及东、中、西部各大区域之间,甚至各个省级行政区之间,经济和社会发展水平尚存在明显的不平衡状况。因此,针对不同地域市场,甚至细致到城市、郊县,也需制定不同的营销策略。

(3) 按照客户群体进行细分

信息通信企业服务的客户数量非常庞大,尤其是在我国这样一个规模巨大的市场中,客户总数达到十几亿的量级,这使得对客户群体的细分非常复杂。从客户群体的大类划分来看,信息通信企业的服务对象可以分为个人客户、家庭客户和集团客户三大类,其中个人客户和家庭客户也常合并称为公众客户。

对于基础通信业务的个人客户和家庭客户而言,客户之间的信息通信需求在种类和内容上的差异相对较小,但他们的使用量以及支付能力差异较大。因此,传统电信运营商常根据用户的使用量,将用户划分为大客户或VIP客户,以及普通用户等不同等级。此外,传统电信运营商也常会识别一些特定的用户群体,如学生用户、商务人士、老年人及弱势群体,并针对他们分别制定不同的策略。

而对于比较高层次的信息内容及应用服务来说,个人用户或家庭用户的偏好存在很大的差异,个体的性别、年龄、爱好和兴趣会在很大程度上影响他们对信息内容和应用的选择,因此提供内容及应用服务的互联网公司在对用户群体进行细分时采用的维度往往更多,个性化程度更高,划分的用户群体数量也更多(参见案例资料"抖音的八大消费人群")。

对于集团客户,按照客户的组织性质,企业常将其分为党政军客户、行业客户、企业客户等,按照客户的组织规模,又可将其分为集团大客户、中型客户、中小客户等不同等级。企业可根据客户的重要性,制定自己的客户等级标准,为客户提供差别化服务。对于重要客户、大客户,企业需要采取一对一的顾问式营销方式,提供定制化服务,并需要对客户需求做出动态反应,以维系长期的客户关系。

案例资料

抖音的八大消费人群

抖音平台根据其用户数据,对用户群体进行标签定义。2022年下半年,抖音依据年龄、区域、品类偏好、内容偏好、消费观念、生活方式等用户特征,定义了如下八大消费人群标签。

① GenZ,即Z世代,指24岁以下,生活在一、二、三线城市的年轻人,他们是数字原生代,对数字技术非常熟悉,偏好游戏竞技,喜欢追求新鲜、潮流和个性化的内容,具有较强的消费能力。

② 精致妈妈,指生活在一、二、三线城市,年龄为25~35岁的处于备孕阶段或已育的白领女性群体,她们有一定的经济能力和较高的消费水平,注重生活品质,喜欢分享育儿经验、家居生活、美食等内容。

③ 新锐白领,指生活在一、二、三线城市,年龄为 25~35 岁的白领青年,他们多在 IT 或金融行业从业,追求时尚、品质和文化,偏好阅读、旅游、美食等高品质内容。

④ 资深中产,指生活在一、二、三线城市,年龄为 36~50 岁的白领中年人,他们有一定的财富积累和社会地位,注重健康、家庭、社交,喜欢分享生活感悟、旅游经历、子女教育等内容。

⑤ 都市蓝领,指年龄为 25~35 岁,在一、二、三线城市中从事体力劳动的群体,他们的消费能力处于中下水平,喜欢实用、接地气的内容,如技能学习、生活技巧、工作分享等。

⑥ 小镇青年,指 35 岁以下、生活在四线及以下城镇或农村地区的年轻人,他们喜欢简单、真实、贴近生活的内容,如乡村风情、民间传统等。

⑦ 都市银发,指生活在一、二、三线城市,年龄在 50 岁以上的老年群体,他们喜欢怀旧、养生、健康等方面的内容,同时也关注家庭、亲情等话题。

⑧ 小镇中老年,指生活在四线及以下城镇或农村地区,年龄在 35 岁以上的中老年群体,他们的兴趣爱好和消费观念相对保守,喜欢传统、实用的内容。

其中,精致妈妈、新锐白领和资深中产属于消费中坚力量人群,GenZ 和小镇青年属于新势力人群,都市蓝领、都市银发和小镇中老年属于有待开发的蓝海人群。

案例讨论题:
1. 明确划分用户群并给出标签定义给企业营销带来什么好处?是否会带来一些弊端?
2. 如何评价各用户群体的价值?如何识别高价值群体?
3. 如果对抖音的八大用户群体进行进一步细分,可使用哪些细分维度?

资料来源:
飞扬,增长在路上. 抖音云图[人群篇]:拆解抖音 5A 人群资产和八大人群增长策略(一)[EB/OL]. (2022-10-09) [2023-12-20]. https://lmtw.com/mzw/content/detail/id/219097/keyword_id/-1.

7.2.3 信息通信企业目标市场选择

从信息通信市场复杂的细分方式可以看出,信息通信市场范围极其广阔,细分市场数量非常多,即使实力顶尖的企业也很难在整个信息通信服务市场上实施市场全面化策略。此外,受到管制政策、发展历史、市场竞争规则等因素的影响,信息通信企业往往选择先在一类业务市场上取得优势,再向其他业务领域延伸和扩展。对照图 7-3 所示的目标市场选择策略,多数信息通信企业的目标市场选择始于市场集中化策略或者产品专业化策略,在各个细分市场上形成相对稳定的格局。

例如,在基础通信业务领域,中国移动、中国联通、中国电信三大运营商形成三足鼎立之势,其中中国移动在移动通信业务市场上处于领先地位,而中国联通和中国电信则在宽带接入业务领域分别在北方和南方占据优势。在互联网应用市场上,可以看到即时通信、视频平台、短视频平台、网络音乐、电商平台等各类应用市场都出现了各自的优势企业。即使是像阿里巴巴集团、腾讯集团这样实力雄厚的互联网巨头,也很难同时在多个业务领域建立稳固的领先地位。因此,精准定位自己的目标市场,并稳固在目标市场中的优势,对于企业的长远发展至关重要。

在竞争越来越激烈的背景下,企业如果想要进入一个新的业务领域,就需要寻找市场中需求尚未被满足的特定群体,并为其提供个性化的特色服务。依托信息通信服务庞大的潜在用户基数,即使是较为小众的群体,也可以为企业的初期发展提供立足点。例如,抖音发展初期的用户群体主要是新潮、时髦的都市年轻人,他们基于潮流音乐进行视频创作、分享和互动,而如今,抖音已经成为一个全民泛娱乐平台。近年来增长迅速的小红书最初也是以时髦、精致的女性群体为主要目标客户,其内容分享集中于美妆、美食、服饰穿搭、宠物、健身、母婴等几个领域,其圈层细分明显,但用户消费能力强,具有极大的发展空间。再如,哔哩哔哩网站早期立足于ACG(动画、漫画、游戏)市场,其用户群主要为二次元爱好者,是一个相对小众的平台。自2018年以来,哔哩哔哩致力于"破圈",试图突破小众文化受众的局限性,走向泛娱乐大众视野,其目标市场呈现显著的扩张态势(参见案例资料"哔哩哔哩的破圈之路")。

目标市场的转移或扩张也伴随着风险,企业需要相应地提升、调整自身的资源和能力,以与目标市场需求相匹配,从而保证企业能在目标市场上建立优势。企业如果盲目扩张却无法建立优势地位,甚至损害自身核心用户群的体验,则可能会失去既有市场,最终得不偿失。

案例资料

哔哩哔哩的破圈之路

哔哩哔哩弹幕视频网(用户常称其为B站)创立于2009年6月,其发展历程大致可以分为3个阶段。

B站的前身"Mikufans"是一个专为ACG爱好者设计的网站,用户可以在此上传、分享和在线观看ACG内容,这一模式迅速吸引了大量二次元爱好者。2010年,Mikufans正式更名为哔哩哔哩,并开始开放注册,从而进一步扩大了用户群体。

2009—2013年,B站是一个仅面向核心二次元文化爱好者的小众ACG社区,其社区用户的积累源于共同的爱好。在此期间,B站采用了精细化运营方式,建立了严格的用户筛选机制,以维护社群氛围。要想成为B站会员,用户必须先通过100道与社区文化、规则等相关的题目测试,尽管这一方式限制了用户数量的增长,但用户归属感强、黏性高、互动性强,形成了独特的社区文化。

2014—2017年,B站目标用户由二次元爱好者扩大为泛二次元爱好者。泛二次元用户是指对二次元文化有一定程度了解,但不会在此方面投入过多时间和金钱的群体。相应地,在此期间B站的内容分区增加了科技、影视、鬼畜、舞蹈、时尚以及生活区,这表明B站正由ACG垂直视频平台向综合视频平台转型。

2018年,B站在美国纳斯达克上市,通过融资,其在动漫、游戏、电商、音乐等领域拥有了合作资源,从而扩展了版图,核心用户群开始由泛二次元群体扩大为"Z世代"用户群体。"Z世代"是指出生于1995—2009年间的群体,约占我国总人口的20%。2021年第一季度的数据表明,B站2.23亿月活跃用户中有86%为Z世代,50%生活在一、二线城市,其用户增长路径将继续向低线城市Z世代扩散,以及向高线城市更宽年龄段扩散。2018年以后,B站内容创作者的结构也快速更新,生活、知识类UP主增长速度很快,且企业、媒体纷纷入驻B站,加速了B站破圈。

发展至今,B站已逐步迈向多元化的圈层,B站内容逐渐泛生活化,收入结构也趋于多元化,对游戏业务收入的依赖度明显下降,广告业务收入出现大幅度增长,电商及其他业务收入也显著增加。但同时原有社区文化受到冲击,新老用户之间的矛盾显现,如何维护社区氛围、保障客户留存是B站破圈的同时面临的新挑战。

案例讨论题:
1. 基于自身经验和体验,B站的破圈战略效果如何?
2. 不同用户群体对B站的黏性有何差别?B站应采取何种差异化策略维系不同用户群体?

资料来源:
[1] 卢金海. 哔哩哔哩破圈策略[J]. 合作经济与科技,2021(2):67-69.
[2] 陈超. 互联网企业业务转型发展思考——以哔哩哔哩为例[J]. 现代商业,2022(9):18-20.
[3] 张帆. 社群经济环境下哔哩哔哩盈利模式研究[J]. 财务管理研究,2023,44(5):47-53.

7.3 信息通信企业公众客户营销策略

如前所述,信息通信企业服务的个人客户和家庭客户通常统称为公众客户,鉴于4P框架在指导企业开展消费品大众市场营销实践时更为直接、易用,本节采用4P框架进行信息通信企业公众客户营销策略的讨论。在4P框架中,产品、价格、渠道和促销4个方面虽然都有各自的策略设计和选择方法,但是也不能相互割裂,而应系统整体地形成策略组合。

7.3.1 产品与品牌策略

1. 信息通信业务的层次

在营销管理中,产品是指提供给市场以满足需求和需要的任何东西,包括有形产品、服务、体验、事件、资产、组织、信息和创意。营销人员应在产品概念的5个层次[①]上规划产品,这5个层次构成了客户价值等级,每增加一层都会增加客户价值。

---

① 科特勒,凯勒. 营销管理(中国版)[M]. 卢泰宏,高辉,译. 13版. 北京:中国人民大学出版社,2009.

在产品概念的 5 个层次中,最内层的是核心利益,即客户实际购买的根本利益。在第二个层次,营销人员应将核心利益转化为基本产品。在第三个层次,营销人员需要考虑客户通常希望产品具有的一系列属性和条件,即期望产品。第四个层次是增值产品,营销人员需对产品进一步改进以形成差异化,提供增值产品时必须确认客户是否愿意为提升的特性和利益支付额外的费用,而且增值产品有可能很快就变成期望产品,这意味着营销人员必须不断寻找新的特性和利益。第五个层次,即潜在产品,包括产品在未来可能进行的所有改进和变革。图 7-4 以旅馆服务为例对这 5 个层次进行了具体描述。

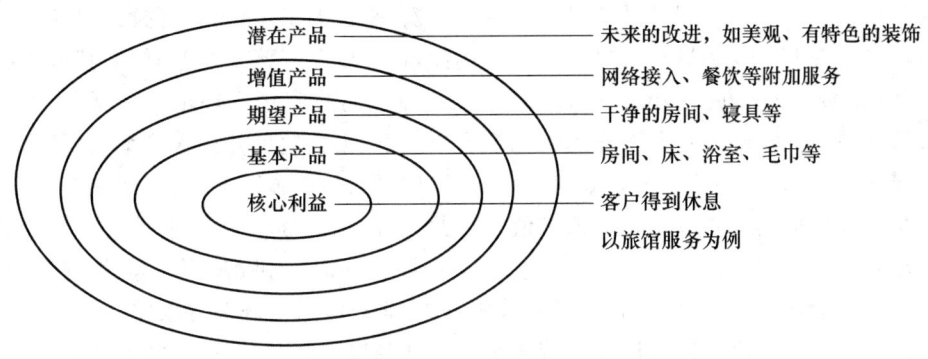

图 7-4　产品概念的 5 个层次

信息通信企业提供的服务通常被称为业务,根据产品概念的 5 个层次分析信息通信业务,可以得到表 7-4 所示的内容。

表 7-4　信息通信业务的层次内容

层次	内容
核心利益	远程信息处理能力(交流沟通、获取信息、信息处理与应用等)
基本产品	信息传送通道、信息内容、用户操作界面
期望产品	服务质量要求、用户体验要求
增值产品	对基本产品要素的增加和改进,附加服务内容
潜在产品	新业务开发,个性化、定制化业务提供

信息通信业务从本质上讲提供的是一种远程信息处理能力,包括对信息的发送、接收、选择、分析、应用等,这是所有信息通信业务所提供的核心利益。具体来说,用户使用业务的目的包括实现远程交流沟通、获取所需要的信息(包括实用信息、娱乐信息等)、对信息进行处理以完成某种活动(如实现购物支付、健康检查等)等,信息通信业务能够满足的最终需求非常多样化,这与用户所处理的信息类型、信息内容以及用户的信息处理行为有关。一项业务可以集中提供某一方面的核心利益,也可以扩展提供全方位的核心利益。例如,微信最初推出时主要是提供手机上的即时通信功能,其核心利益为交流沟通,但目前微信的功能已经涵盖社交、支付、购物、游戏等,用户使用微信能够获得多方面的丰富价值。

为了让用户获得远程信息处理能力,信息通信企业需要为用户提供信息传送通道、信息内容和操作界面,这构成了业务的基本产品层。进一步而言,以不同的方式提供这些基本要素,就构成了不同种类的业务。例如,在传统固定电话业务中,企业要为用户提供电话线,将用户的电话机连入电话网,所传递的信息内容由用户自己或者其他用户产生,用户通过电话机进行操作,实现所需功能。而对于互联网视频点播业务,企业需要集合视频内容,通过网络运营商与用户建立连接,并为用户提供播放软件和播放平台等。

期望产品层反映了用户对信息业务的普遍要求。通常,人们对信息通信业务的质量要求包括迅速、准确、安全、方便4个方面。具体来说,用户期望获得更高速的信息传递、更丰富且符合需求的信息内容、安全的业务使用环境,以及方便快捷的使用体验。客户的期望水平一般可以反映为对业务质量的要求,如接入速率、误码率、差错率、故障响应时间等。

增值产品层是企业实现产品差异化的主要层次,是指超出客户期望的属性特征。为此,企业可以对业务基本属性进行改进和增强。例如,在发展宽带接入业务时,当其他企业仍在提供 ADSL(Asymmetric Digital Subscriber Line,非对称数字用户环路,是一种基于电话线的宽带接入技术)业务时,企业率先提供光纤入户业务,极大地提升接入速率,就可以实现显著的差异化。再如,提供信息内容服务的企业可以开发、控制独特的内容(如取得影视节目、体育比赛的独家播放权),以实现价值增值。除此之外,信息通信企业还可以提供诸多附加服务,包括售前、售中、售后服务,交易服务等,在业务的演示、讲解、服务承诺、服务人员态度、服务手续、营业网点、交费方式、安装、维修、解决客户投诉等环节寻求差异化。

信息通信业务的潜在产品层代表着未来的发展趋势和方向,在过去的半个世纪中,信息技术进步所带来的变革是巨大的,当前信息通信行业仍是创新极为活跃的领域,不仅有可能出现更多新的业务种类(例如从5G向6G提升),现有的各类业务也有可能增加更多个性化特性,从而更好地满足各种用户群体的需求。

综上所述,产品概念的5个层次提供了一个分析框架,企业可以基于此框架分析客户价值等级,寻找产品差异化的突破点,从而提升产品的竞争力。

2. 产品组合策略

产品组合是指一个企业生产经营的全部产品线、产品项目的组合方式。产品线是指同一产品种类中具有密切关系的一组产品,每条产品线可包括许多产品项目。评价产品组合的因素主要有3个:宽度、深度和关联度。

产品组合的宽度是指一个企业拥有多少条不同的产品线,产品线越多,产品组合的宽度就越广,它反映了一个企业面对市场的宽窄程度和风险承担能力。

产品组合的深度是指每条产品线上的产品项目数量,也就是每条产品线包含多少个品种。产品线包含的产品项目越多,产品组合深度就越深,它反映了一个企业在同类细分市场中满足不同客户需求的能力。

产品组合的关联度是指企业产品组合中各产品线在最终用途、生产条件、销售渠道等方面相互关联的程度。

产品组合策略是指企业根据市场环境、自身能力和目标,对产品组合的宽度、深度和关联度进行决策,选择最有利于企业发展的产品组合。一般而言,拓展产品组合的宽度,开辟新的产品线,有利于发挥企业的潜力,使企业在更大的市场领域发挥作用,并可分散企业投资的风险;加深产品线的深度,可以满足更多的特殊需求,吸引广泛的同类产品的顾客,使企业占领同类产品更多的细分市场;加强产品组合的关联度,则有利于发挥企业在相关专业领域的经营能力,降低经营成本,加强企业的市场地位。

在信息通信行业,由于业务之间存在较强的互通性,并可以共享用户基础,所以广泛地进行业务组合成为企业维系用户的常用策略。例如,在基础业务领域,电信运营商普遍向家庭客户提供宽带接入、移动电话业务以及 IPTV 等增值业务的组合,向个人客户除提供移动话音、流量和短信服务等基础服务之外,还常常提供视频、邮箱、支付等增值服务组合。这种业务组合策略可以让用户获得一站式服务以及一定的资费优惠,改善用户体验,对于企业来说,可以用优势业务带动弱势业务,促进弱势业务增长,有助于稳定客户,减少客户流失。业务组合在互联网应用领域应用广泛。例如,微信作为我国使用率最高的移动 App,除作为即时通信工具之外,还成为金融理财、生活服务、交通出行、购物消费的服务入口。

3. 品牌策略

(1) 品牌的概念与重要性

美国营销协会将品牌定义为"一种名称、术语、标记、符号、设计,或这些要素的组合,其目的是借以辨认某个销售者或某群销售者的产品或服务,并使其同竞争对手的产品和服务区别开来"。

品牌能够为客户提供超越产品或服务本身利益之外的价值,这种价值增值来源于在消费者心目中形成的关于其载体的印象。一个品牌应该能够向客户传达属性、利益、价值、文化、个性和使用者 6 层含义。因此,品牌是一个复杂的符号,它不单单是一个表现形式,更重要的是它所传递的价值、文化和个性,它们构成了品牌的基础。

消费者可以根据品牌区分产品,通过购买产品的经验及其营销策略来了解品牌,从而找出哪些品牌能满足自身需求。因而,品牌可以帮助消费者简化决策过程并降低风险。对于企业来说,品牌是具有巨大价值的合法资产,可以影响消费者行为,并为品牌持有者带来持续的收入,拥有强大品牌的公司通常会有更好的收入和利润表现。品牌可以传递某一水平的质量保障,满意的购买者很可能再次选择该品牌。品牌忠诚度有助于企业准确地进行需求预测,并形成进入壁垒,降低竞争对手的威胁。因此,品牌是一种确保竞争优势的强大工具。

在信息通信行业中,品牌的作用是极其关键的。信息通信业具有显著的网络外部性特征,使得行业存在收益递增现象,即强者越强、赢者通吃(参见 6.2 节),这在互联网行业中尤为明显。要取得主导地位,必须尽快地吸引用户、建立用户规模并保有用户,在这种形势下,树立良好的品牌形象同时加大品牌推广力度,对于互联网企业的成功尤为重要。另外,在互联网时代,品牌建设过程越来越趋于动态化、互动化、主动化。互联网作为覆盖面广、互动性强的新媒体,极大地丰富了品牌传播的渠道和方法。网络论坛、微博、微信、网络社群等互联网工具无论在塑造品牌形象还是损害品牌形象方面都能释放巨大能量。互联网企业依托互联网提供服务,因此在网络世界中的品牌建设是其生存的根本。

(2) 信息通信企业的品牌体系

企业在进行品牌建设时,可以选择单品牌策略和多品牌策略。

单品牌策略是指企业生产的若干产品均使用同一个品牌,如海尔、索尼、飞利浦等。单品牌策略的品牌架构简单、清晰,企业品牌对产品的拉动力强,可以节省品牌宣传费用,但不便于进行更深入的市场细分。

多品牌策略是指企业根据不同目标市场的利益分别使用不同品牌的策略。多个品牌能更精准地定位不同利益的细分市场,强调各品牌的特点,吸引不同的消费者群体,从而占有更多的细分市场,但这也意味着更高的品牌传播费用和品牌管理难度。实施多品牌策略的著名公司如宝洁,我国消费者熟悉的"潘婷""飘柔""海飞丝"三大洗发护发品牌都是宝洁的产品,这3个品牌功能定位不同,分别吸引3类不同需求的消费者,使得宝洁在洗发液市场上长期占据第一的位置。

在实践中,我国信息通信企业在品牌建设方面进行了不同的尝试。三大基础电信运营商普遍采用了多品牌策略,构建了复杂的品牌体系,包括了5个层次的品牌建设。

① 企业品牌。它是电信运营商价值最大的无形资产,是企业核心竞争力和价值观的外在表现,在品牌体系中占据核心地位,消费者通过认知和识别品牌来选择某企业的服务。

② 客户品牌。它是针对不同的细分市场和特定的客户群体而构建的,体现出这些群体的差异化需求心理和电信消费行为,对所覆盖的人群具有号召力和凝聚力。典型的电信客户品牌有中国移动的"动感地带"(面向校园用户)、中国电信的"天翼e家"(面向家庭客户)和"天翼领航"(面向企业客户)等。

③ 业务品牌。它是针对具体业务或者满足同类功能需求的一系列产品推出的品牌。一个业务品牌可以针对特定的目标用户群,也可以覆盖多个目标用户群。例如,中国联通的全业务品牌"沃"覆盖其所有业务领域,而中国电信的"号码百事通"和"互联星空"仅是单项业务品牌。

④ 技术品牌。若某项技术对于运营商业务的差异化具有重要作用,则可以将其打造为技术品牌,如CDMA技术。技术是电信运营商整个经营活动的基础,而消费者往往不容易理解,很难形成清晰的认知,所以在具体的宣传中应强调技术要素。

⑤ 服务品牌。它是为电信运营商某些服务环节或者流程而设计的品牌。例如,中国移动"10086"客户服务热线纵向贯穿于电信运营商的整个经营活动之中,有助于建立用户忠诚度和提高用户满意度,对企业品牌、客户品牌、业务品牌起着支撑作用。

然而,多品牌策略加大了品牌管理难度,过多的品牌名称也削弱了品牌的辨识度和影响力。从用户的角度来看,中国电信、中国移动、中国联通三大运营商的企业品牌认知度更高,这使得一些业务品牌存在的意义并不明确。例如,人们更多地会说"我的手机用的是电信的号"或者"我的手机用的是5G网(或4G网)",而不是说"我的手机用的是天翼"。因此,在拥有强势企业品牌的前提下,对产品品牌、客户品牌进行适当简化,并加强其与企业品牌的联系,是提升品牌辨识度的有效策略。例如,中国移动的云服务品牌命名为"移动云",直接强调其公司属性,很自然地将企业品牌的影响力延伸至业务品牌,也体现了客户首先信赖企业,才会信赖企业产品的营销逻辑。

在互联网应用领域,梳理一些重要企业提供的服务产品及其品牌时,会发现互联网公司普遍采用的是产品与品牌统一的方式。例如,"微信"本身是一个App,它是腾讯提供的一个产品,同时"微信"也是一个品牌、符号。这一做法是由互联网服务产品体系的表现形式,以及用户的使用习惯决定的。互联网为用户提供的各项服务都需要最大限度地争取用户,因此在营销中最大限度地增强自身产品的辨识度和知名度是非常关键的。一个移动App在用户的手机上表现为一个图标,这个图标自然而然就代表了品牌Logo,最终形成了产品和品牌合一的结果(参见案例资料"'饿了么'的品牌建设策略")。

与基础通信领域不同,互联网应用领域的业务或产品的品牌辨识度往往高于企业品牌。人们直接看到的是App图标,而不是其背后的公司,许多用户可能并不知道微信是腾讯公司的产品、优酷视频属于阿里巴巴集团,这就决定了互联网应用领域的营销更侧重于产品本身,甚至在很多情况下,产品品牌会反过来替代企业品牌。例如,抖音所属公司原为2012年创立的"北京字节跳动科技有限公司",在抖音取得巨大成功之后,该公司于2022年更名为"北京抖音信息服务有限公司"。这一更名体现了将企业品牌与产品品牌相统一、将品牌影响力最大化的理念。

案例资料

"饿了么"的品牌建设策略

"饿了么"是我国一家专业的餐饮O2O平台,由上海拉扎斯信息科技有限公司开发运营。该公司起源于上海交通大学闵行校区,于2010年7月正式注册成立。到2015年年底,"饿了么"的自营配送队伍已超过6 000人,标准人效达每人每天35单,蜂鸟团队及众包配送员超过50万人,业务覆盖全国300多个城市。2016年4月,"饿了么"与阿里巴巴及蚂蚁金服正式达成战略合作协议,获得12.5亿美元投资,其估值超过40亿美元。"饿了么"的品牌建设在以下5个方面表现比较突出。

第一,"饿了么"避开了外卖行业中竞争激烈的白领市场,将高校市场作为目标市场。针对高校学生擅长网络交流、享受快餐文化但消费能力较低的特点,"饿了么"推崇极简方式,优化了点餐界面,帮助用户实现了"只需点击三次就能下单"的"懒人"梦想,快速在大学生群体中打开了知名度。

第二,"饿了么"使用了十分平民化的品牌名称,将顾客诉求和品牌自然地联系在一起。"饿了么"本身就是一句问候语,它不仅唤起了顾客饥饿的感觉,引发外卖需求,还让顾客感受到关怀与温暖。这一名称选择有助于建立品牌忠诚度。

第三,在品牌形象上,"饿了么"在网站和App界面中都展示了每家店的Logo,这些Logo排列整齐,给人一种专业、统一、可信赖的感觉。"饿了么"非常重视网页的设计和优化,首页的餐馆信息简单明了,筛选条件清晰醒目,各种附加功能也十分突出,从而提升了顾客体验。

第四,"饿了么"利用线上线下多渠道展开品牌传播。在线下,以印刷品等方式让顾客清楚了解品牌的信息;在线上,以推广的方式宣传最新优惠信息。2014年,"饿了么"在上海联手分众传媒开展了"免费请吃外卖"的活动,利用1万块液晶屏幕成功拓展了写字楼里的白领用户,实现了网站平台、手机、TV的多屏互动,取得了不错的品牌传播效果。

第五,"饿了么"致力于持续改进,维护品牌形象。"饿了么"会根据顾客需求对各子系统不断进行更新和升级,还为顾客提供积分换礼服务,有效维护了客户关系,形成了良好的顾客口碑。"饿了么"在获得更多资金支持后,开始在中高端市场发力,与多家国际知名餐饮品牌合作,在线下建立"品牌馆",利用线下自有资源逐步深化品牌形象,更利于品牌造势。

案例讨论题:

1. 基于自身体验,说说你对不同外卖平台的品牌印象如何。

2. 我国主要外卖平台在品牌定位上是否实现了差异化？

资料来源：
陈琦.O2O时代的品牌建设策略探讨——以"饿了么"为例[J].经营管理者,2016(7)：269.

7.3.2 价格策略

1. 信息通信业务资费概述

信息通信业务的价格一般称为业务资费,它是信息通信企业向用户提供服务时,按照事先确定的收费项目和收费单价向用户收取费用的标准。

消费者购买商品时,通常根据商品单价和购买数量支付总费用,信息通信业务的费用计算同样如此。业务消费数量可以用通信时长、通信次数、通信流量、通信容量(或通信质量)等衡量,单价则对应为使用一定时间(或一个计费周期)的价格或者单位流量、单位容量的价格。例如,传统电信运营商的电话资费一般为××元/分钟、××元/秒或××元/次；数据业务可基于流量计费或者基于带宽计费,如××元/流量。若企业提供信息内容服务,则企业既可以按照信息数据量收费,也可以根据信息内容的质量,将信息完整内容作为一个整体来收费,如××元/部电影、××元/首歌曲。此外,由于信息通信业务成本具有固定成本高、边际成本低的特点,在一定业务规模内,业务量增加不会导致成本的大幅度提升,因此企业常忽略用户的业务消费数量,采用不限制使用量的包月制或包年制计费方式,以简化计费过程,鼓励用户增加使用量。

2. 一般定价方法

在一般情况下,企业在制定产品价格时可从产品成本费用、市场需求情况和竞争者情况3个方面来考虑。

(1) 成本导向定价法

成本导向定价法是一种传统的定价方法,它是以产品的成本为中心来制定对企业最有利价格的定价方法。在实际应用过程中,该方法主要包括成本加成定价法、目标利润定价法、边际贡献定价法等。成本导向定价法的优点是方法直观、简便易行,在企业生产的各种产品成本清晰时,其可以迅速地解决价格的计算和确定问题,对生产者和购买者都比较公平。然而,成本导向定价法也存在明显的缺点,如忽视市场需求、价格缺乏竞争力、不利于根据市场变化来调整价格等。

(2) 需求导向定价法

需求导向定价法是指企业在确定产品或服务价格时不完全以成本为中心,而是以消费者对产品和服务的需求强度为依据,同时考虑消费者对产品的价值理解和对价格的承受能力的定价方法。需求导向定价法是"以市场为中心"观念的产物,需要比较准确地把握市场的需求信息,尽管可以通过市场调研、数据分析获取这些数据,但其难度一般要比估算产品成本大得多。需求导向定价法主要有两种方式,即认知价值定价法和需求差异定价法。

① 认知价值定价法是企业根据购买者对产品的价值认知来确定价格的方法。认知价

值定价的关键就是,企业必须估计产品在一定性能、用途、外观、质量和营销组合因素条件下,能给用户留下什么样的印象,从而理解其价值水平。企业可以通过相似产品价值评价、焦点小组访谈、用户调查、实验法、历史数据分析、相关分析等方法,确定产品的价值水平和价格。

② 需求差异定价法是指企业根据客户的需求强度和消费体验的不同而制定不同价格的方法,其主要形式是根据地点、时间、产品和客户的不同分别制定不同的价格。

（3）竞争导向定价法

竞争导向定价法是企业通过研究竞争对手的产品或服务的既定价格、生产条件、服务状况等,以竞争对手的价格为基础,确定自己的产品或服务价格的定价方法。根据采取竞争导向定价法时企业的定价行为是主动的还是被动的,其可以分为两种方式,即跟随定价法和主动定价法。

① 跟随定价法是指企业对产品的定价与成本以及市场需求没有直接联系,只盯住竞争者相同产品的价格,只要竞争者的价格不变,即使企业自身的生产成本或市场需求变化了,其产品价格也不变;反之,如果竞争者的相关产品价格变化了,即使企业自身的生产成本或市场需求没有变,企业也会调整价格。

② 主动定价法是指企业通过研究和了解竞争对手的价格以及生产和服务的状况,寻找自身的优势,积极主动地调整自己的产品或服务价格,以使自己在市场竞争中占据主动地位。在电信业市场竞争初期,新进入市场的运营商往往采用主动定价法,通过制定低于在位运营商的价格来获取竞争优势。

3. 信息通信业务资费策略

产品定价策略十分多样,在此主要介绍信息通信行业中常见的资费策略。同时,企业也在不断创新、尝试一些新颖的定价方式,但其应用效果还有待实践检验(参见案例资料"视频平台超前点播模式的兴衰")。

（1）新业务定价策略

对于新产品的定价,一般企业采取的策略有高价的取脂定价和低价的渗透定价。取脂定价是在产品投放市场之初,将产品的价格定得很高,以追求短期最大利润。采用这种策略必须满足两个前提:一是新产品必须具有足够的吸引力;二是产品供不应求,竞争强度较低。渗透定价则是把新产品的价格定得很低,借此迅速地占领市场,扩大市场占有率。销路打开以后,成本相应下降,利润自然会逐渐上升。这种策略能够使企业稳固市场地位,有效地阻挡竞争者进入,其实施的前提是企业有足够规模的生产能力,能够迅速扩大规模、降低成本。

在以上两种策略中,渗透定价显然更适用于信息通信企业。信息通信业存在收益递增现象,且新业务易被模仿,因此推出新业务后迅速地争夺用户、占领市场是十分关键的。为此,信息通信企业常会采用免费策略,甚至为用户提供补贴,在手机打车、网络外卖等领域都出现过补贴大战(参见 6.2 节案例资料"打车软件的补贴大战")。当然,采用这种方式的前提是,企业能够在一定时期内承受亏损,且在形成用户规模后能够找到新的盈利途径。

（2）差别资费策略

差别资费策略是指针对同一业务制定不同的资费方案,从而使用户使用业务时所支付的总费用形成差别。在信息通信行业中,常见的差别资费策略有以下几种形式。

① 高峰负荷资费,即对高峰负荷时段(即"忙时")制定较高资费,而对非高峰时段(即

"闲时")制定较低资费的策略。传统电话业务曾采用这一策略,长途电话业务在晚上9点到第二天早7点期间实行半价,通过这种方式调节长途电话业务量的分布,后随着业务成本的下降,长途通话与本地通话价格统一,通话业务资费走向包月制,高峰负荷资费也被取消。

② 折扣资费,即企业为达到鼓励客户及早付费、刺激用户使用量等目的,而在正常资费的基础上,给予客户一定折扣的策略。最常用的折扣方式就是数量折扣,即用户使用量越大,单位业务量费用越低。

③ 用户群差别资费,即企业针对特定的用户群设计资费方案,形成同一业务的差异化资费。例如,对移动电话业务,企业可制定针对学生的低资费方案、针对商旅人士的高通话量资费方案等。在大数据时代,企业通过对所掌握的用户数据进行深入挖掘,能够分析、区分不同用户的消费习惯、选择偏好,据此制定更有针对性的资费方案,将差别定价做得更加细致。相对于消费者,掌握大量数据资源的企业,特别是互联网平台,天然具有了"定价权"的优势,它们可以借此获取更多消费者剩余,从而增加企业利益。但这种策略也会破坏价格的透明性、公平性,侵害消费者的知情权,对消费者的体验和信任带来不利影响(参见补充阅读资料"大数据杀熟及其争议")。

补充阅读资料

大数据杀熟及其争议

大数据杀熟是指经营者运用大数据收集消费者的信息,分析其消费偏好、消费习惯、收入水平等信息,将同一商品或服务以不同的价格卖给不同的消费者,从而获取更多消费者剩余的行为,通常表现为对老客户收取更高的价格。

大数据杀熟的具体形式多样,主要有3种表现:

一是根据用户使用的设备不同而进行差别定价,例如,针对苹果手机用户与安卓手机用户制定不同的价格;

二是根据用户消费时所处的场所不同而进行差别定价,例如,对距离商家远的用户制定更高的价格;

三是根据用户消费频率的不同而进行差别定价,一般来说,消费频率越高的用户对价格的承受能力越强。

一般意义上的杀熟是利用了老用户的消费惯性和忠诚度,而大数据杀熟实施的条件与互联网消费环境密切相关。首先,它高度依赖用户数据和算法模型,需要基于用户数据结合智能算法对用户个体进行精准画像,预测其支付能力、价格敏感度、支付意愿等,从而才能实施大规模、自动化的差别定价。其次,通过网络平台便于实现价格定向显示,用户登录后看到的是平台展示给自己的价格,而无法看到其他用户的价格。因此,互联网平台是这一策略的先行者。近年来,电商平台、在线票务、网约车、外卖、网络视频等领域都曾采用过这一策略。

大数据杀熟本质上是经济学中"价格歧视"的一种具体形式,其带来的影响较为复杂。虽然老用户或者高支付意愿用户的利益受到了一定损失,但新用户或者低支付意愿的用户可以获得更多的折扣,从而以较低的成本获得服务,因此这种方式可以满足更多群体的消费需求,可能带来社会总福利水平的提升。但大数据杀熟涉嫌违反公平原则,侵害消费者知情权,且互联网平台还可能进一步通过价格诱导操控消费者的购买行为,对消费者权益产生更多实质性损害。

2021年11月1日,《中华人民共和国个人信息保护法》正式实施,其明确禁止大数据杀熟行为,规定个人信息处理者在利用个人信息进行自动化决策时,不得对个人在交易价格等交易条件上实行不合理的差别待遇。

资料来源:
[1] 熊鸿儒,马源."大数据杀熟"问题实质、治理挑战及对策[J].新经济导刊,2023(Z1):70-76.
[2] 丁文莉."大数据杀熟"背景下消费者权益保护研究[J].中国价格监管与反垄断,2023(11):46-48+51.
[3] 谈萧,潘佳宁."大数据杀熟"的消费者法规制[J].法治论坛,2022(4):19-36.
[4] 律图.大数据杀熟什么意思?大数据杀熟如何主张惩罚性赔偿?[EB/OL].(2023-12-17)[2023-12-20]. https://www.64365.com/zs/1209534.aspx.

(3) 选择资费策略

选择资费策略是给用户提供多种资费方案,这些资费方案分别与不同的用户使用特征相适应,由用户自行选择资费标准。这种资费方式最常采用的资费结构形式是附带最低使用量的二部资费,随着用户使用量的增加,从量费的费率逐级降低,用户可根据其业务使用量来选择对自己最有利的资费方案。

例如,表7-5所示是基础通信业务选择资费的常见形式。企业为用户提供4种资费方案,其中 $A_1<A_2<A_3<A_4$,$Q_1<Q_2<Q_3<Q_4$,$B_1>B_2>B_3>B_4$。资费方案之间形成差异,在使用量一定的情况下,用户在选择不同的资费方案时所要付出的总费用是不同的。例如,当用户使用量 Q 介于 Q_1 和 Q_2 之间时,如果用户选择方案1,则其每月总费用为 $A_1+B_1\times(Q-Q_1)$;如果用户选择方案2,则其每月总费用为 A_2,用户可以选择使其总费用更低的方案。

表7-5 基础通信业务选择资费的常见形式

资费方案	月基本费	最低使用量	超出最低使用量后的从量费率	每月使用量为Q时的总费用
1	A_1	Q_1	B_1	$A_1+B_1\times(Q-Q_1)$ ($Q>Q_1$时),A_1 ($Q\leqslant Q_1$时)
2	A_2	Q_2	B_2	$A_2+B_2\times(Q-Q_2)$ ($Q>Q_2$时),A_2 ($Q\leqslant Q_2$时)
3	A_3	Q_3	B_3	$A_3+B_3\times(Q-Q_3)$ ($Q>Q_3$时),A_3 ($Q\leqslant Q_3$时)
4	A_4	Q_4	B_4	$A_4+B_4\times(Q-Q_4)$ ($Q>Q_4$时),A_4 ($Q\leqslant Q_4$时)

选择资费策略为企业与用户提供了互惠互利的方案,符合用户的消费心理,使用户为追求低费率增加了使用量,其实质是力争使每个用户群体的使用量达到最大。

(4) 组合资费策略

当企业同时提供多种产品时,这些产品之间可以形成组合,相应的组合资费策略应有助于实现整个产品组合的利润最大化。以下两种策略是信息通信行业中常见的组合资费策略。

① 主、附产品配合定价策略。若企业在提供主产品的同时提供附属产品,就可以采用该定价策略,将主产品的价格定得偏低,而将附产品的价格定得偏高;或反过来,保持主产品的价格不变,降低附产品的价格或给予一定的优惠。这种策略又被称为"剃刀+刀片"模式,吉列剃须刀在19世纪末首先采用这一模式,将刀架以大大低于成本的价格出售,而将与刀架搭配的刀片价格提高,吉列依靠刀片的收入实现了利润的快速增长,且由于用户的初始投入大大降低,这种定价方式也迅速获得了用户的认可。将这一策略推广到其他领域,企业可对一次性销售的产品制定相对较低的价格,而对连续使用的产品制定较高的价格,如传统运营商采用的预存话费、赠送终端产品的资费策略。

② 捆绑资费策略。这是将几种不同业务组合在一起,并为其制定低于单独销售时费用总和的资费方案,也常被称为"套餐"。捆绑资费策略具体可有总量优惠和交叉优惠两种方式。总量优惠是对业务组合整体实施优惠,而对于其中具体的业务没有侧重;交叉优惠是对业务组合中的具体业务有所侧重,例如增加对其中一项业务的使用量,可获得另一项业务的优惠资费,这种方式可有针对性地鼓励用户使用某项业务,常用于新业务的推广。

(5) 免费定价策略

免费定价策略就是对所提供的产品或者服务实行零定价的策略,这种策略在互联网行业应用广泛,具体有以下5种。

① 依托增值业务的免费定价。该策略常见于网络软件与媒体订阅服务,普通用户可以免费使用基本服务,而享受增值服务的用户则要支付一定的费用。例如,对于腾讯QQ,普通用户可以免费使用,但要成为高级用户并使用更多功能就需要支付一定的费用。再如,视频平台常采用会员制,普通用户可以观看免费内容,而付费会员则可以观看更多内容并享受更好的观看体验,企业也常会设计特定付费内容供用户选择(参见案例资料"视频平台超前点播模式的兴衰")。

② 交叉补贴免费定价。在该策略中,免费产品往往能诱发用户对其他产品的消费。例如,国外唱片公司常常免费派发主盘和海报,从而达到广为宣传的目的,之后通过组织商业演出获得丰厚的收入和利润。

③ 基于零边际成本的免费定价。该定价策略所涉及的免费产品具有边际成本极低的特征。例如,在线音乐依靠数字复制和网络传输,其大量发行的实际成本几乎为零,由此可以向所有在线用户免费提供在线音乐。

④ 依托用户行为的免费定价。这种策略常见于用户创造内容的互联网网站,用户对网站的使用行为会创造一些内容和服务,促进用户之间的互动与共享。例如,在大众点评网上,用户可以提供自己的点评,同时可以免费使用其他用户的点评来帮助自己作出正确的消费决策。

⑤ 礼品经济免费定价。礼品经济是指提供商品或者服务时并没有明确的预期回馈对象,也没有预期的回馈内容,以奉献、合作、效率和共享为特征,摆脱了商品经济的一些基本规范。典型的产品如互联网上的开源软件或用户原创内容的大量资源,其免费对象可以是任何人。该策略还体现了意义深远的营销道德:金钱并非唯一的驱动力,利他主义一直都存在,互联网为其创造了一个开放共享的平台。

案例资料

视频平台超前点播模式的兴衰

我国视频网站于 2005 年兴起,2010 之后逐步形成稳定的市场格局。其盈利模式从最初的以广告收入为主转向以付费观看为主。为了扩大收入,视频网站不断尝试新的付费策略,超前点播作为一种特殊付费模式应运而生。

超前点播是视频网站推出的一项增值服务,用户在开通会员的基础上额外付费,就可以提前观看剧集内容。2019 年 8 月,腾讯视频推出了剧集《陈情令》最后 6 集 30 元的超前点播服务,在 24 小时内吸引了超过 250 万人次点播,创造了超 7500 万元的收益,在大结局后,该剧的付费点播量更是达到 520 万人次,超前付费总金额达到 1.56 亿元。这次试水的巨大成功让视频网站意识到这一模式的盈利潜力,纷纷跟进,超前点播模式由此开始普及。

超前点播模式之所以可行,是因为用户群体存在差异,用户群体中存在偏好强、价格不敏感的用户,超前点播最大限度地挖掘了他们的付费意愿,如果点播内容令用户满意,则还有助于改善用户体验、增强用户黏性。但这一模式也同时引发了用户的不满,他们认为其稀释了原有的会员权益。特别是在 2019 年 12 月,爱奇艺与腾讯视频在剧集《庆余年》会员播放集数未过半、非会员仅可观看到第 15 集时即推出超前点播。点播时间显著提前,集数明显增多,价格整体上升,引发了大规模负面舆情,用户普遍认为这种做法"吃相过于难看"。在超前点播推出的一周内,《庆余年》全集遭到泄露,全网侵权链接泛滥,部分用户转而选择观看盗版内容,以报复视频平台的压榨行为。

虽然《庆余年》点播事件引发了不小的争议,但视频平台仍然获得了 1.45 亿元的收益,超前点播依然是爱奇艺、腾讯视频、优酷的常用模式,但消费者的抵触情绪也愈加强烈。2012 年 8 月,腾讯视频对其独播的《扫黑风暴》采用超前点播,再次引发消费者的不满和投诉,上海市消费者权益保护委员会对其提出点名批评,中国消费者协会也对此作出回应,主张视频平台应多些真诚、少些套路,并建议取消逐集限制、完善公平计费规则。2021 年 10 月,国内视频平台纷纷宣布取消超前点播。2023 年,一些视频平台对部分剧集再次采用了超前点播模式,这一模式重新回归,但已不再是视频平台增加收入的利器。

案例讨论题:
1. 超前点播模式是否有其合理性?
2. 对于视频平台或其他以娱乐内容为主的平台而言,会员制付费与按内容付费两种方式哪种更合理?

资料来源:
[1] 余宏,吴果中. 超前点播:中国视频网站优化的新模式[J]. 新闻春秋,2021(6):45-51.

[2] 任梓源. 从超前点播模式的兴衰探索视频平台盈利新路径[J]. 新闻研究导刊, 2022,13(19):236-238.

[3] 黄文婧. 视频网站付费模式困境研究[D]. 上海:华东政法大学,2023.

[4] 司马航,吴汉东. 禁止著作权滥用的法律基础和司法适用——以《庆余年》超前点播事件引入[J]. 湖南大学学报(社会科学版),2022,36(3):133-140.

7.3.3 营销渠道策略

1. 营销渠道的概念和功能

营销渠道是指产品或者服务在投入使用或者被消费的过程中涉及的一系列相互关联的组织。营销渠道的基本功能就是实现产品或服务从生产者向消费者的转移。信息通信企业提供的产品是服务,而不是有形的实体产品,因此其分销渠道具有特殊性,主要功能包括销售功能、沟通功能和服务功能。

销售功能是渠道最基本的功能,包括吸引客户注册、入网办理、卡类销售、业务收费以及终端产品销售。沟通功能主要是实现信息通信企业与客户之间的双向信息沟通,传递企业的各种业务信息以及收集市场反馈的信息,具体包括业务信息发布、收集市场信息、进行广告宣传和促销推广。服务功能包括受理各类客户的业务咨询、投诉及提供售前、售中、售后服务。

2. 信息通信企业营销渠道的类型

信息通信企业的营销渠道有多种类型,按照有无中转环节可将渠道分为直接渠道和间接渠道;按照所有权可将渠道分为自有渠道和社会渠道;按照体现形式可将渠道分为直销渠道、自有实体渠道、社会实体渠道和电子渠道。

直接渠道是指由企业直接将服务提供给最终用户的渠道模式,而间接渠道中包含销售中介机构。社会渠道属于间接渠道,直销渠道、自有实体渠道均属于直接渠道。自有渠道是指由企业自主建设和经营的渠道,包括直销渠道、自有实体渠道、自有电子渠道;社会渠道是指由渠道经销商经营的渠道,主要是实体渠道,包括指定专营店和特约代理店。

(1) 直销渠道

直销渠道是指不设立有形的营业场所,由相对稳定的人员以面对面、一对一的方式向目标客户推广并销售业务。直销渠道与客户直接沟通,服务比较及时到位,能够针对市场变化情况,特别是针对竞争对手的策略,迅速做出反应。但直销渠道对营销人员要求较高,渠道成本也较高,销售范围受到一定限制,通常局限于交通便利、消费集中的区域或人群,管理难度也较大。

(2) 自有实体渠道

自有实体渠道是指通过实体网点向客户提供业务与服务的场所,可以分为自有营业厅、品牌形象营业厅和自助服务厅等。

自有营业厅是由企业自建自营的销售网点,是各种营销渠道中功能最齐全、最贴近客户的渠道。

品牌形象营业厅是企业进行品牌形象传播、客户培训、业务体验、产品销售、客户服务和处理投诉的渠道。

自助服务厅指企业投资建设的 24 小时营业自助店面,依靠自助设备,可为用户提供缴费充值服务或销售标准化产品。店面可以是封闭式的,也可以将自助设备安装在办公场所、商业场所或社区会所等。

(3) 社会实体渠道

社会渠道是指由渠道经销商组成的渠道,主要包括指定专营店和特约代理店。

指定专营店是指在企业要求的统一形象、规范下,具有一定店面规模、拥有一块专门用于经营特定信息通信业务的区域的社会渠道形式。指定专营店是与经销商合作关系最为紧密的一种形式,是社会实体渠道的核心力量,也是自办营业厅的补充。

特约代理点是指不具备指定专营店的条件,代理简单业务和服务的社会渠道形式,是企业与经销商合作较为普遍的一种形式。

(4) 电子渠道

电子渠道是指信息通信企业通过信息化方式、非面对面地为客户提供服务和销售产品的渠道。电子渠道是信息通信企业整体渠道体系的重要组成部分,具有成本低、覆盖广、推广快速的优势,且在当前电子商务蓬勃发展的大背景下,电子渠道所起的作用越来越重要。多数互联网公司并不建设实体渠道,主要通过电子渠道进行销售和服务。

信息通信企业自主建设的电子渠道主要有呼叫中心、网上营业厅和掌上营业厅。

呼叫中心能够全天候提供电话查询、业务咨询和受理服务,适合受理信息量小的查询、客户咨询、投诉,以及开通即可使用且不涉及实物交付的产品或服务、不涉及所有权变更的服务和不需要复杂设置的业务等。

网上营业厅为客户提供业务受理、营销推广、信息查询、缴费充值、费用查询、在线客服、故障申告、投诉咨询及品牌专区等全方位的网上自助服务。网上营业厅适合受理有大量信息查询的服务、新业务的体验和销售、短期内不涉及物流的服务或产品销售等。

随着智能手机的广泛普及,网上营业厅的功能又被进一步下沉为手机应用(App),称为掌上营业厅。掌上营业厅提供了随身而行、24 小时在线的集业务查询、优惠推荐、业务办理、充值缴费、积分管理、客户服务为一体的自助服务电子渠道,为用户提供了极大的便利。

此外,各类信息通信企业已开始利用其他网络平台作为其营销的电子渠道,淘宝网、微博、微信、短视频平台等发展迅速,已经成为主要的社会大众化电子渠道,它们不但是企业与客户沟通的重要渠道,还可提供较简单的销售、服务功能,帮助企业扩展市场。

7.3.4 沟通和促销策略

促销的核心是沟通,即企业运用各种沟通方式,向渠道成员或消费者传递产品(或服务)及企业信息,实现双向沟通,使渠道成员或消费者对企业及其产品(或服务)产生兴趣、好感与信任,进而做出购买决策的活动。企业应根据产品特点和经营目标,有计划地综合运用各种有效的促销方式。

(1) 沟通与促销决策

企业在制定沟通与促销策略时,需要对要传递的信息、沟通方式、信息呈现方式、传播渠道以及资金预算等做出决策。

① 传递什么信息。首先企业必须明确在促销活动中要传递何种信息,混淆不清的信息

会让客户产生困惑。最有效的沟通是传达单一且清晰的信息,即突出产品的"卖点",这有助于在客户心目中强化产品的定位。

② 使用什么方式。营销中可以采用的沟通方式包括广告、公共关系、销售促进、人员促销、活动赞助等,沟通方式的选择需要与营销目的相匹配。例如,广告、活动赞助在扩大知名度方面有效,而打折促销则在提升销量方面效果较好。企业需要根据营销目的、沟通的不同阶段,合理选择沟通方式。

③ 信息如何呈现。信息可以通过文案、图片、视频等多种形式呈现,如何将信息转换成文字、符号、图像或动态影像,让接收者理解、接受,并进一步形成记忆点,是一项非常需要创意的工作。

④ 使用何种媒体。传统的广告媒介包括电视、广播、报刊,以及户外广告牌、大屏等。在互联网时代,线上渠道发展迅速,包括网站广告位、搜索引擎排名、邮件推送、社会化媒体等。媒体渠道对受众范围、传播速度有决定性的影响。

⑤ 投入多少资金。企业的营销活动需要资金投入,其中沟通和促销往往是动态开展的活动,其投入不是一次性的,所以企业需要对总体营销资金进行规划,并在各次促销活动中进行合理分配。

(2) 沟通和促销方式

信息通信企业比较常用的沟通和促销方式有广告、公共关系、销售促进和人员销售。

广告通常通过精心设计的文字、图片、影像等多种形式传递关键信息,能够在较短的时间内重复呈现以强化信息,通过选择适当的渠道,广告可以实现广泛的覆盖,具有较强的公开性和普及性。但其缺点是非个性化,缺少灵活性,通常不能与顾客互动,导致购买转化率较低。在互联网时代,借助社会化媒体的传播,广告的互动性得到增强,传播效率也得以提升。

公共关系是指企业在进行市场营销活动中正确处理企业与社会公众的关系,以便创造有利的营销环境,树立企业的良好形象,赢得公众对企业的信任与支持,从而促进产品销售的一种传播活动。公共关系注重长期效应,而不是短期快速增加销售。沟通的对象是社会公众,内部公众主要包括员工、工会等;外部公众主要包括客户、合作伙伴、竞争对手、媒体、政府等。企业要与这些社会公众建立良好的关系,既要了解公众诉求,又要让公众认识企业,强调双向沟通。

销售促进是企业在特定的时间、在一定的预算内,对某一目标市场所采取的能够迅速刺激购买欲望以达成交易的短期性促销措施。其具体手段包括新品试用、赠送样品、有奖销售、打折满减、附加赠品、加量不加价、发放优惠券、现场展示等。销售促进往往能够直接带来购买行为,但成本较高,只宜短期使用,过度频繁促销还可能使消费者产生品牌廉价的印象。

人员销售是由销售人员以面对面的直接交流方式向潜在客户进行口头宣传以期达成销售目的的方式。人与人之间的直接交流具有双向性和针对性,可以根据不同的具体情境及时调整,适用于建立和巩固客户关系,理解、处理并克服购买障碍和反对意见。但这一方式对销售人员的技巧和能力要求较高,费用也较高。

7.4 信息通信企业集团客户营销策略

信息通信企业的服务对象除个人客户、家庭客户之外,还有大量的包括政府部门、各类企事业单位在内的组织客户,通常称为集团客户或政企客户。这类客户虽不像个人客户那样能达到十几亿的数量级,但总数也相当可观。例如,根据企业公布的数据,2023 年,中国移动政企客户约有 2 400 万家,中国电信的天翼云服务的行业客户超过 350 万家。对于集团客户的营销策略,与公众市场存在很大的不同,更适合采用基于关系营销理念的顾问式营销策略。

顾问式营销起源于 20 世纪 90 年代,是关系营销理念的具体实践形式。它强调销售人员以专业销售技巧进行产品介绍的同时,运用观察能力、沟通能力、演示能力、分析能力、亲和能力和说服能力等解决客户的问题,满足其现实的需求,并预见客户的潜在及未来需求,从客户的角度提出积极建议。这种营销方式要求销售人员不仅是一个销售者,还要成为客户的朋友和顾问,与客户建立起长期融洽的关系,提高客户满意度和忠诚度,从而帮助企业实现可持续发展[1]。

显然,开展顾问式营销的关键是营销人员的高素质,很多时候面向一个集团大客户,需要的不是一个营销人员,而是一个营销团队,组成完善的售前、售中、售后服务体系。营销团队整体需要具备的能力素质包括以下几个方面。

① 积极的态度。顾问式营销需要面对不同的角色,既可能有基层员工,也可能有高层管理者,不同人员看问题的角度不一样,其沟通的重点也不同。在很多时候,对于比较重要的业务,需要与高层决策者直接沟通,被拒绝是很常见的情况。营销人员需要不断调整心态,激发自身热情,保持积极的态度,始终对客户的要求或抱怨给出及时、积极的回应,这是建立长期客户关系的前提。

② 知识结构。顾问式营销应为客户解决问题,为此,营销人员对企业自身的业务、产品要有深入的了解,不仅要全面掌握其当前状态,还要跟踪国内外类似和相关的产品,理解相关技术和业务的发展趋势,收集行业的前瞻性信息,这样才能给客户提供合理、准确的解决方案,为客户创造价值,这不仅是建立长期合作关系的基础,也可以为获取潜在的机会作铺垫。在数字经济背景下,信息通信企业需要为传统行业的数字化转型有效赋能,面对政企客户、行业客户提供的信息通信应用解决方案相当复杂,营销客户经理不仅需要具备一定的信息技术背景,能够全面掌握方案的功能和原理,还需要站在客户的角度,了解客户所处行业,通过行业洞察与客户建立信任,将企业提供的解决方案与客户所处行业的需求进行有效匹配,与客户的数字化战略紧密结合,为客户推荐最合适的产品。

③ 沟通能力。沟通决定顾问式营销的成败,顾问式营销人员要具备很强的沟通能力,不仅要会"说",而且要会"听"。很关键的一点是营销人员要能够换位思考,真正站在客户的角度考虑问题,了解客户的偏好,理解客户的诉求,在提出方案建议时,要表达清晰、突出重点,以客户能够理解的方式传达营销信息。

---

[1] 麦肯锡营销顾问公司. 顾问式销售技巧与策略[M]. 北京:经济科学出版社,2005.

顾问式营销团队的建立显然不能只靠营销人员自己的努力,团队的培育是一项长期工程。企业需要建立常规性的培训体系,由专门人员对所需要的技术、知识体系进行整理,并从客户反馈中积累信息,对同类客户的普遍问题进行整理,将常见问题的应对标准化,让营销人员能够提前充分准备,在与客户的交流中占据主动。

本章小结

1. 营销管理的主要任务有分析市场机会、选择目标市场、设计和实施营销策略组合。营销管理的理论和方法经历了3个阶段、4个范型的演进,营销策略组合出现了4P、6P、10P、7P、4C、4R等多种框架。

2. 互联网时代,从早期基于网站页面、公共论坛、电子邮件等开展的网络营销,到利用社交媒体的社会化营销,以及大数据时代的精准营销,基于互联网的营销手段不断创新,形成了丰富的营销策略组合。信息通信企业不仅为营销创新提供了技术手段,而且可利用自身的网络平台以及聚集的数据、用户等资源,为其他企业提供互联网营销服务,还可在自身产品和服务的营销活动中运用这些新型营销方式。

3. 网络整合营销可遵循4I原则,即趣味原则、利益原则、互动原则和个性化原则。

4. 信息通信服务市场细分非常复杂,常见的细分维度包括服务种类、服务地域以及客户群体。信息通信市场范围极其广阔,细分市场数量非常多,即使实力顶尖的企业也很难在整个信息通信服务市场上实施市场全面化策略。多数信息通信企业的目标市场选择始于市场集中化策略或者产品专业化策略,在各个细分市场上形成相对稳定的格局。

5. 信息通信企业服务的个人用户和家庭用户常统称为公众客户,面向公众客户的营销策略与一般消费产品的营销策略比较类似,可采用4P框架进行分析。在产品组合、品牌建设、业务定价、营销渠道建设等方面,信息通信企业都有其独特的策略选择。

6. 面对集团客户,信息通信企业宜采用顾问式营销策略,为其提供定制化产品和服务。

复习思考题

1. 请解释以下基本概念:
网络营销 大数据营销 社会化媒体营销 营销策略组合 4I原则 顾问式营销
2. 营销管理主要有哪些工作内容?
3. 互联网时代的营销有何新特点?
4. 选择某一信息通信业务市场,从不同角度对其进行市场细分。
5. 企业目标市场选择有哪几种策略?
6. 信息通信行业中常见的定价方式有哪些?哪些定价方式对刺激用户需求起到了很好的作用?
7. 如何评价当前信息通信企业实体渠道和电子渠道的作用?
8. 选择某一项信息通信业务,以扩大用户规模为目的,为其设计营销方案。

第 8 章 信息通信行业管制

8.1 管制理论概述

8.1.1 管制的概念

"管制"一词对应的英文为"regulation",在经济学文献中也常使用"规制",这是由于对"regulation"的不同译法而造成的差异,两者的内涵基本一致,本书统一使用"管制"一词。

日本著名经济学家植草益在其经典著作《微观规制经济学》中将管制定义为:根据一定的规则,对构成特定社会的个人和构成经济体系的经济主体的活动进行限制的行为。这是一般意义上的管制,管制者可以是个人或企业组织,也可以是政府或其他组织,管制的目的可以是保护公共利益,也可以是保护某些特定集团的利益,或者是其他经济或者非经济的目的。一般意义上的管制是普遍存在的,是维持社会或组织运行秩序,以保证其生存发展所必需的。

根据管制主体的不同,植草益进一步区分了私人管制和公共管制。私人管制如父母约束子女的行为,一般不会产生重大的社会影响。而公共管制是基于公共利益,由社会公共机构进行的对私人以及经济主体行为的管制。显然,对信息通信业的管制属于公共管制的范畴。

公共管制的主体包括具有相应权力的各国政府管制执行部门或独立的监管机构、国际组织、区域性组织和行业组织,核心是管制执行部门,各管制主体之间的联系日益加强,管制需要发挥各主体的协同作用。其中,政府管制机构是最主要和最重要的管制主体,因此管制在通常意义上是指政府管制。

经济学把管制分为经济性管制和社会性管制两种类型。

经济性管制是为了防止资源配置低效率和确保资源使用者之间的公平,对于特定产业或行业进行的纵向性管制,具体包括对该行业的产品或服务价格、市场进入和退出条件、服务数量和质量、投资等有关行为加以限制。一般来说,经济性管制的行业具有自然垄断性。自然垄断性是指当一种产品或服务的生产全部交给一家垄断企业经营时,对全社会来说总成本最低的特性。例如,电信业的本地网络、电力行业的配电和输送系统、铁路的轨道传输网络等实行垄断经营,有其经济合理性和社会效益。但如果他们的服务质量和价格不合理,就很可能危害购买并使用这些产品的公众的利益,此时就需要通过管制手段来调节相关企业的行为。

社会性管制以保障劳动者和消费者的安全、健康、卫生,保护环境,防止灾害发生为目的,对产品和服务质量以及随之产生的各项活动制定一定的标准,并禁止、限制特定行为。与经济性管制相比,社会性管制的重要特点在于其横向制约功能,经济性管制是针对某一特定行业采取管制措施,而社会性管制则针对所有行业,防止、限制各行业中出现不利于保障社会或个人的健康、安全,不利于提高环境质量,以及其他损害社会福利的行为。

8.1.2 管制的理论前提

经济分析表明,市场失效是管制的必要条件,即理论前提。市场失效是指市场机制无法实现资源的有效配置的情况,也常被用于描述市场力量无法满足公共利益的状况。导致市场失效的主要原因有以下几个。

① 市场势力。当某产品的生产者或者生产要素的提供者拥有市场势力时,它们可以控制和操纵市场价格,以较高的价格和较少的产量牟取垄断利润,此时市场将处于一种低效率的资源配置状态,且无法通过市场机制本身进行改进。

② 外部性。外部性是指一项活动对于他人产生有利(正外部性)或不利(负外部性)的影响,但不需要他人对此支付报酬或对其进行补偿的现象。例如,在生产领域中,某生产者的生产过程造成了噪声、水土污染的问题,这会给社会上的其他成员带来危害,这就是负外部性的一种表现。在外部性影响下,权利不明晰等原因会导致经济当事人出现效率与福利损失,从而在资源配置上也难以实现最优。

③ 公共物品。公共物品是指在消费过程中具有非排他性和非竞争性的产品。非排他性是指当这类产品生产出来之后,生产者很难阻止未支付价格的人消费该产品;非竞争性是指对于生产者来说,消费者的增加或减少不影响生产成本,即边际消费成本为零。这类产品包括国防、公安、航标灯、路灯等,所以这类产品又称为非营利产品。公共物品在供给上往往利益驱动不足,依靠市场机制配置公共物品的供应时可能导致生产不足或资源闲置,因此市场无法保证公共物品的提供。

④ 信息不完全。由于认识能力有限,经济当事人双方,如买卖双方,不可能知道彼此的所有信息,如果卖方不让买方知道商品的信息,买方就不知道究竟是否值得购买,甚至当买方掌握信息不完全时会发生"逆向选择",即随着价格的上升而增加购买量,随着价格的下降而减少购买量。这些行为都会向市场传递错误的激励信号,导致生产与需求的不匹配,对市场机制来说,都意味着低效率。

管制就是要弥补由于以上因素所导致的市场机制的不足,以利于经济的健康发展。

8.1.3 有效管制的原则

管制的目的在于提高经济效率和维护社会公正,如果这一目的未能实现,则称为管制失灵。管制包括规则制定和管制执行两个基本环节,因此管制失灵主要体现在管制规则失灵和管制执行失灵两大方面。

管制被视为克服信息不对称、限制个人与集团利益的工具,但管制并不能完全解决信息不完全和自利行为所带来的种种问题。管制机构有可能会被管制对象所控制,最终破坏竞争,阻碍市场机制正常发挥作用。管制环境的不断变化要求管制规则必须及时更新,但管制机构的反应需要一定的时间,这必然会导致管制滞后和管制规则过时,难以解决不断出现的新问题。此外,如果不同管制机构之间沟通不畅,就可能造成管制规则之间的冲突与矛盾,或者与现行法律、政策不一致,其结果也必然是管制失灵。

即使管制规则制定得当,在管制执行过程中仍存在大量的权力机构获益的机会,管制措施执行低效、执行中控制过度或弹性不足都会造成严重的效率损失。管制的目的是力求经济有效地解决问题,但管制的执行同样需要成本,如果管制执行过程缺乏科学的成本效益分析,则往往会造成大量资源浪费,导致管制结果得不偿失。

管制失灵的后果是效率损失与公平损失。效率损失意味着管制阻碍市场机制正常发挥作用,使社会经济活动的效率下降。公平损失意味着管制偏离了公共利益的方向,导致社会不公。

20世纪70年代以后,管制失灵的种种弊病逐步被各国政府所认识,世界各国都进行了不同程度的管制改革,以切实提高政府实现公共政策目标的能力。虽然各国的政府管制体制与管制改革内容各有特点,但对有效管制的理解还是趋于一致的。有效管制普遍应遵循的基本原则概括如下。

① 公共利益性。管制的目的是保障公共利益,提升整个社会的福利水平,管制的社会成本必须是合理的,带来的社会收益应大于其造成的损失。管制规则的制定与执行需要综合权衡各方利益,不能被利益集团所左右。因此,为确保管制的公共利益性,管制主体应具有相对独立性,不受各方利益的干扰,以保证管制规则制定和执行的中立性。

② 必要性和可行性。管制应该是必要的而非多余的,必须有其存在的必要理由,有明确而正当的政策目标和真实存在的目标问题。管制的意义在于弥补市场机制的不足,减少市场失效的危害,而非替代市场机制。如果管制干预正常的市场交易,那么其结果往往是社会总福利和个人权益的损失。同时,管制规则和手段必须量力而行且具有可操作性,管制规则必须适应当前的社会经济状况和管制者的能力,在作出管制决策之前应审慎考察是否具备相应的物质与非物质条件。

③ 开放性。开放性也可称为透明性,要求管制规则的制定过程和执行过程开放透明,让公民能够参与或监督管制过程,使得管制决策能够符合社会公共利益。经济合作与发展组织指出,富有开放性的管制文化是良好管制的特征,封闭式的管制模式往往导致低效与腐败,而开放性则可以保持管制的健康与活力。

④ 动态性。有效的管制不应是一成不变的,而应是一个动态过程,应随着受管制市场的不同发展阶段进行调整,管制的边界、强度、方式和手段都应随着市场的变化而变化。

⑤ 执行有效性。实现有效管制必须建立有效的管制执行体系,一个能够选择正确策略、有效完成执行任务的管制执行体系是实现良好管制的必要条件。同时,良好的管制应选择最直接且成本最低的方式解决目标问题,并注重管制绩效。

8.2 传统电信业管制

8.2.1 世界电信业管制的发展

电信业管制是由社会监管机构(通常是各级政府或独立的监管机构)按照一定的规则,通过实施政策、法规、指令等手段,对电信行业、电信企业、电信市场进行监管、干预和限制的行为。

电信业由于具有显著的公共性和自然垄断性特点,所以必然涉及管制的问题。在20世纪60年代以前,世界各国的电信业都经历了长期的垄断经营,在垄断经营体制下,政府必须通过管制来控制垄断企业的利润,确保其按照公共利益的要求提供服务。然而越来越多的证据表明,在垄断经营体制下,由于缺少竞争压力,企业不会积极改进技术、提高质量、降低成本,而开放竞争的市场才有利于发展和创新,为用户提供更好的服务。在20世纪的最后10年,电信业在全世界范围内发生了巨大的变化,鼓励竞争和放松电信业管制的理念成为主流,许多国家都将以市场为导向的思路引入电信运营(参见补充阅读资料"AT&T的拆分及并购重组")。此外,网络升级换代和互联网、电子商务等新技术的发展带来了许多新的通信方式,催生了一批新型的电信企业,传统的电信业务面临着巨大的挑战,迫使电信业务整体运营方式进行变革。

20世纪90年代,电信业以市场为导向的新模式在全球范围内逐渐确立,电信业经营体制发生了根本性变化,但管制仍然是必要的。这是因为电信网络的本质特点给电信主导运营商带来了很大的优势。一方面,主导运营商现有的技术和网络已经成为事实上的网络标准,且已形成较大的规模经济效益,而新进入市场的电信企业则要面对消费者转换成本高、难以从主导运营商手中赢得用户的问题。另一方面,主导运营商可以通过控制关键资源、利用垄断业务补贴竞争性业务、阻碍网络互联等不正当竞争手段来排挤新进入市场的竞争对手。因此,在电信市场从垄断走向竞争的过程中,需要一定的监管和干预,否则无法形成有效的竞争。根据管制的基本理论,管制应与市场机制共同发挥作用,当有效的市场竞争体系逐步建立起来之后,政府的监管和干预活动应相应减少。因此,管制的范围、重点和力度应根据电信市场环境的变化进行调整,而不能在市场条件未成熟的时候就直接放松甚至取消管制。在竞争环境初步建立、市场机制尚未健全、不正当竞争行为仍然频繁出现的时期,进一步加强和完善管制是完全必要的。

此外,信息通信技术的快速发展所带来的业务创新使得电信行业原有的业务界限越来越模糊,尤其是随着电信网与互联网融合以及三网融合的推进,电信行业的业务种类、盈利模式和管理模式都已发生了巨大变化,许多新型企业也已进入电信市场,极大地改变了电信市场格局。这不仅使电信业管制对象增加、管制工作更加复杂,也对电信业管制提出了新的挑战。一方面,新技术和业务的发展带来了新的管制问题。例如,针对互联网发展所带来的一些新问题,如网络中的隐私权保护、知识产权保护、有害及非法内容问题、网络犯罪等,许多国家制定了ICT方面的新法律,或通过修改现有的电信法律法规,协调或改进法律环境和框架。另一方面,三网融合也提出了管制融合的要求。传统上三网分属不同的行业,各有不同的监管制度,而三网融合使3个行业相互渗透,行业界限模糊,逐渐形成一个信息通信大行业。国外尤其是西方发达国家的三网融合管制及实践都是一个渐进的过程,大多经历了由初期的分业管制、互不进入,到逐步融合,再到最后互相进入、全面融合的3个阶段。管制机构融合统一成为发展趋势,电信、互联网和广播电视都将被纳入一个监管体系中。在许多国家,这个过程仍在进行中。因此,在数字经济大背景下,电信业管制进入了新的历史时期。

补充阅读资料

AT&T的拆分及并购重组

AT&T即美国电报电话公司,其前身是由电话发明人贝尔于1877年创建的美国贝尔电话公司。1895年,贝尔公司将其正在开发的美国全国范围内的长途业务项目进行分割,成立了一家独立的公司,名为AT&T。1899年,AT&T整合了美国贝尔公司的业务和资产,成为贝尔系统的母公司。

1984年AT&T被拆分是一个著名的反垄断案例。拆分之前的AT&T几乎垄断了美国的州内、州际和国际电话业务。此外,AT&T控股的Western Electric提供了几乎全部贝尔系统的设备,电信设备的生产也在AT&T的垄断之下。事实上,1894年由于贝尔公司与政府所签的第二轮电话经营合同到期,贝尔电话公司已经失去了电话业务的经营垄断地位。在接下来的10年之内,美国电信市场上就出现了6000多家电话公司。虽然竞争者不断涌现,但AT&T在美国电信业的统治地位仍然无法撼动。美国监管部门认为,AT&T严重阻碍了美国电信行业的健康发展。1913年和1949年,AT&T曾两度面临反垄断诉讼,最后都将其一一化解。

拆分AT&T的主要推动者是隶属于美国司法部的反垄断局。1974年,反垄断局控告了AT&T,声称它滥用垄断地位把竞争对手逐出设备和长途电话服务市场(简称长话市场)。反垄断局认为AT&T之所以能在长话和市话(即市内电话服务)市场都占据垄断地位,是因为公司在确立了长话市场的垄断地位后利用技术、资金上的优势,采用交叉补贴的方式,用长话市场的收入弥补市话市场的亏损,以极低的资费在市场上竞争,迫使其他企业逐步退出了市场,进而实现了在市话市场上的垄断。而利用对市话系统的控制,限制长话竞争对手接入当地电话系统,AT&T实际上也形成了对长话业务的垄断。最终,在巨大的压力下,AT&T同意了反垄断局将电话系统分为两部分——可以自由竞争的长话系统和天然垄断的市话系统。

AT&T被拆分成一个继承了母公司名称的新AT&T公司(专司长途业务)和7个本地电话公司(即7个小贝尔公司)。在拆分之后,新兴电信运营商如雨后春笋般涌现,给消费者带来了实惠,长途通话价格到20世纪80年代末已下降了40%。MCI一开始就是AT&T的挑战者,到20世纪90年代,它已跃升为全美第二大电信公司。同样在AT&T拆分后进入长话市场的Sprint则凭借价格战术逐渐崭露头角。随着垄断被打破,电信市场的竞争日益激烈。AT&T的长话市场份额不断被MCI和Sprint蚕食,从1984年的超过90%下降到几年后的50%。1999年,Bell Atlantic成为第一个获准进入长话市场的小贝尔公司,竞争日趋白热化。反观本地电话市场,拆分对打破垄断并没

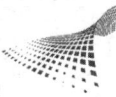

有很好的效果。1995年，美国99%的本地电话市场为地方贝尔公司所占据。地方贝尔公司利用其本地网络优势为新的进入者设置了壁垒。即使在1996年美国电信法允许长途电话公司进入本地电话市场后，本地电话市场的竞争格局也没有根本改观。

AT&T在拆分之后主营长途电话业务，随着竞争日益激烈，长途电话业务利润越来越少，使得AT&T的转型势在必行。早在20世纪90年代后期，AT&T就提出了"信息服务企业"的战略转型目标。从1994年起，AT&T采取了一系列兼并、收购措施，初步建立起全球第一个具有本地、长途、无线、有线电视和高速互联网接入等多种业务能力的综合服务提供商。但一系列的收购使AT&T公司负债过多，新业务发展未取得预期效果，导致AT&T获利持续下滑直至出现亏损。

2005年1月30日，西南贝尔(SBC)宣布以160亿美元收购AT&T，并于2005年秋天完成收购，成为新的AT&T。2006年年底，AT&T收购南方贝尔，获得当时全美第一大无线电话公司Cingular无线的全部股份，成为当时美国无线、宽带、视频、话音及数据市场最大的提供商。在此基础上，AT&T以强化自身品牌为核心，以发挥固网和移动的协同效应、大力发展融合的"三屏(电视、计算机、手机)合一"业务为依托，走出了一条复兴的全业务运营之路。

资料来源：
周圣君. AT&T沉浮录[J]. 中国工业和信息化，2021(11)：74-78.

8.2.2 我国电信业管制机构及电信业改革历程

1. 我国电信业管制机构

1949年新中国成立至1979年，我国电信管理组织机构的设置历经多次变化。1949年11月邮电部成立，下设邮政、电信两大总局，分别经营邮政、电信业务。1950年7月除省会以上城市外，全国实行邮电合营。1955年5月撤销大区邮电管理局，实行邮电部、省邮电管理局和市县邮电局三级管理体制。1958年7月省邮电管理局和市县邮电局成为各级地方政府的组成部门。1962年1月恢复实行以中央为主的部、省双重领导体制。1970年1月撤销邮电部，邮政、电信分别归属交通部和军队管理。1973年5月恢复邮电部，邮电合并，但省邮电管理局仍实行以地方为主的部、省双重领导体制。1979年7月恢复实行以中央为主的部、省双重领导体制。

从1979年到1998年3月，中国电信业的管理机构主要是邮电部，其次是负责无线电管理的国家无线电管理委员会和负责价格管理的国家计委物价管理部门。各省、自治区、直辖市也相应设有邮电管理局和无线电管理委员会，分别负责辖区内的电信业管理和无线电管理。国家计委价格司是全国价格管理部门，和邮电部共同负责电信资费管理，或制定价格管理原则，由邮电部具体实施电信资费管理。

1998年3月，根据全国人大通过的国务院机构改革方案，撤销邮电部和电子工业部，组建信息产业部，实行政企分开，并将国家无线电管理委员会和国务院信息化工作领导小组的职能，以及原属广电部门的广播电视网络与信息管理的职能划归信息产业部，同时成立国家邮政局,其归信息产业部管理。2000年4月,各省、自治区、直辖市邮电管理局在组织完成邮电分营和电信重组后,实行政企分开,同年成立通信管理局,在以信息产业部为主的部、省双重领导下,行使地区电信行业监管职能。在这一时期,我国的电信管理体制实行中央和地方两级管理。信息产业部为我国电信主管部门,负责对全国电信业的监督和管理,政府其他部门根据职责分工,在职责范围内对电信业实施相应的监督管理。各省、自治区、直辖市设通信管理局,在信息产业部直接领导下,根据《中华人民共和国电信条例》等国家相关法规,对本行政区域的电信业实施监督管理。

2008年,为推进我国工业化与信息化进程,贯彻发展"工业化、新型化社会"的指导纲领,按照2008年3月公布的国务院机构改革方案,信息产业部与国务院信息化工作办公室、国防科学技术工业委员会及国家发展和改革委员会部分职能部门合并,组建工业和信息化部。2008年6月底,工业和信息化部正式挂牌成立,其内部设有包括政策法规司、规划司、财务司、产业政策司、科技司、电子信息司、软件服务业司、通信发展司、电信管理局、通信保障局、无线电管理局(国家无线电办公室)、信息化推进司等在内的24个司局。信息产业部在省、自治区、直辖市设置的通信管理局划归工业和信息化部,实行垂直管理,继续沿用原有的中央和地方两级管理体制。工业和信息化部的主要职能包括:拟订并组织实施工业行业规划、产业政策和标准,监测工业行业日常运行,推动重大技术装备发展和自主创新,管理通信业,指导推进信息化建设,协调维护国家信息安全等。作为行业管理部门,工业和信息化部负责统筹规划、政策标准制定,指导行业发展,而不干预企业生产经营活动,确保企业的市场主体地位。

2. 我国电信业改革历程

在电信行业主管机构变革的同时,我国电信业也从垄断经营走向了开放竞争。自1979年到20世纪90年代初,我国电信业实行邮电部领导下的垄断经营,网络建设、业务发展都由邮电部以及各省邮电管理局统一管理,网络运行实行集中指挥和调度,利润由邮电部统一分配。随着电信业务的发展,垄断经营所带来的低效、缺乏创新动力等问题日益凸显,引入竞争势在必行,我国电信业管制政策相应地开始发生根本性变化。20世纪90年代至今,我国电信业经历了多次变革调整,其中一些重要改革措施如表8-1所示。

表8-1 我国电信业改革的重要措施

年份	事件
1993	9种非基础电信业务开放竞争
1994	中国吉通公司成立,中国联通公司成立
1995	中国电信从邮电部分离,完成企业登记
1997	中国电信(香港)有限公司成功在纽约和香港上市
1998	信息产业部成立,政企分开,邮电分营
1999	电信业第一次重组,中国电信被拆分为4个公司,中国移动成立,中国网通成立
2000	中国铁通成立
2002	电信业完成第二次重组,新的中国电信与新的中国网通成立

续 表

年份	事件
2008	信息产业部撤销,工业和信息化部成立,电信业第三次重组,6家基础电信运营商重组为3家全业务运营商
2009	发放3G牌照
2010	三网融合正式开始试点
2013	开始移动通信转售业务试点,发放4G牌照
2014	中国铁塔股份有限公司成立
2016	中国广电成为第四家基础电信运营商
2019	发放5G牌照

竞争机制首先被引入非基础电信业务领域。1993年,无线寻呼、800 MHz集群通信、450 MHz无线移动通信、国内VSAT(Very Small Aperture Terminal,甚小口径终端地球站)通信、电话信息服务、计算机信息服务、电子邮件、电子数据交换和可视图文9种电信业务实现开放竞争,这一政策对电信业的发展产生了明显的作用,满足了当时社会对电信业务多样化的需求,一时之间涌现出众多的新兴企业,特别是无线寻呼业务的蓬勃发展,有力地拓展了无线寻呼市场,满足了用户的需要,促进了服务质量的改善和资费水平的下降。

1994年,电子工业部发起成立了中国吉通通信有限公司(中国吉通),其负责"金桥工程(国家经济信息网络及信息平台)"的建设运营。同年,由电子工业部、电力工业部、铁道部三家投资的中国联合通信有限公司(中国联通)正式成立,并获准经营多种基础电信业务,这是我国电信改革历程中的重要一步,标志着我国基础电信业务市场竞争时代的开始。中国联通成立伊始,便选择了发展潜力巨大的移动通信业务,首次拉开了中国电信和中国联通之间的移动电话价格大战的帷幕。然而,尽管当时电信总局已经从邮电部分离,登记为中国电信集团公司,中国电信在形式上取得了独立,但其财务收支与业务发展计划仍由邮电部统一管理。因此,邮电部仍然扮演着双重角色:既是行业管理者,又是中国电信的实际经营者。这使中国联通与中国电信之间难以开展正常的竞争。

1998年3月,信息产业部的成立从根本上解决了政企分开的问题。信息产业部是在邮电部、电子工业部的基础上,按照政企分开、转变职能、破除垄断、保护竞争、权责一致的原则组建的,负责管理全国电子信息产品制造业、通信业、软件业,以及国家公用通信网、广播电视网和各种专用通信网,推动国民经济和社会服务的信息化进程。信息产业部作为政府部门,不直接参与通信企业的经营活动,只负责制定相应的政策、法规,履行行业宏观管理与调控的职责。同年,实现了邮电分营,国家邮政局成立,邮政继续作为国家公共服务行业,中国电信则作为独立的法人实体走向市场,同时取消了实行多年的电信对邮政的交叉补贴政策。

政企分开为充分竞争铺平了道路,标志着管制环境发生了根本性变化。但随即一个问题显现出来:中国电信庞大的市场势力使得当时的中国联通几乎无法与之抗衡,因而不可能实现有效的市场竞争,中国电信仍然可以享受事实上的垄断利润。于是在1999年2月,国务院通过了中国电信的重组方案,将中国电信分为固定电话、移动通信、无线寻呼和卫星通信4个部分,并分别成立公司,其中中国电信继续经营固定电话业务,移动通信业务由拆分后新成立的中国移动通信集团公司经营,2001年12月正式挂牌的中国卫星通信集团公司(中国卫通)负责卫星通信业务。这种重组方式有助于迅速形成几家实力相近的全国性电信公司,有助于消除交叉补贴现象,但并不能有效打破单一电信业务市场的垄断。

此外,1999年到2000年间,中国网络通信集团公司(中国网通)、中国铁道通信信息有限公司(中国铁通)相继成立,我国电信市场形成了由中国电信、中国联通、中国网通、中国移动、中国吉通、中国铁通和中国卫通7家运营商组成的分层竞争格局。为促进有效竞争局面的形成,信息产业部对不同的电信企业实施了非对称管制,即对于新进入的企业给予更灵活的政策,同时限制实力较强的企业(如中国电信)的发展,以促进新的市场进入者尽快成长。2000年9月,国务院颁布了《中华人民共和国电信条例》,这是中国第一部管理电信业的综合性法规,成为电信管制的主要法律依据。

电信市场的竞争状况一直受到政府和社会大众的关注,在中国电信重组之后,有许多问题仍然没有得到有效解决,其焦点仍然在竞争机制的建立和完善上,本地固定电话领域始终未形成实质性的竞争。2001年,中国电信再次进行拆分,中国电信运营南方21个省(区、市)的网络,组成中国电信集团公司,而北方10个省(区、市)的网络与中国网通及中国吉通重组为新的中国网络通信集团公司。2002年5月,新的中国电信与新的中国网通挂牌成立后,我国形成了"五加一"的电信市场新格局,即有中国电信、中国网通、中国移动、中国联通、中国铁通、中国卫通6家在全国范围内经营基础电信业务的公司。在固定电话业务领域,中国电信、中国网通、中国铁通和中国联通4家公司相互竞争,其中中国铁通和中国联通占很小的市场份额。在移动通信领域,中国移动和中国联通两家形成寡头垄断。而增值电信业务领域已经实现全面开放,到2007年,全国增值电信业务经营者已超过两万家。

2008年是我国电信改革进程中的重要一年。为推进我国工业化与信息化进程,贯彻发展"工业化、新型化社会"的指导纲领,按照2008年3月公布的国务院机构改革方案,信息产业部与国务院信息化工作办公室、国防科学技术工业委员会及国家发展和改革委员会部分职能部门合并,组建工业和信息化部。2008年5月,《工业和信息化部 国家发展和改革委员会 财政部关于深化电信体制改革的通告》宣布基于电信行业现状,为实现改革目标,鼓励中国电信收购中国联通CDMA网(包括资产和用户),中国联通与中国网通合并,中国卫通的基础电信业务并入中国电信,中国铁通并入中国移动,这一方案使原来的6家基础电信运营商重组为3家,这3家运营商都是同时经营固定和移动通信业务的全业务运营商,从而改变了重组前固定业务和移动业务领域分别竞争的局面。至2008年10月,基于此方案的中国电信业的第三轮重组基本完成,建立了全业务经营下"三足鼎立"的竞争格局。2009年1月初,工业和信息化部正式发放3G牌照,2013年年底发放了基于TD-LTE标准的4G牌照。

2010年,国务院决定加快推进三网融合,提出了推进三网融合的阶段性目标:2010—2012年,重点开展广电和电信业务双向进入试点,探索建设保障三网融合规范有序开展的政策体系和体制机制;2013—2015年,总结并推广试点经验,全面实现三网融合发展,普及融合业务应用,基本形成适度竞争的网络产业格局,基本建立适应三网融合的体制机制和职责清晰、协调顺畅、决策科学、管理高效的新型监管体系。"十二五"期间,我国全面推进三网融合。

2012年6月,《工业和信息化部关于鼓励和引导民间资本进一步进入电信业的实施意见》明确了民间资本进入的八大领域,旨在扶持民间资本实质性进入基础电信业务领域,增强电信市场的竞争活力。2013年5月,为鼓励和引导民间资本进入电信业,工业和信息化部开始开展移动通信转售业务试点,截至2014年年底,工业和信息化部共分5批向42家民营企业颁发了移动通信转售业务牌照。2014年5月,工业和信息化部、国家发展和改革委员会联合发布了《关于电信业务资费实行市场调节价的通告》,宣布所有电信业务资费均实行市场调节价。2014年7月,为减少电信行业中铁塔及相关基础设施的重复建设,提高电信基础设施共享共建水平,在国务院国有资产监督管理委员会与工业和信息化部的协调下,中国电信、中国移动和中国联通三家基础电信运营商共同出资,成立了中国通信设施服务股份有限公司(后更名为中国铁塔股份有限公司),该公司以通信铁塔、基站机房及配套设施的建设、维护、运营为主要业务,体现了"网业分离(网络基础设施与业务运营分离)"的思想。2014年12月,工业和信息化部发布《关于向民间资本开放宽带接入市场的通告》,提出鼓励民间资本以多种模式进入宽带接入市场。2016年5月,中国广播电视网络有限公司获得工业和信息化部颁发的基础电信业务经营许可证,获准在全国范围内经营互联网国内数据传送业务和国内通信设施服务业务,成为第四家基础电信运营商。这一系列措施都反映出我国电信行业进一步深化改革、促进开放竞争的大方向。

2017年1月,工业和信息化部制定发布了《信息通信行业发展规划(2016—2020年)》,在行业管理方面,提出了强化以互联网为核心的行业管理、提升行业服务质量、加强重要基础资源管理、加强大数据资源应用和管理、持续深化电信行业改革等方面的措施,表明我国在不断探索电信管制与行业改革的道路,以适应信息通信技术与业务的发展变化,激发各类企业的活力与创造力,有序引导电信市场协调发展。

2019年6月,工业和信息化部正式向中国电信、中国移动、中国联通、中国广电发放5G商用牌照。我国正式进入5G商用元年。新技术、新业务不断出现,给行业监管带来新的挑战。2021年11月发布的《"十四五"信息通信行业发展规划》指出,我国将通过优化市场许可准入、加强事中事后监管、加强互联网市场秩序监管、创新信息通信设备监管、加强新技术新业务监管等措施,全面增强市场监管能力。

8.2.3 电信业管制的目标与内容

尽管不同国家的监管措施各不相同,但其管制目标大致类似,体现了对用户、企业、行业和国家各方面利益的综合考虑。以下为世界各国广泛接受的电信业管制目标:

① 促进基本电信业务的普遍服务;
② 促进有效的市场竞争,提高企业经营效率和业务质量,改进电信技术,按照效率原则制定业务价格;
③ 防止出现滥用市场权力、进行不正当竞争的行为;
④ 为促进电信业投资、发展电信业务创造有利环境;
⑤ 保护消费者通信自由和通信秘密;
⑥ 优化使用电信业发展所需要的稀缺资源,优化社会资源配置;
⑦ 维护国家利益和安全。

为实现上述目标,电信业管制的主要任务就是处理电信业中一些不能依靠市场机制解决的问题,以及涉及消费者权益和国家利益与安全的问题。管制手段包括行为干预和结构干预两个方面。行为干预即管制机构通过制定企业行为方面的规定,试图改变特定企业或多个企业的行为;结构干预即控制电信市场中企业的数量,从而影响行业市场结构。这些措施构成了电信业管制的主要内容,传统上,电信业管制的内容体系包括电信普遍服务管制、电信市场准入管制、电信网间互联管制、电信资费管制、电信资源管制、电信安全管制、电信服务质量管制、电信技术标准与设备准入管制。此外,互联网发展所带来的新问题,如网络中的隐私权保护、知识产权保护、有害及非法内容问题和网络犯罪等,更多地具有社会性属性,使得针对互联网的管制问题具有特殊性和复杂性,对互联网的管理并没有融入传统电信业管制的范畴中,而是成为一个相对独立的管制议题。顺应网络融合趋势,电信业管制将更多地纳入互联网管制的内容,走向融合性管制。

1. 电信普遍服务管制

(1) 普遍服务的概念和定义

普遍服务是电信业的一个常用概念,美国 1934 年的《电信法》第一次以立法的形式将普遍服务作为电信政策的重要目标之一。到了 20 世纪 80 年代,普遍服务的概念逐渐为世界各国所接受,各国纷纷将其列为电信法规中的重要条款,使其成为管制机构的责任和电信企业的义务。

普遍服务是指电信业务经营者应尽可能地以统一的资费标准和服务质量,以任何人都能够负担的价格,向所有社会大众提供基本的电信业务。普遍服务政策旨在促进社会公众能够获取经济上可以承受的电信业务,尤其重视向那些高成本服务区域(如农村和边远地区)的居民以及低收入群体提供和维持电信业务。

在制定电信普遍服务政策时,要谨慎定义普遍服务的内容,因为这一定义决定了普遍服务的范围和水平,也决定了承担普遍服务供应的企业的义务。电信普遍服务内容的定义应符合当地条件,反映当地的经济和行业发展状况,国家收入水平、分配方式以及人口分布情况是重要的影响因素。向一定的人口提供电信业务所需要的资源以及因此而产生的成本在很大程度上取决于大部分人口是集中于城市地区还是广泛分布于农村地区。另外,国家的地理、地形以及安全问题也需要考虑在内。

一般来说,电信普遍服务内容的定义包括两个重要方面。

① 接入的类型。接入是获得服务的前提,接入方式有个人独享接入和集体共享接入两种。例如,每一个家庭都可使用宽带接入是一种独享接入,而为一个村庄提供一个宽带接入服务点则是一种共享接入,前者可以是发达国家的普遍服务目标,后者对发展中国家而言是一个更加实际的政策目标。

② 业务的类型。电信普遍服务传统上以话音业务为主,通常包括基本电话、公用电话和紧急呼叫业务,然而随着互联网的发展,许多国家已开始将互联网接入等业务纳入普遍服务业务范围。

总体而言,一个国家应先以基础业务的公共接入作为普遍服务的政策目标,随着经济发展水平的提高和条件的成熟,再逐步丰富普遍服务的业务类型,提升普遍服务水平。

(2) 我国的电信普遍服务政策

我国电信普遍服务主要面向农村地区,2004 年启动的"村村通电话工程"(简称"村通工程")是我国初级普遍服务政策目标的集中体现,其具体要求是每个行政村至少要开通两部电话,原则上至少一部电话是有人值守的公用电话,以提高电话利用率和设施安全性,并避免因交不起月租费而被停机。可以看出,当时我国电信普遍服务的业务类型主要是基本电话业务,接入类型是以公用电话使用为核心的共享接入。

随着信息化的推进,我国电信普遍服务的内容也在扩展。2006 年的"十一五"规划纲要已指出要"建立电信普遍服务基金,加强农村信息网络建设,发展农村邮政和电信,基本实现村村通电话、乡乡能上网"。2010 年 9 月,工业和信息化部、农业部、科技部、商务部和文化部五部委发布的《农业农村信息化行动计划(2010—2012 年)》明确要求实施农村宽带普及工程,并提出了发展目标:到 2012 年,乡镇通宽带比例达到 100%,行政村通宽带比例提高到 75%,农户宽带接入速率平均不低于 2 Mbit/s,采用 xDSL 接入方式的乡镇宽带接入能力接近 30 Mbit/s。这说明,我国电信普遍服务政策在业务类型上突破了只涉及基本话音业务的初级普遍服务阶段,开始转向以宽带为基础的信息服务。

2012 年工业和信息化部发布的《通信业"十二五"发展规划》提出:拓展普遍服务范围,深化普遍服务内涵,在原有"村村通电话、乡乡能上网"的基础上,将自然村通电话、行政村通宽带、农村信息服务等纳入普遍服务范围;优先解决革命老区、少数民族自治地区、边区和欠发达地区等特殊区域及学校、医院等公益机构的宽带网络覆盖问题。2013 年 8 月国务院发布了《"宽带中国"战略及实施方案》,2015 年 5 月国务院办公厅发布了《国务院办公厅关于加快高速宽带网络建设推进网络提速降费的指导意见》,将宽带网络提升至"战略性公共基础设施"地位,并明确提出了宽带网络覆盖及服务水平的发展目标,包括到 2015 年,行政村通宽带比例达到 95%,学校、图书馆、医院等公益机构基本实现宽带接入,到 2020 年,宽带网络全面覆盖城乡的普遍服务目标。2021 年 11 月发布的《"十四五"信息通信行业发展规划》指出,我国新一轮的电信普遍服务工程将加大对农村及革命老区、民族地区、边疆地区、脱贫地区特别是国家乡村振兴重点帮扶县的宽带网络升级改造支持力度,推动农村光纤和 4G 网络广度和深度覆盖,并开始将千兆光纤网络建设、5G 网络覆盖、移动物联网覆盖等向农村地区推进,明确提出到 2025 年实现行政村 5G 通达率达到 80% 的目标。

在普遍服务政策的实施方式上,我国致力于探索建立保障普遍服务的长效机制,积极推动综合利用财政资金、国有资本收益金等多种资金来源,推动建立国家引导、企业为主、社会各界共同参与的多渠道普遍服务投资机制和以普遍服务基金为核心的补偿机制。2015 年 12 月,财政部、工业和信息化部联合发布了《财政部 工业和信息化部关于开展电信普遍服务试点工作的通知》,强调按照"中央资金引导、地方协调支持、企业为主推进"的思路,开展电信普遍服务试点工作,推动农村及偏远地区宽带建设发展,促进城乡基本公共服务均等化,带动农村经济和社会信息化水平不断提升,助力实现宽带中国战略目标。该通知还明确提出,坚持市场化运作,通过公开招标选定电信普遍服务实施企业,统筹予以支持;结合国家宽带接入业务向民间资本开放和三网融合等工作的进展,鼓励民间资本及广电企业公平参与竞争,充分调动各类企业参与电信普遍服务的积极性。

2. 电信市场准入管制

(1) 电信市场准入管制的目标

电信市场准入管制的最初目的是限制电信企业的数量。因为电信业是网络性产业,具有显著的规模经济性,在理论上,电信业由一家或少数几家企业提供服务的总成本是最低的,或者在资源配置上是最优的。而电信业在引入竞争之后,就不可避免地面临马歇尔困境。阿尔弗雷德·马歇尔是英国著名的经济学家,他在 1890 年出版的《经济学原理》一书中指出,规模经济和竞争活力具有互斥性,追求规模经济可能导致垄断、扼杀竞争,使经济活动丧失活力,造成竞争效率的损失。反过来,虽然竞争能带来竞争效率,但难以实现规模经济,从而导致规模效率的损失。这种两难选择就是马歇尔困境。各国的经济学家对如何克服马歇尔困境进行了长期的研究,对规模经济与竞争活力两者有效协调的问题进行了积极的探索。

1940年,美国经济学家约翰·莫理斯·克拉克提出了有效竞争的概念,即实现规模经济和竞争活力两者的有效协调,从而形成一种有利于长期均衡的竞争格局,这一概念为电信市场准入管制提供了依据。对于电信业管制机构来说,市场准入管制的目标就是寻找规模经济和竞争活力的合理平衡点,建立合理的市场结构,保持市场上实现有效竞争的理想企业数量,避免竞争不足和过度竞争。然而必须注意的是,技术进步、市场需求状况、企业经营与管理水平等因素都会影响市场竞争状况,管制机构很难准确预测电信市场的复杂变化,不可能通过理论分析和数据测算来确定最佳企业数量。因此,任何一个国家都不可能完全消除竞争不足和过度竞争的现象,管制力度必须根据市场变化进行调整。当市场出现竞争不足的状况时,应放松准入管制,鼓励更多的企业和资本进入市场;而当市场出现过度竞争的征兆时,应加强管制,避免过多的企业进入市场,同时维护公平竞争,通过优胜劣汰回到适度竞争。只有将开放竞争和市场监控相结合,才能在动态的调整过程中逐步接近有效竞争的理想状态。

(2) 电信市场准入管制的实施方式

电信监管机构主要通过电信业务经营许可证制度来进行市场准入管制。监管机构通过发放电信业务经营许可证(也称为牌照)来授权企业开展电信业务或运营电信设施。电信业务经营许可证通常会对授权的条件以及电信运营商的主要权利和义务做出明确规定。电信业务经营许可证的发放可采用比较评估的方式,选择资质优良的企业发放,也可采用拍卖的方式,由出价最高的企业获得(参见补充阅读资料"拍卖与选美——欧洲3G频率许可证发放方式")。

信息产业部于2001年12月发布了《电信业务经营许可证管理办法》,并于2002年1月1日开始施行。其中对电信业务经营许可证的申请、审批、使用、变更、注销、年检以及电信业务经营者的权利与义务等均做了详细规定。2009年4月,工业和信息化部公布了《电信业务经营许可管理办法》,其取代了2001年的《电信业务经营许可证管理办法》。2017年,工业和信息化部按照简政放权、放管结合、优化服务等要求,对此管理办法进行了修订,新版管理办法于2017年9月正式施行。

电信业务经营许可证是电信业务经营者经营电信业务的法定凭证,电信业务经营者按照电信业务经营许可证的规定经营电信业务受国家法律保护。电信业务经营许可证分为《基础电信业务经营许可证》和《增值电信业务经营许可证》两类,其中《增值电信业务经营许可证》又分为《跨地区增值电信业务经营许可证》和省、自治区、直辖市范围内的《增值电信业务经营许可证》。《基础电信业务经营许可证》和《跨地区增值电信业务经营许可证》由工业和信息化部审批,省、自治区、直辖市范围内的《增值电信业务经营许可证》由省、自治区、直辖市通信管理局审批。此外,外商投资电信企业的电信业务经营许可证由工业和信息化部根据《外商投资电信企业管理规定》审批。《基础电信业务经营许可证》的有效期根据电信业务种类分为5年、10年。《跨地区增值电信业务经营许可证》和省、自治区、直辖市范围内的《增值电信业务经营许可证》的有效期为5年。

电信业务经营许可证由正文和附件组成。电信业务经营许可证的正文应当载明公司名称、法定代表人、业务种类、业务覆盖范围、有效期限、发证机关、发证日期、经营许可证编号等内容。电信业务经营许可证的附件可以规定特别事项，由电信管理机构对电信业务经营行为、电信业务经营者权利和义务等作出特别要求。工业和信息化部可以根据实际情况，依法调整并重新公布电信业务经营许可证的内容。

2021年11月发布的《"十四五"信息通信行业发展规划》指出，在市场准入管制方面，我国将持续精简审批、优化流程，适时推行电子证照，逐步扩大增值电信业务告知承诺审批的适用范围，推动行业管理从"严进宽管"向"宽进严管"转变，实现"宽严相济"；加强重点电信业务准入管理，实现许可证年报、日常监督管理的有效衔接，基本形成事前准入与证后监管有效衔接的全流程监管能力。

> **补充阅读资料**
>
> ### 拍卖与选美——欧洲3G频率许可证发放方式
>
> （1）德国
>
> 2000年8月，德国对12个波段的UMTS（Universal Mobile Telecommunications System，通用移动通信系统）频率进行了拍卖。2000年2月18日，德国监管机构公布了分配UMTS频率许可证的规则。该规则规定获准参与拍卖的条件为电信法所规定的基本合格条件，要求竞标者必须在至少两个波段的频率上中标才能获得许可证，基本标价递增额是10%。同时，监管机构也制定了其他的规则以防止竞标者影响拍卖的结果或者控制拍卖的进度。例如，在拍卖过程中，每个竞标者的代表小组从每天早晨8点到晚上6点被隔离开来，在所有的时间都由监管机构的观察员陪同。竞标者没有机会获知竞争对手的报价情况，仅能知道每一阶段的最高竞标价。
>
> 德国UMTS频率拍卖持续了14天，共进行了173轮竞价。最终，6个运营商都获得了两个波段频率20年的使用许可证。这些许可证要求运营商截至2002年年底建成至少覆盖德国50%人口的网络。这次拍卖取得了UMTS频率许可证创纪录的价格：总计超过460亿美元。鉴于运营商为获得许可证支付了巨额费用，有些人担心某些运营商在获得许可证上花费了比网络建设更多的费用。
>
> （2）英国、荷兰和西班牙
>
> 英国在2000年4月进行了UMTS频率的拍卖，共获得325.8亿美元，整个过程持续了超过4个星期，经历了超过100轮的竞价。2000年7月，荷兰通过拍卖出售了5个许可证，共获得23亿美元。2000年3月，西班牙出售了4个UMTS频率许可证，共获得4.25亿美元。
>
> （3）挪威
>
> 在UMTS频率许可证的发放方面，挪威未采用拍卖的方式，而是采用了比较评估的方式。申请人被要求必须满足最起码的入围条件，如履行特定的网络覆盖和建设义务的承诺以及资金能力的证明。两个主要的选择标准（即第一层面的标准）是网络覆盖范围（包括地域和人口覆盖范围）以及网络铺设。第二层面的标准包括财务状况、服务质量、环境影响和以往的经验。

挪威的目标不是从3G许可证发放过程中获取尽可能多的资金,而是促进网络快速发展,从而增强国家的整体竞争力。在挪威,无线通信运营商仅需支付较少的行政和频率管理费用。获得3G频率许可证的运营商每年大约需要支付200万美元的费用。此外,基于国会的批准,3G频率许可证持有人需要一次性支付大约1 100万美元的费用。比起英国和德国的频率拍卖情况,这些费用显然是非常少的。

(4) 瑞典

在瑞典,3G频率许可证也是通过比较评估的程序发放的。瑞典的法律规定,频率许可证的发放必须基于特定的标准。与挪威一样,瑞典发放3G频率许可证最主要的选择标准是网络覆盖范围和网络铺设。对于频率许可证,瑞典政府只收取相当少的费用,采用这种方法的原因是这样有助于运营商在网络发展方面投入更多资金,避免运营商将支付的高额频率费转嫁给消费者。

资料来源:

HankIntven. 电信规制手册[M]. 管云翔,等译. 北京:北京邮电大学出版社,2001.

3. 电信网间互联管制

(1) 电信网间互联管制的原因

我国信息产业部于2001年5月颁布施行的《公用电信网间互联管理规定》指出:"互联,是指建立电信网间的有效通信连接,以使一个电信业务经营者的用户能够与另一个电信业务经营者的用户相互通信或者能够使用另一个电信业务经营者的各种电信业务。互联包括两个电信网网间直接相联实现业务互通的方式,以及两个电信网通过第三方的网络转接实现业务互通的方式。"

在电信业引入竞争之后,电信企业的数量显著增加。如果没有网间互联,电信用户就不能相互交流或者获得其需要的业务,网间互联能提高电信业务的便利性和使用价值。在过去的十几年中,将大量不同的网络相互联系在一起给全世界的电信用户和经贸往来带来了巨大的益处,没有有效的网间互联,就不可能有国际直拨、互联网业务和电子商务等服务。

对于电信运营商来讲,有效的网间互联是扩大业务范围、提高业务价值的关键,也是节省成本的重要途径。不充分的网间互联会给运营商带来不必要的成本和技术困难,也会导致业务延迟和不便,使企业和消费者承担额外的成本,最终不利于经济运行。

要实现有效的竞争,网间互联是一个非常重要的因素。然而主导运营商出于自身的利益,没有理由为新的竞争者提供便利,同时其几乎拥有所有的谈判优势。在世界各国的电信市场上,主导运营商可以通过收取高额的网间互联费、拒绝提供足够的网间互联容量等措施来阻碍有效竞争,而电信市场的新进入者很难通过谈判来消除这些障碍,因此为了实现有效的网间互联,电信监管机构必须采取一定的管制措施,提供适当明确的网间互联指导。

(2) 我国网间互联管制的发展

在我国基本电信业务市场还未开放时,公用电信网与专用电信网的联网一直是一个难解决的问题。某些基层电信企业一直把专网看作潜在的竞争对手,在公专网的联网问题上采取不合作态度，因而引起专网单位的申诉和上告，这不仅影响了网间的通信，也使公网和专网的能力都得不到很好的发挥。1996年7月24日，邮电部发布《专用网与公用网联网的暂行规定》，第一次对公专网联网的原则（包括交换点、技术规范、中继线路、联网费用等）、联网审批程序、联网协议、联网后的管理问题等给出了详细的规定。

1994年中国联通成立，在基本电信业务市场引入了竞争，引发了公网网间互联的问题。1995年6月，邮电部发布了《联通GSM网与公用通信主网网间互通中继方式和接口局交换设备规范书》，迈出了公用网间互联管制的第一步。然而该规范存在程序繁多、审批缓慢、网间互联费用规定不合理等问题，中国联通成立之后发展缓慢，没有达到预期的成果，与互联互通问题有直接关系。

1998年信息产业部成立，1999年中国电信进行了第一次拆分，其后中国网通、中国铁通等通信企业相继成立，公用电信网网间互联问题变得越来越重要。对此，信息产业部制定并发布了关于网间互联问题的一系列规范和规定，包括全局性的《电信网间互联管理暂行规定》，结算方面的《电信网间通话费结算办法》，技术方面的《新建国内长途电话网与其他电话网网间互联技术规范》、《陆地蜂窝移动通信网与其他通信网网间互联技术规范》和《新建国际电话网与其他电话网网间互联技术规定》，2000年发布的《中华人民共和国电信条例》也包括了电信网间互联的相关规则，基本上建立了我国网间互联的管制框架，为电信企业网络的互联互通提供了基本的政策和技术依据。

在以上规范和规定的指导下，各大运营商之间相继签署了网间互联及结算协议，基本实现了我国各公网网间、公专网网间的互联互通，全国范围内电信网联不上、联不通的问题基本得到解决。基于网间互联管制的进展和积累的经验，2001年5月10日信息产业部正式发布了《公用电信网间互联管理规定》，替代了原有的《电信网间互联管理暂行规定》，进一步规范互联互通工作，2014年9月工业和信息化部对此规定进行了修订。此规定适用于我国境内经营基础电信业务的企业在固定本地电话网、国内长途电话网、国际电话网、IP电话网、陆地蜂窝移动通信网、卫星移动通信网、互联网骨干网，以及电信主管部门规定的其他电信网之间的互联，规定互联的原则是技术可行、经济合理、公平公正、相互配合，目的是维护国家利益和电信用户的合法权益，保护电信业务经营者之间公平、有效竞争，保障公用电信网间实现及时合理的互联。

网间互联结算费的确定是网间互联中的焦点问题，为此，我国信息产业部于2003年发布施行了《公用电信网间互联结算及中继费用分摊办法》以及《电信网间互联结算表》，对不同固定运营企业之间、固定运营企业与移动运营企业之间、不同移动运营企业之间、固定运营企业与IP电话运营企业之间、互联网接入与互联网骨干网运营企业之间等多种不同业务类型的结算关系和结算标准做出了明确的规定。其中，互联结算费标准是以资费为基础确定的，即以相应业务资费标准的一定比例作为结算费标准，与互联双方提供业务的成本没有直接关系。如此确定的结算标准并不符合以成本为基础的原则，但回避了成本测算困难的问题，能够在短时间内制定完成，快速推动企业实现网间互联和结算。2014年1月，工业和信息化部对部分公用电信网间结算标准进行了调整，调低了移动通信领域中国联通、中国电信向中国移动支付的部分结算费标准，降低了中国联通、中国电信的互联成本，减少了中国移动的网间结算收入,这体现了通过网间互联管制间接影响电信市场竞争状况的思路。

4. 其他电信管制内容

(1) 电信资费管制

电信资费管制的目标包括3个方面:财务目标、效率目标和公平目标。首先,在财务目标方面,资费管制应防止电信企业因其垄断或市场主导地位获取超额利润,同时应确保被管制企业获得足够的收入来维持运营和将来的发展;其次,在效率目标方面,资费应体现业务的相对稀缺性,反映供求关系,促进业务的提供以低投入实现高产出;最后,在公平目标方面,管制机构需要考虑企业与用户之间的公平和用户与用户之间的公平,在不同用户群体之间、用户与企业之间实现合理的利益分配。资费管制的主要挑战就在于设计和实施一套经济有效的管制方法来实现上述目标。在实践中,财务、效率和公平三大目标之间可能会相互冲突,因此在实施资费管制的过程中,管制机构常常需要在这些目标之间进行权衡。

在各国电信资费管制实践中,发展了多种资费管制方法,如回报率管制、回报率-激励管制以及最高限价管制,这些方法试图在控制电信业务资费水平的同时,激励电信运营商提高运营效率。在我国电信业垄断经营时期,电信资费管制是由国务院和各省(自治区、直辖市)的价格主管部门、邮电部共同负责的,实行国家定价和指导价,企业没有定价权。在电信市场引入竞争机制之后,根据《中华人民共和国电信条例》的规定,我国电信资费标准实行以成本为基础的定价原则,同时考虑国民经济与社会发展要求、电信业的发展和电信用户的承受能力等因素。电信资费分为市场调节价、政府指导价和政府定价。基础电信业务资费实行政府定价、政府指导价或者市场调节价,以政府定价和政府指导价为主,以市场调节价为辅;增值电信业务资费实行市场调节价或者政府指导价;对于市场竞争充分的电信业务,电信资费实行市场调节价。电信主管部门负责制定具体的电信资费管理目录,划分政府定价、政府指导价和市场调节价的定价权限和具体适用范围,经征求国务院价格主管部门意见后公布实施。

随着我国电信市场竞争机制的建立,2014年和2016年国务院对《中华人民共和国电信条例》进行了两次修订,明确了我国电信资费实行市场调节价,电信业务经营者应当统筹考虑生产经营成本、电信市场供求状况等因素,合理确定电信业务资费标准。但这并不意味着我国已不再需要电信资费管制,《中华人民共和国电信条例》同时规定国家依法加强对电信业务经营者资费行为的监管,建立健全监管规则,维护消费者合法权益,并要求电信业务经营者应当根据电信主管部门的要求,提供准确、完备的业务成本数据及其他有关资料。可以说,我国电信业务资费管制的重点从对具体业务资费标准的管制转向了对企业定价行为的管制。

(2) 电信资源管制

电信资源管制源于电信资源的稀缺性和有限性。电信资源一般指电信网码号、无线电频率、互联网域名、卫星轨道等用于实现电信功能且有限的公共资源,对其管制的内容涉及资源的开发、规划、分配和有效使用。电信资源管制应遵循公正性、效率性及公益性原则,客观、透明和无歧视地分配和管理电信资源。

当前,无线电频率等电信稀缺资源的分配一般与许可证的发放结合在一起,采用市场化的资源管理机制已成为国际趋势,这种机制被广泛认为有助于提升资源使用效率、促进竞争以及创新。例如,在欧洲,频率交易和频率自由化正在引起关注,欧盟成立了无线电频率政策工作小组,将在欧盟范围内逐步推行频率交易制度。美国、英国等国家则将更多的频率资源投放到市场中,向不同的企业开放(参见补充阅读资料"美国互联网公司推动频率管制自由化")。

在我国,根据《中华人民共和国电信条例》,电信资源由国家进行统一规划、集中管理、合理分配,实行有偿使用制度。电信业务经营者占有、使用电信资源,应当缴纳电信资源费。电信资源费有两种形式:一是作为许可证费用组成部分之一的一次性费用或固定费用;二是按月或按年收取的资源占用费。在实践中,大部分国家采取两者相结合的方法。我国电信资源费的具体收费办法由国务院信息产业主管部门会同国务院财政部门、价格主管部门制定,报国务院批准后公布施行。分配电信资源可以采用指配的方式,也可以采用拍卖的方式。取得电信资源使用权的单位应当在规定的时限内启用所分配的资源,并达到规定的最低使用规模。未经国务院信息产业主管部门或者省、自治区、直辖市电信管理机构批准,不得擅自使用、转让、出租电信资源或者改变电信资源的用途。

补充阅读资料

美国互联网公司推动频率管制自由化

2008年3月,在历经65天、261轮的拍卖后,美国700 MHz频率拍卖终于结束,拍卖一共发放了1 090张许可证。拍卖总金额达到195.92亿美元,其中美国最大的两家电信运营商AT&T和Verizon共出价160亿美元。这次拍卖的700 MHz频率是模拟电视升级为数字电视后空出的频率。AT&T称其700 MHz频率已经可以100%地覆盖200个主要市场,Verizon称它赢得的全国范围的频率可以覆盖2.98亿人口。

拍卖前为人瞩目的谷歌在出价46亿美元,达到美国联邦通信委员会(FCC,Federal Communications Commission)的底价后未再出价。FCC原期望电信运营商之外的公司能竞拍得到频率并在全国范围内提供宽带无线服务,从而在DSL和有线电视网络之外建立第三条宽带管道。但此次拍卖结果使美国未来电信市场格局的变数大为减小,竞争格局变化不大。虽然消费者的选择余地未能明显增加,但谷歌等互联网公司在拍卖前的游说将起到一定效果,因为按照拍卖规则,部分全国频段竞拍获胜者必须面向所有设备和软件应用开放网络,之后AT&T和Verizon纷纷公布了网络开放计划,允许各方手机在它们的网络中使用,而非局限于运营商选定的手机。

2008年11月4日,FCC批准了谷歌、摩托罗拉和微软等公司组成的WhiteSpace联盟所支持的WhiteSpace计划,开放了未使用的空闲电视信道用于无线电通信。WhiteSpace计划利用的是传统电视频道之间预留的防干扰的频率资源,随着美国电视服务数字化,将有更多的间隙频率资源被释放出来,这些频率目前无人使用。WhiteSpace联盟采用了认知无线电等防干扰技术,其样机已提交FCC的实验室进行过多次测试。因为WhiteSpace所在频段较低,其传播效果比免牌照的Wi-Fi所在的2 GHz频段好得多,只需原Wi-Fi接入点(AP,Access Point)数量的1/4~1/5,因此这不仅会极大地减少网络建设的成本,还能使连接速度提高不少。

美国700 MHz频率拍卖不指定具体技术,竞拍获胜者可自由选择具体的无线技术,这些措施使得频率的使用更加市场化,运营商在网络发展上会更加自由,频率资源的获取也更加灵活。但同时,更多的新进入者与新技术(如 WhiteSpace)有可能催生一些新兴的接入服务商和新兴的商业模式,与电信运营商的宽带无线接入形成竞争关系,这体现了频率管制的自由化倾向。

资料来源:
[1] 余莉娟. 激励拍卖:利用市场手段加速频谱转让的新手段[J]. 世界电信,2015(12):50-53.
[2] 万屹. 全球首次频谱资源激励拍卖带给我们的启示[J]. 中国无线电,2017(11):37-38.

(3) 电信安全管制

根据《中华人民共和国电信条例》,电信安全管制的内容包括电信网上传播信息内容的安全性、电信网络与信息本身的安全性,以及电信市场的安全性。《中华人民共和国电信条例》列举了多种危害电信安全的行为。

伴随着信息通信与国民经济各行各业的深度融合,电信安全监管已扩大为网络与信息安全监管,并已上升到国家战略高度,而不再仅仅是一个行业监管问题(参见补充阅读资料"网络空间主权")。在我国,参与网络与信息安全监管工作的组织机构主要有中央网络安全和信息化委员会、公安机关、信息产业主管部门、国家安全机关、国家保密工作部门、文化行政部门、国家互联网信息办公室和国家广播电视总局等。其中中央网络安全和信息化委员会为我国网络与信息安全监管的顶层决策和协调机构,着眼于国家安全和长远发展,统筹协调网络安全和信息化的重大问题,研究制定相关重大决策,体现了我国从加强顶层设计出发、保障网络安全和推动信息化快速发展的战略意图。公安部及各级公安机关主管计算机系统安全保护工作,并领导信息安全等级保护工作,同时依法打击危害网络信息安全的违法犯罪行为。工业和信息化部作为信息产业主管部门承担通信网络安全及相关信息安全管理的责任,同时也参与协调、指导信息系统安全保障工作,对网络相关企业实行行业监管。国家保密局和国家安全机关在网络信息安全监管上主要侧重于国家秘密的保护和对危害国家安全的信息内容的监控。文化和旅游部、国家广播电视总局和国家互联网信息办公室主要侧重于网络信息内容安全的监管。面对愈加严峻的网络与信息安全形势,我国需要在国家顶层机构的统一领导下协调、完善安全保障机制,提高安全保障能力,具体工作包括:推动相关法规和技术标准制定,加强安全技术开发和基础设施建设,制定政策促进配套产业发展和人才培养等。

2016 年 11 月,第十二届全国人大常委会第二十四次会议表决通过《中华人民共和国网络安全法》,其于 2017 年 6 月 1 日起实施。《中华人民共和国网络安全法》在保护个人信息、保护关键信息基础设施、治理网络犯罪、网络安全风险监控等方面做出了规定,明确了网络空间主权原则(参见补充阅读资料"网络空间主权"),明确了网络产品和服务提供者、网络运营者的安全义务,进一步完善了个人信息保护规则,建立了关键信息基础设施安全保护制度,确立了关键信息基础设施重要数据跨境传输的规则,为我国全面规范网络空间安全管理奠定了法律基础。2021 年,《中华人民共和国数据安全法》和《中华人民共和国个人信息保

护法》相继通过并实施,我国网络安全、信息安全保护法规体系得到了进一步完善。

> **补充阅读资料**
>
> ## 网络空间主权
>
> "网络空间主权"概念的提出是网络化时代国家主权理论发展的体现。网络空间主权指的是一国国家主权在网络空间中的自然延伸和体现。信息技术的发展使得网络空间已成为陆、海、空、天之后的第五大主权领域。网络空间是人们利用信息通信网络,进行信息的传递、分享、存储、处理等活动而形成的虚拟空间,因而网络空间的形成不仅依托构建网络的硬件、软件和网络中流动的信息,还依托参与网络活动的各类主体的行为。
>
> 由于网络空间具有非中心化、开放性、国际性、虚拟性和无界性等特点,有学者认为,网络的特殊性使得国家对网络的管制是无效的,网络空间应是一个自治空间,网络的无界性也决定了网络空间是全球公共领域,不应受任何单个国家所管辖、支配,因而网络空间主权一说不成立。但是,不可否认的是,网络空间尽管具有虚拟性,但网络空间不可能脱离实体空间而存在,虽然网络无国界,但是网络基础设施、参与网络活动的主体等实体都是有明确的国籍归属的,理应受到所在国的管辖,同时网络空间的健康发展也离不开国家层面的治理。而事实上从当前各国的实践来看,对于网络空间的控制和管理正在呈现逐渐加强的趋势,这反映出国家主权在网络空间不仅不会消亡,反而得到了进一步的发展。网络空间的发展与实体空间实际上是交织在一起、无法分割的,由此必然导致国家主权向网络空间的客观延伸和网络空间主权概念的诞生。
>
> 2010年6月8日,我国国务院新闻办公室发布的《中国互联网状况》白皮书指出,互联网是国家的重要基础设施,中华人民共和国境内的互联网属于中国主权管辖范围,中国的互联网主权应受到尊重和维护。《中国互联网状况》白皮书明确了网络主权是国家主权在网络空间的延伸,即一国独立自主不受他国干涉地进行网络空间活动、处理网络空间事务并对网络攻击行为实施自卫的权利,它包括对本国网络系统的管辖权、对网络空间信息跨境流动的管理权和控制权、平等享有网络空间资源的权利以及防范和打击网络攻击行为的权利等。网络空间主权涵盖的范围包括网络空间内的硬件、软件、应用、信息以及网络空间内主体的行为。
>
> 资料来源:
> [1] 熊光清,王瑞.网络主权:互联网时代对主权观念的重塑[J].中国人民大学学报,2024,38(1):126-138.
> [2] 胡丽.论国家网络空间战略体系的构建[J].法制与经济,2018(3):45-46+58.

(4) 电信服务质量管制

对电信服务质量进行监督管理是政府维护消费者权益的具体表现。管制机构应监督和管理电信服务质量,具体包括以下4个方面的工作:

① 制定明确的电信服务标准,将其作为企业的最低质量标准和社会监督依据;

② 成立电信用户申诉受理部门,以便了解用户的意见,发挥政府在电信企业和用户之间的协调作用,并监督电信企业解决服务中的实际问题;

③ 测评和公布电信用户满意度指数,发挥政府的监管作用和社会的监督作用;

④ 设立电信服务质量奖项,表彰和鼓励电信企业提高电信服务质量,推广先进经验。

2005年4月20日信息产业部颁布的《电信服务规范》成为我国电信服务质量管制的主要依据。《电信服务规范》将电信业务分为固定网本地及国内长途电话业务、数字蜂窝移动通信业务、互联网及其他数据通信业务、国内IP电话业务、无线寻呼业务、信息服务业务、国内VSTA通信业务及国内通信设施服务业务八大类,并制定了具体的规范,内容包括服务质量指标和通信质量指标,其中服务质量指标是反映电信服务固有特性满足要求程度的,主要反映非技术因素的一组参数;通信质量指标是反映通信准确性、有效性和安全性的,主要反映技术因素的一组参数。

(5) 电信技术标准与设备准入管制

电信技术标准与设备准入管制的目标是保证标准的统一性以及设备的兼容性和安全性,以实现电信网络良好的互通性。

由于电信业具有显著的网络外部性,与多种技术标准并存相比,选择单一技术标准能够提升规模经济效益,降低网络建设和运营成本,减少消费者的搜寻成本和交易成本,因而有助于促进电信技术与业务的扩散。但由于技术发展有一定的路径依赖性,若所选择的技术标准不是最有效的或其发展空间有限,则会妨碍将来的技术升级,限制电信业务服务内容的扩展和质量提升。在当前电信技术快速进步的形势下,这种风险很难避免。因此,进行电信技术标准管制必须密切关注市场需求的变化,充分考虑技术的多样性和动态性。在信息技术领先的国家,电信技术标准管制政策正逐步走向开放的自由竞争模式,即逐步放松电信技术标准管制,由市场决定技术的发展走向。

设备准入管制的重点在于保障进网设备的安全性、可靠性,为此我国将优化进网设备和无线电设备核准目录,指导检测认证机构、行业协会和企业共同建立检测认证体系,形成多方参与的监管新格局,强化设备进网安全检测评估,研究探索设备产业链监测分析,提升设备安全保障能力,维护网络安全畅通。

8.3 互联网治理

8.3.1 互联网治理问题的提出

互联网的发展经历了独特的历程,互联网的管理并没有融入传统的电信业管制的范畴中。国际上普遍采用"Internet Governance"一词来描述公共层面上对互联网相关事务的管理,我国将其译为"互联网治理"。

最初,互联网主要是在民间力量的推动下,经过自下而上的技术创新与应用推广而发展起来的,并最终形成了平面化的开放式参与空间。互联网的规则大多也是通过自下而上、非集中化的方式形成的,这种模式重视发挥民间团体、私营部门和个体的作用,注重不受传统现实社会约束限制的个性,鼓励创新精神,强调规则的效率、开放性和有效性,以及没有政府参与和限制的自由和平等。这种模式在互联网发展初期对全球互联网的繁荣确实起到了积极的推动作用。但是随着互联网的快速发展，它已经演变为重要的全球信息基础设施，全面渗透到社会的各个方面，关系到国家的主权和公众的利益，涉及众多公共政策问题，如应对垃圾邮件、打击网络犯罪、保护消费者权益以至国家的政治与经济安全等问题。而从互联网诞生以来所形成的私营部门和美国主导的互联网治理机制已经逐渐暴露出诸多缺陷，不再适应互联网发展的新形势和新需求，政府和企业在线活动的持续增长使对互联网的有效治理成为当务之急。

互联网国际治理问题第一次在联合国层面进行全面、细致、深入的讨论和协调，始于2003年的信息社会世界峰会（WSIS，World Summit on the Information Society）日内瓦阶段。2003年12月联合国召开了WSIS日内瓦阶段（Phase I）的会议，在此次会议及之前的筹备会上，互联网治理成为与会各方关注的焦点问题之一。对此主要有以下3个方面的观点。一是以美国和一些发达国家为代表的意见，即互联网治理的范畴仅限于互联网名称与数字地址分配机构（ICANN，The Internet Corporation for Assigned Names and Numbers）从事的"技术协调"工作；在互联网治理领域应继续坚持由私营部门主导，反对政府的介入。二是以中国、巴西、南非、印度、埃及等发展中国家为代表的意见，即应以广义的观点来看待互联网治理问题，它不仅包括地址、域名、根服务器等互联网资源的管理，而且涉及垃圾邮件、知识产权、不良信息管理等诸多公共政策问题，因此需要各国政府的介入；互联网治理应纳入联合国框架，由政府发挥主导作用。也有一些国家明确提出支持ITU作为联合国下的专门管理互联网公共政策的机构。三是民间团体的意见，即强烈批评ICANN的垄断，不支持政府间组织管理互联网的方案，而希望采用非集中的治理机制，使有关各方均能在互联网治理中发挥作用。

与会各方经充分协调和妥协，最终达成了一些原则共识，承认：

① 互联网治理包括技术和公共政策等问题，包括政府在内的各利益相关方均应参与治理；

② 互联网治理过程应是开放和包容的，是多边的、透明的、民主的；

③ 与互联网治理有关的公共政策问题是各成员国主权范围内的事情，成员国政府有权并有责任对与互联网有关的国际公共政策事宜进行管理。

作为WSIS日内瓦阶段会议的成果，这些原则共识被写入会议的主要文件——《原则宣言》（Declaration of Principles）和《行动计划》（Plan of Action）。日内瓦阶段会议能达成这些原则共识，标志着互联网国际治理取得了历史性的进步，互联网国际治理体系中首次有了联合国的声音。但是，WSIS日内瓦阶段会议对于互联网治理的具体定义、互联网治理中公共政策的范畴、互联网治理中各利益相关方的作用及角色等实质性问题并未达成一致。为了进一步讨论互联网治理问题，WSIS日内瓦阶段会议要求联合国秘书长建立互联网治理工作组（WGIG，Working Group on Internet Governance），其主要任务是研究、阐述互联网治理的定义、互联网治理中公共政策的范畴和内涵、各利益相关方（包括政府、企业和民间团体等）在互联网治理中的责任和作用。

2005年7月18日，WGIG按照计划完成了使命，公布了研究报告，明确了互联网治理框架，并提出了治理机制建议，为国际互联网治理的深入研究打下了基础。

8.3.2 互联网治理的定义和内容体系

WGIG 的研究报告对互联网治理给出了以下定义:"互联网治理是指政府、私营部门和社会团体为规范互联网的发展和使用,根据各自的职责建立和应用共同的原则、标准、规则、决策流程和计划的过程。"

这一定义强调了政府、私营部门和社会团体应参与互联网治理,承担不同的角色,负责不同的领域,且在某些情况下它们的职责会有所重叠。这一定义明确了互联网治理不限于互联网域名和地址的管理问题,还包括其他重要的公共政策问题,如关键互联网资源管理问题、互联网安全问题和其他与互联网使用有关的发展问题。为了营造良好的互联网发展环境,政府需要制定一系列由法律、技术、行政和文化因素驱动的综合指导方针,从而构建起互联网治理复杂的层次体系(如图8-1 所示)。

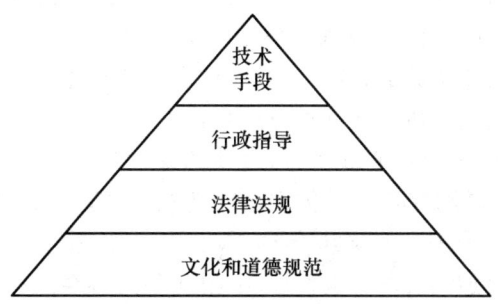

图 8-1 互联网治理复杂的层次体系

互联网治理的内容覆盖面很广,根据 WGIG 的报告,互联网国际治理涉及的公共政策问题可以归结为四大类。

① 与基础设施以及关键互联网资源管理相关的问题,包括域名系统和 IP 地址的管理、根服务器系统的管理、技术标准、对等和互联、电信基础设施建设(包括创新和技术融合)以及多语种化。

② 与互联网使用有关的问题,包括垃圾邮件、网络安全以及网络犯罪等。

③ 与互联网相关且比互联网本身影响更为广泛的问题,如知识产权保护、国际贸易纠纷、隐私权保护等。

④ 与互联网治理发展相关的问题,特别是发展中国家的能力建设问题。

从这一内容体系可以看到,互联网治理与其他电信业管制内容存在交叉重叠之处(如互联互通、基础设施建设与运营、网络安全、稀缺资源管理等),同时互联网治理还涉及法律、技术、政治、经济、社会等多个方面,关系复杂,需要跨越多个学科进行综合研究。

8.3.3 互联网治理的方式与手段

互联网治理是由政府、私营部门、社会团体共同参与的工作,其实施也相应地有多种方式和手段,可以分为立法与行政监督、行业自律和技术控制3个方面。

(1) 立法与行政监督

法律可以调整、约束和规范人们的行为,针对互联网相关活动进行立法是互联网治理的首要工作,几乎所有与互联网治理相关的问题都涉及法律。互联网治理中的部分问题可以用已有的刑法、民法等法律作为依据,但由于网络空间具有不同于现实社会的特殊性,特别是对互联网发展中形成的一些新领域,需要制定有针对性的法律,对网络空间中新的行为模式进行规范。围绕互联网所形成的法律体系相当复杂,涵盖网络设施建设、网络安全、网络犯罪、网络资源(包括 IP 地址、域名管理等)管理、互联网服务经营、网络内容管理、网络数据保护、网络知识产权保护、电子商务交易规范等方面,世界各国都在逐步完善互联网法律体系。

除正式立法之外,各国政府机构也会通过行政手段对互联网进行监督治理,当然这种行政监督也应在法律依据基础上加以实施。政府机构的行政监督一般针对互联网发展中的具体问题,通过制定行政法规或发布行政命令,约束相关主体行为。

(2) 行业自律

由于互联网发展极其迅速,无论是立法还是行政监督常常都存在滞后性,在这种情况下,行业自律在互联网治理中就起到非常重要的作用。

自律是指没有通过法律实施的,在个人或团体自愿基础上实行的标准、行为守则、程序和规则。互联网行业相关企业协会在推进行业自律方面起到关键作用,行业协会可以联合相关企业共同签署自律公约,实行自我管理、自我约束、相互监督、共同发展,还可以组织企业开展自查自纠,探讨互联网治理中具体问题的解决方式,以及开通投诉热线和举报的网站,接受社会监督。例如,中国互联网协会在 2002 年 3 月发布了《中国互联网行业自律公约》,互联网从业企业纷纷加入;2005 年 9 月,中国互联网协会版权联盟联合十几家互联网企业共同发布了互联网知识产权领域的首个行业自律公约《中国互联网网络版权自律公约》;2007 年 8 月,针对互联网博客服务,中国互联网协会发布了《博客服务自律公约》;等等。这些自律公约要求互联网相关企业守法经营、诚信自律,配合政府对互联网进行法治化管理,以促进互联网服务的健康发展。

广义而言,自律也包括网民用户的参与。2006 年 4 月,中国互联网协会发布了《文明上网自律公约》,号召广大网民从自身做起,承担起相应的社会责任,坚持文明上网。但与法律法规的效力相比,行业自律、网民自律缺乏强制力,效果有限,应与法律法规相互辅助、相互补充,共同发挥作用。

(3) 技术控制

技术控制一直是互联网治理的必要手段,要对庞大的网络进行监控,及时发现网络中的不法行为、不良信息,必须有高水平的技术手段作为支撑。例如,要及时发现网络病毒、阻断病毒传播、防止木马程序侵入等,需要不断发展反病毒技术和防火墙技术;对于垃圾邮件、不良信息的治理,最有效的方法也是通过技术手段对其进行过滤、屏蔽。因此,互联网法律法规的有效实施离不开相关技术的不断进步。

8.4 数据治理

8.4.1 数据治理的内容

在互联网时代,数据已经成为现代企业的一种重要资源。企业利用数据创造价值、实现决策分析,对提升业务效率和综合竞争实力具有重要作用。随着越来越多的客户信息、交易信息、物联网数据以电子化的方式被收集、存储、管理,大数据系统应运而生。大数据时代到来,数据的潜力被进一步挖掘,基于新型的大数据整合、分析利用技术,能够发现更深层次的信息和价值,其中包括用户个人隐私、涉及国家和社会安全的信息。因此,数据治理问题受到了管制机构和研究者的广泛关注。

数据治理首先关注的是数据安全问题,这仍属于网络安全与信息安全管制的范畴。但大数据时代的特殊之处在于,大数据的重要来源是用户,用户信息聚集的大数据资源既可以帮助用户获取更好的服务,也会让用户的隐私无处遁形。数据采集、存储、传输、处理以及消费的过程都可能涉及对用户隐私权的侵害。当用户信息被采集之后,用户无法对数据的各个活动环节进行有效控制,用户隐私面临不当使用的风险。在大数据时代,个人隐私保护问题首先成为数据治理关注的重点,但隐私保护如果过于严格,将会极大地限制数据的流动共享以及价值开发。在发展数字经济的大背景下,数据治理体系将直接影响一国的数字经济建设进程。

因此,数据治理的矛盾焦点在于数据安全(包括个人隐私保护、国家安全保护、企业秘密保护等多个层面)与数据资源的开发利用之间的矛盾。具体来说,数据治理需要解决的问题可以分为安全、质量、价值3个维度[1][2]。

① 安全。数据安全是数字经济发展的前提,既关系到每个人的隐私安全,也是数字时代国家安全的直接体现。保障数据安全,首先需要在法律层面明确数据权属,明确数据活动中相关参与方的权利和责任,并制定各方参与数据活动应遵循的规则。同时还应借助技术手段,建立健全风险威胁监测预警和应急处置机制,完善溯源存证、模型审查、算法审查、可信计算监控等手段,以增强数据安全的可控性,充分保障各相关主体的合法权益。

② 质量。高质量的数据是数据价值开发的基础,数据质量的衡量主要以两方面内容为依据:首先是数据是否满足应用需求;其次是数据的准确性、完整性、时效性、可操作性、可互通性等。为此,数据治理需要制定相应的标准、流程来规范数据收集、处理等活动,推动规范数据库和数据平台建设,构建完善的数据质量评估和检测机制,持续的质量管理能够促进数据要素的合规合理配置。

③ 价值。充分开发利用数据价值是数据治理的目标,而数据资源的流转和再利用是发挥数据价值的最好方式。为此,数据治理应通过制定政策法规、技术标准体系以及建立、完善相应组织机构等措施,一方面鼓励数据开放共享,明确数据共享、访问规则;另一方面完善数据交易制度,规范数据交易市场,加快数据高效流通。

数据治理并不仅是立法机构、政府部门的职责,还需要建立多元共治的治理体系,需要在国家监管部门的引导下,广泛征求行业组织、各类企业及社会大众的意见,完善法规、机制、技术标准、监管手段等,指导相关企业履行数据治理义务,调动各方资源充分合作。

---

[1] 程娅. 面向未来:欧盟数据治理框架的要素分析与经验启示[J]. 数字图书馆论坛,2022(12):47-53.
[2] 徐倩. 基于数字经济大环境的数据治理要点分析[J]. 数字技术与应用,2023,41(10):136-138.

8.4.2 数据治理的欧盟模式和美国模式

世界各国均通过立法来保护大数据的社会价值、公民的隐私以及弱势群体的交易机会。数据治理的欧盟模式和美国模式对全球数据治理影响深远。

1. 欧盟数据治理的历程与理念

欧洲是现代政治文明的发源地,在向现代社会转型的过程中,无论是单个欧洲国家还是欧盟机构,都非常注重对个人基本权利的保护。在互联网时代,欧洲将对个人权利的保护扩展到了网络空间。

欧盟数据治理理念和法规体系的演变大体可分为以下 4 个阶段[①]。

① 数据保护起步期。从 20 世纪 70 年代开始,德国、瑞典等国家开始在各自国内实施数据保护规范,欧洲委员会在 1985 年颁布实施了《欧洲委员会第 108 号公约》(*Council of Europe Convention 108*),以加强在自动处理个人数据过程中的隐私保护。

② 数据保护上升期。1995 年,欧盟发布了《数据保护指令》,构建了数据保护机制的雏形,在信息业者(数据控制者)的义务方面和信息权利主体的利益保障方面确立了严格的规范,在信息数据的跨境流通、信息保护独立监管机构上也做了创设性的规定。在此期间,欧盟委员会与欧洲议会、理事会等多方就数据安全处理问题进行了商议,开始整合内部数据治理规范,以完善整体数据保护机制。

③ 数据保护高峰期。2018 年,欧盟通过了《通用数据保护条例》(GDPR,*General Data Protection Regulation*),重点规定了公平合法性原则、目的限制性原则等 6 项一般数据保护规则,与 1995 年的《数据保护指令》相比,GDPR 对个人数据的保护更加严格、细致,提高了数据分享的信任门槛,一些高标准的要求意味着当前企业普遍应用的隐私政策必须进行改革,对企业的制度建设、措施配置、业务流程、系统设计都产生了直接影响(参见补充阅读资料"隐私保护人士向 Facebook 发起集体诉讼")。

④ 数据保护发展期。2020 年 2 月,为推动欧洲数字经济建设,包含一系列立法计划的《欧洲数据战略》被推出。2020 年 11 月,《数据治理法案》(DGA,*Data Governance Act*)草案出台,提出了新的欧盟数据治理理念,即数据利他主义,试图创新欧盟的数据共享机制,以多重主体、多重渠道、多重保障的模式,拓宽数据的共享来源[②]。2023 年 11 月,欧盟通过《数据法案》(*Data Act*)最终版本,其于 2024 年 1 月正式生效。该法案补充了《数据治理法案》的未尽之处,使得个人和企业在欧盟市场范围内获取数据更为便利,鼓励数据的使用,并确保数据的共享、存储和处理过程符合欧盟的规则要求[③]。

欧盟数据治理法规体系的发展历程体现了由严格的隐私保护到鼓励数据共享、释放数据价值的转变,欧盟数据治理走向了基于数据利他主义的治理模式。近几年欧盟数据治理的主要法规与文件如表 8-2 所示。

---

① 张艺洋. 数据利他主义:欧盟数据治理新理念及其启示[J]. 网络安全与数据治理,2023,42(12):71-77+89.
② 张韬略,熊艺琳. 拓宽数据共享渠道的欧盟方案与启示——基于欧盟《数据治理法》的分析[J]. 德国研究,2023,38(1):84-106+151.
③ 欧盟《数据法案》正式生效[EB/OL]. (2024-01-31)[2024-02-20]. http://chinawto.mofcom.gov.cn/article/jsbl/dtxx/202401/20240103470266.shtml.

表 8-2 近几年欧盟数据治理的主要法规和文件[①]

年份	文件名称
2018	《通用数据保护条例》和《非个人数据在欧盟境内自由流动框架条例》
2019	《开放数据和公共部门信息再利用指令》、《可信赖人工智能道德准则》和《欧盟网络安全法案》
2020	《欧洲新工业战略》、《欧洲数据战略》、《个人数据保护比例原则指南》、《欧盟安全联盟战略》、《GDPR 实施两周年评估报告》、《欧洲数字主权报告》和《数据治理法案》草案
2021	《人工智能法案》草案和《2030 数字罗盘:欧洲数字十年之路》
2022	《数据法案》草案、《数据治理法案》
2023	《2023—2024 年数字欧洲工作计划》、《数字服务法案》和《数据法案》
2024	《人工智能法案》

2020 年《欧洲数据战略》的发布标志着欧盟在数据治理领域的重大战略转变。此次转变将立法重点从保护公民个人数据隐私转为促进数据的流通和利用,个人数据的角色也从纯粹的人格承载转变为重要的经济资产[②]。这一转变反映了欧盟在数据治理方面的新思路和方向,对全球数据政策产生了深远影响。在这一战略指引下相继制定实施的《数据治理法案》和《数据法案》旨在制定统一和创新的数据治理框架,兼顾数据流通利用、个人隐私和商业秘密保护两个方面,寻求二者之间的平衡,为全球数据治理提供了参考模式。

2022 年通过的《数据治理法案》着眼于设计处理公民个人数据和企业数据的中介主体的业务规则,促进各部门和各成员国之间的数据共享[③]。该法案将数据资源分为健康数据、移动数据、环境数据、农业数据、公共行政数据 5 种类型,欧洲公民可以利用个人数据空间,享受 5 种数据带来的福利,并获得对个人数据的更多控制,而企业可以获得新的商业机会,并降低获取、整合和处理数据的成本。在数据要素的共享利用方面,该法案明确提出了"数据利他主义",即允许私营部门在利他主义的基础上为追求共同利益而与非营利实体共享数据或者使用数据(参见补充阅读资料"数据利他主义"),公民个人或者企业基于这一理念,以自愿和免费的方式分享他们为公共利益产生的数据,该法案为自愿共享的数据建立了相关标准,使数据具有良好的可查找性、可访问性以及可重复使用性,并制定了一系列提升数据共享信任度的措施,鼓励数据共享、流通。此外,该法案还明确提出倡导建立可重复使用公共部门数据的机制,鼓励公共数据在商业或非商业用途中的重复使用,并制定了相应的限制条款。

2023 年通过的《数据法案》则进一步明确了何种主体可以在何种条件下获取数据并创造价值。该法案明确了企业和个人访问、获取、共享数据的具体规则,包括用户访问数据规则、第三方数据处理规则、公共部门访问私有数据规则、数据和云的互操作性规则等,为欧盟境内各方主体提供了公平访问和使用数据的统一方式。同时,《数据法案》还致力于使数据

[①] 张韬略,熊艺琳. 拓宽数据共享渠道的欧盟方案与启示——基于欧盟《数据治理法》的分析[J]. 德国研究,2023,38(1):84-106+151.

[②] 第一财经. 它山之石可以攻玉——《欧盟数据法案》的解读与启示[EB/OL]. (2023-11-21)[2023-12-20]. https://baijiahao.baidu.com/s?id=1783157775860560 9768&wfr=spider&for=pc.

[③] 吴沈括. 欧盟 2022 年《数据治理法案》:数据要素流转利用的欧洲方案[EB/OL]. (2022-04-25)[2023-12-20]. https://opinion.caixin.com/m/2022-04-25/101876072.html.

处理服务中的用户获得与服务提供者平等的地位。《数据法案》和《数据治理法案》将共同促进欧盟地区安全可靠的数据获取，推动数据在关键经济部门和公共利益领域的使用，从而使欧盟经济与社会受益。

2024年，欧盟正式通过了《人工智能法案》，该法案的谈判授权草案于2021年首次提出，此后欧洲议会和欧盟理事会就草案进行了多轮修订和讨论，最终法案于2023年年底获得批准，并于2024年正式颁布实施，成为全球首部AI领域的全面监管法规。该法案的主要目标之一是防范AI对健康和安全构成的威胁，保护公民的基本权利和价值观。该法案基于风险对AI系统进行分类，对高风险AI应用实施严格的监管，设立了禁止事项清单，并采用跨境监管原则，不仅适用于欧盟内部的实体，还包括在欧盟外开发但在欧盟内使用的AI系统。该法案也在AI产业内外引发了激烈讨论，法案的实施可能会导致AI技术和应用相关企业合规成本的增加，提高市场准入门槛，一些限制条款有可能阻碍AI技术的发展和创新速度[①]。法案的实施还可能引发新的问题，这增加了监管的不确定性。然而，技术进步带来的挑战需要立法、监管部门进行应对，法规伴随着产业成长逐步走向成熟和完善是必须经历的一个过程。欧盟的《人工智能法案》为全球人工智能监管奠定了基础，欧盟继续利用其统一市场的规模优势，将其监管标准推向全球，影响全球政策，保护欧盟内相关企业的发展，进一步提高自身竞争力。

补充阅读资料

隐私保护人士向Facebook发起集体诉讼

2014年8月，奥地利隐私保护人士马克西米利安·施雷姆斯发起了一项针对Facebook欧洲子公司的集体诉讼，指控其违反了欧洲数据保护法律。施雷姆斯在维也纳商业法院提起了这项诉讼，他还呼吁美国和加拿大以外的Facebook用户通过fbclaim.com网站加入，这意味着这起集体诉讼可以覆盖全球82%的Facebook用户。最终，参与此次诉讼的用户达到了2.5万人的原告人数上限，另外还有3.5万名签名者表达了自己对这起隐私诉讼的支持。其中，大多数原告来自德国和奥地利这样的德语国家，他们对Facebook的隐私政策感到不满。荷兰、芬兰和英国也有大量用户参与其中。

这起诉讼要求Facebook向每名原告赔偿500欧元，而且要求法庭根据以下行为向Facebook发布禁令：

- 没有就使用数据一事获得用户的"有效许可"；
- 实施了一项在法律上无效的数据使用政策；
- 通过"赞"按钮追踪了Facebook以外的用户；
- 通过大数据来监视用户；
- 没有在"图谱搜索"上给予用户选择权；
- 未经授权即向外部应用传输用户数据；

---

① 谭寅亮,张毅,王琦. 全球AI监管新纪元:欧盟AI法案的影响与挑战[EB/OL]. (2024-11-13)[2025-01-11]. https://baijiahao.baidu.com/s?id=18155730689354580708&wfr=spider&for=pc.

> • 参与了美国国家安全局的"棱镜"项目,该项目旨在收集公共互联网上的个人数据。
>
> 如果在这起案件中胜诉,2.5万名原告每人都可以从Facebook获得500欧元的赔偿,总计赔偿金额可达1 250万欧元(约合1 700万美元)。尽管对于Facebook而言这笔赔偿金只是九牛一毛,但是输掉隐私官司将严重损害该社交网络在全球,尤其是在欧洲的声誉,而且如果法官判定Facebook违反欧洲隐私保护法律,那么该公司在其他地区也有可能遭到起诉。
>
> 资料来源:
> 腾讯研究院. 欧洲6万人起诉Facebook隐私侵权[EB/OL]. (2014-08-22)[2023-12-20]. https://www.tisi.org/2444.

2. 美国数据治理的历程与理念

与欧盟个人信息保护的"统一立法"保护模式不同,美国立法采取"隐私权+行业规定"的保护模式。这与其传统价值观有紧密联系,美国更强调自由,而欧盟国家则更注重人格尊严的保护。在美国,很多公共事务都交由市场机制自由调节,对政府公权力的介入持十分谨慎的态度,因此美国在个人信息保护政策上弱化了政府主导功能,自律机制反而较为强大。同时,由于美国法律上隐私权的概念是广义上的,通过隐私权的扩张解释,可以实现对个人信息的保护。

美国保护隐私利益的法律框架覆盖了宪法、联邦、各州等层面。最初,美国隐私权保护主要针对的是公权力对公民隐私权的侵犯,计算机技术发展带来的数据隐私问题在1973年首次进入公众视野。美国卫生、教育与福利部发布了一份题为《录音、计算机与公民权利》的报告[①],分析了"自动化个人数据系统"可能导致的不良后果,并提出了广为人知的公平信息实践法则(FIPPS,Fair Information Practice Principles),这成为数据保护制度的基石。该法则规定个人有权知道他人收集了哪些关于他的信息,以及这些信息是如何被使用的;个人有权拒绝某些信息的使用并更正不准确的信息;信息收集组织有义务保证信息的可靠性并保护信息安全,这些内容成为1974年《隐私权法》的基础。

1974年的《隐私权法》基于限制政府信息收集行为的思维设定了信息权利主体的权益与规制政府公权力机构的义务。20世纪80年代,美国根据行业特点,专门制定了一系列行业隐私法律,于是在美国法律体系中形成了由《隐私权法》(1974年)、《金融隐私权法》(1978年)、《电子通信隐私权法》(1986年)等构成的多部门隐私信息保护立法模式(如表8-3所示)。这一法律体系还有一个显著的特点,就是对政府公权力机构信息收集、存储及利用行为的限制,以此来解决隐私权保护与信息自由流通二者的冲突。而对于非政府公权力机构的信息收集行为,则主要是通过以行业自律为主导、以法律规制为辅助的方式实现个人信息保护,美国政府也将行业自律作为保护个人信息、个人隐私的有效途径来推广。行业自律即从事网络服务提供行业的企业、中介机构、协会等通过自律措施来规范自身在个人数据收

---

① U.S. Department of Health, Education & Welfare. Records, Computers and the Rights of Citizens [R]. 1973.

集、利用、交换方面的行为，以达到保护隐私权的目的。在行业自律模式之下，保障公民网络隐私权的措施主要包括行业内部规则的制定与遵守、网络隐私认证计划、提示义务、隐私保护守则的制定、技术保护等。

表 8-3　美国早期有关隐私保护的主要法规

法规	隐私保护要点
1974 年《隐私权法》	保护由联邦机构保存的个人可识别信息
1978 年《金融隐私权法》	对银行雇员披露金融记录及联邦立法机构取得个人金融记录的方式进行限制
1984 年《有线电视通信保护法》	禁止有线电视经营者在未事先获得用户同意的情况下利用有线系统收集用户的个人信息
1986 年《电子通信隐私权法》	扩展了联邦有线窃听法隐私保护的范围，将电子邮件和电子通信等新的通信形式纳入其中
1988 年《录像隐私权保护法》	保护与音像租赁有关的隐私
1996 年《健康保险携带和责任法》	要求医疗保健机构将信息运作情况通告患者，并允许个人访问自己的医疗记录
1996 年《电信法》	规定电信经营者有保守客户财产秘密的义务
1998 年《儿童在线隐私保护法》	明确了网站对 13 岁以下儿童个人信息的收集、处理原则与方式等，规定网站经营者必须向其父母提供隐私权保护政策的通知
1999 年《金融服务现代化法案》	规定金融机构处理个人私密信息的方式

总体来看，美国传统的信息保护方案主要遵循"公平信息实践法则"，具体采用"告知与同意"框架，并按照行业领域进行细分。但在大数据时代，原有的保护方案具有较大的局限性：

① 数据收集技术的发展使得数据可以不再以显性方式进行收集，数据行为人难以察觉；

② 数据服务的兴起使得许多数据服务企业并不在原有法律规则监管范围内；

③ 行业数据之间界限模糊，例如，一项购物习惯数据可能同时显示出行为人的金融行为数据；

④ 第三方数据存储与云计算被广泛运用，而这些第三方机构并不与消费者直接接触，信息的存储与责任承担成为潜在问题；

⑤ 美国奥巴马政府从 2009 年开始推出了一系列促进数据开放的政策，这些政策与传统的信息保护方案存在潜在冲突。

2014 年 5 月，美国总统执行办公室发布了 2014 年全球"大数据"白皮书——《大数据：把握机遇，守护价值》（以下简称《白皮书》），对美国大数据应用与管理的现状、政策框架和改进建议进行了集中阐述。从《白皮书》所代表的价值判断来看，美国政府更看重大数据为经济社会发展所带来的创新动力，对于可能与隐私权产生的冲突，则以解决问题的态度来处理。针对大数据的特点，美国政府提出了在不阻碍大数据发展的情况下，解决隐私权保护问题的基本方案，涉及政策调整、法律制定与技术革新等多个方面的政策思路。

在立法方面，2015 年白宫公布了《消费者隐私权利法》草案并提请国会进行审议，旨在提高消费者在数据收集上的自主权。总体而言，《消费者隐私权利法》的基础仍然是公平信息实践法则,强化了"告知与同意"框架,并详细规定了数据保存与处理的安全责任和事后问责制度。注重企业自律,强调事后责任,这代表了美国政府解决大数据时代隐私保护问题的一般思路。

除政策与立法之外,美国政府还主张加大隐私保护执法力度,推进隐私保护的国际合作。在推进国际合作方面,倡导各国应当做到以下几点。

① 相互承认。各国应当在隐私权与个人数据保护的基本价值取得一致意见的基础上,以有效的执法和企业问责制为条件,承认彼此的隐私保护框架。

② 多方参与程序和行为准则制定。大数据的运行是全球化的,多方主体参与程序和行为准则制定,相较于传统的政府规制具有一定的优越性。

③ 执法合作。美国联邦贸易委员会与其他国家的类似机构合作,创建"国际隐私执法网络",显著提升各国、各法域的数据隐私法律规则的运作效率。

2022年6月,美国众议院和参议院发布了《美国数据隐私和保护法案》(以下简称《法案》)讨论稿,意图从联邦层面推动分散的隐私立法走向统一,以更好地保护公民权利,同时以此为基础,向世界推广其隐私保护理念,在全球数据治理中构建更符合其利益的全球数据和隐私保护体系,从而在全球数据资源争夺中获取优势。该法案离正式成为联邦法律还有一定的距离,但反映了数字时代美国数据隐私保护的价值理念,在制度设计上既考虑了增强个人数据权利的国际趋势,又有很多有利于数据价值释放的内容,如"选择退出"机制、有限的私人诉讼权、数据处理企业的忠诚义务等,在一定程度上平衡了隐私保护和数据价值释放[①]。

8.4.3 我国数据治理的发展进程

2019年,党的十九届四中全会明确将数据纳入生产要素范畴。随着数字经济的快速发展,我国的数据治理体系也在不断完善,近年来数据治理相关的重要政策及法规文件如表8-4所示。

表8-4 近年来我国数据治理相关的重要政策及法规文件[②]

年份	文件名称
2020	《中共中央 国务院关于构建更加完善的要素市场化配置体制机制的意见》
2021	《中华人民共和国数据安全法》《中华人民共和国个人信息保护法》"十四五"数字经济发展规划
2022	《中共中央 国务院关于构建数据基础制度更好发挥数据要素作用的意见》
2023	《工业和信息化部等十六部门关于促进数据安全产业发展的指导意见》《企业数据资源相关会计处理暂行规定》

2020年,《中共中央 国务院关于构建更加完善的要素市场化配置体制机制的意见》指出,要加快培育数据要素市场,培育发展新型要素形态。以数据要素为重要支撑的新一轮科

---

① 赛迪研究院. 赛迪观点:《美国数据隐私和保护法案》的内容及启示[EB/OL]. (2023-03-14)[2023-12-20]. https://baijiahao.baidu.com/s?id=1760304735531205877&wfr=spider&for=pc.

② 张韬略,熊艺琳. 拓宽数据共享渠道的欧盟方案与启示——基于欧盟《数据治理法》的分析[J]. 德国研究, 2023, 38(1):84-106+151.

技革命和产业变革促进了生产力的巨大飞跃和生产生活方式的加速变革,对我国经济治理、政府治理、社会治理产生了深远的影响。

2016年通过、2017年施行的《中华人民共和国网络安全法》,2021年通过并施行的《中华人民共和国数据安全法》《中华人民共和国个人信息保护法》,以及分别于2021年和2024年通过并施行的《关键信息基础设施安全保护条例》和《网络数据安全管理条例》共同构建了网络数据安全和个人信息保护的基本制度框架,被称为"三法两条例"。上述法规条例规定了数据处理者的义务和责任,确立了数据全流程合规治理的制度框架。数据安全面临的多样化风险客观上要求数据处理者依法采取措施,履行相应的合规义务,以保障数据安全及数据相关方的权益。然而,数据合规在法律要求到具体实施的过程中仍面临合规场景复杂、合规规则不够具体、合规技术价值不明等挑战,因此还需进一步完善相关的评估、审查、监管体系。

2022年12月,《中共中央 国务院关于构建数据基础制度更好发挥数据要素作用的意见》从总体要求、建立数据产权制度、建立数据要素流动和交易制度、建立数据要素收益分配制度、建立数据要素治理制度以及保障措施六大方面,提出了涵盖指导思想、工作原则和工作内容的20条举措,也被称为"数据二十条",形成了我国数据治理的系统架构。

在"数据二十条"的指导下,我国相关机构积极推进数据治理措施的落地。例如,2023年1月,工业和信息化部、国家互联网信息办公室、国家发展和改革委员会、教育部等十六部门共同发布了《工业和信息化部等十六部门关于促进数据安全产业发展的指导意见》,侧重于从推动产业规模成长、提升产业创新能力、壮大技术安全服务、推进标准体系建设等方面,增强数据治理的技术、产品和服务支撑。2023年8月,财政部印发了《企业数据资源相关会计处理暂行规定》,从实务角度为企业执行会计准则提供了细化指引,使数据资源入表的实践路径自此有章可循,解决了数据要素价值激活的一个关键问题。此外,我国各级地方政府也纷纷出台地方性政策法规,为建设数据治理体系探路开路。例如,我国数据要素市场尚处于探索阶段,上海、深圳等地率先颁布地方性法规条例,各地建设的数据交易平台也制定了各自的数据交易规则,这些条例和规则为我国数据交易法律的完善打下了基础。

数据治理是一项错综复杂的系统工程,必须结合我国国情,加强数据治理顶层设计,健全数据治理规则制度,创新数据治理机制,营造开放包容的发展环境,处理好政府与市场、公平与效率、发展与安全、国际与国内等关系,逐渐形成与我国高质量发展和现代化建设相适应的数据治理体系。

补充阅读资料

数据利他主义

在欧盟于2023年正式开始实施的《数据治理法案》中,一个重要内容就是引入数据利他主义,即为了维护公共利益和促进经济社会发展,鼓励公共部门和团体对数据进行释放和公开,以促进数据的进一步转移、加工、使用。同时,该法案还给出了保护隐私和秘密、防止数据不当利用的措施。

数据利他主义是指数据主体在不求回报的情况下,为科学研究或者公共服务等公共利益,自愿同意授权机构处理与其相关的个人数据,或者其他数据持有人自愿允许使用他们的非个人数据。在利他主义导向下,虽然数据使用方式可能多种多样,但都是为了公共利益,如完善医疗保健,应对气候变化,改善社会阶层流动性,促进官方统计数据的开发、生产和传播,提升公共政策的科学性和准确性等,这一理念决定了无论是公共机构还是社会中的数据中介在进行数据处理、再利用等活动时需发挥公益功能。

利他主义的内在逻辑是,利他主义盛行最终可以利己,越多的人参与数据共享,就越能带来更加发达的数智化应用,也就越能让每个人的生活、工作变得更加便利。

资料来源:
[1] 张韬略,熊艺琳. 拓宽数据共享渠道的欧盟方案与启示——基于欧盟《数据治理法》的分析[J]. 德国研究,2023,38(1):84-106+151.
[2] 张文魁. 数据治理的底层逻辑与基础构架[J]. 新视野,2023(6):63-71.
[3] 张艺洋. 数据利他主义:欧盟数据治理新理念及其启示[J]. 网络安全与数据治理,2023,42(12):71-77+89.

本 章 小 结

1. 经济性管制为了应对市场失效,以提高经济效率和维护社会公正为目的。有效管制应普遍遵循公共利益性、必要性和可行性、开放性、动态性、执行有效性等基本原则。

2. 传统电信业管制经历了从严格管制到逐步放松管制的演变历程,在数字经济大背景下,电信业管制进入了新的历史时期。我国信息通信行业经历多次重大变革,不断探索行业管制与改革道路,以适应信息通信技术与业务的发展变化。

3. 电信业管制的内容体系包括电信普遍服务管制、电信市场准入管制、电信网间互联管制、电信资费管制、电信资源管制、电信安全管制、电信服务质量管制、电信技术标准与设备准入管制。

4. 互联网国际治理涉及的公共政策问题可归结为四大类:与基础设施以及关键互联网资源管理相关的问题、与互联网使用有关的问题、与互联网相关且比互联网本身影响更为广泛的问题、与互联网治理发展相关的问题。互联网治理是由政府、私营部门、社会团体共同参与的工作,其实施也相应地有多种方式和手段,可以分为立法与行政监督、行业自律和技术控制3个方面。

5. 数据治理的矛盾焦点在于数据安全与数据资源的开发利用之间的矛盾,需要解决的问题可以分为安全、质量、价值3个维度。数据治理并不仅是立法机构、政府部门的职责,还需要建立多元共治的治理体系。

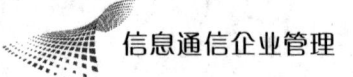

复习思考题

1. 请解释以下基本概念：
管制　电信普遍服务　互联网治理　数据治理
2. 管制失灵的原因有哪些？
3. 有效管制应遵循哪些基本原则？
4. 传统电信业管制的主要目标有哪些？
5. 近年来我国的电信普遍服务政策有哪些变化？
6. 互联网治理主要包括哪些内容？
7. 结合我国实践，谈一谈数据治理的核心问题是什么。

参 考 文 献

[1] 格雷克. 信息简史[M]. 高博,译. 北京:人民邮电出版社,2013.
[2] 黄秀清,吴洪. 通信经济学[M]. 3版. 北京:北京邮电大学出版社,2012.
[3] 陈小磊. 中国信息化发展政策演化的轨迹研究[J]. 农业图书情报学刊,2013,25(6):14-17.
[4] 裴雷,张奇萍,李向举,等. 中国信息化政策扩散中的政策主题跟踪研究[J]. 图书与情报,2016(6):63-71.
[5] 王伟玲,王晶. 我国数字经济发展的趋势与推动政策研究[J]. 经济纵横,2019(1):69-75.
[6] 李刚,周鸣乐,李敏. 数字经济概论[M]. 北京:清华大学出版社,2023.
[7] 白津夫. 关于数字经济的几个基本问题[J]. 北京社会科学,2023(4):84-93.
[8] ITU. The ICT development index (IDI): conceptual framework and methodology [EB/OL]. [2023-12-19]. https://www.itu.int/en/ITU-D/Statistics/Pages/publications/mis2017/methodology.aspx.
[9] ITU. Measuring the information society report 2017 [EB/OL]. [2023-12-19]. https://www.itu.int/en/ITU-D/Statistics/Pages/publications/mis2017.aspx.
[10] ITU. The ICT development index (IDI): methodology, indicators and definitions [EB/OL]. [2023-12-19]. https://www.itu.int/en/ITU-D/Statistics/Documents/statistics/ITU_ICT%20Development%20Index.pdf.
[11] Tapscott D. The digital economy: promise and peril in the age of networked intelligence[M]. New York: McGraw-Hill, 1995.
[12] WTO. World trade report 2020: government policies to promote innovation in the digital age [R]. 2020.
[13] 国务院. "十四五"数字经济发展规划[EB/OL]. (2022-01-12)[2023-12-20]. https://www.gov.cn/zhengce/content/2022-01/12/content_5667817.htm.
[14] 魏江,刘嘉玲,刘洋. 数字经济学:内涵、理论基础与重要研究议题[J]. 科技进步与对策,2021,38(21):1-7.
[15] 中国信息通信研究院. 中国数字经济发展白皮书(2020年)[R]. 2020.
[16] 国家统计局. 数字经济及其核心产业统计分类(2021)[EB/OL]. (2021-05-27)[2023-12-19]. https://www.gov.cn/gongbao/content/2021/content_5625996.

htm? eqid=cfaaa5500000caa9000000066477eb2f.

[17] 国家发改委首次明确"新基建"范围[EB/OL].（2020-04-20）[2023-12-19]. http://www.mofcom.gov.cn/article/i/jyjl/e/202004/20200402957398.shtml.

[18] 工业和信息化部."十四五"信息通信行业发展规划[EB/OL].（2022-07-06）[2023-12-19]. https://www.miit.gov.cn/jgsj/ghs/zlygh/art/2022/art_bdf819244b074a3aa7b48b3d0985ffd6.html.

[19] OECD. Understanding the digital divide[R]. 2001.

[20] Brandtzæg P B, Heim J, Karahasanović A. Understanding the new digital divide—a typology of internet users in Europe[J]. International Jounal of Human-Computer Studies, 2011, 69(3): 123-138.

[21] Dijk J V. The evolution of the digital divide: the digital divide turns to inequality of skills and usage[R]. 2012.

[22] Van Deursen A J A M, Helsper E J. The third-level digital divide: who benefits most from being online?[J]. Studies in Media & Communications, 2015(10): 29-53.

[23] 中国信息通信研究院. 中国数字经济发展研究报告（2023年）[R]. 2023.

[24] 工业和信息化部关于印发《互联网应用适老化及无障碍改造专项行动方案》的通知[EB/OL].（2020-12-25）[2023-12-19]. https://www.miit.gov.cn/zwgk/zcwj/wjfb/txy/art/2020/art_3e1c2bf3f1d6410fab42728a33ec7c3b.html.

[25] 中共中央 国务院关于完整准确全面贯彻新发展理念做好碳达峰碳中和工作的意见[EB/OL].（2021-10-24）[2023-12-19]. https://www.gov.cn/zhengce/2021-10/24/content_5644613.htm.

[26] 中国信息通信研究院. 国内增值电信业务许可情况报告（2023.6）[R]. 2023.

[27] 中国信息通信研究院. 增值电信业对经济社会影响研究报告[R]. 2022.

[28] 中国联通官方号. 联通数智产融平台帮扶中小微企业渡难关[EB/OL].（2022-10-03）[2024-02-28］. https://baijiahao.baidu.com/s?id=1745637678280318323&wfr=spider&for=pc.

[29] 工业和信息化部. 2023年通信业统计公报[EB/OL].（2024-01-24）[2024-02-28］. https://www.gov.cn/lianbo/bumen/202401/content_6928019.htm.

[30] 赵沁平. 虚拟现实综述[J]. 中国科学（F辑:信息科学）, 2009, 39(1):2-46.

[31] 朱淼良,姚远,蒋云良. 增强现实综述[J]. 中国图象图形学报, 2004(7):3-10.

[32] 工业和信息化部. 工业和信息化部关于加快推进虚拟现实产业发展的指导意见[EB/OL].（2018-12-21）[2024-02-28］. https://www.gov.cn/zhengce/zhengceku/2018-12/31/content_5442943.htm.

[33] 中国信息通信研究院. 虚拟（增强）现实白皮书[R]. 2021.

[34] 阿里云创新中心. 智能制造:产业链数字化转型,驱动高质量发展白皮书[R]. 2022.

[35] 工业和信息化部. 关于印发"十四五"智能制造发展规划的通知[EB/OL].（2021-12-28）[2024-02-28]. https://www.miit.gov.cn/jgsj/zbys/wjfb/art/2021/art_f3952b4a7d0941609d94262da9891542.html.

[36] 国务院."宽带中国"战略及实施方案[EB/OL].（2012-08-01）[2024-02-28]. https://www.gov.cn/gongbao/content/2013/content_2473876.htm.

[37] 工业和信息化部.2020年通信业统计公报[EB/OL].（2021-01-26）[2024-02-28]. https://www.gov.cn/xinwen/2021-01/26/content_5582523.htm.

[38] 陈山枝.关于低轨卫星通信的分析及我国的发展建议[J].电信科学,2020,36(6):1-13.

[39] 新华社.我国移动物联网连接数已达16.98亿户[EB/OL].（2022-09-21）[2024-02-28]. https://www.gov.cn/xinwen/2022-09/21/content_5710943.htm.

[40] 网经社:《2023年中国云计算厂商"百强榜"》发布[EB/OL].（2024-02-01）[2024-02-28]. https://www.163.com/dy/article/IPSKBHHC0514BOS2.html.

[41] 中共中央 国务院关于构建数据基础制度更好发挥数据要素作用的意见[EB/OL].（2022-12-19）[2024-02-28]. https://www.gov.cn/zhengce/2022/12/19/content_5732695.htm.

[42] 拥抱互联网,以SDN重构电信网络-韦乐平深度解析网络架构之路[EB/OL].[2024-02-28]. https://carrier.huawei.com/cn/technical-topics/fixed-network/agile-network-sdn-weileping.

[43] 中国电信.中国电信CTNet2025网络架构白皮书[R].2016.

[44] 中国通信标准化协会.TC3通过"算力网络总体技术要求"行标 开启算力网络标准新篇章[EB/OL].（2022-08-16）[2024-02-28].http://www.cww.net.cn/article?id=566864.

[45] 中国信息通信研究院.中国算力发展指数白皮书[R].2021.

[46] 中国联合网络通信有限公司研究院.云网融合向算网一体技术演进白皮书[R].2021.

[47] 赵明.边缘计算技术及应用综述[J].计算机科学,2020,47(S1):268-272+282.

[48] 陈玉平,刘波,林伟伟,等.云边协同综述[J].计算机科学,2021,48(3):259-268.

[49] 边缘计算产业联盟.边缘计算参考架构3.0[R].2018.

[50] 张平,陈岩,吴超楠.6G:新一代移动通信技术发展态势及展望[J].中国工程科学,2023,25(6):1-8.

[51] 刘光毅,金婧,王启星,等.6G愿景与需求:数字孪生、智能泛在[J].移动通信,2020,44(6):3-9.

[52] IMT-2030(6G)推进组简介[EB/OL].[2024-02-28]. https://www.imt2030.org.cn/html/default/zhongwen/tuijinzujianjie.

[53] 田梦秋,承楠,李长乐.6G无线网络场景知识研究综述[J].无线电通信技术,2024(3):484-495.

[54] 通信感知一体化——从概念到实践[EB/OL].[2024-02-28]. https://www.huawei.com/cn/huaweitech/future-technologies/integrated-sensing-communication-concept-practice.

[55] 栾宁,熊轲,张煜,等.6G:典型应用、关键技术与面临挑战[J].物联网学报,2022,6(1):29-43.

[56] 中国移动通信有限公司研究院.6G可见光通信技术白皮书[R].2022.

[57] 李文璟,喻鹏,张平.6G智能内生网络架构及关键技术分析[J].中兴通讯技术,2023,29(5):2-8.

[58] 王友祥,唐雄燕.6G网络架构和关键技术展望[J].中兴通讯技术,2023,29(5):21-27.

[59] IMT-2030(6G)推进组.6G总体愿景与潜在关键技术白皮书[R].2021.

[60] 中国信息通信研究院.量子信息技术发展与应用研究报告[R].2023.

[61] 程明,张成良,唐建军.量子保密通信应用与技术探讨[J].信息通信技术与政策,2022(7):14-19.

[62] Sun Z, Song L Y, Huang Q, et al. Toward practical quantum secure direct communication: a quantum-memory-free protocol and code design[J]. IEEE Transactions on Communications, 2020, 68(9): 5778-5792.

[63] Qi Z T, Li Y H, Huang Y W, et al. A 15-user quantum secure direct communication network[J]. Light, Science & Applications, 2021, 10(1): 183.

[64] Deng Y H, Gu Y C, Liu H L, et al. Gaussian boson sampling with pseudo-photon-number-resolving detectors and quantum computational advantage[J]. Physical Review Letters, 2023, 131(15): 150601.

[65] 黄钊龙,韩召颖.量子信息技术发展与国家安全[J].武汉大学学报(哲学社会科学版),2024,77(2):51-60.

[66] 栾宁,熊轲,张煜,等.6G:典型应用、关键技术与面临挑战[J].物联网学报,2022,6(1):29-43.

[67] 吕仲涛.量子计算对银行密码算法的威胁及对策[J].银行家,2022(11):35-38.

[68] 张更新,王运峰,丁晓进,等.卫星互联网若干关键技术研究[J].通信学报,2021,42(8):1-14.

[69] 5G+时代,星链计划和6G齐闪耀[R/OL].(2021-03-16)[2024-03-01].https://pdf.dfcfw.com/pdf/H3_AP202103161472524912_1.pdf?1615924104000.pdf.

[70] 中国信息通信研究院.电信业发展白皮书——新时代高质量发展探索(2023年)[R].2023.

[71] 中国联通杨洪敏:虚商用户稳步增长,出现新发展机遇[EB/OL].(2023-11-17)[2024-03-01].http://www.cww.net.cn/article?id=584741.

[72] 15家企业获首批虚拟运营商正式牌照[EB/OL].(2018-07-24)[2024-03-01].https://m.news.cctv.com/2018/07/24/ARTI0xBrZc5qsTGwp7Wd8QYy180724.shtml.

[73] 工业和信息化部向15家企业颁发移动通信转售业务经营许可[EB/OL].(2018-07-23)[2024-03-01].https://www.miit.gov.cn/jgsj/xgj/scgl/art/2020/art_7a7674be0d2f4b0d9a4bfdde3b425953.html.

[74] 互联网留不住年轻人[EB/OL].(2021-07-06)[2024-03-01].https://www.qianzhan.com/analyst/detail/329/210706-12f82407.html.

[75] 郑惠莉,李希.基于企业战略的组织结构调整——以国外电信运营商为例[J].南京邮电大学学报(社会科学版),2014,16(4):39-45.

[76] Iyer B, Davenport T H. Reverse engineering Google's innovation machine[J]. Harvard Business Review, 2008, 86(4): 59-68.

[77] Schilling M A. Strategic management of technological innovation [M]. New York: McGraw-Hill, 2016.

[78] 原磊. 国外商业模式理论研究评介[J]. 外国经济与管理, 2007, 29(10): 17-25.

[79] Rappa M. Business models on the web: managing the digital enterprise [EB/OL]. (2010-01-17)[2024-02-28]. https://digitalenterprise.org/wp-content/uploads/2023/02/models.pdf.

[80] 数字化转型知识方法系列之一：数字化转型的基本认识与参考架构[EB/OL]. (2020-12-03)[2024-03-01]. http://www.sasac.gov.cn/n4470048/n13461446/n15927611/n16058233/c16135120/content.html.

[81] 邵奇, 张妙甜, 窦一清, 等. 电信运营商数字化转型实践分析——以德国电信为例[J]. 通信世界, 2022(11): 18-21.

[82] 【对标世界一流 央企加速奔跑】中国联通：以数字化转型推动企业管理提升［EB/OL］. （2024-04-12）[2024-03-01]. http://www.sasac.gov.cn/n2588025/n2588124/c30512606/content.html.

[83] MWC现场|杨杰再次明确中国移动战略内核："加快'三转'、拓展'三化'、深化'三融'、提升'三力'"[EB/OL]. (2021-02-23)[2024-03-01]. http://www.sohu.com/a/452216026_256502.

[84] 那些数字化转型的"经典案例"：亚马逊、特斯拉们现在怎么样了？[EB/OL]. (2023-11-30)[2024-03-30]. https://www.yoojia.com/article/10168709263740364698.html.

[85] 张楠. 亚马逊云科技助力传统行业数字化转型[J]. 软件和集成电路, 2022(11): 56-58.

[86] 张楠. 亚马逊云科技的"云、数、智"融合之道[J]. 软件和集成电路, 2022(7): 75-77.

[87] 2023年度中国互联网企业创新发展十大典型案例[N]. 经济日报, 2023-11-10.

[88] 李安民. 中国电信二次转型精准定位"新三者"[N]. 人民邮电报, 2011-08-15.

[89] 黄海峰. 杨杰公布中国电信第三次转型战略:走向智能化[J]. 通信世界, 2016(18): 20-21.

[90] 中国电信杨杰:加快企业转型3.0落实三大任务[EB/OL]. (2017-12-04)[2024-03-01]. http://www.c114.com.cn/news/117/a1035349.html.

[91] 中国电信加大数字化转型力度"三步走"打造科技领军企业[EB/OL]. (2021-11-11)[2024-03-01]. https://new.qq.com/rain/a/20211111A0BSNG00.

[92] 奋进新征程 建功新时代|中国电信全面推进数字化转型[EB/OL]. (2022-05-07)[2024-03-01]. https://www.cnii.com.cn/txqygl/zttg/202205/t20220517_381583.html.

[93] 中国电信2023年度工作会议:全面深入实施云改数转战略 加快建设世界一流企业[EB/OL]. (2022-12-16)[2024-03-01]. https://finance.sina.com.cn/enterprise/central/2022-12-26/doc-imxxymhy7666587.shtml.

[94] 程琳琳. 5G融合创新能力增强 助力产业数字化转型[J]. 通信世界,2024(1):23.

[95] 刘国亮,范云翠,张秋红. 中日韩电信产业价值链模式对比分析[J]. 商业研究,2008(8):146-150.

[96] 中国移动. 移动梦网SP合作管理办法——总则(V3.0)[Z]. 2007.

[97] 有连云. 数字经济下,鹏博士以复合能力卡位云计算价值链整合新模式[EB/OL]. (2023-03-20)[2024-03-01]. https://baijiahao.baidu.com/s?id=1761042289599491787&wfr=spider&for=pc.

[98] IDC. 中国公有云服务市场(2023上半年)跟踪[R]. 2023.

[99] 芸众. 腾讯持续发力搜索生态,直连视频号 公众号 小程序 企业微信[EB/OL]. (2023-10-18)[2024-2-28]. https://business.sohu.com/a/729262018_121008370.

[100] Moore J F. Predators and prey: a new ecology of competition [J]. Harvard Business Review,1993(3):75-86.

[101] 王咏. 构建5G产业生态[J]. 中国电信业,2018(12):14-17.

[102] 陈健聪,杨旭. 互联网商业生态系统及其内涵研究[J]. 北京邮电大学学报(社会科学版),2016,18(1):45-52.

[103] Iansiti M, Levien R. Strategy as ecology [J]. Harvard Business Review,2004,82(3):68-78.

[104] 张鸣. 融合共创,生态开放推动者[N]. 人民邮电报,2022-12-20.

[105] 郭妍,徐向艺. 企业生态位研究综述:概念、测度及战略运用[J]. 产业经济评论,2009,8(2):105-119.

[106] Iansiti M, Levien R. The keystone advantage: what the new dynamics of business ecosystems mean for strategy, innovation, and sustainability [M]. Boston: Harvard Business School Press,2004.

[107] 张富强. 华为生态系统面临的挑战与机遇[J]. 现代雷达,2021,43(9):111-112.

[108] 闫俊周,单浩远,任润芹. 平台生态系统:理论框架与未来研究方向[J]. 创新科技,2023,23(6):1-15.

[109] 赵超,陈雪伟. 平台型企业包围战略实施路径研究——以字节跳动为例[J]. 竞争情报,2022,18(4):21-30.

[110] 张宝建,薄香芳,陈劲,等. 数字平台生态系统价值生成逻辑[J]. 科技进步与对策,2022,39(11):1-9.

[111] 澎湃新闻. 释放全球互连的数字潜力 MWC 2024云网高峰论坛召开 中国电信发布云网融合三大成果[EB/OL]. (2024-02-29)[2024-03-01]. https://www.thepaper.cn/newsDetail_forward_26505824.

[112] 刘克飞,杨萍. 基于eTOM模型的端到端流程优化研究——以电信运营商集团客户全业务为例[J]. 电信科学,2014,30(S1):189-194.

[113] 闫雨萌,李艳. 竞争情报视域下基于社交媒体的SCRM理论框架研究[J]. 情报理论与实践,2022,45(9):142-147.

[114] 田晨. 论SCRM项目引入对省级运营商私域渠道运营建设的意义[J]. 中国新通信,2024,26(4):46-48+123.

[115] 张沐. 运营思维:全方位构建运营人员能力体系[M]. 北京:人民邮电出版社,2020.

[116] 黄有璨. 运营之光:我的互联网运营方法论与自白 2.0[M]. 北京:电子工业出版社,2018.

[117] 梁雄健,孙青华,张静,等. 通信网规划理论与实务[M]. 北京:北京邮电大学出版社,2006.

[118] 库康贝茨,韦伯. 通信网络定价——经济、技术与模型[M]. 张静,等译. 北京:北京邮电大学出版社,2007.

[119] 梁雄健,杨瑞桢,张静. 电信组织管理[M]. 北京:人民邮电出版社,2004.

[120] 彭英. 电信运营管理[M]. 2 版. 北京:人民邮电出版社,2017.

[121] 舒华英,等. 电信运营管理[M]. 北京:北京邮电大学出版社,2008.

[122] 刘宗斌. 互联网＋运营管理:商业模式创新到落地[M]. 北京:清华大学出版社,2016.

[123] Raymond V. International investment and international trade in the product cycle[J]. Quarterly Journal of Economics,1966,80:190-207.

[124] 埃亚尔,胡佛. 上瘾:让用户养成使用习惯的四大产品逻辑[M]. 北京:中信出版社,2017.

[125] 马彦威. 用户运营[M]. 北京:电子工业出版社,2019.

[126] 商派. 超级平台的用户旅程运营模型总结对比[EB/OL]. (2022-12-26)[2024-07-02]. https://zhuanlan.zhihu.com/p/670746341.

[127] 和讯名家. BCG×天猫:图说 DeEP 模型——数字营销 3.0 时代的利器[EB/OL]. (2020-05-29)[2024-07-01]. https://news.hexun.com/2020-05-29/201447335.html.

[128] 中国移动通信集团有限公司. 中国移动打造运营全领域信息化管理体系 加快数智化转型 推动高质量发展[EB/OL]. (2023-03-10)[2024-01-09]. http://www.sasac.gov.cn/n2588025/n2588124/c27412082/content.html.

[129] 第一财经. 运营商数字化运维转型方向、路径和特征[EB/OL]. (2023-06-06)[2024-01-28]. https://baijiahao.baidu.com/s?id=1767922437945914065&wfr=spider&for=pc.

[130] 中国通信学会,中国联合网络通信有限公司研究院,中兴通讯股份有限公司. 电信运营商智能化体系白皮书[R]. 2023.

[131] 毛东峰,王燕川. 中国电信云网运营自智实践与未来展望[EB/OL]. (2024-01-25)[2024-02-22]. http://www.chinatelecom.com.cn/news/02/202401/t20240125_79821.html.

[132] National Science Board, National Science Foundation. Science indicators,1976: report of the National Science Board[EB/OL]. (2024-07-17)[2025-01-11]. https://babel.hathitrust.org/cgi/pt?id=ucl.d0005306402&seq=3.

[133] Barras R. Towards a theory of innovation in services[J]. Research Policy,1986(4):161-173.

[134] Eiglier P, Langeard E. Servuction: le marketing des services [M]. Paris:

McGraw-Hill,1987.

[135] 蔺雷,吴贵生.服务创新研究方法综述[J].科研管理,2004(3):19-23.

[136] Bilderbeek R, Hertog P, Marklund G. Services in innovation: knowledge intensive business services(KIBS) as co-producers of innovation[R]. SI4S Project Synthesis Report, Oslo: Step Group, 1998: 5-6.

[137] Den Hertog P, van der Aa W, de Jong M W. Capabilities for managing service innovation: towards a conceptual framework[J]. Journal of Service Management, 2010(4): 490-514.

[138] 顾永平.服务创新研究综述[J].中国集体经济,2022(16):94-96.

[139] 刘飞,简兆权.网络环境下基于服务主导逻辑的服务创新:一个理论模型[J].科学学与科学技术管理,2014,35(2):104-113.

[140] 金台资讯.中国移动联合17家单位成立车联网科技创新联合体[EB/OL].(2023-09-06)[2023-12-19]. https://baijiahao.baidu.com/s?id=1776254622423856468&wfr=spider&for=pc.

[141] 徐勇,岳悬.赢在5G时代|让车行驶在更"聪明"的路上 5G车联网谱写智慧交通新篇章[N].人民邮电,2023-09-25(008).

[142] Brian Arthur W. Increasing returns and the new world of business[J]. Harvard Business Review, 1999, 74(4):100-109.

[143] 路上读书.打车软件大战:狂烧20亿元补贴,一个老百姓打车的黄金时代[EB/OL].(2023-03-06)[2023-12-20]. https://baijiahao.baidu.com/s?id=1759582080162938211&wfr=spider&for=pc.

[144] 新奇心理.解读大战硝烟背后的大众非理性现象,打车软件的"烧钱"大战[EB/OL].(2021-09-21)[2023-12-20]. https://baijiahao.baidu.com/s?id=1711497849519905859&wfr=spider&for=pc.

[145] 谢作诗."嘀嘀"和"快的":打车软件的今生与来世[J].经营与管理,2014(9):10.

[146] 付亮.飞信缘何走向落幕?[J].通信世界,2022(15):9.

[147] 李洋.即将"告别"的飞信经历了什么[N].中国高新技术产业导报,2022-08-01(14).

[148] 新华社客户端.PK微信败阵!米聊彻底与用户再见,雷军的社交梦终结?(20211220)[2023-12-20]. https://baijiahao.baidu.com/s?id=1692193766598563484&wfr=spider&for=pc.

[149] 边缘.腾讯是怎样通过创新一步步登上王者之位的?[EB/OL].(2014-05-13)[2023-12-19]. http://www.woshipm.com/pmd/84539.html.

[150] 陈菡,张佳林,罗冬秀.拼多多的崛起路径与创新机理[J].财会月刊,2021(1):155-160.

[151] 饶恒.首汽约车的错位竞争术[J].国资报告,2017(1):80-84.

[152] European Commission. The 2022 EU Industrial Research and Development Investment Scoreboard[EB/OL].(2022-12-13)[2023-12-20]. https://iri.jrc.ec.europa.eu/scoreboard/2022-eu-industrial-rd-investment-scoreboard#field_

reportscoreboard.

[153] 新智元. 欧盟全球研发排名发布！华为、阿里、腾讯位居全球 Top20[EB/OL]. (2023-01-10)[2023-12-20]. https://baijiahao.baidu.com/s？id=1754636368466445581&wfr=spider&for=pc.

[154] 创业者李孟. 全球科研最烧钱的公司有哪些,我们从 2022 年排行榜去看看吧[EB/OL]. (2023-06-24)[2023-12-20]. https://baijiahao.baidu.com/s？id=1769564280793501603&wfr=spider&for=pc.

[155] European Commission. The 2016 EU Industrial R&D Investment Scoreboard[R]. 2016.

[156] 飞象网 CCTIME. 三家运营商 2022 年年报简析[EB/OL]. (2023-03-27)[2023-12-20]. https://www.163.com/dy/article/I0QOEGR80511SFVH.html.

[157] 吴群,韩天然. 数字化能力对平台型电商企业创新生态系统韧性的提升机制研究[J]. 当代财经,2023(12):81-93.

[158] 康益敏,朱先奇,李雪莲. 科技型企业伙伴关系、协同创新与创新绩效关系的实证研究[J]. 预测,2019(5):9-15.

[159] 刘婷婷,潘持春. 数字化转型、创新生态系统与企业创新绩效[J/OL]. 经营与管理,2023:1-12. (2023-10-09)[2025-01-11]. https://doi.org/10.16517/j.cnki.cn12-1034/f.20231008.008.

[160] Adner R, Kapoor R. Value creation in innovation ecosystems: how the structure of technological interdependence affects firm performance in new technology generations[J]. Strategic Management Journal, 2010, 31(3): 306-333.

[161] 欧忠辉,朱祖平,夏敏,等. 创新生态系统共生演化模型及仿真研究[J]. 科研管理,2017,38(12):49-57.

[162] 纪慧生,Asmita1,吴小梅,等. 制造企业生态位战略与创新生态系统演化——基于价值共生共创视角[J]. 电子科技大学学报(社科版),2023,25(5):76-87.

[163] 张娜娜,蔡芸忆,张文松,等. 非数字原生企业创新生态系统构建机制研究——来自海尔的启示[J]. 科学学与科学技术管理,2023,44(9):18-29.

[164] 李振永. 用户信息交互对海尔智家的价值提升研究——基于价值共创视角[D]. 烟台:山东工商学院,2023.

[165] 宁连举,肖玉贤,牟焕森. 平台生态系统中价值网络与平台型企业创新能力演化逻辑——以海尔为例[J]. 东北大学学报(社会科学版),2022,24(2):25-33.

[166] 王福,刘俊华,长青,等. 场景链如何赋能新零售商业模式生态化创新？——海尔智家案例研究[J/OL]. 南开管理评论,2023:1-22. (2023-05-11)[2025-01-11]. https://kns.cnki.net/kcms/detail/12.1288.F.20230510.1615.004.html.

[167] 张腾,王迎军. 迭代式创新的研究与实践发展[J]. 现代管理科学,2016(10):100-102.

[168] 孙黎,杨晓明. 迭代创新:网络时代的创新捷径[J]. 清华管理评论,2014(6):30-37.

[169] 黄艳,陶秋燕. 迭代创新:概念、特征与关键成功因素[J]. 技术经济,2015,34(10):

24-28.

[170] 朱明,严海宁. 用户创新的过程研究——以小米手机公司为例[J]. 现代商业,2016 (35):94-96.

[171] 生花笔下. "互联网思维"创造小米奇迹[EB/OL]. (2023-10-06)[2023-12-20]. https://baijiahao.baidu.com/s?id=1779010594139957666&wfr=spider&for =pc.

[172] 苏杰. 聊聊阿里的内部创新机制——赛马[J]. 程序员,2014(2):78-79.

[173] Teece D J, Pisano G, Shuen A. Dynamic capabilities and strategic management [J]. Strategic management Journal,1997,18(7):509-533.

[174] 科特勒,凯勒. 营销管理(中国版)[M]. 卢泰宏,高辉,译. 13 版. 北京:中国人民大学出版社,2009.

[175] 刘德寰,陈斯洛. 广告传播新法则:从 AIDMA、AISAS 到 ISMAS[J]. 广告大观(综合版),2013(4):96-98.

[176] 魏云暖. 基于 ISMAS 模型的大学生网络消费行为分析[J]. 现代营销(上旬刊), 2024(1):151-153.

[177] 马智萍. "双十一"电商狂欢节的营销策略分析[J]. 商场现代化,2016(2):66-67.

[178] 隋文哲. 淘宝"双十一狂欢节"营销研究[J]. 时代金融,2016(20):193.

[179] 拓普数据. 2023 年暑期档电影观众调研报告[EB/OL]. (2023-08-03)[2023-12-20]. https://mp.weixin.qq.com/s/ZXok2SjsAuOPd27PHrKcbw.

[180] 灯塔研究院,灯塔电影实验室. 长风破浪,势不可挡——2023 年暑期档电影市场洞察报告[EB/OL]. (2023-09-01)[2023-12-20]. https://mp.weixin.qq.com/s/ FuHUkEXucBBvNHKDkaLrkw.

[181] 猫眼专业版. 2023 年暑期档电影数据洞察[EB/OL]. (2023-09-01)[2023-12-20]. https://mp.weixin.qq.com/s/jBgZUL_ofi15BwEuEqf0Fw.

[182] 孙俨斌,初启钧,王溪鸣. 破圈与拉新:2023 年中国电影营销市场盘点[J]. 中国电影市场. 2024(2):23-35.

[183] 郭国庆,陈凯. 市场营销学[M]. 5 版. 北京:中国人民大学出版社,2015.

[184] Bonoma T V, Shapiro B P. Segmenting the industrial market[M]. Lexington: Lexington Books,1983.

[185] 边莹. 中国电信移动存量用户经营策略探索[J]. 通信企业管理,2016(1):38-40.

[186] 飞扬,增长在路上. 抖音云图[人群篇]:拆解抖音 5A 人群资产和八大人群增长策略(一). (2022-10-09)[2023-12-20]. https://lmtw.com/mzw/content/detail/id/ 219097/keyword_id/-1.

[187] 卢金海. 哔哩哔哩破圈策略[J]. 合作经济与科技,2021(2):67-69.

[188] 陈超. 互联网企业业务转型发展思考——以哔哩哔哩为例[J]. 现代商业,2022(9): 18-20.

[189] 张帆. 社群经济环境下哔哩哔哩盈利模式研究[J]. 财务管理研究,2023,44(5): 47-53.

[190] 陈琦. O2O 时代的品牌建设策略探讨——以"饿了么"为例[J]. 经营管理者,2016

(7):269.

[191] 熊鸿儒,马源."大数据杀熟"问题实质、治理挑战及对策[J].新经济导刊,2023 (Z1):70-76.

[192] 丁文莉."大数据杀熟"背景下消费者权益保护研究[J].中国价格监管与反垄断, 2023(11):46-48+51.

[193] 谈萧,潘佳宁."大数据杀熟"的消费者法规制[J].法治论坛,2022(4):19-36.

[194] 律图.大数据杀熟什么意思?大数据杀熟如何主张惩罚性赔偿?[EB/OL]. (2023-12-17)[2023-12-20].https://www.64365.com/zs/1209534.aspx.

[195] 余宏,吴果中.超前点播:中国视频网站优化的新模式[J].新闻春秋,2021(6): 45-51.

[196] 任梓源.从超前点播模式的兴衰探索视频平台盈利新路径[J].新闻研究导刊, 2022,13(19):236-238.

[197] 黄文婧.视频网站付费模式困境研究[D].上海:华东政法大学,2023.

[198] 司马航,吴汉东.禁止著作权滥用的法律基础和司法适用——以《庆余年》超前点播事件引入[J].湖南大学学报(社会科学版),2022,36(3):133-140.

[199] 麦肯锡营销顾问公司.顾问式销售技巧与策略[M].北京:经济科学出版社,2005.

[200] 周圣君.AT&T沉浮录[J].中国工业和信息化,2021(11):74-78.

[201] Hank Intven.电信规制手册[M].管云翔,等译.北京:北京邮电大学出版社,2001.

[202] 余莉娟.激励拍卖:利用市场手段加速频谱转让的新手段[J].世界电信,2015(12): 50-53.

[203] 万屹.全球首次频谱资源激励拍卖带给我们的启示[J].中国无线电,2017(11): 37-38.

[204] 熊光清,王瑞.网络主权:互联网时代对主权观念的重塑[J].中国人民大学学报, 2024,38(1):126-138.

[205] 胡丽.论国家网络空间战略体系的构建[J].法制与经济,2018(3):45-46+58.

[206] 程娅.面向未来:欧盟数据治理框架的要素分析与经验启示[J].数字图书馆论坛, 2022(12):47-53.

[207] 徐倩.基于数字经济大环境的数据治理要点分析[J].数字技术与应用,2023,41 (10):136-138.

[208] 张艺洋.数据利他主义:欧盟数据治理新理念及其启示[J].网络安全与数据治理, 2023,42(12):71-77+89.

[209] 张韬略,熊艺琳.拓宽数据共享渠道的欧盟方案与启示——基于欧盟《数据治理法》的分析[J].德国研究,2023,38(1):84-106+151.

[210] 欧盟《数据法案》正式生效[EB/OL].(2024-01-31)[2024-02-20].http://chinawto. mofcom.gov.cn/article/jsbl/dtxx/202401/20240103470266.shtml.

[211] 第一财经.它山之石可以攻玉——《欧盟数据法案》的解读与启示[EB/OL]. (2023-11-21)[2023-12-20].https://baijiahao.baidu.com/s?id=1783157758605 609768&wfr=spider&for=pc.

[212] 吴沈括.欧盟2022年《数据治理法案》:数据要素流转利用的欧洲方案[EB/OL].

（2022-04-25）[2023-12-20]. https://opinion.caixin.com/m/2022-04-25/101876072.html.

[213] 谭寅亮,张毅,王琦. 全球 AI 监管新纪元:欧盟 AI 法案的影响与挑战[EB/OL]. (2024-11-13)[2025-01-11]. https://baijiahao.baidu.com/s?id=1815573068935458070&wfr=spider&for=pc.

[214] 腾讯研究院. 欧洲 6 万人起诉 Facebook 隐私侵权[EB/OL]. (2014-08-22)[2023-12-20]. https://www.tisi.org/2444.

[215] U. S. Department of Health, Education & Welfare. Records, Computers and the Rights of Citizens[R]. 1973.

[216] 赛迪研究院. 赛迪观点:《美国数据隐私和保护法案》的内容及启示[EB/OL]. (2023-03-14)[2023-12-20]. https://baijiahao.baidu.com/s?id=1760304735531205877&wfr=spider&for=pc.

[217] 张文魁. 数据治理的底层逻辑与基础构架[J]. 新视野,2023(6):63-71.